屡被中断的和平
美国中东军事史

[美] 安德鲁·巴塞维奇 著
刘江晖 译

湖南人民出版社·长沙

本作品中文简体版权由湖南人民出版社所有。
未经许可,不得翻印。

America's War For The Greater Middle East©2016 by Andrew J. Bacevich
This translation published by arrangement with Random House,a division of Penguin Random House LLC.
All rights reserved.

图书在版编目(CIP)数据

屡被中断的和平:美国中东军事史 / (美)安德鲁·巴塞维奇著;刘江晖译. —长沙:湖南人民出版社,2022.11
ISBN 978-7-5561-2887-7

Ⅰ. ①屡… Ⅱ. ①安… ②刘… Ⅲ. ①美国对外政策—中东问题—研究 Ⅳ. ①D871.20

中国版本图书馆CIP数据核字(2022)第033213号

屡被中断的和平:美国中东军事史
LUBEI ZHONGDUAN DE HEPING: MEIGUO ZHONGDONG JUNSHISHI

著　　者:[美]安德鲁·巴塞维奇
译　　者:刘江晖
出版统筹:陈　实
监　　制:傅钦伟
责任编辑:田　野
特约编辑:丁大重
责任校对:夏丽芬
装帧设计:水玉银文化

出版发行:湖南人民出版社有限责任公司［http://www.hnppp.com］
地　　址:长沙市营盘东路3号　　邮编:410005　　电话:0731-82683357
印　　刷:长沙超峰印刷有限公司
版　　次:2022年11月第1版　　　　　　　　　印　　次:2022年11月第1次印刷
开　　本:710 mm × 1000 mm　　1/16　　　　 印　　张:30
字　　数:350千字
书　　号:ISBN 978-7-5561-2887-7
定　　价:88.00元

营销电话:0731-82683348(如发现印装质量问题请与出版社调换)

致读者

在谈到巴尔扎克时，亨利·詹姆斯写道："评价他之前，你要先尝试了解他的一切。"只要稍做调查，你就会发现为此"我们必须做多么深入的研究"。[1]本书围绕着或者说通过一个相当宏大的主题，讲述了决定大中东命运及其未来走向的美国军事努力，对那段历史进行了一次粗浅的探索。抛开其他不谈，《屡被中断的和平：美国中东军事史》一书旨在揭示，要付出多大的努力才能理解那些军事行动的后果以及曾经付出的代价。

大中东战争衍生出的众多问题将在今后几十年里吸引或者困扰大批学者。而我把自己的工作范围集中于四个最根本的问题上。对这几个问题的回答将为进一步深入探究奠定基础。首先，美国采取那些行动的背后动机是什么；其次，负责制定政策的文职官员及负责落实政策的军事指挥官们试图完成的任务到底是什么；再次，不论出于什么本意，接下来实际发生了什么；最后，后果又是怎样的。简而言之，本书尝试将这段历史的目标、行动和结果串联成一个有机的整体。

作为一名深切关注着国家命运的普通美国人，我希望借此清楚表达自己对这场尚未完结的战争的看法。战事已进入第4个10年。我们至今还未赢得胜利，甚至看不到胜利的曙光。我担心即使加倍努力，结局也不太可能有所不同。有人说由于这段历史尚在演进过程之中，所以盖棺论定为时尚早。然而，如果能记得或勇于接受那些被选择性忽略的事实，美国人就应该能够选择一条不同的道路。

安德鲁·J. 巴塞维奇（Andrew J. Bacevich）

沃波尔，马萨诸塞州

2015 年 12 月

注　释

1. 亨利·詹姆斯，《关于小说家的笔记》的注释（纽约，1914年），121 页。

目 录
C O N T E N T S

1 / 前言

第一部分　序幕

002 / 1. 选择战争

041 / 2. 升级

061 / 3. 神权武器库

076 / 4. 明星总司令的紧急电话

096 / 5. 中东疯狗之拳打脚踢及以牙还牙

108 / 6. 拯救恶魔

136 / 7. 没完没了

第二部分　间奏

172　/　8. 美好的愿望

203　/　9. 迷失巴尔干

222　/　10. 获胜的意义

252　/　11. 虚张声势的战争

第三部分　高潮

272　/　12. 改变他们的生活方式

299　/　13. 破门而入

338　/　14. 如何收场

371　/　15. 筹建中的政府

402　/　16. 混乱

430　/　17. 重回伊拉克

451　/　18. 世代战争

465　/　**致谢**

前　言

　　美国大中东战争始于茫茫大漠中的一次失败行动。但这次挫折与美军在第二次世界大战期间在凯塞林山口或在长津湖时不可同日而语。在那两场战斗中，很多美国军人伤亡。始于1980年4月24日夜，终于4月25日夜的"鹰爪行动"，美军的阵亡人数只有个位数。参与行动的美军士兵在与敌人正式接触前就被迫撤回。这就好比一支足球队在进场比赛之前就已承认败北。

　　对这次行动的策划者、指挥者和参与者来说，耻辱达到了无以复加的程度。可惜，前车之鉴，未能成为后事之师。美国未能从此次失利中得到有益的启示。大中东面临的问题需要军事解决这一根本错误的假设，不仅未能引起合众国的警觉，问题反而变得愈加复杂难解。

　　"鹰爪行动"计划将稳健的目标与大胆的策划融

为一体。随着数十年美国大中东战争的演变,历任总统开始用各种华丽的辞藻对美国的大中东战略进行美化。他们承诺会利用得天独厚的军事优势使这片土地繁荣起来。美军将恢复这里的和平,扩大民主;他们会帮助受难者,保护无辜者;他们将推动法治建设和人权事业大幅进步。

作为大中东战争的肇始,其实当初只是一次短促行动,参与者并没有设定那么宏大的目标。他们不过是为了完成一次救援任务而已。

前一年(1979)11月,一群年轻的伊朗激进分子在革命热情的驱使下占领了美国驻德黑兰大使馆,他们劫持了美国的外交官和其他一些官员。要求释放人质的谈判徒劳无功。情势已经相当明了,现在已没有其他的选项,因此卡特总统被迫命令美国士兵前去冒险一搏。

由美军参谋人员精心策划的行动最终被总统批准。该计划非常复杂,一着不慎就可能满盘皆输。[1]

"鹰爪行动"在沉沉暗夜中缓缓展开。6架C-130运输机从阿曼附近的马西拉岛起飞,将和游弋在附近的"尼米兹"号航空母舰上起飞的8架重型直升机配合行动。被五角大楼称为"沙漠一号"的集结地点位于伊朗内陆的无人居住地带。那里地处偏远,地势非常平坦。

除燃油外,C-130运输机还搭载了由精锐突击队员和陆军游骑兵组成的特遣队。在"沙漠一号"地区,直升机群将补充燃料,随后运送特遣队员到达德黑兰附近的待命区域。此次救援计划和1942年的空袭东京行动或其他几次更复杂的行动一样大胆。整个行动就此拉开了帷幕。

救援计划是否会取得成功一直颇有争议,但实际上计划的第一阶段都未能顺利完成。人性的瑕疵和弱点让坏运气的影响雪上加霜。

行动的进程表明"沙漠一号"的位置还不够偏远，和此次行动的要求也并不十分契合。当直升机陆续抵达现场时，美军竟与伊朗人不期而遇。一辆涉嫌走私的燃料运输卡车最先出现在现场。美军匆忙应战并成功击毁了车辆，然而司机却得以侥幸逃脱。随后，一辆满载平民的大客车路过此地。司乘人员全被美军控制了。保密是秘密行动赖以成功的关键，这个前提现在已然不复存在。此时，着陆飞机的引擎仍在高速运转。它们卷起漫天沙尘，严重影响了现场的能见度。

更糟糕的是装备故障。有8架直升机从"尼米兹"号航母起飞，但破裂的螺旋桨迫使其中一架中途降落，退出了行动；另有一架则遭遇了导航问题被迫返回；在"沙漠一号"地区，第三架直升机因液压故障无法操作。执行此次任务至少需要6架状况良好的直升机。由于只剩下5架可调遣，除非全凭经验小心调整计划，否则无法按原定方案继续执行。狂妄自大、脾气暴躁的特遣行动指挥官不愿为此冒险。相反，在取得华盛顿方面的同意之后，他中止了行动。所有参与方要尽可能悄无声息地迅速各归各位。好在到此为止，参战人员毫发无损，也没有发生大的纰漏。

厄运不期而至。离开"沙漠一号"之前，所有尚可操作的直升机需要补充燃料，加油要在黑夜的掩护下完成。在漫天沙尘中，在空中盘旋的一架直升机的螺旋桨碰到了地面上C-130运输机的驾驶舱，两架飞机相继起火。能够撤离的士兵纷纷从熊熊大火中逃了出去。随之而来的混乱导致美国大中东战争有了第一批人员伤亡。8名美国军人遇难，另有数人重伤。幸存者登上剩余的几架C-130运输机，仓皇逃离现场。直升机、文件、保密装备和战友的遗体被抛在脑后，丢弃不顾。

4月25日上午，面色严峻的卡特总统出现在国家电视台，向他的同胞通报了救援行动失败的消息和惨淡的结局。将"鹰爪行动"令人失望的结局归结为"设备故障"原因的同时，卡特总统坦率地承担了任务失败的全部责任。"是我决定执行此次救援行动"，他对全国人民说，"也是我决定终止了行动……责任完全在我。"[2]

作为控制负面影响的策略，卡特总统摆出"责任在我"的立场只是政治应急的手段。然而，在展示勇于担当责任的同时，他把人们的注意力从更紧要的问题上转移开。混淆视听的手段被伪装成了敢于直面问题的勇气。

诚然，作为总司令，卡特总统的确批准了人质营救计划。然而，在制订具体方案及执行细节方面，总统并没有直接发挥作用。设计和执行阶段的无数错误注定了此次任务前路坎坷，而且这些责任都在军队的管辖范围之内，几乎没有例外。军事专家们要为这次行动的失败承担主要责任。[3]

总统犯下的错误属于更高层次的错误，主要集中在基础政策领域。公平地说，第二次世界大战时期的前任总统们并没有给他留下任何馈赠。他们建立的横跨大中东（从北非、西非到中亚、南亚的广大地区）的关系网经不起仔细推敲。他们做出的承诺愚不可及，乃至对美国的真正利益都做出了错误解读，更不必说只把中东作为战略上的次要考虑。[4]

在吉米·卡特总统任期内，这种摇摇欲坠的建构开始崩塌。先是爆发了伊朗革命，紧接着发生了苏联入侵阿富汗的事件。作为回应，美国近代史上最倡导和平的总统正式将该地区列入为之备战的名单之中。这很大程度上也是基于美国国内的考虑。这些石油资源异常丰富的地区恰好与伊斯兰世界的核心地带相重合。然而，卡特总统无意中为美国在大中东开启了战争模式，而不是努力纠正他所继承的那些错误。这场一直绵延至今的战争的终结看来遥遥无期，获胜的希望也非常渺茫。

作为战争的开端，"鹰爪行动"似乎是一个先兆。它预示了未来诸多事件的模式：行动发起时总被寄予厚望，但最终结果却是莫名的失败。回头来看，我们也许可以把在"沙漠一号"经历的事件看成众神或上帝的警告：不要误入歧途。不要沉迷于幻想，妄图以美国的军事优势来化解美国在大中东地区的政策矛盾。

此时，美国人对这些警示视而不见，听而不闻。或许是因为懒惰，或许是由于不负责任，他们选择了置之不理。自此之后，我们一直在吞下苦果。

注 释

1. 有关任务的详细说明，请参阅马克·鲍登：《阿亚图拉的客人》（纽约，2004年），223-233页，409-413页，431-468页。

2. 吉米·卡特，《美国伊朗人质救援事件的全国讲话》（1980年4月25日）。除非另有说明，本书中的所有总统发言、声明，以及书中引用的白宫文件都可以方便地在美国总统项目 presidency.ucsb.edu 上获得。

3. 五角大楼1980年8月完成的《伊朗人质救援任务报告》，即众所周知的《霍洛威报告》。报告叙述了那些经过粉饰的错误。为参议院军事委员会编写的报告语气则更为严厉。它把"拙劣的指挥官，笨拙的组织和对紧急情况的估计不足"列为主要问题。见尼古拉斯·丹尼洛夫：《人质营救任务失败是由于拙劣的指挥》，《波士顿环球报》（1980年6月6日）。

4. "大中东"这个词主要是西方特别是美国想行使权力而存在的，是发明出来的。就本书的目的而言，"中东""近东"或"波斯湾"这样的传统术语已不足以描述美国军事活动的范围或开展这些活动背后的野心。所以我选择使用这个更符合华盛顿虚构世界地图的比较准确的词语。参见多纳·斯图尔特：《大中东和布什政府意识形态构想的改革》，《地理评论》（2005年7月），400-424页。

第一部分

序幕

1. 选择战争

战争伊始,美国大中东行动的目的就是保护美国人的生活方式。它植根于美国对自由含义的独特理解,以及对廉价能源的大量需求。就像美国独立战争是为了独立,美国内战是为了解放奴隶一样,石油始终是美国大中东战争的重要原因。随着时间的推移,其他因素也陆续列入考量之中,并使战争行为更复杂化。但石油作为自由的先决条件,从战争的第一天起就一直是美国当局考虑的重要因素。

那时的我还年轻,正初次体味到爱情的甜蜜。处于热恋中的我,没人能管得了。那是1969年6月,我已从西点军校毕业,刚被任命为陆军少尉的我正在家中休假,借此机会我向未来的妻子展开了疯狂的追求。她住在芝加哥南边,而我母亲家在印第安纳州的西北部。

每天晚上,我都会开着崭新的、有着漂亮苹果红烤漆和黑色条纹饰条的福特野马汽车去芝加哥和我的心上人约会,直到清晨才返回家中。每次出发前,我都会到加油站停车加油,10加仑*就足够来回了。那时的油价是每加仑29.9美分。3美元并非微不足道,少尉的月薪只有343美元(需要特别注意,这是每月偿还车贷之前的数字)。但我用这笔费用换来了浪漫。我已记不清当时是否追问过汽油到底来自得克萨斯还是加利福尼亚,也不记得自己是否问过这样的资源还有多少可供开采。和大多数美国人一样,我想当然地认为汽油是取之不尽、用之不竭的资源。对我来说,当时唯一确定的是,4年的西点军校学习生涯已经结束,而越南战争就在眼前。

1969年的那个夏天,驾驶着福特野马汽车东奔西跑的日子当真是相当惬意的。

当时对这种自由的鄙夷之情相当普遍,战后一些批评家就怀有这种鄙夷,包括美国社会学家赖特·米尔斯和大卫·理斯曼,还有威廉·怀特以及记者万斯·帕卡德等。那些表面上疏离冷漠的战后美国人,被困在了让灵魂麻木的"管理和运营的新世界"里。正如米尔斯所说,自由对他们来说与"合成兴奋剂"相差无几。[1]

也许确实如此。然而,无论这类批评有多少可取之处,它对普通美国人的欲望并未产生太大的影响。美国人的生活方式可能有点自以为是或者金钱至上,而且它的基础单调又乏味。但是,即使对中等收入者来说,实践美式自由也不乏快乐和满足感。

新车的异味很快会挥发干净,快乐时光往往稍纵即逝。但是,这种生活方式背后不言而喻的前提是,"更多"的美好在向我们招手。美国人更倾向于用量化来衡量自由。"更多"意味着"更大"或"更好"。然而,驾驶着或渴望驾驶最新版"底特律油老虎"

---

* 1加仑(英)=4.54609升。——编者注

的普罗大众,很少有人意识到这种欲望的危险性。

每天晚上,在驱车赶往芝加哥的路上,我会一边收听电台广播,一边享受空调吹出的冷气。随着时间的流逝,油箱汽油来自美国之外的比例正变得越来越大。1969年,美国人每天消费的1500万桶原油中,进口部分已经占20%。接下来的一年,美国国内石油产量达到每天1200万桶的峰值,此后便开始下降,并一直持续到20世纪末,这似乎不可逆转。来自国外的石油比例则相应地增加了。10年之内,进口的外国石油达到了每天800万桶。[2]

到1973年,甚至像我这样的人也不得不关注这个问题。那年秋天,为了报复美国在"十月战争"中站在以色列一边,阿拉伯国家暂停了对美国和西方其他国家的石油出口。石油禁运的影响立竿见影,后果非常严重。由此导致的石油短缺几乎使美国经济陷入瘫痪,还引起了美国民众的普遍恐慌,因为他们已将便利的出行视为与生俱来的权利,这种权利却被突然剥夺了。石油成了武器,成了外国人蓄意伤害美国人的武器。它的出现有些莫名其妙,但对美国民众的生活确实构成了直接影响。

这场危机引发了美国和苏联之间另一场针锋相对的对垒。恰在此时,美国国务卿亨利·基辛格宣布美国军队进入戒备状态,随时准备剑指中东。当时,我还是一名上尉,驻扎在得克萨斯州的布利斯要塞。此地就在埃尔帕索旁,和墨西哥遥遥相对。我服役的那个团制订好了作战计划,准备随时开拔,部署到联邦德国去,参与北约保卫西欧的行动。如果有必要,我们可能会占领华雷斯市。但是我们并没有前往波斯湾作战的计划,无论是为了阻止苏联武装干涉的威胁,还是为了占领阿拉伯人的油田。[3]这种想法似乎相当荒谬。当时确实如此,然而没过多久形势就有了变化。

幸运的是，部署计划并未真正施行，紧急状态成为过去，波斯湾的石油进口最终得以恢复。然而，汽油的易得性和价格已经成为当时和之后国家关注的焦点。虽然美国人能够接受遍布核武器的星球家园（当时与苏联进行削减核武器谈判的前景看起来只有理论上的可能性而不具备实际的意义），但是他们不能接受没有石油的世界。那样的话他们就无法生存下去。在这种微妙的情况下，国家安全的关注重点开始发生转变。

作为对此次石油危机的直接回应，尼克松政府草草地拟订了一项计划。用总统自己的话说："要确保到本世纪末（20世纪末），美国不再依赖于本土以外的任何能源。"尼克松称之为"独立"项目，最重要的是保护自己。除了敦促美国人要节约能源之外，政府规划的细节依然模糊不清。尼克松只是对天发誓"我们将再次拥有充足的能源供应"，"我们不仅将解决这个时代的能源危机，今后也再不会为此担忧"。[4]

尼克松的承诺没有兑现，但他的愿景并未消失。

美国的政治议程已经将能源自给作为重要目标纳入"必须完成"的清单之中。然而，出于众所周知的原因，一些"必须完成"的项目以往从未达到预期目标，比如简化免税代码或减少五角大楼武器研发项目的成本超支等。

此种想法之所以能够存续下来，是因为它对民众有着广泛的吸引力。然而，追求能源自给所产生的更大的政策影响在某些方面不太受人欢迎。这种努力意味着紧缩或让步。这与20世纪后半叶整个世界的运作方式格格不入。与其奢望美国容忍其他国家为所欲为，不如期待那些国家适应美国的诉求。〔那些国家是指当时新成立的石油输出国组织（OPEC）的成员国，主要是阿拉

伯国家］

　　作为不满情绪的衍生品，一种新观点开始在政策辩论中悄然出现，认为美国的军事力量可以有效地实现这种转变。例如在发表于 1975 年 1 月《评论》杂志的一篇文章中，知名政治学家罗伯特·塔克写道，华盛顿显然不愿考虑在阿拉伯世界进行武装干涉的可能性。塔克警告说，"如果不能改变目前的形势"，"类似（20 世纪）30 年代的灾难"就将向美国人招手。坚持"在动武之前，必须先尝试所有其他补救方案，直到证明这些方案成效不佳，无法制止混乱为止"的做法简直荒谬至极。当涉及石油供应这样的重大议题时，从刚刚结束的越战中习得又被广为接受的经验已不再适用。塔克希望政策制定者认真考虑在中东使用武力的可能性。[5]

　　两个月后，《哈珀杂志》的一篇文章进一步地详细描述了直接占领沙特油田的计划。这篇文章被认为很可能出自迈尔斯·伊格诺图斯，他显然消息很灵通。他说，4 个陆军师外加 1 支空军特遣部队，配合以色列提供的慷慨支持，行动必会奏效。除了附议了塔克的观点之外，伊格诺图斯还把那些没有骨气的美国领导人与"慕尼黑懦夫"归为一类。允许石油输出国组织决定世界石油价格，和执行"无用的绥靖政策"无异，必将导致更多的灾难。[6] 相形之下，强有力的军事行动提供了从容的、几乎无风险的解决方案。

　　伊格诺图斯的真名是爱德华·卢特瓦克。他是著名的国家安全政策批评者和五角大楼的顾问。在推演美国攻击沙特油田的计划时，他所追求的目标远远超出了能源安全议题的范围。卢特瓦克是寻求"彻底变革战争形式"团体的一员。他和他的志同道合的团队成员看法一致，认为沙特阿拉伯可以提供一个舞台，展示使用"快速机动轻型武装力量渗透至敌人核心区域"

的可行性，从而为取得最终的胜利提供一条捷径。这是20年之后所谓的军事变革的早期版本。卢特瓦克后来声称，2003年美军入侵伊拉克，可以视为"变革成功"的标志。[7]

除了尖锐刻薄的语气，两篇文章都透露出强烈的权利意识。伊格诺图斯写道，为了确保获得"既非阿拉伯人制造也非阿拉伯人发现"的石油，美国人就向"阿拉伯国王或阿拉伯独裁者的政治勒索"低头，这是奇耻大辱。诚然，巨大的石油储量就在"他们"的领土之下。但对塔克和伊格诺图斯来说，这充其量只是出于偶然。中东石油应该属于发现、开发并真正需要它的人。因此，不管从哪个角度讲，石油都属于"我们"。这一观点引起了美国民众的普遍共鸣。只要善用美国的武装力量即可确保这些权利的实现。

然而，值得注意的是，以上分析缺乏对历史背景的评估。从塔克和伊格诺图斯的表现来看，他们对中东近代史缺乏兴趣。他们忽视了西方干涉主义过往的遗留问题，尤其是该地区上一任霸主——英国遗留下的问题。美国取代英国成为阿拉伯世界的主导力量之后，表现得有些不知所措。更客观地说，应该给美国人一些缓冲时间来适应其在大中东地区充当的新角色。毕竟，从英国人的经历中可以汲取的经验都是警示性的。美国人在那里接过的不是接力棒，而是烫手山芋。

更令人惊讶的是，塔克和伊格诺图斯甚至没有对当地宗教及其政治影响表现出任何兴趣。他们所持的观点完全是世俗化的，而伊斯兰教完全没有被提及。塔克和伊格诺图斯相信一旦美国宣称直接控制阿拉伯的石油，美国军队未来在大中东地区的军事存在就是理所当然的事。然而，他们都忽略了一种可能性，即军事占领长期化可能遭遇不可预见的困难，或者会刺激当地的敏感问题，抑或是陷入古老的教派冲突或种族纠纷之中。通常情况下，在制订周密计划时，美国会把苏联这个重量级对手的潜在反应作为考量因素；多数情况下，重要盟友的利益也在考虑范畴之内。但像伊朗、伊拉克或沙特阿拉伯这样的小国，虽然也可能会妨害或阻碍超级大国行事，但这并非美国人此时此刻准备考虑的问题。塔克和伊格诺图斯给出的政策处方是这种想法的具体体现。然而在越南民主共和国（1976年改名越南社会主义共和国）正在发生的一切表明这种想法是错误的。

关于美国中东军事化政策的提议最初在五角大楼并未受到欢迎。第二次世界大战以来，只有德怀特·艾森豪威尔曾在1958年下令对黎巴嫩进行过短时间的武装干涉。发生的时间介于朝鲜战争和越南战争之间，当时也没有发生真正的流血事件。除此之外，美国军队一直尽力避开该地区，而将主要工作交由外交官和类似军情五处的情报人员负责。[8]

在20世纪70年代初，美国军队手头上有太多需要关注的工作。刚刚结束的越南战争使美国的武装部队，特别是美国陆军，在身体和精神上都遭受了重创。从那场不幸的苦难中迅速恢复过来是当时的主要挑战；其次需要优先考虑的是应对苏联的威胁。这意味着重新装备和调整部署被放在所有计划的最后。在波斯湾进行武装干涉被视为极不可能的事。把美军派往伊斯兰世界其他更遥远区域（比如远征阿富汗或者索马里）的想法就显得更加荒谬。

因此，当国防部长埃利奥特·理查森在1973年4月向美国国会提交年度报告时，他对中东几乎没有什么兴趣。他只是顺带表达了对能源安全的担忧。这份长达126页的文件仅用很小的篇幅对中东问题进行了专门论述。

理查森首先表示他希望结束"可能会引发暴力的阿以冲突"。他举例说明美国的军售和"有限的军事存在"是为了"稳定当地的局势",并倡导以谈判来解决争端。然而,理查森也明确表示,核心问题无法由华盛顿单方面解决:"只有相关各方在和解和克制的前提下,创造符合共同利益的解决之道,才有可能实现地区的和平与稳定。"

在另一段论述中,他强调,虽然波斯湾的石油占全球储量的一半左右,但美国"主要期待中东各国自己维持地区的和平与稳定"。五角大楼的首要任务将放在其他方面。[9]

一年后,"十月战争"结束不久,美国仍在第一次石油危机中挣扎,理查森的继任者詹姆斯·施莱辛格明确表示,任务的优先次序并没有改变。五角大楼的工作主要聚焦在美苏间的竞争。在评估对国家安全的主要威胁时,施莱辛格写道:"我们主要考虑了苏联的影响。"

他的长达 237 页的报告反映出国防部对优先任务的考虑。报告简略提及了不久以前爆发的阿以冲突。这次冲突给美国传达的经验教训都只是"确认了之前的一些判断"而已。除此之外施莱辛格对中东问题选择了视而不见。在"为突发事件做好准备"的大标题下,这位国防部长把欧洲、东北亚和东南亚(这真令人难以置信)确定为美军可能遭遇冲突的区域。波斯湾水域,石油储量丰富的这片土地还远未达到引起关注的地步。[10]

一年过后,另一位国防部长走马上任,但这种观点并没有随之发生根本性的改变。1975 年 11 月,唐纳德·拉姆斯菲尔德走上了五角大楼的领导岗位。他在任仅 14 个月。任期被大大缩短的原因是杰拉尔德·福特在 1976 年的总统竞选中失利。1977 年 1 月,共和党 8 年执政即将宣告结束之时,拉姆斯菲尔德提交了最新的年度报告。在超过 300 页的篇幅里，他宣称对大幅提升美国军事实力充满信心，同时也对日益增长的苏联威胁发出了严正警告。美国正变得越来越强大，但在与苏联的竞争中，正被甩得越来越远。

因此，对拉姆斯菲尔德来说，中东依然只是以后才要认真考虑的事情。他承认，"不间断地获取中东的石油和天然气固然是美国的根本利益所在"，但是满足这一利益诉求并不需要美国军队的支持，也不需要花费五角大楼预算中的一分一厘。其他地方更加需要美军和美元。因此，拉姆斯菲尔德表明了华盛顿的倾向，把问题转交给那些能够为地区秩序做出贡献的"友好可靠的军事力量（例如伊朗、沙特阿拉伯、摩洛哥等）"，为"友好和重要的政府"提供武器装备就足以应付。他们应该为"维护地区的和平与稳定"做出贡献。[11]

换句话说，到 20 世纪 70 年代中期，五角大楼的战略重点仍未受到波斯湾地区及其周边局势的影响。对像罗伯特·塔克这样的鹰派观察家来说，随着石油输出国组织的崛起，美国对能源的依赖日益增强，这可能意味着"根本性的力量转移"，因此需要采取激烈的行动。[12] 但实际上，那些负责制定美国国家安全政策的人并不这样认为。他们不愿采取行动来消除这种变化带来的影响。随着吉米·卡特当选总统，一切都将改变。

在民族国家构成的世界里，良好的意愿和善意的目标并不足以带来和平。避免战争是和平的极简主义定义。它看似简单，但落到实处却意味着不同想法之间的剧烈碰撞。治理国家时，为自己着想必然优先于为大家着想。

吉米·卡特把自己视为和平的缔造者。在这一点上，不必怀疑他抱负的诚意。他怀有善意——在他众多令人钦佩的品质中，这绝不是最不重要的。然而，运用手中的权力时，卡特却缺乏足够的手腕。他没有那种与生俱来的狡诈特质。但这是每个成功的政治家都拥有的特质。或许你可以说卡特自负、小气、敏感，但这些都不是致命的缺陷。可一旦不够狡猾的缺点被发现，他国内外的对手都会毫不犹豫地加以利用。

一个直接的后果是它触发了对美国战略利益的全面重新排序。从国家安全的角度来看，大中东问题开始变得重要，这在以前很难想象。从二战结束到1980年，几乎没有美国士兵在该地区服役时牺牲的记录。[13] 10年过去，情况发生了巨变。自1990年以来，几乎没有任何美国士兵在大中东地区以外服役时丧生。卡特总统并没有有意设计，也没有预见到这样的变化，正如在1914年夏天，欧洲政治家们既没有有意设计，也没有预见到他们释放出来的战争魔鬼如此恐怖。但卡特和他们一样，不可避免地要对后果承担责任。

1977年1月下旬，当卡特入主椭圆形办公室时，前任留给他一团乱麻。过去15年来，世界各国不时发生的暗杀、种族骚乱、社会动荡，还有总统引咎辞职以及代价高昂、此起彼伏的内战，都让美国陷于困境。经济发展此时也是步履蹒跚。美国的实力和影响力似乎正在减弱。理查德·尼克松总统和他的首席助手亨利·基辛格放弃西方固有价值观的阴谋行径［比如与克里姆林宫签署协议；抛弃越南共和国（南越）人民，让他们在命运的洪流中随波逐流等］是对美国民主自由的嘲弄。

像所有新总统一样，卡特承诺改天换地，并要站在尼克松的对立面。在巡回竞选演说时，他一再向美国民众承诺："我永远不会对你们撒谎。"在充斥着撒谎精、骗子和小偷的华盛顿，这是相当激进的承诺。卡特要亲手恢复国家的道德准则。这是历史赋予他的使命,召唤他去完成。在外交政策上,这意味着言出必行。美国将再次捍卫自由、促进和平,推进人权事业的发展。

完成这些任务首先需要克服卡特所说的"对共产主义的过度恐惧"。这种恐惧使得美国长期以来同腐败、严苛的政治,以及其他令人厌恶的因素同床共枕。没有依据地反共扩大化使美国人变得愚昧,并扭曲了国家政策。卡特认为,摆脱不断自我强化的意识形态束缚,可以使美国超越冷战思维,走上追求"为人类服务"的道路。卡特在为人类服务的时候,构想了雄心勃勃的外交计划。这包含减轻第三世界的贫困问题,最终解决阿以冲突,以及"彻底销毁我们武器库中的核武器"。[14]

计划原本并不包括在大中东地区启动战事。但是,总统还没开始执行拯救计划,事态的发展已然先他一步。其中最重要的是伊朗革命的爆发。

在20世纪70年代中期,伊朗被华盛顿视为自己在波斯湾坚定可靠的代理人。[15] 尽管双方偶尔也会有嫌隙,但这个假设基本上无可争议,而另外两个假设则被证明值得商榷。其中一个假设是伊朗国王在政治上安全无虞,另一个假设是可以指望国王成为美国可靠的代理人。这两个假设都极端愚蠢。卡特本人也未能意识到伊朗国王是一只待宰的羔羊。

1977年12月31日,在德黑兰举行的国宴上,卡特发表答谢伊朗国王的致谢辞。他热情洋溢的讲话被摄像机忠实地记录了下来。这注定成为卡特总统搞笑秀的一部分。卡特宣称,伊朗是"世界纷争最频繁地区的一座安全岛","这是对陛下您,对您伟大的领导,以及子民给予您的尊敬、钦佩和爱戴的伟大赞赏"。[16]

事态的发展证明美国总统对伊朗人民与其君主之间关系的描述极其不合实际。然而,卡特发表的讲话体现了当时美国的国策。

华盛顿在伊朗国王身上投入巨大，无法承受投资失败的结果。

这项投资始于1953年，当时美国中央情报局协助策划了一场政变，帮助年轻的国王重新登上王位，同时推翻了民选的伊朗政府。在冷战期间，华盛顿向国王提供了大量军事和经济援助，以换取他采取共同的立场。而在1969年尼克松主义将这种状态推至顶峰。尼克松主义在越战期间的尝试，旨在减轻美国在世界范围内的军事责任。尼克松提议授权可靠的盟友承担维护地区安全的责任，从而减轻美国的负担。只要招募来的代理人能多做一些事，美国就能相应地减少一些负担。

波斯湾似乎是实施这一理念的理想之地。石油出口的繁荣给伊朗带来大量的现金。在1968年英国决定从"苏伊士以东"撤军后，尼克松总统希望通过向伊朗出售美国尖端武器，帮助伊朗国王取代英国在此之前长期扮演的角色，维护海湾地区的稳定。华盛顿从来没有在伊朗计划中考虑过推动民主和人权的进程。

至少在这个方面，专制的国王欣然同意。然而，他的目的与华盛顿有所不同。他希望伊朗成为这个时代的地区霸主，同时依然处于自己的独裁统治之下。而军事现代化被视为这种努力的一部分。

《纽约时报》的一篇报道暗示，即便尼克松总统的目标和伊朗国王的野心并非完全吻合，但它们至少也是彼此相通的。[17] 其直接后果是美国对伊朗的武器出口大幅飙升。在1950年至1972年，美国向伊朗提供了大约15亿美元的武器。这些武器主要由美国政府资助。德黑兰从1973年起成了付费客户。仅在那一年，伊朗就同意以20多亿美元购买了美国的先进武器。[18] 在接下来的6年里，伊朗总共采购了超过190亿美元的武器，其中包括F-14战斗机、C-130运输机、导弹驱逐舰、直升机、坦克和防空导弹等。[19] 1978年，身处困境之中的伊朗国王又向华盛顿提交了一份采购清单，要增加120亿美元采购军事装备。国王虽然没有得到他所期待的一切，但也相差无几。事实上，经过激烈的讨论之后，美国甚至同意向伊朗提供核反应堆。为了消除美国的担心，伊朗国王个人担保自己的国家没有获取核武器的任何企图。[20] 这是伊朗核项目的前身，注定在21世纪成为争议和关注的源头。

军售飙升的同时，居住在伊朗的美国人的数量也随之增加。到1978年，美国驻德黑兰的军事人员达到1122人，其中包括为伊朗军队提供武器转让、协调培训支援的服务人员。此外，还有大约4万名美国公民在伊朗工作，他们是美国国防承包商的雇员。格鲁门公司在伊朗保留了1000名工程师和技术人员来维护伊朗空军的F-14战斗机。诺斯罗普公司也提供类似的服务，以支持伊朗的F-5空军中队。贝尔直升机的服务团队由超过1500名雇员组成，他们在一名退役美国陆军少将的指导下工作。[21] 这种情况并不罕见。在伊朗和波斯湾其他地区活跃的武器制造商为退伍军官提供了待遇丰厚的机会。[22] 其他在伊朗拥有重要影响的知名国防承包商还包括通用电气、休斯、洛克希德、麦克唐纳-道格拉斯、雷神、罗克韦尔和汤普森·拉莫·伍尔德里奇。虽然少数国会议员担心，美国作为世界主要武器出口国，可能正在推动中东地区的军备竞赛，但大多数议员认为没有理由担心美国军工联合体享受到的这些实惠会有什么不妥。[23]

华盛顿的美国国务院和国防部官员相信，伊朗军方对美国专业能力和技术援助的依赖已转化成美国对伊朗的影响力。在外包安全方面，尼克松主义认为，美国选择的合作伙伴应该按照华盛顿希望的方式行事；如果他们拒不配合，美国只要停止通信、情报和后勤支持就能迫使他们就范。[24] 更有可能的是，伊朗人只要意识到自己对美国的依赖无所不在就会乖乖听话了。

伊朗国王本人对问题的看法恰恰相反。他认为,美国人之所以向伊朗出售武器,是因为伊朗能够履行至关重要的安全职能。这正是美国人自己无法或不愿履行的。在美伊关系中,伊朗占据主动。在1976年举行的一次记者招待会上,在回答美国记者提问时,伊朗国王并没有掩饰自己对这一问题的信心。"如果有一天伊朗处于崩溃的边缘,美国会如何反应?"他反问道:"美国有选择的余地吗?"华盛顿将继续加强伊朗的军事力量,伊朗国王说,否则只会出现"全面的核毁灭或者越战重演"。[25]

提升伊朗(以及沙特)的军事实力,可以避免美国直接介入该地区的军事行动。这是美国战略计划的目的所在。对此,美国高级官员心知肚明。1972年8月,美国助理国务卿约瑟夫·西斯科在众议院小组委员会做证时表示:"以前英国一直在为波斯湾地区的安全承担责任。现在时代已经不同,美国没有必要继续履行和英国一样的责任。"换句话说,美国希望避免军事介入大中东地区。西斯科强调:"在该地区的任何国家扮演任何战术层面的军事角色都不是美国的真实意图。"[26]

然而,尽管事实上美国向伊朗提供了大量武器,伊朗国王还是失去了对权力的掌控。他的所谓"白色革命"疏远了伊朗社会从世俗自由派到宗教保守派的各个阶层。所有人都把国王看作美国的狗腿子;每个人都认定美国是寄生虫,甚至在为伊朗政权腐败背书时也要从中渔利。到1978年初,这些不同的力量汇聚成一股统一的政治势力。他们拥有一个共同的目标:推翻国王和他的追随者。就在卡特新年前夜访问德黑兰的一周之后,伊朗各大城市的抗议活动开始不断扩大。反对派的行动在不断升级,国王却在让步还是镇压问题上摇摆不定。抗议者将这种犹疑当成了国王软弱可欺的证据。

伊朗国王的反对者越来越多地流亡到海外，并聚集到极具魅力、坚定反美的什叶派神职人员阿亚图拉·鲁霍拉·霍梅尼的身边。这时华盛顿也在犹豫不决。在卡特政府内部，对是否可以甚至是否应该拯救国王的问题双方存在着尖锐的分歧。来自美国的混乱信号进一步削弱了伊朗国王日益减少的勇气和自信。1979年1月16日，由于统治越来越无力维持，他选择流亡海外。2月1日，霍梅尼回到伊朗。当他抵达德黑兰时，数以百万计的狂热支持者夹道欢迎。自此，尼克松主义沦为废纸一张。不久之后，美国在伊朗的所有军事任务被迫终止。军火公司的分支机构也纷纷关门大吉。

在五角大楼内部，重新评估美国的大中东政策被排上了议事日程。1979年6月，当时名不见经传的国防部官员保罗·沃尔福威茨的一项研究刚刚完成，并在整个国家安全部门引起了注意。他在《有限应急研究》一文中写道，"波斯湾的重要性和日益增长的风险"源于"我们对波斯湾石油的需求，以及波斯湾发生的事件对阿以冲突的影响"。沃尔福威茨坚持要扩大对波斯湾的定义。他给出的定义是"东北方向可以扩展到巴基斯坦与伊朗之间，西南方向可延伸到也门一带"。[27]

对该地区的稳定构成威胁的因素数不胜数。沃尔福威茨列举了"意识形态之间的对抗、领土争端、现代化趋势与传统势力间的角逐、由来已久的种族和宗教间的仇恨，以及由极其脆弱的政府控制的巨额财富带来的纯粹的个人野心等"。尽管如此，其中有两个因素至关重要：首先是美国强大的对手——超级大国苏联可能制造的麻烦，其次是伊拉克复兴社会党的野心与泛阿拉伯激进民族主义的企图。

沃尔福威茨认为第一种情况的危险性大,但第二种情况的可能性则更大些。他断言:"在波斯湾,伊拉克已经成为军事上首屈一指的国家。"为了解决"新兴伊拉克的威胁",美国要"展示出我们平衡伊拉克力量的能力和决心"。[28]他用平实的语言提出美国的军事力量无论以哪种形式,都要介入到这种平衡之中,比如"顾问、反暴乱专家、象征性的战斗部队,或是重大的承诺"。"展示对伊拉克采取行动的意愿将使美国能够维持该地区岌岌可危的稳定。至少要杀一儆百,这将有利于应对其他威胁"。

沃尔福威茨对伊拉克的早期关注到底是有先见之明的判断,还是制造恐慌的哗众取宠,可能仁者见仁智者见智。虽然极大地高估了伊拉克的军事实力,但他对伊拉克野心的估计,正确和有益的成分居多。没有人会把萨达姆·侯赛因统治下的伊拉克看成安于现状的大国。但这里的重点不是个人的偏执注定会导致误入歧途。沃尔福威茨希望通过更深入的论证,让波斯湾成为美国军事工作的重点。

国防智囊中的重磅人物纷纷支持这一主张。在华盛顿,除非有某种契机,否则没人会对根深蒂固的习惯提出质疑,这种质疑在任何情况下都很少出现。而契机通常是深孚众望、信誉卓著的权威背书的结果。这一次的权威是沃尔福威茨的研究生导师和政府智囊阿尔伯特·沃尔斯泰特,他发表了一系列的专栏文章,呼应沃尔福威茨的分析,并提醒华盛顿要"为侧翼可能发生的紧急情况做好准备",尤其是在波斯湾。沃尔斯泰特指出:"多年来,我们的眼睛一直紧盯着德国的富尔达峡谷*地区,因为那里可能发

---

* 德国图林根州和黑森州交界地区不同山脉所形成的夹道。冷战期间,因邻近东德、西德边境,被视为以苏联为首的华约军队进攻西欧的重要通道之一,故有北约军队重兵监视、把守。——编者注

生大规模进攻。"而现在,美国需要拓宽视野。[29]沃尔斯泰特写道:"不管你喜不喜欢,美国及其主要盟友的命运都将与石油输出国组织休戚相关。"因此,提升"应对波斯湾和中东地区暴力和不稳定"的能力已成为一项战略任务。[30]

我们将会看到,这个推理不乏漏洞的观点在短短几个月内就开始流行起来。然而,与此同时卡特总统在大中东问题上提出了一项美国军事化政策的替代方案。他质疑美国的未来会与石油输出国组织如此密不可分。回头来看,正确的战略方针当时并没有被采纳。

推翻国王的伊朗革命引发了第二次"石油危机"。伊朗的原油产量急剧下降。石油输出国组织一次又一次地借机涨价。这对已经陷于困境的美国经济产生了不利影响。尽管汽油供应依然充足,美国民众还是陷入了恐慌。加油站再一次排起了长龙。吉米·卡特的支持率大幅下滑,与理查德·尼克松辞职前夕的惨状不相上下。而此时次年的总统大选即将到来。1979年的夏天,卡特赢得连任的前景似乎难言乐观。

这是需要总统展示其强大领导力的时刻。白宫适时宣布总统准备针对能源问题的重大政策进行演讲。由于卡特总统觉得还需要再仔细斟酌一些细节,所以他决定推迟原定计划。他离群索居于马里兰州卡托克山脉的戴维营。在10天时间里,他咨询了美国的高层人士和底层民众,希望找出陷国家于困境之中的根本原因。他的结论是:石油并非问题的关键所在;相反,对石油的依赖才是更大、更棘手的麻烦,它标志着美利坚成了失去道德担当的国家。复苏的前景取决于对石油的依赖程度。

当卡特最终从群山之中返回时,他和美国民众分享了自己的发现。如果不论效果,他在1979年7月15日发表的全国电视讲话的内容可与亚伯拉罕·林肯的渊博相媲美，可与伍德罗·威尔逊的预见性相抗衡，可与富兰克林·罗斯福的远见相比拼。[31]

道歉、忏悔，甚至自我鞭挞，卡特的演讲先从自我反省开始。随后演讲的内容迅速从个人缺点转到了国家的"真正问题"。总统认为这些问题"比排长队加油或能源短缺更严重，甚至比通货膨胀或经济衰退更要紧"。换而言之，这实际上比美国民众选他去解决的问题还要紧要。远在这些忧虑之上的是"对美国民主的根本威胁"，卡特称之为"信心危机"。实际上，危机并非源于信心的缺失，而是源于价值观的崩溃。"在这个曾经以勤劳、稳定的家庭，紧密团结的社区和对上帝的信仰为傲的国家，"总统继续说道，"有太多人变得崇尚自我放纵和消费至上。个人身份不再由他们做出的贡献来定义，而是由他们拥有什么来定义。但我们发现，物质财富的拥有和消费无法满足我们对生命意义的追求。我们已经明白，物质的堆积无法解决信心的缺乏和目标感的迷失。"

卡特警告说，不要指望政府会给空虚的个人生活注入目标感。他指责各级官员"无力采取任何行动"的表现。治理失败让国家陷入了"瘫痪、停滞和随波逐流"的状态。因此，"救赎之道"就在人民的手中：

我们正处于历史的转折点，有两条道路可供我们选择。一条是我今晚警示过的，通向分裂和自私自利之路。在这条道路上，有着对自由观念的错误理解，即个人有权为自己争取更有利的位置。在这条道路上，狭隘的个体利益之间不断冲突并最终以混乱与僵化作为终结。这是通往失败之路。

我们过去的一切传统，我们继承的所有经验以及我们对未来的任何承诺都指向另外一条道路，即通往共同目标之路，恢复美国的价值观之路。这条道路将引领我们的国家和个人走向真正的自由。

紧接着他用妙语作为小结："开始解决能源问题，就是我们沿着此条道路前行的第一步。"

能源问题是对我们国家凝聚力的直接考验，也是召唤我们团结起来的旗帜。在能源战场上，我们可以为伟大的祖国赢得新的信心，也可以帮助我们重新掌控大家的共同命运。

因此，能源危机的解决方案也可以帮助我们战胜国家的精神危机。它可以重新激发我们的团结观念，以及对未来的信心。它将赋予我们的国家和每个个体新的目标感。

结束对石油的依赖将使美国民众重新发现并再次获得真正的自由。但至少在短期内，这将意味着牺牲，并要经历一段苦日子。

这就好比针对肥胖的身材，卡特开出了多吃新鲜水果和蔬菜，放弃快餐的处方，去健身房要成为每天的例行公事。

不过，卡特并不认为自己是生活方式的咨询师或者健身教练。他为上帝代言。当时的白宫演讲撰稿人亨德里克·赫茨伯格随后将这次有关"信心危机"的演讲解释为"国家布道行动"。[32] 尽管卡特并非以宗教的语言来表达自己的诉求，但他呼吁新的"大觉醒"，就像其前任们承诺救赎、净化、洗心革面一样。如果美国人听从牧师的劝告，他们就会停止对"金钱"的膜拜，回归真正的宗教。

卡特如此深情赞颂的美国在现实中从未存在过。但是，由信仰、社区、家庭和辛勤劳作所定义的神话一直以来都具有相当大的吸引力，甚至在今天也是如此。如此看来，有关"信心危机"的演讲引起很大的正面反响就不足为奇了。[33] 第二天的民意调查显示，不少美国人喜欢演讲的内容。当晚些时候，卡特在日记中写道，美国民众"明白我的用心"[34]。但民众的热情很快就退潮了。

放弃椒盐脆饼和薯片，改吃西兰花和芦笋的想法很好，但真正落到实处则是另外一回事，随之而来的事情往往出人意料。卡特呼吁通过自我否定和牺牲来恢复美国民众的美德也是如此。将美国重塑为连接此岸到彼岸的类似于阿门宗派*的社区只是一种想象。其满足感的保质期着实有限。当美国人想到他们不得不放弃很多的时候，这种前景就变得不那么有吸引力了。

吹毛求疵的批评在几天后陆续出现。"总统先生，我们并非没有信心，"《华尔街日报》专栏作家罗杰·里克莱夫斯抱怨说，"我们只是无油可加而已。"[35] 正在准备参加总统竞选的罗纳德·里根很快插了进来，斥责卡特总统"将责任转移到民众身上"。[36] 新兴保守主义运动的教父欧文·克里斯托，为里根的论调添油加醋，抨击卡特总统"把美国人民当成了替罪羊"。根据克里斯托的说法，自利，而不是自我牺牲，是"我们的特质和多元社会的基石"。[37] "我和我的"比"我们和我们的"要重要。专栏作家乔治·威尔同意这一观点。美国是存在利益竞争的众多派别组成的"伟大又强大的国家"。"政治家的任务"，威尔继续说，"是做好代理人，而不是对民众进行说教。"[38]

前天主教神父、芝加哥洛约拉大学的心理学教授尤金·肯尼迪也加入了辩论。他给了卡特总统最具毁灭性的一击。肯尼迪的

---

* 阿门宗派，17世纪成立的孟满教派，因创立此教派的雅可布·阿门而得名。——译者注

文章《奋斗者卡特》在《纽约时报》上发表。他坚持认为受到"信任危机"影响的只有总统一人。肯尼迪把卡特总统比作"牧师","他努力学习、祈祷,对在教会中发生的罪恶深感震惊"。总统通过"把自己居所里发生的罪恶归咎于他人","将个人阴郁的情绪传染给了美国人"。肯尼迪预言,美国民众不会买账。卡特总统在"基础的经济问题之上生生造出一个道德问题",国民原本只是希望他能解决经济问题而已。他们厌倦了这种"没有创意的论点",要美国民众"对一切罪恶负责",包括"邪恶档案里各式各样自我吞噬的罪恶,不论是否有原罪"。他们不需要"沮丧天使"对他们的失败进行评判,他们需要的是能够解决问题的总统。而民众希望得到的石油更多而不是更少。

不管公平或准确与否,肯尼迪的猛烈批评直击要害。卡特有关"信心危机"的演讲随后被作为"萎靡不振"演讲的代表,并成为他缺乏领导力的象征。[39] 在这次事件中,民主是通过非正式的公民投票来实现的。卡特总统把自己的想法直接提交给了民众,要求他们做出选择。对此次演讲的反应,实际上可以看成是对石油与美国生活方式之间相关性的公投。公投的结果明白无误:在大多数美国民众眼中,两者密不可分。

卡特曾恳请同胞们换个角度思考问题。然而,这样做必然需要重新定义自由。美国人民拒绝接受。随之而来的是,波斯湾及其周边地区的地位获得了极大的提升。确保该地区的稳定和获取其资源成为美国必须完成的任务。

因此,旨在描绘另外一条道路的演讲产生了反效果。它排除了其他替代方案,减少了卡特总统的回旋余地。简而言之,那两个重大的海外进展(华盛顿方面对两者都做出了完全错误的解读)使他完全深陷其中,无法脱身。由于没有别的选择,沃尔福威茨的《有限应急研究》的逻辑占了主导地位。原本希望自己成为和平缔造者、倡导精神复兴的卡特总统，为了确保美国能够获得石油，把国家带入了战争之中。

就在总统寻找把美国从大中东地区解脱出来的机制之时，他批准了一项计划。该计划注定让美国在该地区会陷得越来越深。1979年7月3日，卡特总统前往戴维营，开始了为期10天的闭门思考。这种思考在"萎靡不振"演讲中达到了高潮。就在出发的同一天，他签署了一份备忘录，承诺美国将支持阿富汗的反叛分子。这些反叛分子正在与苏联扶持的喀布尔政权作战。该备忘录涉及的援助金额不大，仅为50万美元。美国提供的主要是"非致命性的"物资，包括医疗用品和通信设备，而早已过时的英国产步枪成了援助的添头。[40] 初期有限的援助规模掩盖了美国妄图制造更大混乱的野心。

三个月前，白宫举办了一场研讨会讨论阿富汗日益严重的政治动荡。一位受邀出席的五角大楼中层官员暗示那里的局势有可能"把苏联人拖入类似越战的泥潭"。[41] 这个想法随即变得流行起来。在冷战背景下，引发越战级别冲突的可能性极大地吸引了大家的关注。冲突可能会在不经意间给美国带来不利的后果（没人考虑阿富汗人民的感受），但这样的情况并未发生。

事后来看，我们也许会问，与越战类似的战争怎么会有受益者？但在当时这样的质疑却毫无作用。从冷战非黑即白的逻辑来看，任何让苏联人感到难受的事，都自动被认定值得去做，且具有战略上的优势。

卡特总统的国家安全顾问兹比格涅夫·布热津斯基写道，伊朗国王的垮台，摧毁了"使海湾地区的重要石油资源免受苏联入侵的保护"。"除了让反对苏联干涉阿富汗事务的'阿富汗自由斗士'粉墨登场，还有什么更好的办法阻止克里姆林宫利用这次机会呢？"[42]在阿富汗挑起争端将会阻止苏联插手波斯湾，至少美国人是这样期待的。

布热津斯基后来承认，帮助阿富汗反叛分子的目的非常明确，就是要"诱使苏联进行军事干预"，美国愿意为这个目标做出努力。[43]

与此同时，伊朗国王的倒台和伊斯兰革命的胜利并没有说服美国放弃伊朗。在1979年的大部分时间里，卡特政府都在寻找与德黑兰的新统治者达成和解的途径。正式的联盟关系或许不太可能，但是石油和共同对抗苏联似乎可以让双方形成有效的合作。美国和伊朗仍然有机会避免彻底反目。

因此，美国高级官员和伊朗官员之间的接触仍在继续。1979年11月1日，布热津斯基在阿尔及尔与伊朗总理举行私人会晤时，向其保证说："贵国期望的两国关系的任何形式，我们都做好了接受的准备。两国有着基本的共同利益，但我们还不清楚贵国希望我们做些什么。"布热津斯基明确表示，谈判几乎没有任何先决条件的限制。他强调说："美国政府准备按照你们的步伐或节奏加强双方在安全、经济、政治和情报方面的关系。"[44]诱惑几乎未设任何底线：让我们做个交易吧！

然而，短短几天之后，伊朗就用实际行动回绝了美国的盛情。10月22日，卡特总统允许伊朗国王前往美国接受治疗。11月4日，愤怒的伊朗学生把对垂暮老人的人道主义救治行为当成反革命行动的前兆。为了表达愤怒，他们占领了美国驻德黑兰大使馆，并将使馆工作人员作为俘虏押入监狱。

从学生的角度来看，美国曾经发动过一次政变以帮助国王恢复统治。这次似乎又想旧梦重温。对被唾弃的前国王的任何同情都是一种挑衅，相当于向已知的战犯提供庇护。从华盛顿的角度来看，大使馆的扣押事件不仅仅是对外交礼仪的粗暴侵犯。由于伊朗政府被认定在此次袭击中起到了教唆作用，所以这无异于是在向美国宣战。

事实上，当事双方都误解了对方的实际动机。卡特政府无意重演1953年的事件，支持在伊朗发动另一场政变。而阿亚图拉·鲁霍拉·霍梅尼也没有授意学生占领美国大使馆。他似乎事先对学生的计划一无所知，学生的行为是他们自己的意志。有证据表明他们只是为了"发表声明"，而不是为了引发旷日持久的危机。[45] 然而，霍梅尼本人很快表态支持学生的所作所为。借此，他把这个虽然棘手但并非不可解决的外交问题变成了具有某种象征意义的僵局。赌注明显增加了。

痛苦的折磨就此开始，并一直持续了444天，直到吉米·卡特总统离任时方告结束。开始时，安全释放人质仍是卡特的首要任务。这一立场必然会限制美国的政策选择。然而，用外交谴责和经济制裁给谈判施压的努力收效不大。危机的持续加深了令人痛心的无助感，并再次强化了卡特总统软弱无能的既有形象。1979年11月21日，巴基斯坦学生焚烧了美国驻伊斯兰堡大使馆；12月4日，利比亚抗议者放火焚烧了美国驻的黎波里大使馆。这些事件进一步加深了人们的这种印象。[46]

过度的媒体报道起到了推波助澜的作用。前国务院高级官员乔治·鲍尔写道："强大的美国电视网络将全部资源用于报道此次事件中劫持者的表现，忠实地记录他们的一言一行。每天在约定的时间，他们会聚集在一起高呼口号，挥舞拳头，在镜头面前展示自己愤怒的情绪。"[47] 为了报道事件每一天的进展（哪怕没有任何进展），美国广播公司电视台推出了一档名为"劫持美国人质"的夜间新闻节目。这让卡特总统的挫败变得家喻户晓。

鲍尔把这一结果戏称为"又臭又长的肥皂剧"。另一些人则选择更为严肃地对待此事。第一夫人也失去了耐心。按照罗莎琳·卡特自己的说法，她斥责丈夫"做点什么！做点什么！"[48]这位现任总统曾热切希望能够连任，但现在看来希望变得越来越渺茫。

然而在幕后，美国大中东地区的政策前提已经在修订之中。沃尔福威茨在其《有限应急研究》中提出的观点（美国应该依靠军队而不是外交人员来保卫其在该地区的利益）得到了越来越多的重视。为采取直接军事行动提供理由成了当务之急。

人质危机发生后一个月，1979年12月4日，在美国国家安全委员会会议上，卡特总统指示五角大楼在波斯湾及其周边地区寻找基地和其他辅助设施。[49] 10天之后，由美国国务院和国防部官员组成的代表团离开了华盛顿，前往埃及、沙特阿拉伯、阿曼、索马里和肯尼亚等国。他们肩负的使命是说服这些国家，允许美国军队进入这些国家。作为交换条件，美国承诺会增加对这些国家的军事援助。[50]要让美国大规模的军事干预成为可能还有许多工作要做。但这项工作现在已经启动了。

就在此时，卡特政府暗中挑唆阿富汗，进一步引发动荡的希望似乎成为现实。1979年的圣诞前夕，苏联军队开进了阿富汗。阿富汗总统遇害。兔死狗烹，这位总统的利用价值已被榨干了。在克里姆林宫按照自己的喜好安插了傀儡之后，入侵者开始着手平息暴乱，因为这个国家屡次三番表现出对入侵的强烈敌意。苏联领导人之所以决定入侵阿富汗，是因为他们担心动荡的阿富汗会威胁到苏联。[51]但事与愿违，此举带给苏联的正是他们极力想要避免的结果。

华盛顿对苏联的意图另有解读。冷战思维的方式占据了上风。美国高级官员和其他有影响力的观察人士认为，苏联人的行为并非源自恐惧，而是出于野心。这无疑也是12月26日布热津斯基在其备忘录中向卡特总统提出的观点。苏联人正在霍霍磨刀。假设美国不做强硬的回应，国家安全顾问就可以想象"苏联饮马阿拉伯半岛和阿曼湾"的情形了。[52] 苏联对阿富汗的入侵（他积极推进的成果），使"本是中立缓冲的地带变成了进攻的楔子"。他很快得出结论，控制了这个进攻楔子会促使克里姆林宫转向"肢解巴基斯坦和伊朗"的道路。[53] 卡特本人也赞同这一观点，将苏联入侵阿富汗描述为"前所未有的行径"和"第二次世界大战以来对世界和平最严重的威胁"。至此，这一事件被排在了冷战期间的紧急清单之上，并被放在了封锁柏林、朝鲜战争和古巴导弹危机之前的位置。[54]

政府的批评家们甚至提出了更为激进的解读，说这是卡特总统"无能"的终极表现。前美国驻阿富汗大使西奥多·艾略特警告说，苏联军队"距离波斯湾只有两天的行军路程"。华盛顿一再退让的懦弱表现，肯定会"鼓励苏联继续朝着我们和盟友的石油供应基地前进"。[55]《华尔街日报》阐述了美国政策的影响。是时候强硬起来了！华盛顿需要"制订坚定而切实可行的计划来遏制苏联的扩张"。"美国自诩为世界头号强国。但很显然，除非美国表明自己并不惧怕使用武力，否则其他国家对此不会买账"。[56]

如果还想连任，卡特总统必须做出改变。伊朗问题和之后发生的入侵阿富汗事件给民众留下了糟糕的印象：他过于昏聩，太过软弱，极度缺乏执掌椭圆形办公室所需的远见卓识。1980年1月23日进行的国情咨文演讲，为他提供了一次翻盘的机会。为了表明他已充分了解局势的严重性，卡特总统借机颁布了一项新政。这项政策名义上只针对波斯湾地区的局势，但实际上却囊括了整个伊斯兰世界的核心。

卡特开始承认，伊朗和阿富汗先后发生的危机（"一个是国际恐怖主义，另一个是军事入侵"）对和平构成了严重"威胁"。但两者相较，来自苏联的威胁构成了"更深远和更根本性的挑战"，原因很简单：

> 驻阿苏军威胁下的这个地区战略意义重大：它包含了世界上超过 2/3 的可出口石油。苏联入侵阿富汗的行动使苏联军队出现在了距离印度洋不足 300 英里*的地方。那里已接近霍尔木兹海峡。该海峡是世界上大部分石油运输的必经之地。以此来看，苏联正在试图巩固其战略地位，这对中东石油的自由流动构成了严重威胁。[57]

就在几个月前，这位总统还在苦口婆心地劝说美国人要摆脱对石油的依赖，现在却改弦更张，开始公开反对外部势力阻止美国人取得生活必需品的可能性，尽管表现略显浮夸。"我们的立场非常坚定"，卡特总统接着说道，"任何外部势力控制波斯湾地区的企图都将被视为对美利坚合众国切身利益的攻击。对这种攻击我们将动用一切手段予以反击，包括使用武装力量"。

这一声明随后被奉为"卡特主义"。它开启了美国大中东战争的序幕。正如罗伯特·塔克和迈尔斯·伊格诺图斯曾经呼吁的那样，美国不会直接掠夺波斯湾的石油。相反，它将阻止敌人占领波斯湾，从而确保美国及其盟友不会发生石油短缺。

---

* 1 英里 =1.609344 公里。——编者注

这可与1946年秋至1947年春发生的事相提并论。那是美苏冷战的开始。当时，一系列令人不安的事态发展（其中包括苏联与伊朗、苏联与土耳其的冲突，以及希腊正在进行的内战），让杜鲁门总统相信，与苏联的进一步合作已经变得不太现实。"遏制政策"很快出台。这可以在杜鲁门的承诺中找到最初的表述。他承诺将"支持那些自由民族，以积极抵御外来侵略或武装少数民族的征服"。这意味着美国自此以后将反对一切共产主义势力在任何地区的增长。

然而，1947年4月粉墨登场的"杜鲁门主义"即可视为极具深远意义的决定，也可视为有条件的妥协。政府高级幕僚们一再敦促杜鲁门总统对克里姆林宫采取更强硬的立场。这些官员的看法经常会被有影响力的外界无限放大，现在他们的观点成了主流意见。杜鲁门曾多次表示，希望第二次世界大战结束后迎来和平的时代，此时他不得不放弃了。

与此相仿，1980年1月登场的"卡特主义"也是为了应对一系列令人不安的事态发展而出现的，也代表了某种有条件的妥协。在连任几乎无望之时，卡特否定了当选总统时的那些"前提"和"承诺"。

在布热津斯基的回忆录里，他写道："卡特主义与杜鲁门主义一脉相承。"[58] 这是比较明显的。表述杜鲁门主义时使用的解释性语言经常招致误解和误用，而越战就是众多例子中的一个。

对"卡特主义"的表述同样如此。它代表了宽泛的、没有限制的承诺。随着时间的推移，它还在不断地扩展。随着后续事件逐渐清晰，卡特主义的适用范围远远超出了波斯湾地区本身，就像沃尔福威茨在《有限应急研究》中倡导的那样。除了像苏联这种外部威胁外，它还包括了伊朗、伊拉克和一些通常被称为"恐怖分子"的比较小的实体。

然而，与杜鲁门主义有所不同，卡特主义的成功实施需要的不仅仅是"遏制"。要确保美国与其盟友免受石油短缺的困扰，美国就要维持波斯湾及其周边地区的秩序。

贯彻"卡特主义"意味着美国要成为波斯湾地区的非正式保护国，尽管当时很少有人明确这样表达。保卫该地区意味着要维持地区的治安。把苏联人拒之门外的同时，美国人必须担负起相应的责任，迫使那些乐于制造事端的人改邪归正。除此之外，美国还有保障石油供应畅通无阻的其他办法吗？

卡特总统的国情咨文对具体的实施细节鲜有提及。他只是泛泛而谈，要"提高快速投放美国军事力量到遥远地区的能力"，并"为我们在非洲东北部和波斯湾地区的军队提供关键的海空军设施"。他承诺扩大美国海军在该地区的势力，并向巴基斯坦提供更多的军事援助。这个国家再次受到华盛顿的青睐，又一次成为美国的盟友，一起面对共同的敌人。但这些只不过是初步的计划。虽然没有明说，但他真正的目标是在全球范围内实现布热津斯基所倡导的"军事优势"。[59] 在这个至关重要的地区，不能打一点折扣。

在逻辑上，这颇有说服力。在内忧外患之地，美国军事力量的到来将带来稳定和令人放心的结果。

当然，并非所有人都持有相同的看法。喜欢打破常规的记者斯通就总是怀疑政策制定者在幕后秘密策划着什么阴谋。他推测卡特总统发誓要保卫波斯湾可能只是为了掩人耳目。他表示，苏联在阿富汗的行动为美国提供了一个借口，来"部署快速反应部队，并可能在未来某个时候怂恿我们去占领阿拉伯油田"。[60] 大约23年后，当美国入侵伊拉克时，在一些观察人士眼里，这一预言终于实现了。

虽然并不接受阴谋论的这种说法，对美国波斯湾军事化政策持怀疑态度的还有前美国驻埃及和沙特阿拉伯大使赫尔曼·埃尔茨。他还是1978年戴维营谈判中促成埃以和平协议签署的关键人物。埃尔茨在《国际安全》杂志上撰文警告说，美国在波斯湾的军事行动"将被视为明目张胆的帝国主义行径，并为反美分子提供口实"。只有在最极端的情况下，当"国家存亡危在旦夕"之时，才有将美军派往该地区的理由。埃尔茨建议，华盛顿应该在"巴勒斯坦公平解决方案"的问题上花更多的精力，从而改变该地区的政治氛围。[61] 这种情况需要的不是武力，而是外交领域的创新。

和记者斯通的情况类似，事态的进程也证明了埃尔茨意见的正确性。但在当时，这些意见被视为旁门左道。他们的观点也没有什么影响力。那些批评卡特主义的人很大程度上并非在抱怨它的煽动性或不够智慧，而是认为总统行动太少，动作太过迟缓。他简直就是在犯罪。当时正值大选之年，批评家无情地抨击着卡特，因为他把美国置于危险的境地。无论是出于冷漠还是无能，对手大打出手之时，我方却无所事事、袖手旁观。

《华盛顿邮报》的专栏作家约瑟夫·克拉夫特写道，通过入侵阿富汗，"苏联已经高调宣布自己才是世界政治中心的主导力量"。[62]《星期六评论》杂志的封面上出现了苏维埃领导人列昂尼德·勃列日涅夫。他身穿阿拉伯长袍，头戴阿拉伯头巾。而封面故事则引用了"大量的可靠证据"，想要说明苏联人"正在为入侵伊朗做准备"。而伊朗只是其行程中的一个小站而已。对克里姆林宫来说，"真正的目标"是"控制海湾地区这个西方国家最大的石油储备库"。简而言之，沙特阿拉伯才是他们的终极目标。[63] 著名的哈佛大学历史学家理查德·派普斯甚至进一步描绘了苏联巨大的钳形攻势"剑指中东"的情形。"拒绝西方国家染指波斯湾石油,会让克里姆林宫有能力扼住欧洲的咽喉,并让美国处于孤立无援的境地"。[64]《波士顿环球报》另一位专栏作家表示同意。他写道:"苏联人进军阿富汗的行动创造出一些具有重大战略意义的事实。"在这些事实中,首先是苏联愿意"正面使用新的武装力量",这意味着他们在"取得二战后全球最大的战略成果,控制波斯湾石油开关"的道路上向前迈进了一大步。[65]

在罗纳德·里根的眼中,这些"事实"并不新鲜。当时这位前加州州长正在角逐1980年的共和党总统候选人提名。他指出,苏联人入侵阿富汗证明苏联的表现一以贯之:"这个敌对帝国的野心快要延伸到了地球的尽头。"[66] 有证据表明,克里姆林宫正把全球石油供应作为它的下一个目标。这就要求美国采取比卡特总统国情咨文中所描述的更有力的回应手段。里根提出一个简洁的解决方案:用他自己的话来说,对古巴实行"完全、彻底、不留余地"的海上封锁。之后向克里姆林宫发出最后通牒:"你们的军队不撤出阿富汗,我们就不解除对古巴的封锁。"[67]

民主党人乔治·鲍尔虽然没有参加总统竞选,却也加入到了激烈的讨论中。他的语气略为和缓,但观点是类似的,也更有说服力。"毫无疑问",他写道:"美国应迅速提升自己的军事实力,以应对苏联在波斯湾地区的进一步渗透。"否则,苏联人将会从容不迫地"将伊朗分裂的碎片拼合成一个整体",同时直接威胁到"世界能源的大动脉"波斯湾本身。[68]

鲍尔的看法特别受到重视,因为他是林登·约翰逊核心圈子中的一员。据说这个圈子曾为越南走上正轨做出过贡献。他认为,东北亚并不值得费心劳神，波斯湾才值得为之而战。[69]

然而，至少在鲍尔看来，今天的"不言而喻"和一年前的"不言而喻"已经大不相同。将波斯湾的安全工作外包一度成为合理的主张。而到了 1980 年初，根据最新的共识，这个主张已经变得愚不可及。意外此起彼伏，美国人对这些意外又充满误解，因此美国感到必须自己承担起保障地区稳定和石油供应的责任。

1979 年夏，吉米·卡特总统曾经呼吁国民改变生活方式，用真正的自由代替肤浅的自由，由依赖转为自立。但美国民众拒绝接受。美国既有的生活方式仍然神圣不可侵犯。如果对它的保护意味着战斗，那么美国人愿意为之一战，即使他们并不清楚开战可能带来的后果。因此，1980 年 1 月，他们发起了石油战争。这场战争的目的就是维持美国人的生活方式。但它命中注定会断断续续演变成整个大中东的战争。虽然从一开始就无人相信未来的挑战会是轻松惬意的，但至少这些挑战看起来明确、清楚、一目了然。事实证明这两种想法都失之偏颇。

注 释

1. 赖特·米尔斯：《白领阶层》（纽约，1951年），XV，XVII。其他重要的出版物还包括大卫·理斯曼：《孤独人群》（纽约，1950年）；威廉·怀特：《组织人》（纽约，1956年）；万斯·帕卡德：《隐藏的说服者》（纽约，1957年）。

2. 美国能源信息管理局：《"美国原油现场生产"和"美国原油和石油产品的进口"》，eia.gov/dnav/pet/hist/LeafHandler，访问于2014年8月22日。

3. 名义上，美国部队进入警戒状态的目的是阻止任何可能的苏联军事行动。然而证据显示尼克松政府也考虑过直接军事干预，目的是控制沙特的石油。莉莎特·阿尔瓦雷斯：《美国在石油禁运期间考虑使用武力的文件》，《纽约时报》（2004年1月1日）。

4. 理查德·尼克松：《关于国家能源政策的全国讲话》（1973年11月25日）。

5. 罗伯特·塔克：《原油：美国干涉的理由》，《评论》（1975年1月），21—31页。

6. 迈尔斯·伊格诺图斯：《掌握阿拉伯石油》，《哈珀杂志》（1975年3月），45—62页。

7. 安德鲁·希金斯：《权力与危机：美国霸权及其局限》，《亚洲华尔街日报》（2004年2月5日）。

8. 从1949年开始，美国海军确实在巴林的一个英国小型基地租赁了一片区域，在那里维持着象征性的存在。这支所谓的中东部队由两艘驱逐舰和一艘水上飞机供应舰（兼为旗舰）组成，其作战能力可以忽略不计。

9.埃利奥特·理查森:《1974年度国防部报告》(1973年4月10日),25页。

10.詹姆斯·施莱辛格:《1975年度国防部报告》(1974年3月4日),1页,13-14页,86页。

11.唐纳德·拉姆斯菲尔德:《1978年度国防部报告》(1977年1月17日),13页,42页,245页。

12.罗伯特·塔克:《原油:美国干涉的理由》,《评论》(1975年1月),21页。

13.虽然无人在行动中牺牲,但是有几个在大中东工作的美国人被谋杀了。例如,1975年,刺客杀害了在伊朗服役的两名美国空军军官。埃里克·佩斯:《伊朗恐怖分子杀害了两名美国上校》,《纽约时报》(1975年5月22日)。

14.吉米·卡特:《美国圣母大学毕业典礼上的演讲》(1977年5月22日)。

15.1974年4月,在跨部门工作组编写的对伊朗关系的评估中,曾有这样的自信表述:"伊朗是波斯湾最强大,政治上最稳定,经济上最发达的国家。它和我们有着共同的利益,在区域内推动温和因素的发展,限制苏联和激进势力在区域内的影响力。即便现在的领导层不再执政,我们仍然看好伊朗长期稳定的前景及其目前国际定位的延续性。"《跨部门工作组编写的文件》(1974年4月25日),59号文件,《美国的外交关系,1969—1976》,27卷,伊朗;《伊拉克,1973—1976》。

16.吉米·卡特:《总统和伊朗国王在国宴上的祝酒词》(1977年12月31日)。

17.伯纳德·格韦茨曼:《宾至如归》,《纽约时报》(1973年7月29日)。

18.苏联也在波斯湾大量出售武器,特别是出售给伊朗的老对手伊拉克。美国的政策制定者如国务卿威廉·罗杰斯将苏联的武器出口说成"自找麻烦",而美国的武器出口则是"和平的稳定器"。胡安·德·奥尼斯:《罗杰斯把美国波斯湾军售称为"稳定器"》,《纽约时报》(1973年

6月11日）。

19. 费萨尔·本·萨尔曼沙特：《伊朗、沙特阿拉伯和海湾：强权政治的过渡》（伦敦，2004年），73-77页。伊朗革命导致在交付前取消了一批采购订单，包括驱逐舰。

20. 阿巴斯·米拉尼：《伊朗国王的原子梦》，《外交政策》（2010年12月29日）。

21. 迈克尔·克莱尔：《美国白领雇佣军》，《探究》（1978年10月16日），14-19页。

22. 迈克尔·詹森：《诺斯洛普在不同工作岗位聘请的退役将军》，《纽约时报》（1975年6月26日）。

23. 理查德·莱文：《产油国的强劲需求让美国武器销售以创纪录的速度上升，国会变得至关重要》，《华尔街日报》（1975年2月18日）；理查德·里昂：《美国武器销售上升引起资本关注》，《纽约时报》（1975年10月19日）。

24. 莱斯利·格尔布：《研究发现伊朗在使用武器时对美国有依赖性》，《纽约时报》（1976年8月2日）。

25. 伯纳德·格韦茨曼：《伊朗国王警告美国不要削减军备》，《纽约时报》（1976年8月7日）。

26. 《国务院公报》（1972年9月4日），243页。西斯科当时是近东和南亚事务助理秘书。1972年8月8日，他在近东众议院小组委员会做证。

27. 当时，阿拉伯也门共和国和也门民主人民共和国是两个不同的国家。

28. 美国军方标准（PA & E）：《波斯湾有限应急能力》（1979年6月15日）。当时，沃尔福威茨担任区域计划的助理国防部长帮办。

29. 阿尔伯特·沃尔斯泰特：《无用之用》，《纽约时报》（1979年2月25日）。

30. 阿尔伯特·沃尔斯泰特：《"次要的"排除案例》，《纽约时报》（1979年2月14日）。

31. 充分评估卡特演讲的范围和野心需要仔细阅读整个文本。要想理解演讲效果为什么会低于预期，就应该实际看看总统演讲的内容。幸运的是，这个演讲的视频可以在线获得，如 youtube.com/watchv=kakFDUeoJKM，访问于 2014 年 9 月 5 日。

32. 亨德里克·赫茨伯格，"前言"；凯文·马特森："你到底在做什么，总统先生？"（纽约，2010 年），XVI。

33.《卡特的演讲总体上获得了好评》，《纽约时报》（1979 年 7 月 17 日）；基思·里奇堡：《卡特的民调在演讲后上升了 9%》，《华盛顿邮报》（1979 年 7 月 17 日）。

34. 吉米·卡特：《白宫日记》（纽约，2010 年），344 页。

35. 罗杰·里克莱夫斯：《……对国家"精神"的误读》，《华尔街日报》（1979 年 7 月 17 日）。

36.《里根和布什找卡特为自己的问题背锅》，《洛杉矶时报》（1979 年 7 月 17 日）。

37. 欧文·克里斯托：《把责任推到人民身上！》，《华尔街日报》（1979 年 7 月 17 日）。

38. 乔治·威尔：《总统喋喋不休地说，这对美国不利》，《洛杉矶时报》（1979 年 7 月 19 日）。

39. 在《辛普森一家》1992 年的剧集中，斯普林菲尔德的市民立起一座卡特的雕像，基座上写着"永不心安"。

40. 塞思·琼斯：《在帝国坟场》（纽约，2009 年），20 页。

41. 罗伯特·盖茨：《来自阴影》（纽约，1996 年），145 页。盖茨出席了会议。他的引用来自沃尔特·索坎比。

42. 兹比格涅夫·布热津斯基：《权力与原则：国家安全顾问回忆录，1977—1981》（纽约，1983 年），356 页，428 页。

43. "布热津斯基接受《拉努韦勒观察家周报》的采访"（1988 年 1 月 15 日），dgibbs.faculty.arizona.edu/brzezinski_interview，访问于 2014 年 9 月 12 日。

44. 兹比格涅夫·布热津斯基：《权力与原则：国家安全顾问回忆录，

1977—1981》（纽约，1983年），475-476页。

45.马克·鲍登：《劫持人质者》，《大西洋》（2004年12月）。

46.1979年11月20日，激进的穆斯林占领了麦加的大清真寺。美国涉嫌此事的谣言，让大使馆遭受攻击。虽然美国并未卷入其中，但持续两周、导致数百人遇难的占领大清真寺事件加剧了华盛顿政府大中东即将分裂的印象，而美国强有力的行动是唯一可信的解药。

47.乔治·鲍尔：《一年来的重大反思》，《外交》（1981年1月）。

48.罗莎琳·卡特：《来自平原镇的第一夫人》（纽约，1984年），295页。

49.马克斯韦尔·奥姆·约翰逊：《西南亚军事与美国外交政策，1979—1982：关于快速部署联合特遣部队的研究》（未发表的博士论文，弗吉尼亚大学，1982年），25页。

50.同上，26页。

51.同时期的苏联文件使结论更加清楚。详见《阿富汗：最后战争的教训》，国家安全档案馆提供的文件汇编，www.2.gwu.edu/~nsarchiv/NSAEBB/NSAEBB57/soviet.html，访问于2014年9月19日。概述可参见阿西莫·卡利诺夫斯基：《决策与阿富汗的苏联战争》，《冷战研究杂志》（2009年秋），48-51页。

52.兹比格涅夫·布热津斯基：《总统备忘录》，主题：苏联对阿富汗干预的思考（1979年12月26日），www2.gwu.edu/~nsarchiv/NSAEBB/NSAEBB396/docs/1979-12-26%20Brzezinski%20to%20Carter%20on%20Afghanistan.pdf，访问于2014年9月22日。在这份备忘录中，布热津斯基表达了对苏联干预可能性的预期。他写道："苏联很可能会断然采取措施，而不会像美国在越南实行'给敌人打预防针'的政策。"

53.兹比格涅夫·布热津斯基：《权力与原则：国家安全顾问回忆录，1977—1981》（纽约，1983年），356页，427页。

54.成绩单，与媒体见面（1980年1月20日），search.alexanderstreet.com/media-studies/view/work/2207085，访问于2014年9月30日。卡特总统当时是这档电视节目的唯一客人。

第一部分 序幕　　　　　　　　　　　　1. 选择战争

55. 西奥多·艾略特:《阿富汗:事实和虚构》,《华尔街日报》(1980年1月9日)。当时担任弗莱彻法律与外交学院院长的艾略特坚持认为,相信对伊斯兰反对派的关注是苏联入侵的动机显然是荒谬的。

56. 肯尼思·培根:《卡特支离破碎的对外政策》,《华尔街日报》(1980年1月8日)。

57. 吉米·卡特:《国情咨文演讲》(1980年1月23日)。

58. 兹比格涅夫·布热津斯基:《权力与原则:国家安全顾问回忆录,1977—1981》(纽约,1983年),444页。

59. 同上,447页。

60. 斯通:《收获入侵的奖赏》,《纽约时报》(1980年2月29日)。

61. 赫尔曼·埃尔茨:《波斯湾的安全考虑》,《国际安全》(1980年秋季),88-89页。

62. 约瑟夫·克拉夫特:《阿富汗战争之后》,《华盛顿邮报》(1980年3月27日)。

63. 罗伯特·莫斯:《伸向石油的大手:苏联大胆的中东战略》,《星期六评论》(1980年4月12日),14-15页。

64. 理查德·派普斯:《苏联全球战略》,《评论》(1980年4月),37页。《铁钳的另外一半在斯堪的纳维亚》,根据派普斯的说法,苏联在那里正在挤压芬兰和瑞典。

65. 威廉·贝切尔:《卡特的测验》,《波士顿环球报》(1980年2月24日)。

66. 彼得·斯图尔特:《苏联在行动》,《基督教科学箴言报》(1980年2月11日)。

67. 皮耶罗·葛雷吉塞斯:《自由的愿景:哈瓦那、华盛顿、比勒陀利亚以及南非斗争,1976—1991》(教堂山,1993年),168页。

68. 乔治·鲍尔:《盘点苏联的新中东行动》,《洛杉矶时报》(1980年1月27日)。

69. 沃尔福威茨的《有限应急研究》在这个特殊时刻被泄露给媒体绝非偶然。《纽约时报》在报道研究报告的内容时强调必须建立"快速部署部队"来对抗据称可以拿下波斯湾的 23 个苏联机械化师。如果美国不能采取足够的常规防御措施,那么总有一天美国将不得不选择"威胁或利用战术核武器"来捍卫波斯湾的石油。理查德·伯特:《研究表明苏联在伊朗的行动可能导致美国动用核武器》,《纽约时报》(1980 年 2 月 2 日)。

2. 升级

就其直接冲击而言，卡特主义给美国军事体制带来的影响并不显著。将波斯湾纳入美国的战略重点清单中，并没有减少美国对西欧或东北亚地区的重视。要说有什么变化的话，那就是在不断加剧的紧张气氛中，以前确定的那些重点获得了额外的重视。因此，对美国陆海空三军和海军陆战队的大多数人来说，他们的日常与以前别无二致。

苏联入侵阿富汗和罗纳德·里根接替吉米·卡特当选美国总统这两件事让冷战复活了。尼克松时代的"缓和"概念与尼克松主义一起被抛弃了。十年内美苏之间结束敌对状态的可能性非常渺茫，就像华盛顿与菲德尔·卡斯特罗的古巴和谐共处或者朝韩两国和平统一的可能性一样。一些国际关系，实际上或至少看起来像是永恒不变的。

阿尔伯特·沃尔斯泰特曾经抨击过在富尔达峡

谷的疯狂备战。它到底是帮助避免了第三次世界大战，还是增加了其发生的概率，抑或两者之间根本就没有关系？对此可能不会有标准答案。然而，回头来看，有一点似乎非常明确： 早在20世纪80年代，驻欧美军在所谓"自由前线"的地区部署的时候，转变就已经开始了。在几乎无法察觉的扩张之中，美国军事领域的实际中心向南、向东迁移了数千英里。

当吉米·卡特总统宣布美国今后将保卫波斯湾时，引起的反应是：太好了！但具体的细节直到卡特准备离任之时发布的总统第63号令才给出了初步的答案。他详细地说明了政府着手实施的"波斯湾安全框架"。尽管第63号令中有希望盟国和友好周边国家伸出援手的表述，但它的重点放在了"加强美国在该地区的部署能力以及同时确保可靠的美军存在"上。美国应该肩负起保护地球主要石油储备的主要责任。这已不再是需要讨论的议题，而是板上钉钉了。[1]

作为落实的第一步，卡特总统于1980年3月创建了快速部署联合特遣部队。[2] 卡特总统任命海军中将凯利负责指挥新成立的司令部。尽管名字让人印象深刻，但快速部署联合特遣部队并未形成真正的战斗力。这个组织主要存在于纸面之上。

快速部署联合特遣部队不会参加作战行动。凯利将军本人承认，这支部队的目的是象征性的。然而他坚持认为即便是在起步阶段，快速部署联合特遣部队向苏联发出了"强有力的信号"，"我们不会容忍任何军事冒险主义"；同时它也向其他国家宣告 "美国是不容小觑的国家"。然而这无异于痴人说梦。[3]

可以肯定的是，即便只是为快速部署联合特遣部队提供少量的后勤支援时，凯利将军也遇到了非常大的实际困难。派遣美军跨越千山万水进入作战区域，然后维持在当地的军事行动，这无疑是巨大的挑战。现有的运输体系（能够适应远距离运输的军事装备，比如舰船和飞机）远未达到预期的要求。该地区的港口设施、机场和道路都非常有限。凯利将军写道，与苏联形成鲜明对比的是"在中东地区我们既不拥有，也未曾想过建立永久性的基地体系"。然而，无论任务多么艰巨，美国在此事上已别无选择。与美国相比，美国的盟友对波斯湾石油的需求更为迫切。"只要盟友还依赖石油"，凯利总结道，"我们也会如此"。[4]

几个不言而喻但基本上未经检验的假设为这一承诺提供了依据。第一个假设是苏联觊觎波斯湾已久，并拥有鲸吞它的意愿和能力。换言之，最令人担忧的威胁来自地区之外。第二个假设是，美国的友邦和盟友即使在最重要的利益受到威胁时，也无法自保。只有美国才能提供他们所需要的帮助，这种坚定的信念在未来几十年里始终保持不变。前两个假设衍生出了第三个假设，即只有一种方式可以确保美国及其盟友获得维持经济正常运转和既有生活方式所需的能源，那就是美国的军事力量。危机和依赖结合在一起，支配了美国的军事反应。

不到一年的时间，陆军的罗伯特·金斯顿中将接替了凯利的职位。令人尊敬的金斯顿将军开诚布公地宣布，他的工作是"确保阿拉伯海湾地区的石油畅通无阻"。他开始努力把草创阶段的临时部队变成能够与剑指霍尔木兹海峡的苏联部队相抗衡的像模像样的武装力量。[5]

在金斯顿中将任职期间，他的工作得到了极大的认可；当快速部署联合特遣部队被重新命名为美国中央司令部时，这支部队的地位也得到了极大的提升。金斯顿中将因此荣升上将。

中央司令部的设立可以算是一次重大进展，但也还在意料之中。此前，五角大楼曾将世界划分为四个巨大的战区。它们分别是欧洲、大西洋、太平洋和拉丁美洲。中央司令部现在成了第五个"统一司令部",并划分了地理上的"责任区"。

在这个大背景下,"责任"这个词隐藏着类似帝国的含义,是一种委婉的说法。无论是20世纪80年代还是今天,美国的高级军官们都不曾渴望统治或驾驭另一个民族或国家。然而,战区指挥官的"责任"赋予了他们临时总督的权力。[6]从中央司令部成立伊始,金斯顿将军和他的继任者们就在责任区里行使着这样的权力。责任区内不仅有毗邻波斯湾的国家,还有一些距离相对遥远的地域,比如埃及、埃塞俄比亚、索马里、肯尼亚和巴基斯坦等国家。中央司令部1983年1月成立之时,它的责任区总共涵盖了19个国家。[7]尽管五角大楼是为应对具体的危机而设立了中央司令部,但从一开始它就反映出美国在更大范围内采取行动的预期,并为之提供了一个借口。

然而,中央司令部成立的影响并不显著。快速部署联合特遣部队的成立是五角大楼对发生在伊朗和阿富汗事件的仓促和临时的反应,只是权宜之计。相比之下,战区级的中央司令部的设立可被视为一种长期措施。这相当于政府设立了新的部委或大学新建了一所学院。这是美国认真对待大中东问题的开始。

"认真对待"还暗示了美国政府选择政策代理人时重武轻文的倾向。自此以后,武装力量充当外交"女仆"的日子一去不返了。与此相反,在中央司令部的责任区内,军事为重,外交处于次要的地位。[8]

开弓没有回头箭。一旦付诸行动,这样的安排就不可逆转地一直持续了下去。这种对美国战后经历的描述是恰如其分的。

与纳粹德国的战争结束后,德怀特·艾森豪威尔从位于法国兰斯的总部向美国陆军总部发出了一份非常简洁的电报:"盟军的使命已于1945年5月7日当地时间凌晨2点41分完成。"之后的70年里,没有任何一位美国战区指挥官复制过艾森豪威尔的成就,也没有任何一位完成过类似的使命。也就是说,指挥官们在各自负责的战区内从未达到能够向上级汇报"任务已经完成"的程度。

美国中央司令部也不例外,这并不出乎预料。

除了要负责组织架构的重组之外,金斯顿将军还面临着另一个迫在眉睫的挑战,那就是要准确地辨别出任务涉及的必要的细节。这个问题至关重要。如果其主要目标是捍卫波斯湾的石油供应,那么未来战场会在哪里?这样的使命需要匹配怎样的军事力量?他们将如何进入战区?一旦到达指定区域,他们如何得到必需的给养,获取必需的生存能力?更重要的是,如何取得战斗的胜利?

金斯顿对第一个问题的回答澄清了肩负的使命,但同时也将自己的任务复杂化了。保护波斯湾免受外部的威胁意味着要将防御之盾置于波斯湾地区的前沿地带。苏联入侵阿富汗预示着他们未来打算通过伊朗进入伊拉克和沙特阿拉伯。金斯顿的参谋人员采纳了这个观点,并确认沿西北至东南轴线穿越伊朗西部的扎格罗斯山脉为防御的锚定之所。据守扎格罗斯以抵御来自东部或北部的攻击,是为了保护波斯湾地区的大部分石油储备,以及将石油推向市场所需的海上航线。就像富尔达峡谷一样,美国军事参谋人员把扎格罗斯山脉作为主要的战略支点。

当然,两者也有诸多不同之处。美国在靠近富尔达峡谷地带保留了大量军力,但在扎格罗斯山脉数千英里的范围之内,除了驻扎在巴林的海军象征性力量之外,几乎没有任何美军武装力量的存在;作为北约的亲密盟友,联邦德国乐于接受美国为保卫其领土付出必要的努力,但伊朗却不太可能同意被指责为"大撒旦"的国家军事力量在其领土上的存在。金斯顿说,派遣到中央司令部责任区的部队"在战斗能力和地区支援结构方面,一切要从零开始"。[9]

最重要的是,大规模的敌对冲突已经成为现实。1980年9月,伊拉克军队悍然入侵伊朗伊斯兰共和国。在萨达姆·侯赛因的臆想之中,这会是一次快速的土地掠夺战。然而天不遂人愿,随后,两伊冲突演变成旷日持久的惨烈战争,腥风血雨一直持续了8年之久。简而言之,当金斯顿考虑该如何遏制苏联对伊朗的进攻之时,这个国家却受到了来自完全相反方向、完全不同对手的攻击。这就好比美国军队在试图保卫富尔达峡谷时,德意志联邦共和国遭到了来自西部法国方面的攻击。

即便如此,金斯顿仍然坚持采用标准的冷战模式组织对新自由前线进行防御。这样做必须对棘手的文化、宗教和教派复杂性选择视而不见。所以当金斯顿在伦敦向英国同行介绍"新挑战"之时,他特意回顾了过去300年间俄罗斯入侵波斯的五个场景。他喋喋不休地介绍说,当第六次入侵事件发生时,他将收到动用陆军、空军以及航母战斗群的授权。

值得注意的是,在金斯顿的演示中,没有一处提到伊斯兰教。这表明中央司令部责任区中的影响因子检查表中并不包括任何宗教信仰问题。[10]即使在这个造物主信仰如此普遍的地区,居于主导地位的中央司令部的世界观里也没有给宗教信仰留有任何空间。金斯顿甚至不承认阿拉伯与以色列,阿拉伯与波斯,阿拉伯国家之间的断层。这些因素对地区稳定构成的威胁比苏联带来的威胁要大得多。

这就好像在谈论美国政治时,避而不谈游说团体、特殊利益集团或金钱对它的影响。你有权这样做，但通常这会被认为太过天真或极其虚伪。

这种"掩耳盗铃，对事实视而不见"的观点在"1002作战计划"的文件中也可以找到类似的表述。这份文件的正式名称是"关于阿拉伯半岛的防御"。这是中央司令部在冷战思维模式下的战争构想。该计划从苏联领导人的视角出发，假设尽管军队深陷于阿富汗战争的泥潭，他们还是贸然发起了意图征服伊朗的大规模进攻。

"1002作战计划"详细说明了美国的应对措施。5支陆军部队和2支海军陆战部队将从美国基地出发，被部署到伊朗。它们在到达后，会从陆路移动到扎格罗斯山脉所在的位置。美国海空军的军事资源也将齐聚于此，为其提供支援火力。只要有足够的提前预警，中央司令部的参谋人员就能指望这些部队阻止任何可能的袭击；或者，如果有必要的话，他们将给予苏联武装以毁灭性的打击，就像1943年纳粹德国军队在斯大林格勒遭受的毁灭性打击一样。[11]

当然，在苏联消亡之前，这样的攻击并未成为事实。至于中央司令部假想的苏联进攻是否存在哪怕极小的可能性（甚至是否有操作上的可行性），大家一直众说纷纭。即便在当时，金斯顿本人也对此深表怀疑。他认为苏联深陷东欧和阿富汗的泥潭之时，苏联的麻烦"已经够他们喝一壶了"。所以他并不认可克里姆林宫会主动触发与美国的直接军事对抗。[12]

就我们而言，我们更加重视事实而非臆测之事。五角大楼采取的旨在避免苏联武装干涉的行动，随后却促成了美国在波斯湾地区，乃至整个中央司令部责任区内的军事干预。从这个角度来说，20世纪80年代甚嚣尘上的苏联威胁论为此埋下了伏笔，为后来用于其他目的提供了方便的理由。其结果是：为了保卫波斯湾免受外来之敌的入侵，美国有必要先行一步入侵此地。随着苏联逐渐淡出国际舞台，华盛顿开始扮演整个中东地区的警察角色。

五角大楼的这些举措主要是为了克服距离的不利影响，减少美国军力投入的障碍。美国官员多次引用"7000英里"并得到心领神会的美国记者的积极响应。这个数字是美国部队从本土到达波斯湾需要跨越的距离。

1979年底，卡特政府开始解决距离问题。他派遣特使去说服海湾及周边地区的"友好"国家在紧急情况下允许美军使用他们的港口和机场。里根政府时期，此种努力还在继续并不断得到加强。[13]

即使在当时，这也不算是什么要紧的机密信息。对美国来说，这些都发生在阳光之下。为了让美国读者和观众了解美国在波斯湾地区不断扩大的军事步伐，其主流媒体对此做了大量正面的报道。

细细品读理查德·哈罗兰于1988年4月在《纽约时报》发表的一篇语气夸张的文章，你就会对此产生共鸣。[14]哈罗兰的文章只想表达一个主题：美国人很清楚中央司令部正在努力工作，它的能力一天比一天更强大。

哈罗兰告诉读者有关五角大楼的努力包括，美国对埃及、肯尼亚、摩洛哥、阿曼和索马里等国港口和机场的升级等。他还指出，沙特阿拉伯正在"建设远超其实际所需或运作能力的综合基地"，"罗纳德·里根总统已经公开表示，美国将捍卫沙特现有的政治秩序不受任何形式的威胁"。[15]在这样的情况下，美国民众理所当然地认为，沙特将把港口和机场提供给美国军队使用。

哈罗兰还报道了由15艘货轮组成的美国船队。它们装载了大量的军事装备，并已被部署在印度洋上的迪戈加西亚岛。这是

"对中央司令部的后勤、海军和空中支援至关重要的一座岛屿"。他详细介绍了改造的种种细节,包括延长迪戈加西亚的飞机跑道,使其能够起降远程轰炸机等。1983 年,美国国会拨款近 6000 万美元用于改善那里的基础设施,在接下来的财年又为此增加了 9000 万美元。[16]

位于坦帕的中央司令部总部也绝非甩手掌柜。哈罗兰说:"金斯顿将军已经开始与自己指挥范围内的每个国家建立联系。"除此之外,金斯顿还策划了一系列演习计划,通过在责任区内落实轮换机制来训练美军。其目的是使美军迅速适应该地区的环境,并培养该地区对美国军事存在"不断增长的容忍度"。[17]

1980 年,"明亮之星行动"开始了。2.5 万多名美国士兵被部署在埃及、苏丹、索马里和阿曼四国。"B–52 重型轰炸机从美国基地起飞执行轰炸任务;美国伞兵和埃及伞兵协同伞降;在索马里,美国海军的坦克劈波斩浪在海岸成功登陆"。"为了营造出合作的氛围,美国 1983 年耗资 77 亿美元在中央司令部责任区投入安全援助(大部分是武器装备)"。安全援助在 1984 年增加到了 91 亿美元,并计划在接下来的 1 年达到 110 亿美元。

当快速部署联合特遣部队成立之时,批评者们"嘲笑它不够快速,无处部署,手头也没有多少部队"。哈罗兰指出,尽管还有大量工作需要推进,但批评人士的"声音最近变小了,因为中央司令部的工作开始取得进展"。他的文章标题明确指出:"中央司令部已经准备好迎接波斯湾的任务。"

哈罗兰的乐观解读代表了被广为接受的主流观点。[18] 美国为兑现卡特主义而做出的军事承诺引起了辩论。其焦点是中央司令部是否能够快速调遣足够多的战斗力量,产生足够大的影响力。[19] 实际上,这些争论和政策无关,而和时间表或日程安排有关。

因此，哈罗兰在评估中央司令部的进展和未来时，他把考虑的范围主要局限于军事方面。伊朗国王被推翻之前的历史几乎不在考虑范围之内。那些在该地区发生的沧桑巨变竟然也没有引起任何关注。这其中包括第一次世界大战后，奥斯曼帝国的解体；1948年以色列的建国；1956年的苏伊士运河危机；1967年和1973年的阿以战争等。阿曼和索马里等国或多或少可与挪威或荷兰相提并论吧！哈罗兰对宗教也只字未提，异常炎热、干燥的气候将如何影响部队的战斗力才是需要考虑的问题。逊尼派和什叶派之间的分裂是别人的问题，不必挂虑！

即便美国官员承认过当地的敏感性，他们这样做也只是为了忽视它们的存在。举例来说，金斯顿在退休后接受的一次采访中回忆说，中央司令部责任区内国家的军事同行"非常谨慎，不愿与我们关系太密切"。他说，其中的奥秘是：他们憎恨强大的外来势力在他们的地盘上把当地官员视为"二等公民"。英国人几十年来都是如此行事。即便如此，在欢迎美军这件事上，金斯顿还是表现得信心十足。他说，只要努力就能消除类似的保留意见。"会有那么一天，他们会说，'我们识别出的威胁和你们发现的一模一样。来帮助我们吧！'"[20]金斯顿认为，"他们"和"我们"将对威胁有共同的看法，甚至对于如何消除威胁也是如此。

事实上，要把这些期望落到实处需要苏联的"默契"。美国军事参谋人员指望着克里姆林宫的领导人扮演"妖魔化"的反面角色。出乎意料的是，苏联并没有"配合"，如此引发了中央司令部定位上的根本性改变。

1985年11月27日，海军陆战队的乔治·克里斯特将军取代金斯顿成为中央司令部第二任指挥官。当时莫斯科已经完成了更为重要的国家领导人权力交接。这一年的早些时候，米哈伊尔·戈尔巴乔夫当选苏共中央总书记。此后不久，他就开始了旨在挽救岌岌可危的苏联，却注定失败的改革。他相信，要实现自己的目的，首先要做的是结束冷战。

起初，美国军方试图淡化甚至否认这个令人不安的消息。在里根政府和美国政治精英的鼓动下，五角大楼竭尽所能无视或诋毁戈尔巴乔夫缓和美苏紧张关系的努力。1987年发表的五角大楼关于苏联军事力量的年度评估报告中，国防部长卡斯帕·温伯格仍在鼓吹"充满活力并不断扩大的苏联威胁"。温伯格拒绝接受噱头或空头支票。他坚持认为："不管谁当选总书记，无论他做出什么提议，无论他们采取什么公关活动，苏联的威胁都在不断发展之中。要说有什么变化，那就是情况正变得更糟。"[21]

戈尔巴乔夫的主动措施让这种观点不攻自破。1987年，他接受了美国提出的在欧洲消除中短程核导弹的条约。他还宣布准备结束苏联对阿富汗的武装占领，这实际上默认了武装入侵的失败。在接下来的一年里，苏联承诺从东欧撤出50万军队，且不需要西方的任何交换条件。1989年2月，苏联信守承诺，将最后的一兵一卒撤离了阿富汗。与此同时，戈尔巴乔夫和他的对手（先是里根总统，然后是乔治·布什总统）在首脑会议上呈现出一派欢乐、祥和、友好的气氛。

1988年11月，当美国陆军的（小）诺曼·施瓦茨科普夫将军接替克里斯特之时，情况已经基本明朗。机敏睿智的他注意到了沧桑巨变，事情正在朝着好的方向发展。实际上几乎所有美国军事指挥官都倾向于接受这个观点。克里斯特曾自豪地说，他指挥的中央司令部从"懵懂少年走向了弱冠青年"。即便如此，克里斯特当时仍受困于苏联大规模武装干涉的可能性。毕竟他们拥有数十个师，成千上万的坦克，目标直指"石油霸权"。[22] 施瓦茨科普夫将军这时则看得更清楚,苏联的装甲洪流疯狂穿过伊朗,进而攻占霍尔木兹海峡的可能性为零。

在坦帕一上任,施瓦茨科普夫将军就研读了"1002作战计划",并意识到它从一开始就是一个伪命题。

他后来写道:"我们按此计划备战多年,但多数将军都心知肚明该计划实际意义不大。最终它会被扔到垃圾堆里。"施瓦茨科普夫详细说明了该计划的不足之处。"首先,计划要求中央司令部指挥的部队驰援扎格罗斯山脉……我们将在远离后方700英里的地方面临敌众我寡的不利局面,并且几周内就会耗尽所有的物资和军队,这无异于自毁长城。"即便如此,该计划也并非毫无价值。施瓦茨科普夫指出:"中央司令部多年来一直用这个计划来证明数百万美元的纳税人支出物有所值。"[23]

苏联人对波斯湾威胁(很大程度上是虚构的)的消失,使得行动计划的正当性消失了。中央司令部再无理由花费纳税人的金钱。有运作缺陷的战争计划至少还可以提供预算的理由。当下的形势则更加糟糕:这个战争计划不再有官僚们希望承担的作用。

问题的解决方案显而易见:为了维持自身的利用价值,美国中央司令部必须寻找新的威胁。没想到得来全不费工夫,威胁竟然自己浮出了水面。保罗·沃尔福威茨10年前确定的潜在对手伊拉克,在这个时间点粉墨登场,走到了前台。

在伊朗和伊拉克之间爆发的激烈冲突中,华盛顿表面上扮演中立者,幕后却充当着重要的角色。我们在接下来的章节中将会看到,这个角色把自相矛盾与自欺欺人融为了一体。这也成了不断演变的美国大中东战争不可磨灭的标志。一言以蔽之,冷战结束和两伊战争的开始对中央司令部来说都是好消息。

1988年8月,以伊拉克赤裸裸的侵略行径开场的两伊战争随着该国濒临崩溃走到了终点。萨达姆·侯赛因曾幻想伊斯兰革命会使得伊朗在军事上变得极度脆弱，认为速胜将来得易如反掌。但他的如意算盘打错了，而且不是最后一次。他的军队蒙受了巨大的损失，也无法换来大获全胜。即便获得了大量外部财力、物力的支持，伊拉克也只是非常艰难地维持着局面，勉强避免了彻底失败的命运。

萨达姆还在坚持，但这与他宣称的胜利有天壤之别。就像连续几任美国总统在伊斯兰世界的军事行动一样，实际的成功要比承诺的少得多。与此类似，萨达姆不动声色地修改了最初的目标。

萨达姆·侯赛因统治下的伊拉克现在不知不觉地取代了曾经强大无匹的苏联，成为美国中央司令部责任区内的主要威胁。把伊拉克定义为迫在眉睫的威胁，需要强调萨达姆个人的残暴和不计后果的冒险主义记录。这要比描述伊拉克军队的拙劣表现重要得多。美国对伊拉克军事力量的估计显然罔顾伊拉克未能击败伊朗的事实，但刻意强调伊拉克拥有的大量相对现代化的坦克、导弹和战斗机——表面上数量众多的武器装备掩盖了其质量上的不令人满意。1990年1月的参议院委员会听证会上，施瓦茨科普夫公开了自己的结论。至此，保罗·沃尔福威茨10年前首先提出的观点得以重新登场。他说："伊拉克已经成为海湾地区最强大的军事力量，它拥有的军事力量足以威胁邻国的安全。"[24]

此时，坦帕中央司令部总部里施瓦茨科普夫的参谋人员已经开始努力工作，敲定"1002行动计划"的修订版。从某种意义上说，其结果缩小了中央司令部的主要任务范围。修订后的计划并非旨在保护整个波斯湾免受外部攻击。其重点将放在对抗"阿拉伯半岛关键港口和石油设施"的"区域内的威胁"。[25]用通俗的语言来说，这意味着保卫沙特阿拉伯王国不受伊拉克的入侵威胁是美军的首要任务。

与充满想象力的扎格罗斯激战不同，修订后的计划涉及的情境貌似很有道理。它可以提供给美国军官智力上的舒适感，其所花心思与美国军队在欧洲积极备战以应对红军进攻的初级版本相差无几。更妙之处在于，对被广岛核爆困扰着、被越战梦魇纠缠着的美国军官们来说，与伊拉克的冲突只取决于战场上的常规武器。它既不涉及核武器，也不牵扯游击队员。

中央司令部的参谋们在新方案中毫不费力地把新情境融入以前针对苏联人所做的各项战争准备中。"超前建设"的沙特基础设施，进行中的迪戈加西亚岛（印度洋）改造工作，军需品的库存，以及港口和机场的使用协议：针对新出现的伊拉克威胁，加紧制定对策的参谋人员把所有这一切都保留了下来。它们要发挥的作用和以前大同小异。

华沙条约组织的消亡以及苏军从东欧撤军带来了一些额外的好处。调整美国部队的任务和部署的可能性凸显了出来。曾经专门备战富尔达峡谷的军事组织现在可以重新分配了。重新评估和修订后的"1002 行动计划"草案经过战争沙盘推演，显示出美军没有足够的机械化部队对抗大量的伊拉克坦克。[26] 在1989年底，美国陆军忽然发现自己的坦克和坦克部队多到不知该用于何处的地步。冷战的突然结束让它们面临着被淘汰的命运。因此，它们就变成了中央司令部可以动用的武器。

换句话说，对领取官俸为中东战争风险殚精竭虑的人来说，第三次世界大战危险的消失也意味着机会。当时，这被称为"和平红利"。这为中央司令部提供了扩大资产组合的机会。

美国把萨达姆·侯赛因领导下的伊拉克列为下一个头号公敌。

这个结论似乎被萨达姆随后的行动所证实。为什么人们翘首以盼的和平红利从未实现？这有了一个重要解释。[27]冷战的结束通常被认为是震撼世界的大事件，然而它并未引起与国家安全相关的头等问题的讨论，美国军队的组成和部署也几乎没有改变。如果说确实发生了改变，那也只不过是另一层意义上的大转变，即重新定义了一个新对手。

把伊拉克定义为苏联的继任者确实解决了一些问题，比如五角大楼避免了令人不快的调整等。但它同时也埋下了美国军事领导人当时未曾注意的复杂问题的种子。

在这个关键节点，文职的政策制定者和军事顾问几乎全都理所当然地认为，波斯湾地区稳定的主要威胁来自周边各国。因此，获取该地区石油储备的关键是周边国家的循规蹈矩。美国要求不守规矩、不听指挥的国家与自己保持步调一致之时，实际上就是指望用武力来解决问题。

之后的一段岁月里，美国高级军官中流行着一种说法，大中东地区的某些问题有"非军事的解决方案"。但此时此刻，截然相反的结论发挥着作用。涉及波斯湾的安全问题时，军事解决的替代方案不可想象。问题要么用枪杆子来解决，要么就此放弃。

冷战时期，在类似富尔达峡谷的地方，美国依靠武力或多或少取得了些令人满意的结果。大多数情况下，面对美国的强硬姿态，苏联及其他社会主义国家选择了后退。他们没有直接向美国发起挑战，而是将谨慎行事视为勇敢的一部分。当然也有例外，比如1948年的柏林封锁、1950年的朝鲜战争、1962年的古巴导弹危机等。但华盛顿普遍把这些事件的发生视为规则有效性的反证。这些个案中，坚定的立场限定了问题的范围，避免了事态更加恶化的可能性。

总体来说，遏制政策是奏效的。冷战的大部分时间维持在"冷"的状态下，第三次世界大战不曾发生。观察人士将这种结局称为"持久和平"。他们将之归功于美国的强大武力和高度的警惕性。总的来说，这是战后美国制订国家安全政策不言而喻的理由。这也是维持全副武装、全球部署的庞大军事机构的合理性所在。

尽管该准则适用于西欧或东亚地区，但将它推广到大中东地区绝非易事。尽管伊拉克与苏联在很多方面确实大相径庭，但问题的关键并不在此。对大中东地区的稳定构成最根本威胁的并非来自美国敌对名单上的那些国家，无论是1980年的苏联抑或是1990年的伊拉克。真正的威胁来自中央司令部的规划者们忽视了的那些因素，或被他们归为超出其职权范围的一些因素。

第一个因素来自历史，西方帝国主义历史遗毒的有害影响是首要因素。不管是否愿意，美国事实上是这些遗产的继承者。欧洲人尤其是英国人很大程度上是造成中东大部分地区混乱的罪魁祸首。无论是划定边界，安排合意的统治者，还是突然放弃殖民者或保护国的位置，不再将那里视为殚精竭虑的责任等，都为层出不穷的地区内部冲突创造了条件。伊拉克是一个实例。它是第一次世界大战结束后由奥斯曼帝国境内一些不相干的碎片武断地拼凑而成的国家。紧随其后的例子还有以色列－巴勒斯坦，以及巴基斯坦等。

第二个因素是宗教，它的重要性体现在两个方面。首先，它创造了一个断层；其次，断层反过来又成了中央司令部责任区内外冲突的基础。其中逊尼派和什叶派穆斯林之间的分歧最为显著。这绝非孤例。从更高的层次来看，宗教阻碍了现代化，成了和谐共处的障碍。而现代化可能是大中东地区的人民解决该地区问题的最大希望所在。

但是，那些被请来制订战略的人，军官也好，文官也罢，都认为历史或宗教不值一提。第二次世界大战后，在很大程度上由于核问题的主导地位，经济学家、数学家、政治学家和博弈论专家在制订安全国策的辩论中发挥了巨大的影响力。在不涉及历史因素的问题中，历史学家似乎也没有什么意见可以提供，因此他们被忽略情有可原。至于宗教，除了极少数情况之外，它们被完全排除在考虑之外。国家安全政策的制定被视为彻底的世俗之事。[28]

要求金斯顿、克里斯特或者施瓦茨科普夫这些将军把历史或宗教融入他们的战略思考之中，如同推敲潜在之敌的排兵布阵一样，需要创造力和想象力的巨大飞跃。在中央司令部的总部，这样的能力非常罕见，以后也会一直如此。

注　释

1. 兹比格涅夫·布热津斯基：《总统指令》/ NSC，63页，"波斯湾安全框架"（1981年1月15日），jimmycarterlibrary.gov/documents/pddirectives/pd63.pdf，访问于2014年9月27日。

2. 自1977年以来，政府一直在考虑设立这样的部队。伊朗革命推动了此事的进程。罗纳德·科尔等著：《统一指挥计划的历史，1946—1999》（华盛顿特区，2003年），56页。

3. P. X. 凯利：《快速部署：至关重要的胜利》，《参数》(1981年春)，50页。

4. 凯利：《快速部署》，51-52页。

5. 杰伊·莫尼卡：《快速部署部队的明星》，《华盛顿季刊》（1982年春）。

6. 丹娜牧师：《使命》（纽约，2004年），61-98页。

7.《对于快速部署联合特遣部队向中央司令部过渡期间痛苦的官僚主义暗战》，见罗纳德·科尔等著：《统一指挥计划的历史，1946—1999》（华盛顿特区，2003年），56-59页，63-67页。中央司令部的责任区不包括以色列、黎巴嫩和叙利亚。这些国家仍处在美国欧洲司令部的管辖范围之内。到2014年，中央司令部的责任区已经覆盖20个国家。在过去的几年中，它已将东非的管辖责任移交给了新成立的美国非洲司令部，但它同时也接手了中亚地区的几个国家。

8. 自2008年美国非洲司令部成立以来，正在非洲推进这一进程。见科菲·尼亚-佩普拉：《美国非洲外交政策的军事化》，《军事评论》（2014年1—2月），50-58页。

9. 罗伯特·金斯顿：《从快速部署部队到中央司令部：新的挑战？》，

英国皇家联合军种研究所（1984年3月1日），16页。

10. 同上。

11. "OPLAN 1002行动计划：阿拉伯半岛的保卫"，globalsecurity.org/military/ops/oplan-1002.htm，访问于2014年10月1日。

12. 《将军没有看到苏联对中东的巨大威胁》，《洛杉矶时报》（1982年2月16日）。在同一篇文章中，国防部一位发言人不同意金斯顿的评估。

13. 弗兰克·舒伯特和特蕾莎·克劳斯：《旋风战争：沙漠盾牌和沙漠风暴行动中的美国陆军》（华盛顿特区，1995年），14-20页。这是美国陆军军史中心的一个解释。

14. 理查德·哈罗兰：《准备迎接波斯湾》，《纽约时报》（1984年4月1日），38-40页，61页。

15. 柯蒂斯·威尔基：《里根承诺保卫沙特》，《波士顿环球报》（1981年10月2日）。

16. 迪戈加西亚岛是大英帝国的残留，它名义上依然受到英国的控制。哈罗兰的文章没有提及对土著人口的驱逐为这个岛屿成为美国的主要军事基地铺平了道路。详见戴维·瓦因：《耻辱岛：美国迪戈加西亚岛军事基地秘史》（普林斯顿，2009年）。

17. 理查德·哈罗兰：《美国打算在埃及部署F-4战斗机作为加强空中力量计划的一部分》，《纽约时报》（1980年6月13日）。哈罗兰援引了美国空军参谋长卢·艾伦将军的说法。

18. 更为乐观的评估请参阅保罗·戴维斯：《对快速部署联合任务的一些观察：起源、方向和使命》（未发表的文件，1982年6月）。戴维斯是政府资助的智库兰德聘请的分析师。

19. 比如杰弗里·雷科德的《快速部署部队：五角大楼在开玩笑吗？》，《华盛顿季刊》（1981年夏）；以及大卫·艾森伯格的《快速部署部队：太少，无用和浪费》，《政策分析》（1984年11月8日）。

20. 罗伯特·金斯顿：《美国陆军军史研究所高级军官口述历史计划》（1987年），326页，329页。

21. 《苏联谋求军事领导：温伯格》，《洛杉矶时报》（1987年3

月 24 日）。

22. 理查德·哈罗兰：《美国转变了阿拉伯油田的防御战略》，《纽约时报》（1988 年 12 月 4 日）。

23. 诺曼·施瓦茨科普夫：《不需要英雄》（纽约，1992 年），285 页。

24. 理查德·斯温：《幸运之战：沙漠风暴中的第三军》（莱文沃思堡，1994 年），5 页。

25. 同上，7 页。

26. 同上，6-7 页。

27. 这是一种解释，但并非唯一的解释。其他影响因素还有军工联合体的影响力；最高权力争夺者的姿态，特别是民主党人担心自己被描述为战斗性不足，以及对国家安全机构保护其地位和特权的集体决心不够坚决等。

28. 雷茵霍尔德·尼布尔是一个明显的例外。但是他的观点对政策制定群体的影响并没有超出为行动提供道义理由的范畴。而这些行动也是政策制定者们正在准备施行的。

3. 神权武器库

在 20 世纪 80 年代，中央司令部站稳了脚跟，并通过重新确定潜在对手成功摆脱了失去假想敌的窘境。与此同时，里根政府在大中东地区的多个战线上开展了多项军事或准军事行动。这些早期战役让美国人习惯了在伊斯兰世界的发展方面发挥更为积极的管理作用。

然而，除了调节国内舆情之外，里根任期内进行的几次试探性行动几乎没有共通之处。这些行动散布于西起利比亚，东至巴基斯坦的广袤区域。就性质而言，它们彼此也大相径庭。其中一些行动是为了支持反叛分子对恨之入骨的占领者发动"圣战"；而另一些则在"维和行动"中不合时宜地冒险，并最终以失败而告终。有时美国还会利用升级版的炮舰外交威胁或恐吓既麻烦而又微不足道的对手。华盛顿则干脆成为激烈冲突的直接参与方，同时为交战双方提供援助，并最终倒向入侵的一方。

如果说有什么形而上的主题把诸多事件联系在一起的话，那就是：积极的行动主义传递出了敢于担当的国家形象。吉米·卡特为自己的软弱和缺乏主动性付出了丢掉总统宝座的惨痛代价，同时也彻底毁了自己的名声。罗纳德·里根不愿重蹈覆辙。然而，除了重新展现出进取的雄心之外，我们没有发现任何把里根在伊斯兰世界发起的各种行动联系在一起的线索。由于缺乏对角落里潜藏危险性的有效评估，战略制定都建筑在盲目自信的糟糕基础上。

里根总统在上台之初曾向幕僚解释过自己冷战时期的做法。"我的美苏关系政策很简单"，他说，"那就是：不是你死就是我活"。[1]简化是为了澄清之用，言简意赅才是理解的基础。

里根有能力这样做。这是他赢得美国民众热捧的众多优秀品质中最重要的一个。他的话语直截了当，不加修饰，充满了阳刚气概。这确实为大众所喜闻乐见。"我们要击退他们，就像红袜队对垒洋基队，圣母大学对垒南加州大学"。这一直是里根制定政策方向的准则，直到他遇到米哈伊尔·戈尔巴乔夫。他发现戈氏很会讨价还价。在处理大中东地区的事务时，里根总统采用了类似摩尼教派的方式全力以赴。但那里的现实却拒绝配合。

里根总统逐渐加强了在该地区的军事行动的水平，但美国获得的长期利益却依然寥寥。虽然里根含蓄地为卡特主义的前提假设提供了背书，但他从未想出一以贯之的方法来贯彻这种原则。因此，手忙脚乱、敷衍了事以及自相矛盾充斥于他主导下的美国大中东战争。总之这种情况是一团乱麻。

现在看来显而易见的事在当时却并非如此。里根当局宣称，政策的结果得大于失。然而，当里根政府对那些罪有应得者进行惩戒之时，其所得却是未曾预见或不希望看到的结局。政府宣称取得了多次大的胜利，诸如在阿富汗击败了苏联，战胜了利比亚的奥马尔·穆阿迈尔·卡扎菲以及在波斯湾降服了伊朗等。但最终结局却证明，这些胜利"无法令人信服"，甚至实际上情况"相当糟糕"。同时，派遣美国海军陆战队进入以色列占领下的黎巴嫩则毫无疑问成了失败的铁证。粉饰失败而不是从中吸取教训，为日后更大的失败提供了温床。

在所有行动中，阿富汗战争由于表面上的巨大成功特别引人注目。但随着时间的推移，胜利的喜悦逐渐被更大的混乱所冲淡。里根时代的这场标志性战争，原本意在伤害苏联，最终却搬起石头砸了自己的脚。

在卡特政府为阿富汗抵抗运动提供少量援助的最初几年里，项目进展得非常迅速。当时中央司令部和五角大楼都没有参与其中，该计划完全由中情局负责运作。

然而，中情局的"旋风行动"，至少有两个原因值得列入美国大中东军事史而被大书特书。首先，中情局在20世纪80年代的秘密行动，为2001年美军公开介入冲突奠定了基础。1989年2月，在最后一名苏联士兵离开阿富汗的那一天，中情局负责执行"旋风行动"的特工在发给兰利指挥中心的电报中说道："我们赢了。"[2] 表面上确实如此，但这一判断事后证明有欠成熟，而且还有误导性。苏联为置身于"帝国坟墓"的不明智付出了沉重的代价，美国却要重蹈覆辙，重走苏联的老路，结局同样不佳。简而言之，第一次阿富汗战争为第二次，乃至更多次的循环铺平了失败之路。

其次，"旋风行动"还暴露出美国大中东战争中最具讽刺性的地方。在专注解决一个问题的同时,却在无意中恶化了第二个问题,并播下第三个问题的种子。在阿富汗,它们分别意味着扶植伊斯兰激进主义的兴起,支持巴基斯坦转型为拥有核武器的国家,同时尝试颠覆苏联。

华盛顿在阿富汗并未采取单边行动,它特别倚重"自愿者联盟"的帮助。更准确地说,这是一个"不相似者的联盟",其中不仅包括巴基斯坦,还包括埃及、沙特阿拉伯、中国、英国,以及以色列等国。除了对苏联的敌意大同小异之外,参与者的动机千差万别,对利害关系的看法也迥然不同。

当然,这并非绝无仅有。历史上充斥着面对共同敌人时建立机会主义联盟的例子。1778年,当法国的专制国王与反君主制的美国革命者走到一起时,其目的并不是要实践《独立宣言》所倡导的不可剥夺的权利。1941年,温斯顿·丘吉尔与约瑟夫·斯大林共建大业之时,他也并未改变对布尔什维克主义的观点。

有两个原因使得这种怪异的伙伴关系显得与众不同。首先,没有一个参与者真正关心阿富汗人民的境遇。其次,除巴基斯坦之外,没有一个参与者相信阿富汗本身具有任何内在价值。在这个贫穷的内陆国家,它短暂的政治意义在于苏联的占领。一旦苏联撤离,国际社会给予阿富汗的关注和斐济相差无几。因此,政策制定者希望阿富汗成为苏联的"越战泥潭",但他们不会关心"混世魔王"的离开对阿富汗的意义所在。"对苏联离开后的阿富汗,我们曾有不祥的预感",时任中情局官员的罗伯特·盖茨后来承认,"但我们从未想到它会成为全球恐怖分子的避难天堂"。[3]

用阿富汗缠住苏联人被排在所有方案中的最优先位置。在阿富汗掀起大规模战事,可能会让美国冒长期的风险,这超出了美国决策者的想象。就华盛顿而言,严格意义上说这次是代理权的争夺。资金、武器弹药和训练支持通过巴基斯坦（当然少不了被雁过拔毛）源源不断地输入阿富汗，支持抵抗运动组织的战斗和牺牲。[4] 把阿富汗变成苏联的"越战泥潭"的同时，华盛顿同样也避免了自己直接参与到像越南一样偏远的地区战事之中。

苏联人用古老的方式镇压反叛分子，穆斯林游击队则以古老的阿富汗勇士的方式回应。他们依靠的是坚韧不拔的毅力。以美国为首的联盟通过向装备简陋的武装反叛分子提供武器支援，使战场上的力量趋于平衡。

从一开始，这种秘密行动的基本情况就得到了广泛的报道。早在1981年7月，在《新共和》杂志上，因水门事件而声名鹊起的卡尔·伯恩斯坦就曾报道过美国中情局"复杂的，范围广泛的计划，其中涉及5个国家，金额多达1亿美元。其目的是为阿富汗抵抗运动提供现代游击战所需的武器装备"。[5]《时代周刊》记者斯特罗布·塔尔博特（后来曾任美国国务院的高级官员）在一篇文章中不乏热情地说，通过"每年提供数千万美元给抵抗运动"，美国"扭转了局势"。[6] 另一期《时代周刊》的稿件声称，到1985年，仅美国对阿富汗抵抗运动的支持就达到了4.7亿美元，尽管有些钱"流"到了巴基斯坦人的口袋里。[7]

在美国美化过的战争叙事中，转折发生在次年。里根总统做出了大胆决定，向阿富汗抵抗组织提供"毒刺"防空导弹。通过减小苏联攻击直升机的威胁，"毒刺"导弹给抵抗组织提供了决定性的优势。尽管这些事实被认为是"最高机密"，需要"保守秘密"，但《华盛顿邮报》的读者很快就能在早上喝咖啡时对事情的梗概有所了解。[8]

值得注意的是，整体计划在国会上得到两党的广泛支持。民主党人可能对里根政府打击尼加拉瓜左派桑地诺民族解放阵线的行动持反对意见,但他们对武装阿富汗抵抗组织没有提出任何异议。[9]

在20世纪80年代,美国对"圣战者"组织的援助一再增加,总额达到40亿~50亿美元。沙特阿拉伯王国也制订了自己的计划,设定了不同的目标,但其支出大体与美国相当。[10]这些钱为阿富汗获取充足的武器弹药提供了保障。但那些军火大多比较陈旧,它们大多是在社会主义阵营中生产的,主要是埃及、以色列、土耳其等国仓库中的存货。

慷慨援助的受助方是抵抗组织。里根政府把他们概括为"纯洁的、为了抽象的自由主义理念而奋斗的、高尚的野蛮人"。[11]美国将"阿富汗日"增加到了每年的官方日历中,并视之为向"自由战士"致敬的机会。他们正在"捍卫独立自由的原则,这些原则构成了全球安全与稳定的基石"。这些原则包括"根据良心指引实践宗教的权利"。[12] 1982年,里根把即将发射的哥伦比亚航天飞机的飞行任务献给了阿富汗人民。他盛赞对苏联占领军的抵抗代表了"人类对自由的最高追求"。[13]为进一步彰显团结,美国总统于下一年度在椭圆形办公室接见了一个"圣战者"组织代表团。

说得好听点,里根对阿富汗抵抗运动的定性具有误导性。实际情况是,那些反对苏联占领的组织是由不同的、相互敌对的群体组成的。其中许多人的世界观里有着极强的反美情愫。[14]除了推翻苏联的共同点之外,接受美国的援助并不意味着仇外的阿富汗抵抗组织领导人与华盛顿的所有看法都保持着一致。在实践中,支持"圣战者"组织往往等同于鼓励固执和不宽容的伊斯兰激进主义。如果不是彻底蔑视的话,他们通常对非穆斯林抱有深深的怀疑。在沙特人和巴基斯坦人当中,这种态度引起了不少共鸣。美国领导人似乎忘记了这场斗争的本质。他们坚持认为,阿富汗"圣战者"组织是为了与美国人相同的价值而战。美国的政策制定者宣称自己相信"我们和他们的观点是一致的"。

乔治·克莱尔曾撰写了一本关于 20 世纪 80 年代中情局介入阿富汗的畅销书。书中，他将"圣战者"组织描述成了"美国士兵的替身"。[15] 克莱尔的故事里，为美国的事业做出巨大贡献的阿富汗斗士几乎沦为了故事片中的临时演员，美国人则被奉为明星。事实上，此书后来被改编并搬上了银幕。电影中，20 世纪 80 年代的阿富汗战争被描述成"史上规模最大、最成功的中情局战役"，"这是美国的一次史诗般的胜利"。[16]

好莱坞诠释历史借以表达当下大众情绪的手法早已炉火纯青，涉及战争题材之时尤其如此。剧本通常会把美国置于中心位置，与此同时边缘化或扭曲其他国家的地位，对那些不符合美国中心论的细节选择视而不见。经过如此处理的阿富汗战争变成了"查理·威尔逊的战争"。一个贪图享乐、籍籍无名的国会议员和一位特立独行的中情局特工的联合行动决定了战争的走向。

美国的先进武器改变了一切。扎尔迈·哈利勒扎德在刊载于《华盛顿邮报》上的一篇专栏文章中解释了"正义是如何取胜的"。他是一位里根时期的政府官员。后来他还出任了"9·11 事件"后美国首任驻阿富汗大使。他指出，1986 年初，这场战争曾对"圣战者"组织极为不利。随着"毒刺"导弹的使用，在很短的时间内，"不利的形势就发生了戏剧性的逆转"。[17]

对于这场战争的结局，还有另一种解释。如果说"圣战者"组织是在美国的帮助下赢得了胜利，那么苏联之所以失去取胜的机会，是因为他们未能从美国的越战教训中汲取经验。1989 年美国陆军一项研究的作者们发现："苏联未能从美国或其他平叛经验中吸取前车之鉴，这导致他们屡屡重蹈覆辙。"[18]

差不多同一时间结束的冷战影响重大，强化了这种自以为是的解释。必胜的信念和自我陶醉相辅相成。阿富汗战争被视为美国（而不是伊斯兰主义者）的伟大胜利，是因为美国的坚定信念导致了苏联的决定性失败。贯穿于20世纪始终的意识形态之争因此得以尘埃落定，是美国而不是"圣战者"组织取得了最终的胜利。

苏联入侵阿富汗的失败本是宗教传统主义者拒绝接受世俗现代化的结果，但华盛顿愿意把它解释成一个标志：公有制的失败就是民主资本主义的胜利。随着政治经济学的所有重大问题（这些问题才值得严肃探讨）都迎刃而解，"历史的终结"也随之到来。[19]

这绝不是美国人第一次产生终结论的错觉。1865年，罗伯特·李在阿波马托克斯的投降被解读为最终解决了个人自由的基本问题。事实正好相反，奴隶制被消灭后，这些问题改头换面继续留存了下来。1945年，美国人以为轴心国的战败开启了美好的大同世界。但事与愿违，由于大国彼此认定对方有全球争霸的企图，争端卷土重来。

同样的，直到被残酷的事实戳破之前，相信冷战的结束代表了重要转折，同时也意味着历史终结的观点被多数人所接受。在华盛顿尤其如此。历史一直在无情地滚滚向前，尤其是在贫穷的、愚昧落后的阿富汗。

从现在的角度来看，这一切似乎一目了然。就像现在看来，废除奴隶制本身并不能带来种族和谐，消灭法西斯也不会自动点亮世界和平。那些天真的想法在冷战后的华盛顿流行一时确实值得深刻反思，因为这将有助于解释为什么美国的政策制定者会被人为加工过的、在阿富汗取得的成就所蒙蔽。巨大的胜利像给他们施了魔法，让他们变得愚不可及。

与此同时，阿富汗人发现自己虽然接受了大量外来资金和实物援助，但他们仍然为此付出了更为沉重的代价。在苏军占领期间，1500多万阿富汗总人口中，有100万~150万人被杀害。相同数量的民众承受了因战争导致的伤病。另有600万人逃到了位于巴基斯坦和伊朗的难民营。[20]

大规模的暴力与苏联的国家建设计划，粉碎了阿富汗的传统社会。那里的城市规模迅速扩大，为民众提供了一些避难之所。而在人口稀少的农村地区，农业生产濒临崩溃，粮食产量直线减少了50%。

那里本就不健全的教育和医疗体系现在陷入更大的混乱，根本无力应付旷日持久的战争带来的额外压力。腐败和犯罪异常猖獗。走私和鸦片生产成为经济崩溃后阿富汗人的主要生活支柱。[21]在农村，武装割据的军阀取代了传统的精英，成为当地政治权力的掮客。在这样的环境下，激进的伊斯兰主义像病毒一样迅速传播。按照阿富汗著名学者托马斯·巴菲尔德的说法，伊斯兰主义的支持者在阿富汗"圣战者"组织中看到了"跨国'圣战者'的先锋"。[22]

戴着冷战思维的有色眼镜，美国人看到的东西有所不同：那是里程碑式的成就。当苏联领导人米哈伊尔·戈尔巴乔夫决定放弃并从阿富汗撤军时，情况似乎确实如此。"从纳税人的角度来看"，一位冷战专家吹嘘说，"历史上从没有一个联邦项目以如此之小的代价引发了如此之大的世界政治格局的历史性变化"。这个判断，显然无视阿富汗人民付出的沉重代价和美国未来的后续成本。布鲁斯·里德尔继续说："阿富汗人在1989年的胜利中所得不多，甚至可以说所得为零。"他说，这是"悲剧"。但华盛顿没有觉得需要为此负一丁点儿责任。[23]事实上，胜利后的阿富汗对美国来说已经失去了利用价值。

1989年2月16日,在最后一名苏军士兵撤离阿富汗之时,一个月前刚刚接替罗纳德·里根的乔治·布什总统发表了一份声明,称赞这是"阿富汗人民非凡精神和意志的胜利",并承诺美国将继续提供援助"清除地雷,安置难民,重建饱受战争蹂躏的阿富汗经济"。[24]

很难说布什口是心非。可以确定的是,接下来的进程和他的承诺大相径庭。"我们必须现实一些",一位美国高级官员对《纽约时报》说,"阿富汗不是伊朗。那里没有石油,和波斯湾也相隔甚远。那里不是值得不惜代价争取的战略要地"。[25] 热情的布什总统可能希望表达对阿富汗人民的敬重之情,但这片土地对美国来说确实已无实质价值。

华盛顿对阿富汗和巴基斯坦的兴趣迅速降低。那里重新被认定为是无法填满的无底洞,所以华盛顿毫不犹豫地把注意力从该地区转向了大中东地区。那里的重要性确定无疑。正如巴菲尔德所说:"美国不希望再和资源贫乏、濒临崩溃、战略上无足轻重的国家扯上关系。"[26]

阿富汗国内形势的发展为美国摆脱阿富汗提供了方便的借口。尽管苏联扶植的喀布尔政权维持执政的时间之长让观察家颇感意外,但它最终还是在1992年的春天告别了历史。内战随之爆发。"圣战者"组织中不同派别间的攻击之惨烈令人难以想象。美国对此深恶痛绝,大声呼吁结束暴力冲突。与此同时,美国又以这是他国内政为由弃阿富汗于不顾。[27] 内战一直持续到1996年,直到塔利班组织取得对阿富汗不太稳定的控制权,并开始实施异常严厉的国家治理为止。

一位医生被请来治疗恶性肿瘤。为抑制肿瘤的生长,他安排病人接受了痛苦的化疗。但肿瘤刚刚停止生长,医生就将弱不禁风的病人弃之不顾，任其自生自灭。肿瘤消失，医生的责任就算履行结束，之后的护理都要别人自己负责。这就是苏联撤军后美国对阿政策的实质。

密切关注事态发展的观察人士很快就发现了端倪。明尼阿波利斯《明星论坛报》的记者早在1989年3月就撰文指出，在庆祝"圣战者"组织胜利的同时，"美国人应该开始对后续可能发生的事件做深思熟虑的准备。伊斯兰'圣战者'可能很快会潜伏到世界各地的机场附近，用我们援助给'自由战士'的导弹对民用飞机发起致命的攻击"。[28]另一位美国记者则对另一个更普遍的担忧进行了报道。阿富汗"圣战者"中的"国际勇士"有一天会成为"虔诚的、乐于献身的宗教激进主义穆斯林革命军的基础"。他们接受过游击战的训练，现在正在为下一场"圣战"做准备。[29]通过"鼓励基于宗教狂热的抵抗组织，而不去分析他们取胜的副作用"，美国是否"创造出了一个怪物"？[30]在大多数美国人听说基地组织或奥萨马·本·拉登之前，这种可能性就开始浮出了水面。

具有讽刺意味的事实是，华盛顿和莫斯科之间的"合作"把阿富汗从濒临失败的国家变成了真正失败的国家。美国不费一兵一卒阻止了苏联征服阿富汗。9年来的工作取得了巨大的成功。这次行动中美国获得了两个经验，这些经验后来变成了华盛顿应对大中东地区其他危机的反馈模式。经验之一是美国不再相信畏首畏尾的行事方式。"旋风行动"表明幸运女神更加眷顾勇者。行动的结果证明了主张冒险的那些人的正确性，美国向"圣战者"组织提供具有可追溯性的武器就是明证。第二个经验是，先进武器能够改变战争的走向。"毒刺"导弹提供了无可辩驳的证明。然而后来的历史进程表明，这两个经验有着极大的误导性。

事实上,"旋风行动"通过把阿富汗变成一片废墟推动了一系列事件的进程。它导致了旷日持久的平叛行动,行动是由美国自己领导的并耗费了美国人的大量鲜血和财富。华盛顿成功地诱使苏联步入阿富汗泥潭,并把那里变成了恐怖主义的温床。最终美国自己也被拖下了泥潭。

对这些问题作出何种评判取决于个人的视角。兹比格涅夫·布热津斯基从各方面讲都堪称"旋风行动"的教父。1998 年,在被问及对诱使苏联入侵阿富汗的行为是否感到后悔时,他颇为惊讶。"有什么好后悔呢?"他回答说:"那个秘密行动无疑是绝妙的创意,它成功地让苏联人深陷阿富汗。你希望我为此后悔吗?"

采访者继续追问:激进的伊斯兰主义后来的崛起难道没有让胜利蒙尘吗?布热津斯基对此同样给予了否认:"对世界历史来说哪个事件最重要?是塔利班的出现还是苏联帝国的崩溃?是激进的穆斯林,还是中欧的解放或冷战的结束?"[31]

随着时间的推移,布热津斯基曾认为不证自明的答案变得模糊不清。随着美国在中东地区军事介入的不断深入,继续坚持"激进的穆斯林"无关紧要的观点,多少有些避重就轻的嫌疑。在历届总统的眼里,他们是真正的威胁。他们的危险程度足以证明不断扩大的战争范围的合理性。

当然,这一切都发生在后来。就当时而言,华盛顿还沉浸在阿富汗战事结束的幻梦之中。不幸的是,阿富汗与美国的故事还远未结束。

注 释

1. 肖恩·威廉茨：《里根时代》（纽约，2008年），151页。
2. 乔治·克莱尔：《查理·威尔逊的战争》（纽约，2003年），10页。
3. 罗伯特·盖茨：《来自阴影》（纽约，1996年），349页。
4. 据报道，巴基斯坦希望华盛顿对其核计划"视而不见"。美国官员就是这样做的。迈克尔·T.考夫曼：《据说美国正在考虑向巴基斯坦提供更多武器》，《纽约时报》（1981年3月5日）。
5. 卡尔·伯恩斯坦：《提供给阿富汗的武器》，《新共和》（1981年7月18日）。
6. 斯特罗布·塔尔博特：《对莫斯科的形势逆转》，《时代周刊》（1985年4月15日）。
7. 玛格丽特·约翰逊：《管道的跑冒滴漏》，《时代周刊》（1985年12月9日）。
8. 戴维德·奥特维和帕特里克·泰勒：《美国向叛军发放新武器》，《华盛顿邮报》（1986年3月30日）。
9. 鲍勃·伍德沃德和查尔斯·巴布科克：《美国对阿富汗人的秘密援助正在增强》，《华盛顿邮报》（1985年1月13日）。
10. 塞思·琼斯：《在帝国坟场》（纽约，2009年），37页。
11. 史蒂夫·科尔在接受艾米·古德曼和胡安·冈萨雷斯的采访时说："民主，现在！"（2004年6月10日），democracynow.org/2004/6/10/ghost_wars_how_reagan_armed_the，访问于2014年10月23日。
12. 罗纳德·里根：《4908公告：阿富汗日》（1982年3月10日）。
13. 可在youtube.com/watch？v=uqZ-ToXjCz0上获取，访问于2014年10月23日。

14. 塞思·琼斯：《在帝国坟场》（纽约，2009年），31-34页。

15. 乔治·克莱尔：《查理·威尔逊的战争》（纽约，2003年），9页。

16. 同上，5页。

17. 扎尔迈·哈利勒扎德：《好朋友是如何取得了阿富汗胜利》，《华盛顿邮报》（1989年2月12日）。

18. 美国陆军司令部和参谋学院：《阿富汗战争的教训》（1989年），4页。整个研究报告保存于国家安全档案馆 www2.gwu.edu/~nsarchiv/NSAEBB/NSAEBB57/us11.pdf，访问于2014年11月2日。

19. 这是弗朗西斯·福山著名文章中的论点。让"历史终结"论充满吸引力的不是它的原创性而是它提出的时机。福山抓住了华盛顿当时的心理，他说出了政策精英们一直在思考但还没有完全阐明的东西。弗朗西斯·福山：《历史的终结？》《国家利益》（1989年夏）。

20. 依木提亚兹·古尔·汗：《阿富汗：苏联入侵以来武装冲突的人力成本》，《观念》（2012年冬），212-214页。

21. 巴奈特·鲁宾：《阿富汗战争与和平的政治经济学》，《世界发展》（2000年），1791-1793页。

22. 托马斯·巴菲尔德：《阿富汗：文化和政治史》（普林斯顿，2010年），243页。

23. 布鲁斯·里德尔：《我们赢得了什么：美国在阿富汗的秘密战争》（华盛顿特区，2014年）。

24. 乔治·布什：《关于苏联从阿富汗撤军的声明》（1989年2月16日）。

25. 伊莱恩·西奥利诺：《阿富汗似乎离美国越来越远》，《纽约时报》（1989年2月12日）。

26. 托马斯·巴菲尔德：《阿富汗：文化和政治史》（普林斯顿，2010年），251页。

27. 莱斯利·格尔布：《反叛者，请听话》，《纽约时报》（1992年4月20日）。格尔布嘲笑国务院发言人恳请逼近喀布尔的"圣战者"组织，"请不要采取暴力"。

28. 伦纳德·拉森：《美国可能为援助阿富汗付出高昂代价》，《明尼阿波利斯星报》（1989年3月16日）。

29. 马克·芬曼：《下一步：有枪，旅行》，《洛杉矶时报》（1992年4月7日）。

30. 托马斯·莱普曼：《援助阿富汗叛军却让美国更困扰》，《华盛顿邮报》（1993年7月26日）。

31. 劳埃德·加德纳：《到巴格达的漫漫长路》（纽约，2010年），56—57页。

4. 明星总司令的紧急电话

正当阿富汗战事进行得如火如荼之时，罗纳德·里根下令将一支美国海军陆战队部署到黎巴嫩的贝鲁特。但他们在那里遭受了重大损失，并很快被迫撤出，任务以惨败而告终。美国就像个配备了警棍的傻警察，置身于帮派的巷战之中。行动结束时，激进的伊斯兰主义者"带给美国军队自朝鲜战争以来最大的战术失败"。[1]

美国对阿富汗和黎巴嫩的武装干涉有着天壤之别。对阿富汗的武装干涉是秘密的、长期的，结局看起来还算成功。相形之下，美国对黎巴嫩的武装干涉则是公开的、相对短暂的，最终以灾难收场。中情局通过阿富汗的代理人积极推动暴力活动。而在黎巴嫩，星条旗高高飘扬，美国海军陆战队试图掌控一切。没有一位政策制定者相信，美国人只要摆摆姿态或象征性地表表态就能影响苏联在阿富汗的行为。但很多人却相信，象征性的军事存在，表现出足够善意，就足以影响黎巴嫩控制权之争的各方势力的行为。总之，美国的阿富汗政策制定者至少还有明确的目标，而指挥美国海军陆战队到贝鲁特的那些官员则什么都没有。

作为美国大中东战争的一个插曲，从1982年8月持续到1984年7月的黎巴嫩干预行动无疑是最怪异的事件之一。让历史学家感到迷惑不解的是：到底是什么原因让政策制定者觉得这个主意相当不错？要回答这个问题，首先需要理解促使里根派遣海军陆战队的大背景。

1982年6月6日，以色列入侵黎巴嫩及其后果触发了这个决定。政治学家塞缪尔·亨廷顿曾写道："伊斯兰有一条血腥的边界。"[2] 这一说法曾轰动一时。在以色列建国后的最初几十年里，情况确实如此。

在过去10年，以黎边界发生的一切都异常血腥。1970年被约旦驱逐后，成千上万的巴勒斯坦人把黎巴嫩南部变成了亚西尔·阿拉法特领导下的巴勒斯坦解放组织控制的国中之国。随后，无穷无尽的进攻和连绵不绝的报复行动纷至沓来，这重新激发了以色列领导人长期以来妄图一劳永逸地解决黎巴嫩问题的野心。他们希望借此消除该地区的一切威胁。

刚和埃及签署了和平条约，又取得了白宫对犹太人建国的支持，以色列的野心复燃似乎可以理解。安定的南部边界，与罗纳德·里根的深厚友谊，加强了以色列恣意妄为的信心。[3] 此时的黎巴嫩正在土崩瓦解之中。自1975年以来，马龙派基督徒、什叶派穆斯林、逊尼派穆斯林和巴勒斯坦难民在此彼此冲突，挑起内战，彻底摧毁了这个国家，改变势在必行。对以色列总理梅纳赫姆·贝京领导的右翼政府来说，卧榻之侧不能容忍这样一个失败的邻国和恐怖分子的避难所存在。

然而，平定黎巴嫩也是巨大的挑战。它的领土上既有巴勒斯坦解放组织寄居，又有叙利亚占领军横行。贝京的国防部长，激进的鹰派领导人阿里埃勒·沙龙却并不这样认为。他决心"用以色列的装甲洪流一举荡平黎巴嫩"，摧毁巴勒斯坦解放组织，让叙利亚人收拾行囊，滚回老家。以色列打算在贝鲁特扶植一个马龙派政府。两国将成为兄弟和盟友。"经此一变，黎巴嫩将从以色列的负担转为财富。"[4]

然而第五次中东战争无论从军事上还是从政治上说都没有达到沙龙的预期。贝京欺骗了里根，他将以色列的战略目标轻描淡写地说成：快速推进到黎巴嫩南部，迫使巴勒斯坦解放组织停止炮击和火箭袭击。以色列进攻的实际范围戳穿了他们的谎言，华盛顿对此大为光火。尽管受到严厉的谴责，里根政府并无意让发生在黎巴嫩的战事引发东西方的大摊牌。由于以色列机械化部队已经击溃叙利亚人，并包围了贝鲁特；再加上苏联政府强烈要求弥补叙利亚装备的损失，美国要求以色列接受联合国停火协议的要求变得愈加坚定。6月11日中午，以色列被迫接受联合国停火协议，尽管他们并未认真履行。[5]

虽然以色列国防军攻占了贝鲁特西部的阵地，但他们未能摧毁巴勒斯坦解放组织，也没能赶走叙利亚人。以色列人希望和反复无常的准法西斯主义者贝希尔·杰马耶勒领导的马龙派民兵武装联手，但他们成立友好基督教政府的梦想却远未实现。贝京和沙龙拒绝接受失败。所以，以色列国防军在停火协议的掩护下对贝鲁特展开了围攻，炮击、空袭和海上舰炮的打击异常猛烈。他们对城市肆无忌惮地攻击，并且切断了那里的水电供应。他们倾尽全力希望一举歼灭阿拉法特的武装。[6]

巴勒斯坦解放组织被逼到墙角，但以色列人却并未就此罢手。一周又一周过去，以色列国防军不断升级对贝鲁特的打击力度，与此同时，里根政府施加给以色列的压力也越来越大，要求他们马上解除围困。在提出"结束不必要的流血冲突"的要求时，里根警告说："两国关系已危在旦夕。"[7] 8月12日，以色列国防军发动了一轮又一轮更为猛烈的攻击。里根总统谴责以色列的行动"没有底线，愚蠢至极"。[8] 以色列终于发现自己也身陷困境。这是自作自受。巴勒斯坦解放组织和以色列政府都处于极端高压之下，并且都迫切需要解脱之策，达成某种协议已经迫在眉睫。为了生存下去，巴勒斯坦解放组织同意撤离黎巴嫩。为安抚华盛顿，以色列对此没有提出异议。不久之后以色列军队也陆续撤出，这正是里根政府希望看到的。

这是卡特主义未曾设想过的场景。对干预伊斯兰世界的腹诽已经弱化。卡特的声明标志着华盛顿的行动将更趋激进。美国海军陆战队即将粉墨登场。

在过去6周里，里根派遣维和部队驻扎黎巴嫩的可能性一直是美国专栏文章的热门话题。总体来说，尽管热情不高，这个想法还是获得了民众的支持。当然也有反对的声音。其中海军少将罗伯特·汉克斯最有先见之明。他是有着丰富中东斗争经验的退役海军军官。他认为在阿拉伯人的眼中美国海军陆战队进入黎巴嫩是美国按照以色列吩咐行事的"终极证据"。汉克斯写道，美国对以色列的支持"在整个伊斯兰世界引发了广泛的敌意，甚至是仇恨"，以维和部队的名义进驻的部队将成为阿拉伯人发泄愤怒的理想目标。"这完全没有意义"，汉克斯坚持说，"巴勒斯坦人的愤怒和复仇情绪会让美国海军陆战队遭受伤亡。无论这些人是站在巴勒斯坦解放组织的旗帜之下，还是在新出现的、更加绝望的组织领导之下。除此之外，没有其他可能性"。⁹汉克斯的结论有一点小的瑕疵：实际发生的时间推迟了一年。

这样的警告未被重视。1982年8月25日，在贝鲁特，一支由800名美国海军陆战队员组成的特遣战队登陆了。里根总统宣称："美国海军200多年来一直是维护世界和平的战士，这一次也不例外。""在他们登陆之时，迎接他们的有外交官、当地政要和各大媒体。"尽管海军陆战队开进了战斗区域，但空气中并未弥漫着即将到来的战争气氛。事实上，里根总统本人和国务卿乔治·舒尔茨反复强调，此次任务将不涉及战事。¹⁰因此，尽管身着戎装，海军陆战队的武器里并没有装填实弹。这是"深思熟虑后的决定"，目的是"证明美国人只为维和任务而来"。¹¹

在确保港口安全完全处于可控状态之后，巴勒斯坦解放组织的战斗人员和家属立即开始撤离。在美国人的注视下，不过几天的时间就有6436名巴勒斯坦人登船。他们被送往愿意接收流亡者的苏丹、叙利亚或突尼斯等国。8月30日，阿拉法特本人在保镖的簇拥下最后离开。送行者们为他祝福，为他欢呼。¹²

除以色列军队制造了些微不足道的小摩擦，法国退伍军人到现场来作秀之外（至少美国人是这么认为的），整个行动没有发生严重的意外。海军陆战队未开一枪一炮，也没有任何伤亡。据《纽约时报》报道，为了打发时间，军人们平日里就是"玩扑克、打排球"。¹³进展如此顺利，以至于9月3日，在国会议员的簇拥下，国防部长卡斯帕·温伯格这样的重磅人物也到此一访。他们到处摆姿势拍照片，午餐时还到食堂品尝了那里的伙食。任务很快完成，海军陆战队开始收拾行李，打包回家。9月10日，最后撤离的士兵登上一艘登陆艇。艇上高悬横幅，上面写着"使命完成"。¹⁴

事实证明这完全是错觉。这种错觉以后又发生了很多次。虽然海军陆战队很出色，但他们没有完成使命。自然，他们也未能实现里根总统对和平不切实际的期望。

仅仅 4 天后，情况就发生了逆转。9 月 14 日，叙利亚特工设置的炸弹炸死了贝希尔·杰马耶勒和长枪党的其他 26 名高级成员。当时黎巴嫩议会刚刚选举唯一的候选人杰马耶勒成为下一任总统。以色列和美国都非常支持他。[15] 在贝京和沙龙眼里，杰马耶勒的统治地位使得以色列－黎巴嫩共同治理的愿景得以延续。里根政府把杰马耶勒视为黎巴嫩恢复稳定的关键人物。现在，落实希望的关键人物死于非命。

沙龙做出了本能的反应。他指责藏于幕后的巴勒斯坦解放组织要为杰马耶勒的遇害负责。盟友未能成为黎巴嫩的主宰是以色列的重大挫折，但它同时也提供了彻底清洗贝鲁特地区巴勒斯坦人的良机。这次要一劳永逸，斩草除根。杰马耶勒被谋杀的第二天，以色列国防军就占领了贝鲁特西部巴勒斯坦控制的地区。他们帮助长枪党民兵武装进入到萨布拉和沙塔拉难民营，准备血洗那里的难民。随后就发生了大屠杀。到结束时，冷酷的长枪党人至少杀害了 700 名巴勒斯坦人。也有报道说，实际死亡人数或许多达 3500 人。[16]

不出所料，国际上爆发了强烈抗议。《时代周刊》封面文章谴责了这场"不可理喻的大屠杀"：

长达 30 个小时的屠戮之后，四处都是哀鸣之声，尸横遍野。现场散布着成堆的遗骸，男人的、女人的、儿童的尸身横陈。他们有些被近距离射中头部，有些则被割喉，有些双手被缚于后背，一名青年因阉割而亡。中年妇女和小女孩（最小的只有 3 岁）的尸身、手脚扭曲地伸展着，遍布在瓦砾堆上。一部分尸体的头颅已被炸得不知所踪。[17]

里根总统没有犹豫，马上表达了"对谋杀行为的愤慨和憎恶"。他向"更广大的巴勒斯坦社会"表示衷心的慰问，并指责以色列要为此事负责。他几乎要下令以色列政府立即从贝鲁特撤军。[18]

几天后，他决定重新部署美国海军陆战队回到那座城市，作为多国维和部队的一部分。他们将"在贝鲁特展示其存在，帮助那里恢复稳定，为黎巴嫩政府重新控制首都局势提供条件"。[19]即便有盟军特遣小分队的帮助，还是无人清楚海军陆战队该如何完成这项雄心勃勃的任务。

不过，里根本人认定可以为此一搏。他坚持认为，美国要采取"及时大胆的行动"把黎巴嫩从外国势力的手中拯救出来。"制订计划，重建黎巴嫩安全部队"的条件已经成熟。[20]

如果能证明美国军队的存在可以帮助黎巴嫩脱离无政府的状态，并恢复秩序，这将树立颇有价值的典范。未来在中东地区也有可能推而广之。历史学家罗纳德·斯蒂尔当时评论道："对于专注于扩军备武的美国政府来说，有机会真正使用武力是一件令人无法抗拒的事！哪怕只是在最具约束的条件下使用也好。如果无法使用武力，那么成为世界超级大国又有何意义？"[21]《华盛顿邮报》相信，将军力投入到黎巴嫩这片沼泽之后，"美国作为该地区唯一可能的和平缔造者的形象将非常引人注目"。此中利害之大远超黎巴嫩本身。《华盛顿邮报》记者断定，"如果进展顺利"，美国将"重新赢得阿拉伯世界的信任"。[22]对《纽约时报》的莱斯利·格尔布来说，美军重返黎巴嫩标志着美国开始在"中东扮演警察的角色"。[23]

然而，这一次与此前结束的美国短期武装干涉形成了鲜明对比。在上次行动中，海军陆战队只需要专注于具体的、定义严密的任务：完成策划好的巴勒斯坦解放组织撤离计划。相比之下，新任务的范围更广，不确定性更强，而且没有为此达成任何共识。美军的部署有些漫无目的，只是模糊地希望某个协议会奇迹般地突然出现。在贝鲁特，未知远远超过已知。这里将成为子弹未上膛的美国海军陆战队员冒生命危险四处巡逻之所。

9月29日，由大约1200名海军陆战队员组成的规模更大的特遣部队抵达了贝鲁特。他们在饱受战火蹂躏的贝鲁特国际机场建立了防御阵地。由于战乱多年，那里早已瓦砾遍地。同一天，美军就遭遇了伤亡。一名海军陆战队员在机场试图排除未爆弹药时被炸死，另有3人受伤。尽管如此，任务在相对平静的氛围中开始了。整个行动持续了整个秋天，直到冬天来临。

美国部队在此安营扎寨是为了履行长期的承诺。但每期部队的服役时间都相对较短，大约只有百日。之后新一批部队到来，前一期部队则轮换离开。整体任务没有设立最终期限。海军陆战队员们忙着在防区范围外进行例行巡逻，同时还要接待源源不断的贵宾来访。为帮助黎巴嫩军队，从11月开始美军还组织了一些小规模培训。[24]

"存在"是为了赢得时间，让表面上无教派的黎巴嫩军队重新担负起维护内部安全的重任。当然，这取决于以色列和叙利亚是否同意撤回各自的军队。这是黎巴嫩恢复主权的先决条件。只有如此，海军陆战队才能重新悬挂"使命完成"的旗帜。

美国海军陆战队与以色列国防军的关系仍然微妙。温伯格抱怨说，以色列人经常"骚扰我们的部队"。[25] 以色列国防军则声称遭到过来自美军控制区的枪击。他们的反应异常有力，或开枪还击或派遣装甲部队进入海军陆战队的辖区之内进行报复。美国海军陆战队也毫不逊色。最为戏剧性的一幕发生在 1983 年 2 月 2 日。当时查尔斯·约翰逊上尉和一队以色列坦克狭路相逢。他们径直向海军陆战队的检查站开过来。约翰逊命令他们停下。但以色列头车的指挥员打算继续前进。约翰逊见状就跳下车,拔出配枪,高声断喝:除非"从我的尸体上过去",否则休想通行。以色列车队之后还试图绕过约翰逊。年轻的海军陆战队军官跳上最前面的坦克,愤怒地下令以色列人停下。这次事件随后双方以非暴力形式结束。约翰逊因此事在服役期间还受到了嘉奖。[26]

这是美国在黎巴嫩乃至大中东地区的军事存在能够取得成果的一个缩影。他们为此赢得了尊重。这将帮助美军说服那些不守规矩者或者心怀不轨者改邪归正,甚至那些蛮横的士兵,只要态度坚决就能够实现这样的目标。至少,已经露出了这样的端倪。

约翰逊上尉的英勇事迹确实值得称赞。但更重要的是,对立的黎巴嫩教派之间的暴力冲突不断加剧的同时,就在附近执勤的西方维和部队却只作壁上观。事实上,美国支持了黎巴嫩军队,而黎巴嫩军队则越来越紧密地和长枪党人结盟以对抗巴勒斯坦、德鲁兹派和什叶派民兵。这使得美国海军陆战队成了黎巴嫩死灰复燃的内战的参战一方。海军陆战队派人驻守检查站,与黎巴嫩军队进行联合巡逻,同时还为他们提供了充足的弹药。[27] 积极参与替代了装模作样的中立。

维和部队很快就成了攻击的靶子。更普遍的是,西方的所有利益相关方都成了攻击的目标。3 月 16 日,不明身份的袭击者伏击了海军陆战队的巡逻队员,造成 5 人受伤。随后发生了一系列以海军陆战队或联军为目标的小规模袭击。4 月 18 日攻击出现了重大升级。一名自杀式炸弹袭击者开着满载炸药的货车,在美国大使馆的入口处引爆了炸弹。那幢7层高的建筑外部被炸得面目全非。63人死亡,其中包括17名美国人。海军陆战队赶到现场并向受伤部队提供支援。接下来的一个月,德鲁兹派炮兵开始炮击美国海军陆战队的机场阵地。夏季,包括迫击炮和火箭弹在内的攻击都加强了,频率也愈加频繁。海军直升机也受到了攻击。海军陆战队的任务因此发生了变化:巡逻终止,易受攻击的哨所被废弃。这种情况的发生是不被"容许"的。[28]

大批坦克和155毫米榴弹炮很快抵达,以充实海军陆战队的实力。来自美国第6舰队的额外装备也齐聚黎巴嫩海岸,其中包括由"新泽西"号战列舰增援的美国航母战斗群。这艘战列舰曾在第二次世界大战期间服役,里根政府最近刚对它进行了翻新。处境艰难的维和人员并不缺乏火力支援。

美国主导的通过谈判实现叙利亚和以色列双边撤军的努力最终无功而返。以色列政府希望把命运掌握在自己手中。9月3日、4日两晚,在没有提前知会华盛顿的情况下,以色列部队撤离了贝鲁特,转入黎巴嫩南部的"安全区"。驻黎海军陆战队指挥官蒂莫西·杰拉蒂上校写道:"这次未经协调的撤军行动,把多国维和部队,特别是美国特遣部队直接置于穆斯林民兵的准星之上。"[29]

9月5日和6日,猛烈的火箭弹和炮弹轰击了美国海军陆战队基地,以色列单方面撤军的影响立竿见影。美军的伤亡人数不断上升。若干士兵死亡,另有20多人受伤。"不断重击"之下,美国海军陆战队的炮火开始还以颜色,这进一步把维和部队变成了参战人员。[30]

冲突升级让里根总统如坐针毡,这位明星总统急电杰拉蒂上校,[31]总统发誓要提供"阻止袭击所需的一切支援"。就像编排好的电影剧本台词,杰拉蒂上校向总司令承诺:海军陆战队将"坚守阵地，履行军人的天职"。[32]

里根本人确信，只要秀一下肌肉，整件事就能重上正轨。在9月7日的日记中，他坦言："这样的想法在我脑海中挥之不去，F-14战斗机群……在海军陆战队的头上大约200英尺的高度呼啸而过，炸掉两处敌方的炮兵阵地。这对海军陆战队来说是精神上的激励，同时也会给那些自鸣得意的中东武装恐怖分子传递明确的信息。"[33] 几天后，他签署了一项密令，授权"海军炮火支援，如果必要的话，可以进行战术空袭"以支援黎巴嫩军队。[34]

美国军队加大了赌注。9月8日，美国军舰加入了战局，开始使用5英寸大炮轰击疑似反政府民兵组织。此后炮击一直持续不断。9月19日，支援黎巴嫩军队的美国军舰在5小时内就发射了350发炮弹。与此同时，海军还出动战斗机进行了空中侦察。正如海军陆战队战史中记录的那样，"显然，明目张胆的支援行动彻底终结了海军陆战队在反政府派系眼中的中立形象"。[35] 无论是故意，还是纯粹由于无知，美国在黎巴嫩内战中彻底沦为了战时盟国的角色。

为了荣誉，海军陆战队依然保持着坚定的意志。尽管红色警报频发，他们没有选择退缩也没有丝毫让步，完全没有意识到大祸即将临头。这有点像空袭珍珠港一样。1941年12月7日之前的几周，日本海军在珍珠港进行了一系列小规模的试探性攻击，而自命不凡的太平洋舰队还是固执地将战列舰两两并排停靠在港口之内。

珍珠港的灾难源于华盛顿的短视，以及前线指挥官的懈怠，贝鲁特发生的一切亦是如此。由于安全局势的急剧恶化，海军陆战队的存在已变得无足轻重，甚至有些适得其反。杰拉蒂意识到了这一点并向顶头上司做了汇报。[36] 然而，那些乘直升机来访贝鲁特的或当选或委任的陆、海军上将和高级官员们对此却置若罔闻。

美国政策制定者的主要注意力放在了黎巴嫩的秩序上。这是对症状和病因的本末倒置。这个国家的混乱情况表明，需要处理的问题之大达到了全体美国海军陆战队前来都无法应付的程度，杰拉蒂上校被围困的第24海军陆战两栖部队当然是杯水车薪。从本质上讲，眼下的危机凸显出美国战略的浅薄。高级官员们竟然相信通过帮助黎巴嫩军队超越对手，一个加强营就可以为中东和平铺平道路。国务卿舒尔茨坚持认为，当下最要紧的是"站稳立场，体现出目标和意志坚定的力量"。[37] 如何将躲在贝鲁特国际机场的数百名海军陆战队员和宏大的目标联系起来并非那么一目了然。在不断演变的大中东战争期间，无辜的美国大兵为这种愚蠢买单的情况将不可避免地一幕接着一幕不断上演。

10月底，局势发展到了最紧要的关头。10月23日《纽约时报》刊登了一篇来自贝鲁特的报道。记者托马斯·弗里德曼在报道中提到了显而易见的事实："起初，没有任何人真正注意到这里发生的一切。在过去的一个月，海军陆战队已经成为卷入黎巴嫩内部冲突的一个武装派别。"[38]

无人关注的状态就此戛然而止。就在弗里德曼的文章刊登在《纽约时报》的同一天，一名自杀式炸弹袭击者驾驶着一辆装满炸药的黄色奔驰卡车，撞开了海军陆战队驻地的大门，闯入了被改造成海军陆战队临时兵营的四层大楼。随后他引爆了炸药。巨大的爆炸导致241名美国军人死亡，另有100人受伤。附近的法军驻地几乎同时遭到袭击，58名法国维和人员死亡。伊斯兰"圣战者"组织宣称对此事负责，该组织后来又被称为真主党。

美国人从噩梦中惊醒，想搞清楚到底发生了什么。迅速且高效地疏散、转移伤员和阵亡士兵的行动，与平日里慵懒的、做一天和尚撞一天钟的态度形成了鲜明的对比。这种懒散的态度从一开始就把海军陆战队置于危险的境地。这绝不是大中东战争中美军遭遇的最后一次灾难。为何当权者没能预见这场灾难？美军的远征失败常常会招致公众的诘问，但美国民众从未得到过满意的答复。

如果将海军陆战队置于危险之中的愚蠢行为尚可不予追究的话，那么对美军的毁灭性攻击理应给予强有力的回应。然而，反应花费了数周的时间，决策者们对此有些踟蹰不前和犹豫不决。整个事件的高潮竟是灰头土脸的撤退。

在公众面前，总统露出了"里根式"的坚毅表情。"不会再有恐怖分子敢于挑战我们的意志"，他在为烈士举行的追悼会上宣称："不会再有暴君敢于怀疑我们的决心。"里根重申"勇气和决心"是美国人民的本色。他宣称："我们现在不会，未来也不会在任何地方被任何人吓倒。"[39]

尽管冷酷的现实无情地嘲弄了这种陈词滥调，但总统仍然保持着令人吃惊的乐观。在贝鲁特爆炸案发生的几天之后，他发布了一项绝密的政策指令。文中他兴奋地宣称："一个独立的、主权完整的、不受外国势力影响的黎巴嫩，是可以实现的目标。"实现这个目标的关键在于美国仍被视为中东地区公平公正的仲裁者。因此，尽管贝鲁特已陷入僵局，里根总统却发誓要"重新确立美国的领导地位"并"重新掌握主动权"。还有一年就要举行的美国总统大选为此提供了充足的理由："如果在接近大选之年我们采取更为消极的政策，那么我们不仅不会取得任何进展，还会陷入混乱和怀疑的沼泽。这势必招致国内的强烈批评。"[40]

然而，困惑和怀疑几乎让他的政府陷于瘫痪之中。里根曾指示要对策划 10 月 23 日发生的贝鲁特爆炸案的嫌疑人进行报复，"前提是要对目标地点进行合理的确认"。这个附加条件为反对军事行动升级的对手提供了理由。特别是国防部长温伯格和约翰·维西将军领导的参谋长联席会议，他们试图阻止实施报复行动，还试图彻底终止海军陆战队在当地的存在。[41]

与此同时，黎巴嫩的冲突还在持续。这让里根对该国重获独立和主权的期望变得很不现实。军事介入这场冲突反映出弥漫在华盛顿上空的犹豫不决。尽管能够源源不断地接收到美国提供的物资和武器弹药，黎巴嫩军队最终还是以失败而告终。这并非美国在伊斯兰世界"组建"军队的最后一次失败。

12月3日，叙利亚在东贝鲁特对美国侦察机采取的防空行动最终刺激了里根政府。美军发动了一次计划不太周全，而且有些敷衍了事的空袭作为回应。结果有两架美国海军的战斗机被击落，美国飞行员，黑人空军中尉罗伯特·古德曼被捕。以色列的将军们则在一旁冷嘲热讽。由民主党总统候选人杰西·杰克逊领导的非洲裔美国牧师代表团，其中包括耶利米·赖特和路易斯·法拉罕，前往大马士革进行斡旋，古德曼得以释放。[42]

驻守在贝鲁特国际机场的海军陆战队仍然处于危险之中。同一天，叙利亚的炮击又造成数人死亡。指挥官们不愿再失去战斗机，所以战列舰"新泽西"号就成了美军发泄不快的首选武器。这艘战列舰配备的16英寸（406毫米）舰炮能轻而易举地把1900磅的炮弹射到20英里之外，这代表了美国军事上的强大实力。与此同时，这也象征着美国政治上的无能。再多的舰炮也无法挽回这次维和行动的失败。

1984年1月底，里根总统做好了放弃的准备。他指示五角大楼制订海军陆战队的撤离计划，尽管计划将保留"海上驻军"的可能性。虽然里根总统很想帮助黎巴嫩军队继续战斗下去，但他最终还是选择了远离战争。[43] 总统坚持说："我们并非一走了之，我们只是采取了更合理的立场。"[44] 这种说法显然不是那么具有说服力。

1984年2月26日，最后一名海军陆战队员离开了贝鲁特国际机场。"新泽西"号等战舰向岸上目标猛烈开火。他们打着提供火力掩护的幌子，而实质上是为了发泄不快。[45]这一次，"使命完成"的横幅不见了。托马斯·弗里德曼在《纽约时报》的专题中写道，海军陆战队"没有取得任何成就"。[46]这一结论确实难以反驳。

政策失败通常会招致质询。质询的主要目的是控制损害。这次也不例外。由几位高级将领和一名前五角大楼官员组成的委员会对10月23日发生的事件进行了调查。他们小心翼翼地撇清了让海军陆战队员无功而返的那些政策上的干系。调查报告的结论可谓考虑周全。它刻意回避了更根本的问题，而只针对操作上的一些失误。最终，委员会得出的结论是，对海军陆战队兵营的攻击"是使用恐怖主义手段发动的战争"。的确如此。但是这场"战争"的本质究竟是什么？有哪些交战国介入其中？各方的利益诉求都是什么？胜利会带来什么影响？这场战争可有胜算？这些问题，报告中基本没有涉及。相反，报告提供的多是一些无关紧要的评论，比如"国家资助的恐怖主义对美国的政策构成了严重威胁……这值得引起参谋人员的注意"云云。

该委员会的报告宣称黎巴嫩是"名副其实的危险丛林"。然而，它并没有追问美国军队在丛林中穿梭跋涉的重大意义何在，这样做要达成什么样的目标，委员会的成员显然对此类问题不感兴趣。相反，他们得出结论说，杰拉蒂上校和他的手下原本应该更了解情况，本来可以做得更好。随着事件逐渐淡出人们的视线，这份报告给身居要职的那些人找了一个合适的台阶。这也是潜规则下的通常做法。[47]

现在回想起来，当时的情况相当清楚。贝鲁特给美国的政策制定者敲响了警钟。那里的失败表明，用美国军队来"搞定"大中东问题，与迈尔斯·伊格诺图斯不愿看到的复杂性相冲突。军队的出场，特别是象征性的长期部队驻扎会成为某种刺激。这种做法非但不能对稳定做出贡献，反而有很大的副作用。

令人悲哀的是，派遣海军陆战队到黎巴嫩来的人根本不知道他们在做什么或者他们面对的是什么。而由此导致的失败将美国无知、无能和缺乏毅力的形象广为传播。至于将美国树立为和平缔造者的角色，加强美国在阿拉伯人眼中的可信度，并展示其保障一方平安的治安能力，这些期望统统落空了。

在北卡罗来纳州的勒琼营附近，为纪念在贝鲁特牺牲的美国军人而修建的纪念碑上镌刻着这样的铭文："他们为和平而来。"这些文字无意中说出了导致任务失败的主要错误：对现实的根本性误解。

保卫和平至少暗示了和平的存在。在黎巴嫩，在海军陆战队干预之前、干预期间乃至干预之后，和平从来不曾存在过。在未来和平也很难出现。相反，美军撤离后，黎巴嫩仍是一个战场，内战又持续了数年之久。叙利亚和以色列军队继续分别占领着黎巴嫩的部分领土。巴勒斯坦解放组织已经离开。而作为以色列入侵的直接后果，（黎巴嫩）真主党很快发展壮大了起来并建立了一个国中之国。[48] 该组织的领导人可以自豪地宣称他们对世界上最优秀的超级大国取得了决定性的胜利。这一结论用于美国的其他对手身上也基本不会有误。

注 释

1. 大卫·克里斯特：《暮光之战》（纽约，2012年），123页。

2. 塞缪尔·亨廷顿：《文明的冲突？》《外交》（1993年夏）。

3. 本尼·莫里斯：《正义的受害者》（纽约，1999年），516页。其他因素对以色列愿意接受风险也有影响。1981年6月，以色列攻击并摧毁了奥西拉克的伊拉克核反应堆。同年12月，它单方面吞并了戈兰高地。那里是1967年战争期间叙利亚占领的领土。在这两个事件中，美国都谴责了以色列，但随后美国就接受了以色列的行动。

4. 大卫·克里斯特：《暮光之战》（纽约，2012年），108页。

5. 本尼·莫里斯：《正义的受害者》（纽约，1999年），516-529页。

6. 同上，533-537页。

7. 大卫·克里斯特：《暮光之战》（纽约，2012年），112页。

8. 泽夫·希夫和埃胡德·亚阿里：《以色列的黎巴嫩战争》（纽约，1984年），226页。

9. 罗伯特·汉克斯：《派出海军陆战队？》，《洛杉矶时报》（1982年7月8日）。

10. 在新闻发布会上，里根指出如果发生任何枪击事件，他马上将海军陆战队撤出。《800名海军陆战队员被派往贝鲁特》，《洛杉矶时报》（1982年8月20日）。这篇文章的小标题是"里根说，如果被攻击就离开"。

11. 贝尼斯·弗兰克：《美国海军陆战队在黎巴嫩，1982—1984》（华盛顿特区，1987年），13页，17页。这本专著是关于美国海军陆战队武装干涉的官方历史。

12. 同上，18页。

13. 科林·坎贝尔：《美国海军陆战队离开黎巴嫩首都》，《纽约时报》

（1982年9月11日）。

14.《美国海军陆战队从黎巴嫩撤军》，《波士顿环球报》（1982年9月11日）。

15. 杰马耶勒的当选取得了长枪党的同意。其前提是以巴勒斯坦解放组织的撤离换取以色列结束对贝鲁特的围困。这种交换加上贿赂和威胁，使杰马耶勒获得了足够多的穆斯林议员的投票以获得多数票。来自黎巴嫩的马克思主义者，"关于贝希尔·杰马耶勒的当选：其他故事"（2007年8月30日），marxistfromlebanon.blogspot.com/2007/08/regarding-bashir-gemayels-election.html，访问于2014年11月6日。

16. 彼得·查尔克编撰：《恐怖主义百科全书》（圣巴巴拉市，2012年），643页。

17. 乔治·罗素：《中东：神啊，我的上帝！》，《时代周刊》（1982年10月4日）。

18. 罗纳德·里根：《关于黎巴嫩境内巴勒斯坦难民被谋杀的声明》（1982年9月18日）。

19. 贝尼斯·弗兰克：《美国海军陆战队在黎巴嫩，1982—1984》（华盛顿特区，1987年），22-23页。引用自"32D海军陆战队水陆两栖部队的后续行动报告"（1982年11月12日）。这支部队是最早执行贝鲁特"驻留"任务的几支海军陆战部队之一。为多国维和部队做出贡献的其他国家还有法国和意大利。

20. 罗纳德·里根：《国家安全决策指令64号：黎巴嫩的后续步骤》（1982年10月28日）。

21. 罗纳德·斯蒂尔：《海军陆战队员远离它》，《洛杉矶时报》（1982年7月13日）。

22. 迈克尔·格德勒：《军队可以帮助拯救里根的计划》，《华盛顿邮报》（1982年9月21日）。

23. 莱斯利·格尔布：《美国在中东和平进程中充当了警察的角色》，《纽约时报》（1982年10月3日）。

24. 贝尼斯·弗兰克：《美国海军陆战队在黎巴嫩，1982—1984》（华盛顿特区，1987年），38-41页。

25.卡斯帕·温伯格：《为和平而战》（纽约，1990年），162页。

26.理查德·哈罗兰：《海军陆战队，掏出手枪，逼停三辆以色列坦克》，《纽约时报》（1983年2月3日）。

27.贝尼斯·弗兰克：《美国海军陆战队在黎巴嫩，1982—1984》（华盛顿特区，1987年），80页。

28.同上，59-62页，66页，75-82页。

29.蒂莫西·杰拉蒂：《战争中的维和人员》（华盛顿特区，2009年），60页。

30.同上，61页。

31.在军事用语中，"六"在传统上是指挥官的呼号。

32.蒂莫西·杰拉蒂：《战争中的维和人员》（华盛顿特区，2009年），62-63页。

33.罗纳德·里根：《里根日记》（纽约，2007年），177页。

34.罗纳德·里根：《国家安全决策指令103号的附录：在黎巴嫩，1983年9月10日》（1983年9月11日）。

35.贝尼斯·弗兰克：《美国海军陆战队在黎巴嫩》（华盛顿特区，1987年），83页，86页，88页。

36.蒂莫西·杰拉蒂：《战争中的维和人员》（华盛顿特区，2009年），68-69页。

37.乔治·舒尔茨：《动乱与胜利》（纽约，1993年），226页。

38.托马斯·弗里德曼：《维和人员成为另一个敌对派系》，《纽约时报》（1983年10月23日）。

39.罗纳德·里根：《对北卡罗来纳州切里波因特军人的关于黎巴嫩和格林纳达美军伤亡的讲话》（1983年11月4日）。

40.罗纳德·里根：《国家安全决策指令111号：黎巴嫩和中东进程的后续步骤》（1983年10月28日）。

41.大卫·克里斯特：《暮光之战》（纽约，2012年），141-148页。

42.同上，148-149页。

43. 罗纳德·里根：《国家安全决策指令123号：黎巴嫩的后续步骤》（1984年2月1日）。

44. 威廉·史密斯：《海军陆战队撤离黎巴嫩》，《时代周刊》（1984年3月5日）。

45. 贝尔纳·格尔茨曼：《黎巴嫩的新篇章》，《纽约时报》（1984年2月27日）。

46. 托马斯·弗里德曼：《美国在黎巴嫩的失败》，《纽约时报》（1984年4月8日）。

47.《关于1983年10月23日贝鲁特国际机场恐怖行动向国防部委员会提交的报告》（1983年12月20日）。该文件又被非正式地称为"罗恩委员会报告"。该委员会主席为退休的海军上将罗伯特·罗恩。

48. 奥古斯塔斯·理查德·诺顿：《真主党简短历史》（普林斯顿，2007年），33—34页。

5. 中东疯狗之拳打脚踢及以牙还牙

伊斯兰世界里，黎巴嫩绝不是罗纳德·里根总统部署美国军队的孤例。在美国大中东战争的初始阶段，利比亚也曾断断续续引起过一些关注。和黎巴嫩一样，华盛顿在那里也尝试使用超级军力来验证军事如何更好地为政治目的提供服务。但这些尝试远未达到令人满意的效果。

在20世纪80年代，除了坐拥大量石油储量之外，利比亚对美国来说，其战略意义微乎其微。然而，利比亚的统治者却让美国的政策制定者无法等闲视之。奥马尔·穆阿迈尔·卡扎菲上校是一个反复无常、狂妄自大的小丑。与其说他是严重的威胁，不如把他说成反复发作的脓包。卡扎菲的危险之处不仅仅在于其路人皆知的野心，更源于他冲动行事，不计后果的倾向。他就像开着跑车，挥金如土的公子哥。

卡扎菲在1969年发动了军事政变。夺取政权后，他将利比亚的石油收归国有。卡扎菲宣称自己是热心的泛阿拉伯主义者,并开始在自己的武器库中囤积先进装备。这些武器大多从苏联采购。他旗帜鲜明地反对西方和以色列,并利用利比亚的石油财富为国外的革命者提供资金。这些革命者要么致力于推翻资本主义秩序,要么献身于根除殖民主义残余。他们最重要的目标是解放巴勒斯坦。[1]

1979 年,由于利比亚从事的这些活动,该国被列入了美国国务院发布的支持恐怖主义国家名单当中。在当选总统后不久,里根就得出结论,必须找机会狠狠教训一下卡扎菲,让利比亚这位狂傲的"兄弟领袖、革命导师"收敛一下气势。这件事在政府的待办清单上找到了一个位置。

锡德拉湾的既有争端为美国提供了机会。1973 年,卡扎菲声称拥有该海湾的主权。这是位于米苏拉塔和班加西之间的利比亚海岸线上的一处宽大的 U 形凹陷。他声称,任何进入"海湾"者,只要越过了他所谓的"死亡线",都将被认为是侵犯了利比亚的领海或领空,从而引起麻烦。

美国拒绝承认卡扎菲的声明,但也没有为此施加特别大的压力。[2] 在里根总统的任期内,情况发生了变化。1981 年 8 月,美国第 6 舰队发起了名为"航行自由"的行动,利用"逐步升级,越来越强硬的军事行动"的策略挑衅卡扎菲。[3] 行动包括派遣"福莱斯特"号和"尼米兹"号航空母舰故意跨越"死亡线",借此引起利比亚的回应。

卡扎菲果然上钩。利比亚的喷气式战斗机紧急起飞对抗入侵者。尽管接下来的行动很像打太极,但结局却毋庸置疑:8 月 19 日,在激烈的军事对抗中,美国海军的两架 F-14 战斗机击落了一对利比亚苏 -22 战斗机。[4] 对白宫来说,结果堪称完美:

我们大获全胜，敌人则败下阵来。这是白宫椭圆形办公室的明星总司令掌权后，美国不再只是夸夸其谈的确凿证据。为了记录这一功绩，作为纪念品，加利福尼亚州西米谷的里根图书馆永久展示着参与此次任务的F-14战斗机的仿制品。[5]

然而，和大多数美国大中东战争一样，胜利远没有宣传的那么漂亮。实际上，在没有没收现金或汽车钥匙的情况下，这样做的目的不过是让公子哥长点记性，学会循规蹈矩。然而美国未能达成心愿。事实上，这场对抗没有解决任何实质性问题。卡扎菲拒绝服软，甚至不愿闭嘴。

反对西方的恐怖主义事件还在不断发生。一些事件专门针对美国目标，但也有一些只是偶尔波及美国人。[6] 1983年12月，在贝鲁特的针对海军陆战队的致命袭击发生仅仅两个月后，恐怖分子又炸毁了美国驻科威特大使馆，造成5人死亡。针对在黎巴嫩工作的美国情报人员、记者和神职人员的绑架事件变得司空见惯。1984年9月，一辆卡车炸弹炸毁了美国驻黎巴嫩大使馆。死者中有2名美国人。

此时，在"打击恐怖主义"的命令中，里根总统指示五角大楼"制定一项军事战略，目的是支持积极和预防性地打击某些国家资助的恐怖主义的计划"，其中也包括"全面的军事选择"。[7]这个最高机密级的政策使美国走上了全面军事化应对恐怖主义的道路。这实际上是布什主义关于"预防性战争"的第一份草案。它在"9·11事件"之后变得成熟。

里根政府一直以来都处于大规模的强军建设之中，所以对威胁或使用暴力并不反感。它只是采纳了实用性的双重标准，将恐怖主义定义为实现不合法目的的不合法暴力行为。在某些情况下，使用核武器攻击城市是可以理解的，但恐怖主义袭击城市则不被接受。在华盛顿，实施恐怖主义罪恶行径的那些理由（抱怨、不满和政治动机）根本站不住脚，完全不值一驳。[8] 说真的，没有什么值得讨论（讨论暗示了绥靖政策），武力对抗邪恶的恐怖主义的逻辑无懈可击。

里根在打击恐怖主义的指示中并没有专门提及利比亚。尽管卡扎菲为反西方的恐怖分子提供了道义上的鼓励和资金上的奖励，但在袭击事件中找到利比亚人参与其中的明证却并非易事。然而，卡扎菲的厚颜无耻和利比亚的弱小，使得这个国家成了展示对抗华盛顿反恐命运的理想之所。卓有成效地打击诸如真主党、伊斯兰"圣战者"组织或巴勒斯坦解放阵线等组织的挑战极大。相比之下，的黎波里是固定不变的、看得见摸得着、相当诱人的目标。这里是一个理想的地方，用来验证"主动预防、先发制人和有仇必报"反恐战略的可行性。[9]

随着恐怖袭击事件的不断升级（仅仅在1985年一年中就发生了包括真主党和伊斯兰"圣战者"组织劫持雅典飞往罗马的环球航空公司客机事件；巴勒斯坦解放阵线成员劫持"阿基莱·劳伦"号游轮事件；以及阿布·尼达尔组织在罗马和维也纳制造的凶残的机场袭击事件），美国政府对利比亚独裁者的怒火也在熊熊燃烧。美国的政策制定者得出的结论是，除掉那个恶棍是解决这个大问题的关键。在美国大中东战争中，类似结论以后还会反复出现。

1986年1月，里根政府开始相信消灭卡扎菲已成为当务之急。当月，总统就利比亚问题签发了另一项命令，要求加大对利比亚经济制裁的力度，并下令第6舰队重返锡德拉湾，以"展示美国的决心和能力"。[10] 里根在日记中写道，如果"利比亚的头号小丑"再敢参与到恐怖活动中，"我们心里明白我们的目标在哪里，并将立即给予致命一击"。[11] 就总统来说，卡扎菲政权已来日无多。

这和 2002 年底的情况很相像。当时乔治·布什政府正准备把伊拉克的萨达姆·侯赛因赶下台。情况紧急，不愿采纳军事手段以外的替代方案，不在乎猎物被消灭后的后果：以上这些特征在两个时期都曾出现。但两届政府对于颠覆政权所需资源的算计却有所不同。布什愿意投入更多筹码只为发泄愤怒。相比之下，在追捕卡扎菲时，里根只想采用相对吝啬的方法。接下来的行动违背了一条格言：如果你希望有所收获，你就必须有所投入。

1986 年 3 月下旬，为迫使卡扎菲摊牌，在海军中将弗兰克·凯尔索的指挥下，第 6 舰队再次进入"死亡线"南部进行冒险。"这次，3 艘美国航空母舰在支援战舰的护卫下执行的任务是让全世界所有的舰船都能自由进出锡德拉湾。"利比亚军队马上做出了反应，向执行空中执勤任务的美军 F-14 战斗机发射了 SA-5 型防空导弹。战斗机未被击中，但美军抓住这次机会，击沉了两艘利比亚巡逻舰，摧毁了一座地面雷达站。凯尔索的无敌舰队期望挑起一场大战。然而，双方没有升级敌对行动。实力明显不济的利比亚军队自行脱离了接触。和上次一样，结果显而易见：我方大获全胜，敌人夹着尾巴逃跑了。[12]

不管怎样，卡扎菲都没有理由不承认战败，至少华盛顿这样认为。美国参谋长联席会议主席威廉·克罗上将满意地说："利比亚人在我们这儿多少得到了些教训。"[13] 让里根政府倍感恼火的是，利比亚并未吸取教训。卡扎菲仍然目空一切。

接着，4 月 5 日，炸弹在西柏林一家美国大兵经常光顾的迪斯科舞厅被引爆，造成 2 名美国人死亡，数十人受伤。截获的无线电信号表明利比亚人事先对此次袭击知情。这是十分难得的确凿证据。美国为此强烈谴责了卡扎菲。几天后的新闻发布会上，里根把卡扎菲痛斥为"中东疯狗",并指责他的"穆斯林原教旨主义革命"的奋斗目标。[14] 他随后下令五角大楼进行报复。"埃尔多拉多峡谷行动"很快出炉。

制订应急计划花了好几个月的时间。但在执行里根总统命令的过程中,却遇到了巨大的障碍。首先,除了英国以外,北约盟国都拒绝合作。西欧国家并不打算参加里根对卡扎菲的不宣而战。美国空军基地的所在国,如西班牙和意大利,拒绝美军的攻击行动使用他们的设施。法国等盟国则干脆拒绝了美国参战飞机飞越其领空的请求。[15]

保证参战部队步调一致的工作增加了计划的复杂性。这要求从英国莱肯希思皇家空军基地起飞的 F-111 轰炸机和从位于地中海的"珊瑚海"号以及"美利坚"号航空母舰起飞的舰载飞机同时到达指定区域。这次行动中 F-111 战斗机要从英国南部出发,沿着法国、葡萄牙海岸线,通过直布罗陀海峡和地中海东部。飞行全程需要经过多次空中加油。这需要在一团漆黑的夜晚以及无线电静默的情况下完成。超过 6000 英里的往返是对 F-111 能力的极限挑战。要知道,这种飞机并非以可靠性而闻名。虽然海军的 A-6 入侵者舰载飞机到达目标区域会相对容易些,但他们可能会遭遇防空火力的攻击。

毫无疑问,行动面临的最大障碍是概念性的:他们假设规模不大、打完就跑的轰炸会使局势走上正轨,恢复常态。里根总统希望埃尔多拉多峡谷行动能传递出明确的信息,让卡扎菲无法忽视或误读。然而,把总统的意图转化成具体的目标时,军事指挥官们却举步维艰。总司令的想法很明确:惩罚有罪之人,但不能伤及无辜。在实践中,调和两者并非易事。

经过激烈的内部讨论,定型后的计划确定了五大目标:两个机场，一个在的黎波里，另一个在班加西附近；一个军事训练营地；一个用于停放和维护军用飞机的设施；以及最重要的，卡扎菲的总部和主要居所阿齐齐亚兵营。

阿齐齐亚兵营是美国攻击的主要目标。[16] 此时此刻，美国大中东战争还没有将暗杀作为标准的行事手段。这是未来才发生的事。美国当时的法律禁止政治暗杀。因此，彻底除掉卡扎菲并非埃尔多拉多峡谷行动的目标之一。万一对利比亚独裁者工作和生活的地方狂轰滥炸导致了他的死亡，美国乐得把这种令人满意的结果视为偶然而非故意。投向阿齐齐亚兵营的武器数量之多绝非偶然。[17]

4月14日下午，准备工作就绪后，里根总统下令行动开始。埃尔多拉多峡谷行动就此展开。空军18架F-111战斗机起飞前往的黎波里。它们由加油机和其他护航飞机陪同，离开了英国基地，开始长达6个半小时的飞行。[18] 4月15日午夜后不久，隶属于美国海军的空中打击力量开始从"珊瑚海"号和"美利坚"号航空母舰上起飞。他们的目的地是班加西。两股力量计划在当地时间凌晨两点开始攻击各自的目标。

除以色列之外，没有其他军事组织尝试过如此复杂艰巨的军事行动。埃尔多拉多峡谷行动展开后，进展并不顺利。飞机故障迫使2架F-111战斗机中途折返。另有4架飞机在接近目标的紧要关头由于设备故障导致行动失败。第7架飞机则完全搞错了目标，把炸弹投掷到居民洋房和公寓楼里，并对法国大使馆造成了相当程度的破坏。第8架飞机则被击落，2名机组人员被击毙。

被派往班加西的15架海军A-6入侵者舰载攻击机的情况稍好一些。它们攻击了机场，摧毁或损坏了多架飞机。行动10分钟就宣告结束，美国飞机随后离开了利比亚领空。[19]

总体来说，除了扰乱了的黎波里和班加西的居民生活以外，攻击行动的战果只能算是差强人意。除了遇难的几十名利比亚人之外，摧毁的一切都是可以被替代的。受损的也大多可以修复。卡扎菲本人则得以全身而退。显然有人提前透露了空袭的消息给他。

不久，表情严肃的里根总统出现在电视荧屏上，向美国人民通报了发生的一切。他宣布，美国军队"在这次行动中取得了成功"。这是对西柏林迪斯科舞厅爆炸案的报复。"我们今天所做的一切是我们必须做的"，里根继续说道，"如果有必要，我们再多做几次也无妨"。他希望"这种先发制人的行动"能够为卡扎菲提供"改过自新的诱因和理由"。然而，在解释行动完成的意义时，里根总统并未只局限于卡扎菲本身。埃尔多拉多峡谷行动是对全球恐怖分子发出的警告。里根总结说，利比亚独裁者曾"指望美国只能被动挨打"。"他打错了算盘。在这里我要警告他们，世界上不存在可供恐怖分子休养生息、专心训练和学习致命技能的地方。我们言出必行。我曾说过，如果可能的话，我们会和盟友一起行动。但如果有必要，我们也会单独行动，以确保恐怖分子没有任何避难之所。今晚，我们就是这样做的。"[20]

卡扎菲是阿拉伯民族主义者和激进的伊斯兰主义者，是反犹主义者和暴力革命的支持者。他还是著名的狂人。但卡扎菲对恐怖主义的支持才是引起美国注意的原因。正如华盛顿看到的，恐怖主义才是自己真正的对手。卡扎菲只是这个大问题的外在表现。随着埃尔多拉多峡谷行动的开始，美国也启动了旨在通过军事力量击败敌人的尝试。最终证明这种尝试耗时过长，而且效果不佳。

尽管如此，里根政府评估后宣称对这次开创性行动取得的成果非常满意。美国国防部发言人将埃尔多拉多峡谷行动描述为"绝对完美的职业表现"。[21]国防部长卡斯帕·温伯格对记者说，这次空袭"发出了明确无误的信号"，并预测"此举将极大地遏制恐怖主义未来的行动"。[22]美国国务卿乔治·舒尔茨后来写道："在渴望复仇的愤怒情绪平息了之后，卡扎菲冷静了下来，缩回到沙漠之中。"[23]美国把利比亚独裁者"赶回了他的盒子里。那里才是属于他的地方"。[24]

起初的确如此，但江山易改，本性难移。不到两年时间，美国国务院发言人就被迫承认："尚无证据表明利比亚放弃了对国际恐怖主义颠覆和侵略行为的支持。"[25]这种说法的真实性很快就得到了证实。1988年12月21日，里根总统即将卸任，乔治·布什准备就职之时，利比亚特工安放的爆炸装置在苏格兰洛克比上空炸毁了泛美航空公司的103次航班，机上259名乘客和机组人员（其中189名为美国人），以及11名地面人员遇难。[26]卡扎菲并未由于策划这次暴行而遭到美国的报复。如果说决策者对西柏林迪斯科舞厅爆炸案做出的反应证明了犯美利坚者虽远必诛，那么泛美航空公司的103次航班爆炸事件则表明美国人并不能把他们怎么样。

虽然希望通过轰炸行动来改变对手的行为，但埃尔多拉多峡谷行动能起到的作用只能算是暂时的。即便如此，美国的政策制定者仍然坚持他们的信念，那就是军事打击为最终解决恐怖主义提供了一个选项。这种幻觉后来持续了数十年之久。

注 释

1.简要小结可参见道格拉斯·利特尔:《的黎波里海岸:美国,卡扎菲和利比亚革命,1969—1989》,《国际史评论》(2013年),70-99页。

2.正如他们所说,问题有些"复杂"。当时约有3000名美国人在利比亚工作。这些工作主要与石油相关。尼克松政府不愿意让这些美国人或美国开采利比亚石油有出局的危险。美军刚从越南撤出,五角大楼没有兴趣卷入另一场战争。《华盛顿特别行动小组会议纪要》(1983年4月16日);《美国对外关系:1969—1976》,《北美文件:1973—1976》(华盛顿特区,2014年),20-26页;另见《高级评论小组会议纪要》(1973年8月14日),同上文,67-75页。国务卿亨利·基辛格主持了这两次会议。在第二次会议期间,他把卡扎菲称为"沙漠中奔跑的可怜的小酋长"。

3.罗伯特·金米特:《里根与卡扎菲》,《华盛顿时报》(2006年8月20日)。在事件发生时,金米特是国家安全委员会的工作人员。

4.详细记录请参见约瑟夫·斯坦尼克:《埃尔多拉多峡谷:里根与卡扎菲的未宣之战》(安纳波利斯,2003年),52-56页,斯坦尼克称苏-22"无法匹敌F-14"。

5.《F-14雄猫式战斗机落户里根图书馆》,《洛杉矶时报》(2005年8月23日)。

6.概要请参阅《针对美国人的恐怖袭击,1979—1988》,pbs.org/wgbh/pages/frontline/shows/target/etc/cron.html,访问于2014年11月24日。

7.罗纳德·里根:《国家安全决策指令138号:打击恐怖主义》(1984年4月3日)。

8. 不言而喻，美国的政策目标，比如强制执行在利比亚海岸附近的"航行自由"权确实有其合法性。引申开来，至少在华盛顿看来，华盛顿在追求这些目标的过程中对强制手段的依赖也是如此。

9. 乔治·舒尔茨：《恐怖主义与现代世界》，《国务院公报》（1984年12月），16页。1984年10月25日在纽约派克大街犹太教堂，舒尔茨国务卿发表演讲时的预印本。

10. 罗纳德·里根：《国家安全决策指令205号附件：反对利比亚支持国际恐怖主义》（1986年1月8日）。

11. 罗纳德·里根：《里根日记》（纽约，2007年），381页。这个引用来自1986年1月7日的日记条目。

12. 约瑟夫·斯坦尼克：《埃尔多拉多峡谷：里根与卡扎菲的未宣之战》（安纳波利斯，2003年），131-140页。

13. 詹姆斯·格斯坦桑：《美国海军结束了在锡德拉湾的演习》，《洛杉矶时报》（1986年3月28日）。

14. 罗纳德·里根：《总统新闻发布会》（1986年4月9日）。

15. 法国的不合作某种程度上有报复的成分。在1983年10月贝鲁特爆炸事件后，华盛顿在最后一分钟退出了联合报复空袭行动。对此巴黎还记忆犹新。

16. 约瑟夫·斯坦尼克：《埃尔多拉多峡谷：里根与卡扎菲的未宣之战》（安纳波利斯，2003年），162-163页。

17. 《纽约时报》记者西摩·赫什的调查得出结论：刺杀卡扎菲实际上是"利比亚轰炸的主要目标"。西摩·赫什，《目标卡扎菲》，《纽约时报》（1987年2月22日）。

18. 实际上有24架轰炸机起飞，但该计划只需要18架轰炸机前往目标地区。其他后备飞机在出发后不久就返回了。

19. 有关这次袭击的详细描述请参阅斯坦尼克：《埃尔多拉多峡谷》，184-193页。

20. 罗纳德·里根：《关于美国空袭打击利比亚的全国讲话》（1986年4月14日）。

21.《美国飞机摧毁了13架利比亚飞机》,《洛杉矶时报》(1986年4月17日)。

22.《国务卿舒尔茨和国防部长温伯格的联合新闻发布会》(1984年4月14日),《国务院公报》(1986年6月)。

23.乔治·舒尔茨:《动乱与胜利》(纽约,1993年),687页。

24.安东尼·科德斯曼:《美国中央司令部的使命与历史》(1998年4月),8页。

25.大卫·奥塔韦:《美国仍然肯定利比亚是夜总会袭击事件的幕后黑手》,《华盛顿邮报》(1988年1月12日)。

26.三个月前,另一起类似的利比亚阴谋导致一架法国客机在尼日尔上空坠毁,机上171人全部罹难。

6. 拯救恶魔

1945年希特勒被消灭后，美国一直在与大大小小的希特勒似的人物进行较量。萨达姆·侯赛因无疑排在这张名单的最前列。真正的希特勒无法与萨达姆相提并论。萨达姆在被华盛顿放弃之前，享受过一段美国人关怀和援助的大好时光。

对萨达姆的援助，更准确地说是对他的救援，竟然是美国大中东战争初始阶段的一部分。20世纪80年代美国伊斯兰政策的混乱和自相矛盾，比里根时代的其他问题都更明显。敬仰里根总统的人把他视为坚定和道德目标的化身。但在伊拉克问题上，这两个优秀品质并没有真正发扬光大。相反，短视和机会主义占据了主导地位。

美国人很少关心或记住那些与美国利益无关的军事冲突。当然也有例外，比如1967年的"六日战争"和1973年的"十月战争"。虽然比阿拉伯－以色列之间的所有战争加起来还要规模巨大，时间持久，并更具破坏性，但是1980年至1988年的两伊战争却并不属于例外的情况。它在国家集体意识中从未取得过像样的地位。穆斯林之间的这场冲突在今天几乎完全从记忆中被清空了。对美国大众来说，这场战争的重要性和义和团运动相差无几。落得个事不关己，高高挂起，这着实不幸。其实两伊战争与"9·11事件"并无不同，两者都让美国深深地卷入到大中东战争之中。

在这场冲突中，争夺的重点始终是地区的主导地位。邻国间彼此明争暗斗，只为决定谁将主导国与国之间的关系。从这个意义上说，与其称之为两伊战争，不如称之为波斯湾战争。这个名称更准确地抓住了问题的实质。更精确地说，1980年至1988年的那场战争应该被叫作第一次海湾战争，因为它是一系列武装冲突的肇始，至今仍在持续。其目的是决定谁将成为伊斯兰世界的统治核心。

美国对第一次海湾战争进行了干预。它直接或间接地卷入了这场战争，并帮助决定了战争的最终走向和结果。其后果是，它为1990年的第二次海湾战争以及2003年的第三次海湾战争埋下了伏笔。随着这些冲突的次第展开，美国的政策制定者越来越坚定地相信，美国的责任就是利用其超强的军事实力来决定该地区的未来。简而言之，第一次海湾战争是美国实现地区霸权战略的重要尝试。

1931年至1941年的中日冲突是1941年至1945年太平洋战争的预兆。与此类似，1980年至1988年的两伊战争是美国对伊战争的先声。伊拉克战争的各个阶段加在一起超过四分之一个世纪。严格地说这两个事件有相似之处的说法并不严谨。它们之间的区别太过明显。华盛顿在20世纪30年代曾严厉谴责日本军国主义的穷兵黩武，但在20世纪80年代，华盛顿却在暗中煽动战争。太平洋战争以日本无条件投降落下了帷幕。这是美国对伊军事介入难以企及的高度。

第一次海湾战争以伊拉克悍然发动侵略行动拉开了序幕。萨达姆·侯赛因认定伊斯兰革命让伊朗在军事上变得软弱可欺。他觉得此时有机可乘，胜利似乎唾手可得。尽管这位伊拉克的独裁者拥有无限大的野心，但这次是一些小目标促使他发动了战争。他的本意并非要征服伊朗。他甚至未曾想过要推翻伊朗政府。他不过是想获得一些领土。这也曾是刺激美国入侵墨西哥的动机。那是1846年，总统詹姆斯·波尔克对加利福尼亚的无尽财富早已垂涎已久。1980年，萨达姆所觊觎的则要相形见绌。他看中的只是紧挨着伊拉克东部边境的伊朗胡齐斯坦省。但由于地下石油资源异常丰富，此处涉及的利益依然不容小觑。萨达姆还妄图宣布伊拉克对阿拉伯河航道无可争议的控制权。这条河是由底格里斯河和幼发拉底河交汇而成。[1]

9月22日，当萨达姆派遣全副苏式装备的部队进攻伊朗时，在他想象中这会是一次短促、惬意的土地掠夺战。但事与愿违，结果令他大失所望。我们可能会问，局势何以至此？原因在于，这是阿拉伯人与波斯人之间的战争，这是世俗阿拉伯人与伊斯兰革命间的抗衡，这是逊尼派控制的政权与什叶派控制的政权展开的对决。他们之间积怨很深，以至于根本无法保证战争处于可控的有限范围，尤其是当大批伊朗人展现出始料未及的，为国而战视死如归的决心之时。就这样，为小目标发起的短促战斗终于演变成了旷日持久的战争。双方把越来越多的筹码推上了赌桌。对参与其中的敌对双方来说，这场龙争虎斗生死攸关，不容有失。

战争开始时，美国宣布中立。这时，吉米·卡特还是白宫之主。在 9 月 24 日下午召开的新闻发布会上，他明确表示："我们没有，也不会卷入伊朗和伊拉克之间的冲突。"换句话说，卡特不愿看到其他国家介入战争。他接着强调说，"任何国家绝对不能横加干涉"。除此之外，总统还特别警告交战双方不要侵犯"波斯湾舰船的航行自由"。[2] 石油的取得依然至关重要。

由于人质危机仍未得到妥善解决，美国人很少有同情伊朗的倾向，所以萨达姆·侯赛因让伊朗经历惨败的前景并没有让华盛顿深感不安。没错，美国并不希望看到伊朗被肢解。[3] 但是如果只是让它受一点惩戒则相当有吸引力。直到战场上发生了意想不到的转变时，这种听之任之的态度才开始改变。

尽管伊拉克军队迅速实现了他们的既定目标，但德黑兰拒绝了按萨达姆提出的条件开始谈判以结束敌对状态的提议。1981 年 1 月，休整后的伊朗正规军使用伊朗国王时期获得的美式武器，在士气高昂的民兵组织的策应下，发起了一系列反攻中的第一战。在备受美国关注的人质危机得以解决之时，阿亚图拉希的军队也得到了壮大。

在接下来的一年里，经过数月的激烈战斗，伊朗成功将入侵者从其领土上驱逐了出来。随着局势的逆转，萨达姆意识到自己的生存受到了威胁。惊慌失措的他单方面宣布停火。伊朗拒绝接受，伊朗制定政策的最高领导人一心想要扩大他们来之不易的优势。[4]

如果伊朗获胜，这个伊斯兰共和国就可能获得该地区的优势地位。这样的前景并不受美国欢迎。因此里根政府开始转而支持伊拉克，使其成为抗衡伊朗的首选。这意味着美国要和伊拉克（沃尔福威茨识别出的美国波斯湾利益的主要威胁者）缔结基于利益交换的盟友关系。简单地说，到 1982 年，确保萨达姆的生存成了美国人的头等大事。

对一贯大张旗鼓宣传其道德优势的政府来说，帮助美国国务院支持恐怖主义名单中的政府，需要花费不少心思，寻找巧妙的解释。[5] 两国尚未建立的外交关系也使事态更加复杂。为了抗议华盛顿对以色列的支持，1967 年，巴格达断绝了与美国的外交关系。从那以后，情况一直如此。

现在，风向变了。1982 年 2 月，美国国务院悄然将伊拉克从恐怖主义资助名单中"删除"了。美国特使开始访问巴格达以修复两国关系。国务卿舒尔茨向伊拉克外长传达的友好信息强调两国有着"极其重要的共同利益"。[6] 尽管直到 1984 年 11 月双方才全面恢复外交关系，但那不过是掩人耳目的手段而已。早在前一年的 12 月，前国防部长唐纳德·拉姆斯菲尔德（后来他又一次出任该职务）作为罗纳德·里根的私人代表访问了巴格达，并敲定了建交协议。拉姆斯菲尔德与萨达姆的正式握手，被录像作为记录留给了后人。这标志着美国加入了反对波斯人（也就是反什叶派）的阵营。美国以前制定的两伊战争的中立政策现在已不复存在。

拉姆斯菲尔德在访问巴格达时向萨达姆承诺，在这场战争中，任何"削弱伊拉克或者任何让伊朗获益或增强其野心"的方案都不会得到华盛顿的支持。按照相同的逻辑，美国也"鼓励其他国家不要向伊朗出售武器"，并要持之以恒。[7] 会谈中拉姆斯菲尔德转弯抹角地提到了"止血行动"。这是美国国务院在 1983 年初期提出的，阻止伊朗获得武器装备，特别是用于维护美国武器所需的备品备件的动议。

毋庸讳言，"止血行动"拯救了萨达姆。华盛顿本来并不打算向伊拉克提供美国制造的艾布拉姆斯坦克或 F-16 战斗机。然而，当全球主要的军火出口大国（如法国和苏联）开始在作战前线排着队向巴格达兜售装甲车、作战飞机等武器,以替换战场损失时,里根政府很快就改弦更张了。[8]("改弦更张"也是当美国得知以色列向伊朗秘密地大量销售美式武器和备品备件来维持阿亚图拉·鲁霍拉·霍梅尼的战争机器时的反应。以色列和美国这两个表面上的盟友发现自己在战争中支持了彼此对抗的一方,而且对抗的双方都在反犹和反美的大旗之下。)

伊拉克人口仅为伊朗的1/3,可以说敌众我寡。因此,硬件优势对萨达姆的未来至关重要。事实上,这正是他发动战争策略的本质:用大炮的数量来弥补炮灰的不足。

然而,庞大而且不断得到补充的武器库并没有提高萨达姆的军事才能。他把战争简单地看成规模放大的恐怖主义,只会肆意和不加区别地使用武力。当战场上的局势对伊朗越来越有利时,情况更是如此。如果说萨达姆有什么疯狂的招数,那就是胡乱出击,寄希望于不受约束的暴力会迫使敌人屈服。

因此,萨达姆开始使用精度不佳的20世纪50年代的苏制导弹,漫无目的地发动针对伊朗城市的导弹攻击。伊朗则以牙还牙坚决还击。萨达姆率先使用化学武器来对付伊朗军队。伊朗则以牙还牙给予回应。萨达姆还对本国民众中的某些不安定因素进行了打击。依靠相对优势的空军,他不断攻击伊朗位于波斯湾地区的石油设施和在波斯湾航行的疑似为伊朗提供战争援助的船只,无论其是什么国籍。伊朗则以攻击为伊拉克提供资金的阿拉伯国家的油轮作为回应。这些国家为萨达姆提供了数十亿美元用于继续大肆采购武器。

里根政府支持萨达姆·侯赛因的疯狂行为是否有一以贯之的逻辑?如果存在某种逻辑上的一致性,那么它会让萨达姆挑起的战争更有重点,而非随心所欲。尽管石油收入为伊拉克提供了大

· 113 ·

量的资金并组建了一支大军,但要想让军队充分发挥效用,光有金钱是远远不够的。

对里根和他的顾问来说,这确实是问题的关键所在。伊拉克人的行为是否符合法律或道德的标准,并非美国政策制定者头疼的事。向德黑兰发射飞毛腿导弹,或者向敌军战壕施放芥子气似乎不太可能阻止伊朗人胜利的步伐,这才是最大的困扰。

伊拉克人向非战斗人员使用化学武器这类令人震惊的战争罪行只会招致美国人表面上的谴责。[9] 在坚持原则和道义的表演完成之后,美国官员又继续忙着寻找提高伊拉克军事能力的解决之道。

在接下来几十年里的不同的阶段,美国帮助建设伊拉克军队的强烈愿望和削弱或摧毁伊拉克军队的决心交替出现。与此同时,在白宫和美国国务院的讲台上,类似的反复也在同步上演着:当加强伊拉克的军事能力成为重中之重时,美国政府就删掉对巴格达的所有批评;当伊拉克拥有的军事力量太强时,他们就把该国的行为说成完全不可接受。

整个 20 世纪 80 年代,美国的政策重点在于援建伊拉克。为了实现这一目标,中情局在 1982 年 7 月开辟了一条秘密渠道,为巴格达提供包括卫星图像在内的敏感情报。这样做的目的是提供更清晰的战场态势给萨达姆的将军们(即使这样做也暴露了美国的情报能力)。此外,美国政府还同意进行技术转让,以改善伊拉克的通信和后勤,毕竟发动战争需要的不仅仅是武器。美国允许伊拉克购买名义上的非军事装备,例如电脑、直升机、运输机和重型卡车等。其实这些装备可以直接用于军事用途。里根政府希望这样可以帮助伊拉克做好战争准备。美国政府还慷慨批准了一些贷款担保,以帮助伊拉克购买美国的大宗商品和制成品。

当然，这对美国农民和美国经济来说也是好事。[10]

美国和其他西方国家（包括苏联在内）给予萨达姆的支持避免了伊拉克的彻底失败。然而，这并不足以结束这场战争。战争年复一年无情地继续着。尽管遭受了巨大的伤亡，伊朗还是拒绝放弃。[11] 与 1914 年至 1918 年的第一次世界大战不同，交战双方都表现出了非凡的韧性。

在约翰·潘兴将军的指挥下，美国远征军成功地为 1914 年至 1918 年的流血冲突画上了句号。在 1980 年至 1988 年的海湾战争中，美国人相信类似的故事会再度上演。在美国中央司令部乔治·克里斯特将军的领导下，美国远征军承诺要终结这场战争。里根政府的官员也试着这样说服自己。但这一结论很快就被证明无法兑现。

早在 1917 年，德国的 U 型潜艇攻击美国运输船的行动使美国站在了协约国一边和德国宣战。与之类似，1987 年，一艘遭受毁灭性打击的美国船只将美国和伊拉克拉在了同一条战线，与伊朗开始直接发生对抗。这一类比不能成立的一个重要原因是：伊朗未曾发动过袭击，罪魁祸首是伊拉克人。

这显然是一个悖论：A 和 B 处于战争状态；A 攻击了 C；C 却声称 B 应该为此负责并要求严惩不贷。

解释这一悖论需要承认以下事实：尽管里根政府对海湾战争有限军事干预的理由是真实的，但它提供的真相却并不完整。在援助萨达姆·侯赛因的同时，美国还进行了另外的有限军事干预。这是由白宫策划的行动，受助方是萨达姆在德黑兰的不共戴天的死敌。

在被称为"伊朗门"的事件中，里根政府秘密地将美国武器非法转移给伊朗，而以色列政府充当了中间人的角色。[12] 该方案最初从 1981 年开始筹划，但直到 1985 年才开始全面实施。其动机有两个。首先，包括总统在内的美国政府要员希望通过提供武器换取德黑兰方面的支持，谈判释放在黎巴嫩被绑架的美国人。这几个人在美国营救失败后被认定为人质。[13] 此外，他们曾幻想此类合作的成功能换来更大的成果。他们希望借此机会与伊朗"温和派"建立起联系。这些人可能会乐于终结美国和伊朗之间的隔阂状态，恢复类似伊朗国王统治时期两国间的亲密关系。

这个计划情节离奇，但没有取得任何积极的成果。1986 年 11 月，贝鲁特的一家期刊上发表了一篇轰动性的文章。这篇文章披露了里根政府曾秘密提供武装和战场情报给敌对国家，而该国领导人经常谴责美国是"大撒旦"。在公开场合坚决反对与恐怖分子妥协的总统，私下里却允许这样的操作。这篇报道在美国国内引发了巨大的争议。尽管里根避免了被弹劾的命运，但这个丑闻玷污了他的声誉，并导致几名美国高级官员被解职；另有几人因此被起诉。

伊朗门事件对美国大中东战争的直接影响是：到 1986 年底（或许更早），萨达姆·侯赛因充分意识到华盛顿在玩两面三刀的把戏。在他的世界观里，双重交易必遭报应。萨达姆开始了他的报复行动，以便重获对伊朗的优势。

在伊朗门事件持续发酵的大背景下，萨达姆发动了攻击航行在波斯湾的商船的"油轮战争"。这场战争的目标很明确：阻止伊朗的石油出口，同时封锁伊朗获取战争资源的渠道。1984 年至 1987 年，伊拉克空军攻击了 240 艘闯入伊拉克所谓"禁航区"的船只。伊朗进行了想象得到的反击。伊朗主要依靠施放水雷，或使用小巧灵活的"波汉姆"巡逻艇攻击了共 168 艘船只，主要是科威特和沙特阿拉伯的油轮。[14]

开始时，双方都没有击沉大型船只所需的武器，所以攻击只造成了较小的损失，也没有多少人员伤亡。这些攻击使得保险费率和利润提高了不少，这虽令人恼火，却也并非决定性的。[15] 石油供应仍然充足。实际上，在"油轮战争"期间，油价还大幅下跌了。[16]

尽管伊朗和伊拉克都违反了吉米·卡特不得干扰"波斯湾船只自由进出"的警告，但在波斯湾巡航的几艘美国海军舰艇并没有采取任何干预行动。与此同时，里根政府开始考虑美国直接采取军事行动的可能性。1984年4月，美国总统命令五角大楼"研讨可能发生的升级情境"；军队要加强"备战以应对近期可能发生的美国地区利益受到攻击的情形"。里根想要了解清楚战备还欠缺些什么。[17] 然而，在当时计划并没有马上转化为行动。

虽然"油轮战争"差不多是骚扰的代名词，但被骚扰者却不认为这是可以接受的。石油资源丰富的科威特反应最为强烈。1986年12月，这个不受欢迎，也并不可爱的国家开始接触美国和苏联，询问两国是否愿意为其大型油轮船队提供保护。用卡斯帕·温伯格的话来说，由于不愿看到克里姆林宫"取代我们成为海湾的保护者"，里根政府在1987年4月接受了邀请。[18] 但除了与冷战相关的考虑以外，另一个因素也起了作用：援助科威特有助于修复伊朗门事件对美国在阿拉伯世界地位造成的损害，以另外一种方式为华盛顿误入歧途与德黑兰沆瀣一气而道歉。[19] 这将证明美国并非它所表现的那样不负责任和不值得信任。协议谈妥之后，11艘科威特油轮改变注册国的工作很快得到了落实。这样它们就取得了美国海军保护的资格。

正当这些工作紧锣密鼓地进行之时，灾难发生了。对海军来说，这次事件可与发生在1983年的贝鲁特爆炸事件相提并论。

5月17日晚，格伦·布兰代尔船长指挥的美国海军"斯塔克"号正在波斯湾巡航。它是美国小型舰队的一部分。其巡航的目的是表明美国在该地区拥有相当的利益。这艘船当时并未从事任何与伊朗或伊拉克敌对行动相关的活动；事实上，它正在对主发动机进行例行的压力测试。

当晚9点，一架伊拉克空军购买的法国产战斗机向这艘美国舰艇发射了两枚法国飞鱼反舰导弹。对这种无端和出乎预料的攻击，"斯塔克"号没有时间启动有效防卫。两枚导弹全部命中目标。虽然首枚没有爆炸，但第二枚的巨大爆炸"像上帝举起了小船，然后猛地把船投入到大海之中"。船体左舷被撕开了一个10英尺×15英尺的大洞，造成了巨大的破坏。[20]

受损的战舰迅速进水，火势也失去了控制，浓烟滚滚。应急系统此时全部失效。英勇的水兵们花了整晚的时间才使得"斯塔克"号免于沉没。另外两艘驱逐舰——"科宁厄姆"号和"沃德尔"号，急速赶到现场，带来了急需的医疗和消防物资，并且开始搜寻和打捞爆炸中被抛出船外的落水船员。当这艘被炸瘫的战舰被拖到安全地带时，共有37名美国船员死亡，21人受伤。[21]

萨达姆·侯赛因立即承认伊拉克是肇事者。他说非常痛心，但事件本身却是无心之过。萨达姆声称，"斯塔克"号冒险进入了伊拉克所谓的"禁航区"。这使得攻击有了合乎逻辑的一面。攻击机飞行员错误地认为他正在攻击一艘大型油轮。这是战争迷雾浓厚之时经常发生的敌我识别错误。为了弥补过失，萨达姆给里根总统写了一封道歉信，同时还安排了在佛罗里达州的纪念仪式上奉上一束鲜花。[22]

里根政府认为萨达姆的解释说服力十足，所以没有浪费时间去落实真正的罪魁祸首。在事件发生第二天的记者招待会上，美国总统宣布："事件的真凶是伊朗。"[23] 舒尔茨部长支持了这个结论。他将对"斯塔克"号的攻击行为定性为"伊朗对石油自由流动和航行自由原则的根本威胁"。[24] 华盛顿希望看到的是，萨达姆及其追随者，那些发动海湾战争和油轮战争的人都是清白无辜之人。德黑兰的宗教领袖才应该受到谴责。

随后，美国海军的调查轻描淡写地处理了这次复杂事件。它没有采纳萨达姆的说法，在袭击发生时"斯塔克"号正在伊拉克宣称的"禁航区"内。调查报告宣称事件发生时这艘船的位置在禁航区 20 英里以外的国际公开水域。也就是说，在确认责任时，美国海军放了伊拉克一马，而"斯塔克"号船长则成了替罪羊。[25] 由于未能有效保卫自己的船只，布兰代尔船长虽然躲过了军事法庭的审判，但他很快就被降级解甲归田了。[26]

回头来看，我们有两个惊人的发现。第一个发现是华盛顿轻易就相信了萨达姆的解释；第二个发现是伊拉克开始积累优势，这是事件的直接后果。（这与 1967 年 6 月以色列对美国"自由"号的攻击事件非常类似。那是另一起被认定为偶发事件的致命袭击，而肇事者从中获益良多。）"斯塔克"号事件非但没有引起美国对政策方向的再思考，反而强化了里根政府支持伊拉克的倾向。无论这是一场意外，还是如怀疑论者所说此事是恶意蓄谋，伊拉克杀害 37 名美国人的行动，促使美国未经宣战就成了深陷第一次海湾战争的参战一方，萨达姆本人则是主要的受益者。[27]

里根政府似乎吸取了教训。美国脚踩两只船，期望左右逢源的可能性已经不复存在。随着"武器换人质"策略被彻底粉碎，萨达姆的战斗成了美国人的战斗，大家对此都心照不宣。"斯塔克"号船员的英勇行为避免了损害的扩大，勉强维持舰船不至沉没。同样地，里根政府努力控制着与伊朗愚蠢交易造成的自我伤害，勉力维持着萨达姆政权的生存，同时还要设法让萨达姆侥幸逃脱谋杀美国海军士兵的指控。[28]

"斯塔克"号事件发生后，将科威特油轮船队置于美国保护之下的准备工作仍在紧锣密鼓地进行。7月21日，随着相关文件的敲定和重新粉刷工作的完成，第一艘完成注册国变更的油轮现身了。长度超过三个足球场，满载排水量达41.3万吨的巨轮"太平洋蓝色"号，现在摇身一变更名为"布里奇顿"号。它以费城为母港，船尾高高飘扬着星条旗，因此它可以享受到美国纳税人资助的安全保障。

一天后，代号为"真诚意志"的护航行动正式开始了。在美国海军舰艇的前呼后拥以及空中掩护之下，"布里奇顿"号拔锚起航，离开阿曼前往距此地大约750英里的科威特。起初一切顺利，直到7月24日"布里奇顿"号触发了伊朗布设的水雷。护航使命起步不顺。虽然船只本身只受到了轻微的损坏，但海军遭遇了严重的难堪。

这是后来军事术语中被称为"非对称战"的一次展示。这个术语特指使用相对落后武器的一方与优势地位的美国武装力量相抗衡。这也是美国大中东战争中不断重复的主题之一。在此次事件中，制造麻烦的武器是1908年由沙皇俄国设计的。尽管谈不上特别复杂，但它足以给不把水雷战当回事的对手一些教训。[29]

与此同时，桀骜不驯的奥马尔·穆阿迈尔·卡扎菲显然忘记了埃尔多拉多峡谷行动的教训，他把此事视为一次机会。他很快开始向伊朗提供自家武器库中的水雷。[30]

在评估结果出炉以及必要的调整完成之前，海军暂时搁置了"真诚意志"护航行动。从此以后，一旦遭遇水雷威胁，那些不易受损沉没的油轮就会航行在前，而更小更易受损的军舰则尾随其后。虽然护航行动重新开始之后没有遇到更多麻烦，但中央司令部总部还是得出结论，严密的防御还不足以应对伊朗人的恣意妄为。中央司令部决定采用更为积极的措施，阻止敌人布设水雷的企图。

为了加强行动的攻击力，五角大楼默不作声地开始在海湾地区集结更多的武装力量。首批到达的是海豹突击队，其中包括特种船舶小组（编号20）。他们配备了4艘65英尺的马克三世巡逻艇，以及来自肯塔基州坎贝尔堡的高度机密的陆军特遣部队（编号160）。它装备的MH-6和AH-6"小鸟"直升机尤其擅长夜战。中央司令部还采购并翻新了一艘大型驳船，作为这些部队的浮动基地。在海湾地区活动的美国军舰数量也增加了一倍多。随时有一两艘航母战斗群游弋于霍尔木兹海峡之外，另外还有一艘翻修过的二战战舰随时待命准备提供支援。[31]

9月21日夜幕降临后，美国的反击开始了。"小鸟"直升机小队伏击了"伊朗"号登陆舰。这是一艘装备有轻型武器的小型登陆艇。它是在布设水雷时被发现的。火箭弹和机枪火力击毙了不少伊朗船员，其他人则逃之夭夭。海豹突击队员冲上了敌人的甲板，夺取战利品，俘虏活着的船员。在美国水兵对"伊朗"号彻底搜查之后，包括国防部长温伯格在内的华盛顿高官们打来电话询问战利品的情况。在宣称"这次证据确凿，而且板上钉钉"之后，他下令炸沉"伊朗"号。[32] 9月26日，精心布设的炸药一声巨响将这艘船送入了海底。[33]

作为美国不断演进的大中东战争的里程碑，虽然缴获"伊朗"号只能算是细枝末节的小事件，但其影响极其深远。自此以后，里根政府终于跨过了一道重要的门槛。与苏联占领下的阿富汗不同，美国不再满足于通过代理人开展行动；它与在黎巴嫩的行动也形成了鲜明的对比,美国不再把目标定义为"维和";和在利比亚的行动不同,美国不再奢望靠单一手段就能解决问题。国防部长温伯格说:"我们非常希望这次严重警告足以遏制他们,但我们的未来不能只是建立在希望之上。"[34] 只要伊朗人不停手,美国人就不会罢手。

缴获"伊朗"号引发了一系列对抗升级。这些事件综合起来构成的军事行动颇具特色。行动的直接目的当然是"保护石油"。但从更广泛的意义上来讲,它的目的是决定第一次海湾战争的结果。美国否认战胜了伊朗,因为这将有利于树立美国地区最终仲裁者的身份,并完成卡特主义中不言而喻的使命。当时美军在波斯湾地区集结了前所未有的兵力。这是他们不能言说的任务。

10月8日晚上,美国特遣部队编号160的"小鸟"直升机伏击了1艘博格哈默快艇和2艘小型舰艇,致使1艘被击沉,其他2艘受损。被派遣到前线的海豹突击队还俘获了伊朗革命卫队的6名成员,其中2人在撤离时伤重不治。他们还从一枚"毒刺"导弹中找到了一个标有序列号的部件。这个编号与美国向阿富汗"圣战者"组织提供的武器相符。[35] 和卡扎菲提供的水雷一样,美国大中东战争的种种线索开始指向同一个目标。

至少在当时,德黑兰仍然没有气馁。一周之后的10月15日,一枚蚕式导弹击中了1艘停泊在科威特,悬挂利比里亚国旗的"珊嘉"号美国油轮。这种反舰导弹刚刚被加入伊朗军火库。这种无坚不摧的武器的弹头重达千磅,足以造成惊人的破坏。事实也确实如此。一天后,另一枚蚕式导弹击中了海岛市。这里之前被称为乌姆阿尔-阿勒姆,如今却高高飘扬着星条旗。[36] 伊朗加大了赌注,美国是选择叫牌还是退出?

蚕式导弹的发射阵地位于法奥半岛。铲除这些导弹似乎是合乎逻辑和合适的反应。但说来容易执行难。法奥半岛曾是伊拉克唯一的出海口。1986年初，伊朗就攻占这个战略要冲。为了保卫得之不易的战果，伊朗指挥官们不遗余力地巩固了防御阵地。其中甚至包括里根政府秘密出售给伊朗的鹰式防空导弹。[37]攻击蚕式导弹发射阵地，可能使美国飞机被美制导弹击落。美国中央司令部不愿冒险，因此放弃了这个方案，转而选择了更容易的目标——两个位于波斯湾中部的基本不设防的伊朗石油平台。

从外观上看，这些国际水域里呆板的建筑物看起来像是巨大的拼装玩具。由于以前一直被伊拉克视为攻击目标，这里已经不再开采石油。然而，美国指挥官相信，伊朗正利用它们作为观察哨和战术基地，用来支持其破坏航运的活动。中央司令部策划的"敏捷弓箭手"行动就是为了结束敌人的这种行径。

10月19日正午过后，4艘海军驱逐舰（"赫尔"号、"基德"号、"莱夫特威克"号和"约翰·杨"号）集结在两个平台中较大的拉什塔特平台周围。在发出无线电警告并给足撤离时间之后，4艘军舰同时开火。之后的85分钟时间里，美军对拉什塔特平台发射了1000多发炮弹。炮击结束后，这个平台只剩下一堆燃烧的钢铁。海豹突击队登上了未被炮击的另一个平台，上面已空无一人。在彻底搜查之后，他们点燃了平台，将它付之一炬。任务完成后美军离开战场时，没有任何人员伤亡。这是不对称战争的另一面：使用优势武器打击无力反击之敌。但此后不久，伊朗向科威特发射了一枚蚕式导弹作为对此事的回应。[38]

这些小型战斗看起来事先准备充分，但其实并非如此。虽然美军拥有可观的优势，具备在视线之外或接触范围之外打击来犯之敌的能力，但每一次短兵相接都发生在令人紧张的复杂环境之中。警报、假警报、侥幸脱险和千钧一发的险境时时都在上演。

波斯湾一直都以拥挤而闻名于世。每一天，多达400艘远洋巨轮以及数量众多的小型船只在这个狭小的空间里百舸争流。头顶上还有商用飞机或军用飞机密集地往来穿梭，这里是世界上最繁忙的空域之一。事实上，"油轮战争"产生了负面效果，加剧了这里的交通拥堵，因此也增加了美国指挥官面临的不确定性。"斯塔克"号及其船长的命运一直在提醒大家，即便稍稍放松警惕，也可能带来危险。[39]

美军指挥官的教训已经足够深刻。可就在此时，护卫舰"塞缪尔·罗伯茨"号的事故又在此基础上雪上加霜。1988年4月14日，"罗伯茨"号（它是当天负责波斯湾巡逻的20多艘美国军舰中的一艘）无意中闯入了浮雷区。机警的船员及时发现了问题。指挥官保罗·里恩马上下令停船，试图小心翼翼地返回安全区域。可惜尝试失败了，船体还是触到了水雷。爆炸产生的冲击波几乎将"罗伯茨"号炸离了海面，并将主发动机舱的上方船体撕开了一个裂口，那里很快被海水灌满。直升机到达并疏散伤员的同时，水手们拼命工作了一整夜。他们尝试着扑灭大火，防止船只下沉。令人惊讶的是，他们居然成功了。更难以置信的是，尽管"罗伯茨"号遭受的破坏使它一年多无法下水，维修费用更高达9000万美元，但这次触雷事件中无人死亡。[40]

这是伊朗首次对美军装备造成损坏。此事发生的时间恰逢第一次海湾战争的关键转折之际。伊拉克针对德黑兰等城市的导弹袭击正在不断加剧。这对伊朗人的士气造成了很大的打击。在攻占伊拉克城市巴士拉的进攻中，伊朗最近遭遇了一次惨败。伊朗此时就要精疲力竭。他们继续战斗的意志和能力也已基本耗尽。在"罗伯茨"号几乎被炸沉的几天之后，伊拉克军队发动了大规模地面进攻，希望"解放"法奥半岛。这次行动轻松取得了惊人的成功。这是开战以来，萨达姆首次占上风。[41]

这些戏剧性事件上演的同时，美国人的注意力却集中在更为紧迫的事情上：决定如何报复"罗伯茨"号的重创。美国人睚眦必报，唯一的问题就是如何下手。在华盛顿、坦帕中央司令部和驻守海湾的美军之间的信息沟通往来不绝，众多惩罚方案得到了深入探讨。最后，里根总统选中了刺激性最小的方案。为了削弱伊朗的海上攻击能力，他批准了有限度的攻击升级行动。尽管伊朗人的港口、机场和军事设施仍是攻击的禁区，但美军下定决心要打垮伊朗本就弱小的海军。报复行动被称为"螳螂行动"。

即便是美军最小战舰的火力也比伊朗海军最大舰艇的火力强大。"螳螂行动"将发挥美军火力的强大优势。4月18日上午8时整，在霍尔木兹海峡附近，由8艘美国军舰组成的舰队开始向伊朗的两个油气分离平台开火。尽管伊朗人奋起还击，但他们发现美国军舰远在轻型武器的射程之外。炮击停止后，CH-46直升机在AH-1眼镜蛇攻击直升机的护卫下搭载着海军陆战突击队员发起了攻势，攻占了较大的一个平台。这个平台此时已被遗弃而且受损严重。美国人在平台上升起了国旗和海军陆战队军旗，并做了彻底的搜查。在他们离开时，把平台炸了个粉身碎骨。[42]

伊朗人的反应正是美国指挥官希望看到的。他们将本就弱小的水面舰艇陆续投入了战斗。伊朗人分批抵达战场的添油战术进一步削弱了自己有限的力量。战斗变成了狩猎游戏。

排水量265吨的导弹艇"约尚"号首先赶到战场。它为向"温莱特"号驱逐舰发射美制鱼叉导弹付出了高昂的代价。在铺天盖地的导弹和舰炮的协同打击下，它很快被击沉。下一个上场的是伊朗巡防舰"萨汉"号。这是一艘在伊朗国王时代由英国制造的小型护卫舰。"企业"号航空母舰搭载的攻击机彻底打残了它。随后"约瑟夫·施特劳斯"号驱逐舰给了它致命一击。按照一名美国飞行员的说法,"萨汉"号变成了"一堆冒着浓烟的垃圾"。⁴³ 它很快就葬身海底。

最后到达的是"撒巴兰"号护卫舰。它是伊朗舰队的旗舰,也是波斯湾航运中立的臭名昭著的噩梦。参谋长联席会议主席海军上将威廉·克罗针对"撒巴兰"号发出了非常明确的命令:"击沉它。"⁴⁴ "企业"号航空母舰的飞行员起飞执行此项任务。在被无数次击中后,伊朗旗舰中弹起火,停在海面动弹不得。

在五角大楼战情室观战的威廉·克罗上将出了一口恶气,他觉得"今天对手的血流得够多了"。⁴⁵ 温伯格的继任者国防部长弗兰克·卡鲁奇也表示同意。克罗下令参战部队和敌方脱离接触。出乎美国预料之外,"撒巴兰"号一直浮在海面并坚持到拖回港口。这对伊朗来说算是一个小小的安慰。据估计伊朗在行动中有大约60人遇难,另有百来人受伤。伊朗海军本就能力非常有限,现在其海军更是不复存在了。⁴⁶ 美军在"螳螂行动"中由于未知原因造成2人阵亡。在海军眼镜蛇直升机海上坠毁事故中有2名飞行员遇难。

此次持续8小时的战斗中,在克里斯特将军的指挥下,美军取得了酣畅淋漓的战术胜利。此次行动更像1898年发生的马尼拉湾战役,而不像1942年发生的中途岛海战。尽管"螳螂行动"被冠以"二战以来最大的水面战斗",但这就好像将"无名小辈"尊称为重量级拳王,把他捧为穆罕默德·阿里以来最伟大的斗士。⁴⁷ 即使这种说法准确无误,它的主要作用也不过就是提醒人们,上一次带给拳击运动无上荣耀的真正冠军出现,已经是很久以前的事了。

但"螳螂行动"确实是美军第一次海湾战争的转折点。以往的顾忌在消失之中，取而代之的是更加自信的姿态。4月29日，卡鲁奇指出，这种变化表明自此以后美军将保护海域内所有过境的中立航运，而不再局限于来自科威特的船只。[48] 7月3日，似乎是为了证明美国军队说到做到，美国海军最先进的舰艇之一，"文森"号巡洋舰击落了伊朗航空的655次航班。当时这架空客A300飞机载有290名乘客和机组人员，无人生还。

对华盛顿当局而言，击落商用客机绝不是好消息。然而，就像"斯塔克"号事件后萨达姆·侯赛因的所作所为，他们迅速将事件的原因归为令人遗憾的错误。和萨达姆一样，他们归咎于受害者的行为。"在国际水域开展行动"驱赶一群伊朗小型炮艇时，"文森"号巡洋舰发现一架身份不明的飞机正在商业空中走廊之外飞行，并降低高度仿佛要进入"攻击状态"。[49]船长威尔·罗杰斯三世把这架飞机错认为伊朗的F-14战斗机，并采取了必要措施保护舰艇免受攻击。整个过程中，他的应对符合里根总统所说的"我们与生俱来的自卫权利"。[50]

然而，美国版的事故解释大多与事实不符。实际上，"文森"号巡洋舰自己违反了国际法。事发时它正航行在伊朗领海之内。这架从伊朗班德阿巴斯起飞，途经波斯湾上空前往迪拜的定期航班当时正在指定的航线上正常飞行。最重要的是，这架飞机当时正在爬升，而非下降。一言以蔽之，伊朗航空655次航班当时正在逼近"文森"号，并对其构成威胁的说法根本站不住脚。如果说飞机被击落是由于众多失误而导致，那么罗杰斯船长和全体船员要承担大部分的责任。

尽管如此，里根政府还是拒绝接受美军犯错的说法。美国官员坚称，此次事件的确是重大的不幸，但不能说这是犯罪行为。美国副总统乔治·布什当时正在竞选总统，此时离正式大选只剩几个月的时间。他清楚地表明了自己的立场：他不会给伊朗的追悼仪式送去鲜花。他说，"我永远不会为美国道歉，我对事实是什么根本不在乎。我不是会为美国道歉的那种人"。[51] 民众的开明观点极大地支持了副总统的观点：与其沉迷于悔恨，不如面向未来辛勤地工作。正如《纽约时报》的社论所言，为了挫败伊朗的革命野心，美国海军一直暗中"保护着伊拉克袭击伊朗油轮的行动"，并且根本不必担心遭到报复。"空客悲剧不会动摇这种策略的正确性。"[52]《时代周刊》的观点是"未来避免此类事故发生的重任落在了民用飞机身上"。[53] 他们要设法避开美国军队。民意调查显示，公众愿意接受这种谬论。[54]

不出意料，美国海军也是如此。事件调查后得出的结论是"伊朗必须为这一悲剧承担主要责任"。[55]

这就是说，"文森"号船长采取的行动是恰当的。克罗海军上将对此评价说，他们"是在谨慎行事"。[56] 与"斯塔克"号事件形成鲜明对比的是，罗杰斯并没有受到纪律处分。他正常完成了自己的指挥任务，甚至还因为绩效颇佳得到了不错的嘉奖。[57] 当然，没人指责他疏于保卫自己的舰艇。

克里斯特将军对伊朗的反击做了充分的估计。他告诉记者："这是老兰博的第一滴血。""伊朗人为试图扰乱航运秩序付出了代价，我相信他们一定会来报复。"[58] 但是，在航班被击落后不到三周的时间，阿亚图拉·鲁霍拉·霍梅尼接受了伊拉克的停火协议。美国观察家们很快发现了其中的因果关系：美国中央司令部的敌对行动非但没有引起报复，反而迫使伊朗做出了长期让步。这是美国武装力量在伊斯兰世界所能取得成就的可喜展示。温伯格本人强调说："很明显，我们赢了。"他在回忆录中写道，美国取得了胜利，而伊朗被迫承认战败。温伯格接着吹嘘说："我们完成了策划的一切。"外交政策的重大成功是其直接成果。[59]

对这种沾沾自喜的结论,新闻媒体纷纷表示赞赏。《纽约时报》的社论评论说:"通过阻止伊朗威胁伊拉克在波斯湾的盟友,美军在结束两伊战争中发挥了至关重要的作用。"[60]崇尚自由主义的鹰派杂志《新共和》也得出了类似的结论:"以伊朗阻挠了海峡自由通行权为由,美国果断对该国实施了规模可控的武装干涉。""伊朗签订结束敌对行动的协议等于承认了伊斯兰革命已经灰飞烟灭。"[61]保守的《国家评论》则表示,"伊拉克赢得了战争",这要感谢里根政府的坚定决心。在"螳螂行动"摧毁伊朗海军的同时,击落伊朗航空655次航班成了"压垮阿亚图拉希的最后一根稻草"。[62]有一点是肯定的:"如果不扶持伊拉克,阿亚图拉希可能会赢得战争。那么整个地区将处于风雨飘摇之中。[63]罗纳德·里根的高瞻远瞩避免了这种可能性。"

在过去25年里,这些论断显得天真而又愚钝。美国对伊朗不宣而战的整个战役中,至今阴魂不散的两起事故有着令人不安的对称性。美国文职和军方官员使用了诸如意外或悲剧这样的字眼来形容"斯塔克"号遭遇的死亡或"文森"号经历的磨难。他们试图对事故的道德或政治意义避而不谈。他们要么没有注意到,要么就是有意忽略了伊拉克空军炸死美国海军士兵的影响或者美军海军屠杀伊朗平民造成的影响。

这两起事故是备受华盛顿推崇的胜利故事中的污点。随着时光流逝,污点没有减少一丝一毫。美军参与的第一次海湾战争是以混杂着背叛的犬儒主义的形式开始的,并以暴力行动作为结束。即便"真诚意志""敏捷弓箭手"和"螳螂"等行动在记忆中消失了,这些令人不安的事实仍然值得我们反思。

两伊暂停敌对行动并不值得美国人拍手庆祝。胜利的红利少之又少。美国是为了萨达姆的利益发动了武装干涉行动。美国希望此举能促进地区的稳定。但这种干涉必将招致惨败。事实上，美国的军事行动产生了反作用，制造出了新的不稳定因素。美国就这样被推向了代价昂贵，无利可图的军事称霸事业之中。

早在1917年，伍德罗·威尔逊向美国人承诺潘兴的部队一到欧洲就能解决问题。天不遂人愿，威尔逊错了。第二次世界大战很快就爆发了。这意味着美国被迫要进行更大规模的武装干预。这给20年前赢得的史诗般胜利投下了阴影。

第一次海湾战争也是如此。美国人声称克里斯特将军指挥的部队解决了问题，但后来这被证明言之过早。在短短两年内，另一场决定波斯湾命运的战争爆发了。华盛顿把萨达姆视为海湾的希特勒。这就要求美国进行更大规模的武装干涉。在海湾战争第二阶段开始后，美国人已经把第一阶段中的教训忘得一干二净。他们未从前车之鉴中学到任何经验和教训。

注 释

1. 埃夫拉伊姆·卡什：《两伊战争，1980—1988》（牛津，2002年），12-29页。

2. 吉米·卡特：《伊拉克与伊朗局势：有关冲突的讲话》（1980年9月24日）。

3. 伯纳德·格韦茨曼：《马斯基关于结束中东战争两个关键"原则"的建议》，《纽约时报》（1980年10月21日）。文章引述国务卿埃德蒙·马斯基的话："我们认为伊朗的凝聚力和稳定符合整个地区稳定的利益。"

4. 埃夫拉伊姆·卡什：《两伊战争，1980—1988》（牛津，2002年），33-36页。

5. 美国国务院在1979年发表了第一份资助恐怖主义国家名单，其中包括伊拉克、利比亚、南也门和叙利亚等。

6. 乔治·舒尔茨致美国在伊拉克的利益部门，《来自伊拉克外交部长塔里克·阿齐兹的信息：伊拉克对恐怖主义的支持》（1983年5月23日），美国国家安全档案馆。

7. 美国驻英国使馆发给美国国务院的电报，《拉姆斯菲尔德的使命：12月20日与伊拉克总统萨达姆举行的会晤》（1983年12月21日）。电报详述了拉姆斯菲尔德与伊拉克领导人的交流细节。

8. 西摩·赫什：《美国在两伊战争初期秘密为伊拉克提供援助》，《纽约时报》（1992年1月26日）。

9. 美国的立场是化学武器很邪恶，但如果伊拉克使用了化学武器，其责任主要在于伊朗。关于这个逻辑的实例请看美国国务院，近东和南亚事务局的《从詹姆斯·普莱克到詹姆斯·艾尔（及其他人）的备忘录（美国谴责伊拉克使用化学武器）》（1984年3月4日），美国国家安全档案。

10. 对于美国参与的抽样调查请参阅道格拉斯·杰尔的《谁武装了伊拉克？西方不想听到的答案》，《纽约时报》（1993年7月18日）。或参见道格拉斯·博雷尔：《反向参与：美国与伊拉克关系的教训，1982—1990》，参阅（2003年夏季）。

11. 没有准确的伤亡数字而且估计数字差异也很大。两伊战争中可能的伤亡数字介于40万到100万人之间。对于这些估计请参阅"20世纪的第二次世界大战和暴行"（2012年2月），necrometrics.com/20c300k.htm/Iran-Iraq，访问于2014年12月4日。

12. 迄今为止，这个插曲最全面的学术报告来自马尔科姆·拜恩：《伊朗门事件：里根的丑闻与总统权力不加控制的滥用》（劳伦斯，2014年）。

13. 尼加拉瓜反抗武装是一支游击队，它主要在洪都拉斯一带活动。他们试图在中情局的支持下推翻1979年在尼加拉瓜取得政权的桑地诺革命阵线。伊朗门的运作方法是这样的：美国官员偷偷地把"利润"转给那些反桑地诺主义者。这些利润是通过向伊朗销售武器赚取的，金额有大约百万美元之多。这种做法是非法的，而且公然违反了国会禁止向伊朗提供援助的规定。

14. 罗纳德·鲁尔克：《油轮战争》，《论文集》（1988年5月）。

15. 哈罗德·李·怀斯：《在危险区：美军在海湾，1987—1988》（安纳波利斯，2007年），7-8页。

16. 《1946年至今的原油历史价格》，（2014年3月6日），inflationdata.com/Inflation/Inflation_Rate/Historical_Oil_Prices_Table.asp，访问于2014年12月10日。

17. 罗纳德·里根：《国家安全决策指令139号：根据两伊战争的进程来改善美国姿态和准备情况的手段》（1984年4月5日）。

18. 卡斯帕·温伯格：《向国会提交的有关海湾安全安排的报告》（1987年6月15日），Ⅲ。

19. 大卫·克里斯特：《暮光之战》（纽约，2012年），213页；马尔科姆·拜恩：《伊朗门事件：里根的丑闻与总统权力不加控制的滥用》（劳伦斯，2014年），335页。

20. 哈罗德·李·怀斯：《在危险区：美军在海湾，1987—1988》（安纳波利斯，2007年），28页。引用一位"斯塔克"号船员的说法。

21. 同上，27-41页。

22. 同上，49页。

23. 罗纳德·里根：《与田纳西州查塔努加市当地记者的问答部分》（1987年5月19日）。总统还表示："我们一直竭尽所能，与其他国家共同努力，争取在这场战争中实现和平。"伊拉克选择了合作而伊朗却顽固地给予了拒绝。

24. 乔治·舒尔茨：《国务卿致国会的信》（1987年5月20日），《国务院公报》（1987年7月），61页。

25.《1987年5月17日对美国军舰"斯塔克"号袭击事件（FFG 31）情况的正式调查》（1987年6月12日），jag.navy.mil/library/investigations/uss%20stark%20basic.pdf，访问于2014年12月8日。

26. 哈罗德·李·怀斯：《在危险区：美军在海湾，1987—1988》（安纳波利斯，2007年），42-45页。

27. 帕特里克·泰勒：《麻烦的世界》（纽约，2009年），335页。

28. 为了防止再发生类似"斯塔克"号事件，中央司令部官员秘密访问了巴格达，与之谈判并达成了协议。协议规定了"一系列电子识别方法"，允许伊拉克飞机继续袭击伊朗船只的同时，尽量减少和美国海军冲突的可能性。大卫·克里斯特：《暮光之战》（纽约，2012年），231-232页。

29. 哈罗德·李·怀斯：《在危险区：美军在海湾，1987—1988》（安纳波利斯，2007年），77页。

30. 斯蒂芬斯·布勒宁：《美国警告利比亚不要向伊朗提供水雷》，《巴尔的摩太阳报》（1987年9月10日）；伊莱恩·西奥利诺："美国向乍得提供了2000个防毒面具"，《纽约时报》（1987年9月25日）。从第二次调查来看，美国官员有"确凿证据表明交易确实存在"。

31. 哈罗德·李·怀斯：《在危险区：美军在海湾，1987—1988》（安纳波利斯，2007年），75-76页，160页。

32.约翰·基弗纳：《美国爆破了被缴获的伊朗船只》，《纽约时报》（1987年9月26日）。

33.哈罗德·李·怀斯：《在危险区：美军在海湾，1987—1988》（安纳波利斯，2007年），98-103页，113页。

34.《美军破坏了被缴获的伊朗船只》，《洛杉矶时报》（1987年9月26日）。

35.哈罗德·李·怀斯：《在危险区：美军在海湾，1987—1988》（安纳波利斯，2007年），127-130页。

36.同上，137-138页。

37.同上，142页。

38.同上，143-152页。

39.1987年6月，威廉·克罗海军上将在参议院军事委员会做证时对前提条件做出了解释，"美国军队将为'更换国旗'的科威特油轮提供保护"（1987年6月5日），17页。

40.如需充分了解这个严峻考验，请参阅布兰得利·佩尼斯顿：《无上荣耀》（安纳波利斯，2006年）。

41.埃夫拉伊姆·卡什：《两伊战争，1980—1988》（牛津，2002年），57页。

42.大卫·克里斯特：《暮光之战》（纽约，2012年），339页。

43.哈罗德·李·怀斯：《在危险区：美军在海湾，1987—1988》（安纳波利斯，2007年），193-214页，210页。

44.大卫·克里斯特：《暮光之战》（纽约，2012年），337页。

45.哈罗德·李·怀斯：《战争中的一天》，《海军历史》（2013年4月）。

46.大卫·克里斯特：《暮光之战》（纽约，2012年），356页。

47.迈克尔·帕尔默：《海湾的监护人》（纽约，1992年），138页。

48.大卫·克里斯特：《暮光之战》（纽约，2012年），216页。

49.理查德·哈罗兰：《海军不会改变接触规则》，《纽约时报》（1988年7月7日）。

50. 罗纳德·里根：《致美国众议院议长和参议院临时主席关于美国海军在波斯湾上空击落伊朗客机事件的信》（1988年7月4日）。

51.《我永远不会为此道歉》，《科斯日报》（2014年7月18日），www.dailykos.com/story/2014/07/18/1314985/I-Will-Never-Apologize-Iran-Flight-655-Shot-Down-290-Dead，访问于2014年12月11日。

52.《美国海军在海湾的原因？》，《纽约时报》（1988年7月6日）。

53.《穿着罗杰斯船长的鞋》，《时代周刊》（1988年7月5日）。

54. 卢·坎农：《民意调查支持舰船的行动，美国的海湾政策》，《华盛顿邮报》（1988年7月7日）。

55. 小威廉·克罗：《关于1988年7月3日伊朗航空655次航班周边情况的正式调查》（1988年8月18日）。引用的文件来自克罗海军上将的一封信，他在信中认可了调查结果。

56.《参谋长联席会议主席致辞》，《纽约时报》（1988年7月4日）。

57. 大卫·埃文斯：《必须质疑军功章的现有价值》，《芝加哥论坛报》（1990年4月6日）。

58. 约翰·布罗德：《美国击落伊朗客机》，《洛杉矶时报》（1988年7月4日）。

59. 卡斯帕·温伯格：《为和平而战》（纽约，1990年），426页，428页。

60.《波斯湾海军的差距》，《纽约时报》（1988年9月12日）。

61.《从纳赛尔到霍梅尼》，《新共和》（1988年8月22日）。

62.《伊朗：并非徒劳》，《国家评论》（1988年9月2日）。

63.《真正的赢家》，《国家评论》（1988年9月16日）。

7. 没完没了

在美国大中东战争的第一个 10 年里，谨小慎微是华盛顿解决问题的重要特点。美国人愿意拔刀相助，却又并不押上全部身家。事实上，在整个里根时代，美军希望解决问题的本质仍有不确定性。因此，美国的所有承诺都保持在相当克制的范围内，并且随时可能被撤销。

中情局、海空军和海军陆战队是华盛顿比较偏爱并经常使用的政策工具。相比之下，美国陆军则一直处于边缘地位。这支最大的现役武装力量一直坚守着 20 世纪 40 年代美国对欧洲和东北亚做出的承诺。

从 1990 年开始，情况有了变化。陆军被赋予了更大的责任，这象征着变革的到来。无论美国陆军出现在哪里，它都要停留比较长的时间。有了这样的长期承诺，陆军变得更加雄心勃勃。

几十年前，在冷战初期，伟大的道德神学家雷茵霍尔德·尼布尔曾经责备美国人胸怀着"操纵历史的梦想"，他确信国民特别容易受此诱惑的影响。他警告说，"历史进程中的顽固势力"，有着出乎预料的强大势力和不同寻常的固执。[1] 冷战结束后，美国人自以为不必再介意这些警告。在华盛顿，驾驭历史看起来是首要的工作，而军事力量是实现这个目标的手段。

然而，历史处在不断的变迁之中，这使得"驾驭者"的任务日趋复杂。几十年来，世界政治的纽带一直位于分裂的柏林。然而，德国统一之后，柏林就失去了中心地位。被华盛顿的政策制定者视为潜在继任者的地方不少，而巴格达几乎立即成了竞争中的领先者。

伊拉克的首都上升到了历史的中心位置，而"沙漠风暴行动"成了这个过程的显著标志。理解这次行动的意义（它意味着什么？不意味着什么？）对于理解更大的事业的意义至关重要。"沙漠风暴行动"曾是事业中的重要组成部分。当时，目眩神迷的观察家将这次行动与1940年德国征服法国相提并论，以此证明美国陆军无与伦比的军事能力。如今，再把两者放在一起比较就只剩下了讽刺意味：和德国在法国战役后一样，胜利被用来培养幻想，粉饰愚蠢。

正确的评价取决于是否能够区分战场上的真实情况和美国人自己的解释。在所有战争中，感知和现实之间总是存在着差异。而这次的差异尤其巨大。

第二次海湾战争开始于1990年8月2日。伊拉克大军冷酷无情地入侵并占领了科威特。很快它就宣布吞并了这个邻国。沙特阿拉伯和伊拉克之间的这个弹丸小国在波斯湾拥有一块立足之地，这既是幸运，也是一种诅咒。早在萨达姆·侯赛因上台之前，伊拉克就对科威特酋长国垂涎三尺,就像19世纪后期美国人觊觎夏威夷王国一样。这两个小国在野心勃勃的共和国眼中根本没有独立存在的价值。

然而,促使萨达姆·侯赛因大动干戈的那些委屈源于最近的一些因素。科威特有点像阿尔萨巴赫家族的私人领地。在海湾战争前期,该家族向萨达姆提供了数十亿美元的资金援助,以帮助他与伊朗血战到底。和里根政府一样,科威特人的慷慨是由于对伊朗人的憎恨而不是对萨达姆的钟爱。但伊拉克一直认为自己在为科威特的利益而战(他代表着全体阿拉伯人和所有逊尼派穆斯林),所以萨达姆认定阿尔萨巴赫理应减免伊拉克的债务,甚至应该提供额外的信用额度帮助伊拉克从痛苦的折磨中快速恢复过来。[2] 科威特政府对此并不苟同。他们甚至做出种种令人不快的行动坚持伸张自己的权利。萨达姆指控科威特违反了石油输出国组织的生产配额并压低了世界石油的价格,以及科威特在巴格达声称享有主权的油田里勘探开采。这两个举动对深陷困境的伊拉克经济造成了伤害。萨达姆对此忍无可忍。他发誓命运要由自己掌握,收回理所当然属于自己的东西。[3] 保罗·沃尔福威茨预见过的意外事件发生了;中央司令部在苏联威胁不复存在后对此也已经有所觉察。

1898年,当美国吞并夏威夷时,没有一个大国关心过这些岛屿的命运,或者要求美国将王位还给利留卡拉尼女王。1990年,当伊拉克坦克开进科威特城时,情况却并非如此。华盛顿的乔治·布什政府对此勃然大怒并发誓要采取行动。海湾战争2.0版本即将上演。

美国的政策制定者一直希望通过为巴格达提供"经济和政治激励"来舒缓伊拉克的行为,"增强美国的影响力"。经过多年战争,满目疮痍的伊拉克急需美国的帮助来抚平战争的创痕。布什政府培养的这种"正常关系"，将"为美国的长期利益服务，促进海湾和中东地区的稳定"。[4] 但萨达姆悍然挑起战事宣告了这一政策的无效。什么样的政策会取而代之？8月5日，在白宫草坪上刚刚走下直升机的布什总统，明白无误地表明了自己的立场："我们不会容忍伊拉克对科威特的侵略"[5] 和第一次海湾战争相反，这次美国选择与受害者并肩作战而不是和施害者沆瀣一气。

从军事角度来看，阻止萨达姆扩大侵略的范围成了当务之急。曾迫使科威特皇室成员流亡海外的伊拉克军队开始威胁到了沙特阿拉伯王国。从富兰克林·罗斯福总统开始，历任美国总统都矢言保卫这个国家。现在到了兑现承诺的时候。

国防部长理查德·切尼在中央司令部司令（小）诺曼·施瓦茨科普夫将军的陪同下，匆匆忙忙赶往吉达访问。他向法赫德国王介绍了中央司令部保卫沙特的计划。施瓦茨科普夫将军使用了大量的图表，详细解释了美军的增兵计划。他提供的"主要信息是行动的规模，以确保国王明白，我们现在谈论的是成千上万美国士兵涌入沙特机场、港口和军事基地的安排"。拟议中的规模表明，华盛顿此次将全力以赴。切尼代表布什总统向法赫德国王保证，保卫沙特阿拉伯不受伊拉克的攻击是美军来此的目标上限。"我们不会在此寻求永久驻扎"，他说，"你们让我们离开之时，就是我们打包回家之日。"[6]

尽管在两处圣地所在的国土上接纳大量非穆斯林外国军队可能会激怒虔诚的信徒，国王还是先把宗教和其他敏感问题放在了一边，同意了美国人的提案。8月7日，阿拉伯半岛防御计划开始实施。尽管切尼的承诺在前，美国部队实际上从未打算"打包回家"。从这点来看，美国在大中东地区的军事参与是长期的、持久的，并非偶然的或间歇式的。

对法赫德国王的决定深感不满的人中有一位年轻的沙特老兵——奥萨马·本·拉登。阿富汗战争结束后，他刚刚载誉回国。他极力反对依靠异教徒来解决阿拉伯人之间的争端。为了解放科威特，他提出组建一支"圣战者"部队。沙特当局拒绝了他的提议，无视了他的抗议，并试图让这位莽撞之人缄默不言。此后不久，本·拉登被迫流亡海外。他下定决心要领导一场"圣战"，推翻腐败的沙特王室。在第二次海湾战争全面展开之前，引发第三次海湾战争的条件已在成型之中。[7]

与此同时，美国军队开始部署到沙特阿拉伯。首先到达的是美国陆军第 82 空降师下属的一个旅，以及来自弗吉尼亚州兰利空军基地的 F–15 战斗轰炸机中队。预先集结在印度洋迪戈加西亚岛的满载着武器弹药和装备的货船也拔锚起航了。正如施瓦茨科普夫承诺的那样，大量军队和武器装备蜂拥而入以支持随后发生的"沙漠盾牌行动"，展示出美国人无与伦比的远程运送人员和物资的能力。仅在最初的 60 天里，就有 10.7 万名士兵和 52 万吨物资被运抵沙特阿拉伯。中央司令部 10 年的苦心经营终于得到了回报。[8]

美军当初做出的承诺更像是一份重要的政治声明。当时这些部队的实际战斗力非常有限。然而随着坦克和重型火炮被船运至此，再加上该地区附近驻扎的海空军部队，情势很快得以彻底扭转。到 10 月初，下辖若干个部门的联合武装部队就正式成立了。来自 21 个独立基地的众多攻击机中队和 4 艘航空母舰组成的规模巨大的无敌舰队是陆军的强大后盾。联合部队的作战飞机数量远超萨达姆的空军。施瓦茨科普夫现在坚信，他可以击败伊拉克进犯沙特阿拉伯的任何企图。"他们不可能占领油田。"他向参谋长联席会议主席科林·鲍威尔将军做出保证。⁹中央司令部指挥官领受的任务是确保沙特阿拉伯的安全,他做得到。

各种因素风云际会,促成了美军战斗力的集中。某种程度上说,萨达姆本人也促成了这样的结果。他没有采取任何措施阻止美军的到来。被派去科威特的伊拉克增援部队只是挖好战壕,等在那里听天由命。由于采取了守势,所以萨达姆丧失了战场的主动权。对华盛顿来说,这是一份颇为受用的大礼,而且得来全不费工夫。¹⁰

国际环境的变化也发挥了重要的作用。在伊拉克入侵科威特不到一年之前,柏林墙的倒塌彻底颠覆了全球的政治格局。目光短浅的萨达姆没有注意到,冷战的结束给华盛顿带来了自20世纪40年代中期以来从未享受过的行动自由。在军事领域享受到的行动自由比其他领域还要明显。美国拥有着过剩的军事能力,而在部署方面也拥有着更大的灵活性。

乔治·布什是最后一位在就职前就具有国家安全实践经验的美国总统。他很快意识到了此中的重大意义。就在几个月前,他刚刚仿效西奥多·罗斯福下令美国军队驱逐了巴拿马的曼努埃尔·诺列加。此人一直以来都被视为中情局的宝贵财富,现在终于没有了利用价值。这次行动是上一个时代的回声,也是即将到来之事的前兆。现在,布什政府开始发动基础广泛的反萨达姆联盟。他要将伊拉克变成孤家寡人。联合国安理会这一次表现出了罕见的快速反应能力和凝聚力。美国通过联合国在外交上孤立了伊拉克,并对该国开始实施惩罚性制裁。¹¹

为了给此次军事行动披上国际化的外衣,美国政府积极地向愿意为此出力的国家招募部队。¹²同意派遣(主要是象征性的)部队的国家,包括英法等传统盟国、埃及,甚至包括叙利亚等阿拉伯国家。[13] 为了支付美国军事部署的费用，美国高级官员轮番到世界各国募集资金。最终，这次非正式的，被称为"锡杯"的行动，共募集到 530 亿美元。[14] 不同于美国大中东战争之后的历次军事行动，这次行动相当特别。它并没有削弱美国经济，也没有增加国家的债务。至少在当时，美军在该地区维持治安的费用得到了适当的补偿。

到 10 月初，"沙漠盾牌行动"所需的部队全部各就各位。由于萨达姆并没有从科威特撤军的表示，现在轮到布什总统采取进一步行动了。总统有两条路可供选择。他或者可以等待时机，看看制裁是否能迫使萨达姆知难而退；或者他可以使用武力把伊拉克逐出科威特。对鲍威尔将军以外的布什总统高层核心人员来说，静待事变没有什么吸引力。[15]

施瓦茨科普夫领导的中央司令部工作人员竭尽所能评估了攻击行动的一切细节。10 月 10 日，他们和美国国防部长切尼及保罗·沃尔福威茨一起分享了自己的想法。当时沃尔福威茨是美国国防部的副部长，也是五角大楼排名第三的文职官员。无论切尼还是沃尔福威茨都不太喜欢汇报中提到的中央突破，直插"北部，进入最致命的伊拉克武装力量心脏地带"的攻击计划。切尼认为，这个计划"不会奏效"。[16] 五角大楼的一位文职人员尖锐地批评这个计划是"将轻骑兵引入死亡之谷"。[17] 第二天，在向布什总统汇报时，情况也没有好转，计划未被批准。国防部长要求沃尔福威茨提出更好的方案。政策制定者成了军事参谋人员，这是沃尔福威茨希望看到的职权范围的扩展。

文职官员发现有必要敦促军方更有创意地思考。这在美国大中东战争中并非最后一次。该计划借鉴了悠久的历史战例（1941 年，英国从外约旦发起进攻，最终夺取了巴格达），并吸收了一位退休将军的建议。这使得该计划体现出非常高的职业素养。他的团队最终完成了名为"西部旅行"的计划。计划的想法非常简明：避开正面之敌，直插敌后，让敌人再无立锥之地。这与1950年道格拉斯·麦克阿瑟的仁川登陆颇为相似。[18]

与此类似，在2006年，书呆子和退休将领共同谋划了被称为"巨浪"的行动。它是未来美国参与的第三次海湾战争的升级版。这一次，鲍威尔和施瓦茨科普夫谴责外行介入了军事专业领域。两人强硬地否决了"西部旅行"计划，原因是逻辑上有诸多行不通的地方。但随后他们提出的计划只是在其基础上稍做修改，实质上换汤不换药的方案：正面佯攻拖住伊拉克军队的主力，随后展开强有力的侧翼机动。所有行动的前提是狂轰滥炸。

这就是军事长官和文职领导达成一致的方法。唯一不足的是：实施该计划需要更为强大的武装力量。为了保持进攻的强度，施瓦茨科普夫希望得到更多的坦克、大炮、轰炸机和航空母舰。当时已有26.5万名士兵听命于他，而他希望得到的是这个数字的两倍。布什和切尼没有和他讨价还价。切尼后来说："我们给了他需要的一切。""不能给军方任何人任何借口抱怨白宫文职人员的不支持。"[19]

在11月8日召开的新闻发布会上，布什总统宣布他已下令增派部队前往海湾地区。他说，我们的目标是"确保联军有足够多的军事选择。这是我们实现共同目标的必要条件"。[20] 这种拐弯抹角的措辞骗不了任何人。除非萨达姆·侯赛因出人意料地接受了美国人的所有要求，否则布什实施"选择"的可能性接近百分之百。施瓦茨科普夫对此心领神会，他告诉手下的指挥官说"忘掉防御的废话吧"。[21] 萨达姆捅了一个大娄子，而美国决定要力挽狂澜。

· 143

在接下来的两个月，更多的部队源源不断地涌入沙特。其中来自德国的美国陆军第 7 军下辖有两个机械化师，一个装甲骑兵团，以及一些支援单位。还有来自美国的天下闻名的第一步兵师（"大红一师"）。这支部队和海军陆战队的一个师，共同组建了海军陆战队第一远征军。在新来的人中，还有相当一部分来自预备役部队。他们是在朝鲜战争后最大规模的征召行动中被激活的。到 1 月中旬，增援部队都已各就各位。施瓦茨科普夫指挥的兵力已经可以与越战顶峰时期的美军数量相媲美。[22]

在此期间，布什政府还仔细检讨了法律和宪法框架。11 月 29 日，国际社会发出了可以"行动"的信号。联合国安理会第 668 号决议授权使用"一切必要手段"执行之前要求伊拉克从科威特撤军的决议。安理会给予萨达姆通牒的最后期限是 1 月 15 日。

随着大限的临近，美国国会对这一问题的表决终于姗姗到来。在一场备受争议的辩论后，国会于 1 月 12 日通过了宣战声明。参议院以 52 票赞成，47 票反对，众议院以 250 票赞成，183 票反对通过了议案。表面上，这是党派路线斗争的结果。绝大多数共和党人都支持决议，而大多数民主党人表示反对。然而，更准确地说，这反映了仍被越战困扰之人和决心打破越战枷锁之人的分歧。后者阵营里有相当多的民主党人，如田纳西州参议员阿尔·戈尔和康涅狄格州的约瑟夫·利伯曼。[23] 来自纽约的斯蒂芬·索拉兹是一位有影响力的民主党代表。他是越战反对者，同时也是这项提案的共同发起人。他坚持认为，比较恰当的历史类比应该是慕尼黑，而不是越南。"我们这个时代的伟大经验是邪恶仍然存在"，他对同事们说，口气就像 1966 年的林登·约翰逊或迪安·腊斯克一样，"当邪恶降临时，你必须勇敢面对"。[24]

还有一个第三阵营。它主要由一些高级军官组成，鲍威尔和施瓦茨科普夫也位列其中。他们被越战所困扰，决心扭转对那场战争的结论。事实上，要理解解放科威特的行动，包括其计划和执行，很大程度上要把它视为与前代理人的战争。

越战是幽灵般的存在。整个战役过程中，它都徘徊在华盛顿和战区上空。虽然战争主导者们后来撰写的回忆录对诸多事件特别是功过是非有着不同的表达。但有一点他们基本没有异议，文职官员如布什和切尼以及军事将领如鲍威尔和施瓦茨科普夫都致力于确保伊拉克战争不会是越战的重演。这贯穿于战争的始终。这一次，大家将遵守着一个共识，文职领导人不再进行微观干预，不再有添油战术，打起仗来也不再束手束脚。这次，将军们将负责指挥，而美国民众将众志成城坚决支持。伊拉克战争与越战截然相反，必将取得决定性的胜利。对此，不允许有任何犹豫不决。

对鲍威尔和施瓦茨科普夫这样的军人来说，决定性这个词有着特定和坚实的含义，并与面前的萨达姆军队的命运有紧密的关系。"首先我们会把它分割包围，然后给予它致命一击。"鲍威尔在诸多报道的声明中做了如是承诺。[25] 所谓的"它"是指萨达姆的军中精锐——伊拉克共和国卫队。这个军级部队包括了几个声名赫赫的机械化师（汉谟拉比、麦地那、尼布甲尼撒和塔瓦卡尔纳）。它的驻地位于沿沙特边界布防的伊拉克普通部队后的纵深地带。取胜意味着要把它完全清缴干净。施瓦茨科普夫对下属指挥官大声激励说："我们想要的不是打击，不是伤害，不是包围，而是摧毁。我的命令是完全彻底打垮共和国卫队。""当战争结束时，我不希望它还是一支有战斗力的部队，我不希望还存在这样一个军事组织。"[26]

然而，专注于处理过去的陈年旧账，却阻碍了对当前形势的透彻理解。为战场上发生的一切做无罪辩护只会得到短暂的关注。

美国在伊斯兰世界直接军事介入可能带来的影响也是如此。为了消灭越战幽灵，那些负责战争的指挥官的注意力被分散了。这使得他们无法看清伊拉克战争的实际背景。波斯湾不是东南亚。漫长的冷战已然结束，历史已经不同。

按照20世纪的标准，第二次海湾战争的规模只能算是中等。开战只是为了一些有限度的目标。施瓦茨科普夫手下的部队要把科威特的伊拉克占领军驱逐出境，恢复科威特的主权。（注意，实现这一政治诉求并无必要彻底摧毁共和国卫队；华盛顿宣传的政治目标和施瓦茨科普夫的行动目标之间的联系略显牵强。）解放科威特这个明确目标的实现可以给人以模糊的希望，美国强大的武装力量或多或少可以为布什总统的"世界新秩序"奠定些许基础。[27]

这里的关键词是秩序。务实的布什总统（与后来的小布什总统不同）对通过打败伊拉克来推行自由、民主和人权不抱任何幻想。老布什总统孜孜以求的、他的政府乐于接受的，只有稳定，尤其是在伊斯兰世界里。

然而，几乎没有理由相信，将萨达姆从科威特赶出去会产生多少间接的好处。阿拉伯军队差不多已经习惯了被以色列击败。在阿以冲突中，混乱和机能障碍的根本原因就一直存在着，而且在大中东的其他地区亦是如此。希望阿拉伯国家再次被击败（这次是美国人）能带来决定性的改变，需要信念上的巨大跨越。

把信念变为现实的重担落在了施瓦茨科普夫肩上。联合国的最后通牒即将到期，萨达姆仍然拒绝服从，所有人的目光都转向了战地指挥官。即将到来的战斗是他的战斗。越战的经验在支配此次行动的演进，赢或输都是他自己的责任。

施瓦茨科普夫是美国大中东战争中建立了不朽功勋的几位将

军中的第一人。但后来发现这个判断无法通过时间的考验。在他声名鼎沸之时，施瓦茨科普夫西点军校的同窗，同时也是一位现职官员，对他这位老同学进行了热情洋溢的评价："诺姆是我们这代人中的道格拉斯·麦克阿瑟。他拥有巴顿般的战术才华，艾森豪威尔似的战略眼光，以及可与布拉德雷媲美的谦逊谨慎。"[28]也许确实如此。

然而，他也有病态的一面。施瓦茨科普夫和麦克阿瑟一样喜欢哗众取宠；与巴顿类似，保持自己的情绪稳定需要付出极大的努力；就像艾森豪威尔，施瓦茨科普夫有着火山般的暴脾气（不像伊科），他甚至没有办法控制；就像神经质的布拉德雷一样，他对任何风吹草动都会很快做出夸张的反应。在作战时，需要领军之将具有远见卓识、镇定自若和随机应变的智慧。无论其他才华如何，施瓦茨科普夫在这些方面并非特别出色。解放科威特的战役将他的天赋和瑕疵完全展露无遗。

"沙漠风暴行动"于1月17日凌晨2点40分打响了。首轮直升机攻击就摧毁了两个至关重要的伊拉克雷达装置。几分钟后，F-117隐形轰炸机开始轰炸巴格达市中心。地形匹配制导的巡航导弹开始在伊拉克首都等地捣毁诸如防空和政府建筑等高度重要的目标。这些空中联合打击行动构成了进攻的序幕。这类打击行动在接下来的40天里几乎没有中断过。从公布的有限信息中，公众了解到了空袭的强度、精确性和有效性。在多数情况下，这些都是事实。

仅在第一晚，就有近700架作战飞机（其中绝大多数是美国人）入侵了伊拉克领空。令人刮目相看的是，只损失了1架飞机。那是1架来自美国"萨拉托加"号航空母舰，由海军少校斯科特·史密斯驾驶的F/A-18飞机。[29]太阳升起之时，联军已取得了制空权。第一波攻击瘫痪了伊拉克的防空和战略通信能力。在接下来的一段时间，联军的打击目标扩展到了发电厂、石油炼化厂、储存设施、交通设备、机场、可疑的大规模毁灭性武器场所，等等。萨达姆的空军对伊朗曾有相当的优势，但其实力远远无法与联军的空中霸主相匹敌，所以他们基本上选择避而不战。在战斗的第一个星期，伊拉克空军每天最多执勤30个架次。到1月27日，伊拉克的空军资产或被摧毁或逃到了伊朗。联军自此拥有了无可争议的制空权。行动的重点现在转向孤立驻扎在科威特的萨达姆部队。然后通过被飞行员称为"打坦克的游戏"的空中打击，逐步减少伊拉克军队残余的战斗力和战斗意志。[30]

萨达姆毫无章法的反应反而让人放心。他向沙特阿拉伯和以色列发射了飞毛腿导弹，但这两个国家都没有像他希望的那样做出反应。沙特人没有退出战局而以色列人则依然置身事外。[31]萨达姆拧开了科威特石油码头的阀门，向波斯湾释放了数千桶原油。他显然幻想靠污染海湾让世界上最大的环境破坏者停止军事行动。他冒失地向沙特阿拉伯派出了一支劲旅。但由于没有空中支援，这次小规模的攻击行动以溃败而告终。这个不智之举彻底暴露了萨达姆部队的弱点。按照一位美国将军的话来说，他们就像"枪法很差的黑帮"。[32]

对像鲍威尔和施瓦茨科普夫这样的军人来说，单靠空中力量就足以赢得战争被视为不可接受的异端邪说。这就像质疑美国宪法的完美。但鲍威尔和施瓦茨科普夫在何时展开地面攻势给敌人以致命一击的看法上完全相反。鲍威尔拥有的政治智慧使他对布什总统承受的压力非常敏感。这种压力主要来自缺乏耐心的盟友和媒体舆论。因此地面行动宜早不宜迟。参谋长联席会议主席敦促施瓦茨科普夫尽早开始行动。

施瓦茨科普夫却对此不予理会。他听说在华盛顿，人们把他和乔治·麦克莱伦将军相提并论。对任何美国将军来说，这都是无法忍受的侮辱。[33]

在重压之下，中央司令部的司令好几次表现出心烦意乱的情绪。"科林，我感觉自己要失去控制了"，他一度向鲍威尔抱怨道，"我的头都要炸了"。[34] 站在施瓦茨科普夫的位置，他不理解急于行动是为了什么。轰炸一天天地持续，看得出伊拉克军队正在变得越来越虚弱。这样，美国士兵和海军陆战队所面临的任务危险性就变得更小，而施瓦茨科普夫自己失败的可能性也在降低。

2月22日，萨达姆的部队开始点燃科威特的数百个油井。这暗示着即将到来的焦土撤退。6周的轰炸，近10万架次的飞行，加上300多枚巡航导弹的攻击，令萨达姆的部队和整个国家陷入一片混乱。美国情报部门估计，伊拉克前线部队因伤亡和开小差损失了50%。共和国卫队的情况稍好一些，但也有大约25%的损失。[35] 施瓦茨科普夫终于让步了。他也认为不需要进一步削弱敌人的实力。

尽管这些数字已经相当精确，但这只是故事的一部分。从一开始，中央司令部就极大地夸大了对手威胁的程度。伊拉克人从未拥有美国人宣称的那些东西；经过数周的空袭，在他们手中的就更加少得可怜。2月的最后一周，施瓦茨科普夫面前的是被严重打击过的敌人。他们的数量要远少于他的部队。他或许有3∶1的优势。[36]

这并不是说2月23日至24日晚，陆军和海军陆战队士兵进入攻击阵地时就可以高枕无忧了。战争充满了危险。只有真正面对敌人的时候，联军才知道该如何处置。尽管空中打击行动的成果令人印象深刻，但巨大的不确定性依然存在。其中最令人担心的是萨达姆的化学武器。过去他曾下令释放过毒气,这次他可能会再度使用。尽管美军经常在类似条件下训练,但自一战以来,在实战中还没有真正遭遇过这样的情况。想到要穿上类似深潜的装备走上战场,士兵们就会望而却步。

然而,当地面进攻在2月24日凌晨4点打响后,进展却惊人地顺利。海军陆战队在向科威特城推进的时候,他们估计会遇到顽抗,但实际上他们只遭遇到零星的抵抗。执行突破伊拉克正面防御任务的第7军轻松完成了战役目标。在更西面一些,负责掩护第7军侧翼的第18军,"像火箭一样起飞成功"。[37]阻碍部队像洪水一样滚滚向前的不是敌人的抵抗而是困难的地形,所有部队的伤亡都远低于预期。伊拉克军队对化学武器的使用非常克制,这极大地减轻了施瓦茨科普夫身上的压力。与此同时,负责阵地防御的伊拉克士兵"拒绝充当炮灰,纷纷放下武器,成批地举手投降"。[38]到当天结束时,萨达姆下令部队撤离科威特。此时已经很难说有多少部队能够收到他的命令,而且无人服从。

旗开得胜让中央司令部精心策划的计划出现了不同步。如果弦乐快了两拍,意味着簧乐器就慢了两拍。直接的后果是,施瓦茨科普夫和第7军指挥官陆军中将(小)弗雷德里克·弗兰克斯之间由来已久的紧张关系更加恶化了。虽然他们在越战问题上都感同身受,两人在气质和风度上却大不相同。他们各自的绰号也说明了一切。施瓦茨科普夫外号是"狗熊",而弗兰克斯被同僚称为"弗雷迪"。他安静、体贴、周到,做事有条不紊。"狗熊"指望"弗雷迪"给共和国卫队以致命一击,一劳永逸地解决问题。因此,他为弗兰克斯配备了真正强大的武装,包括5个重装师和1个装甲骑兵团,4个炮兵旅和7个攻击直升机营。[39]总共有5万辆各式车辆和14.6万名士兵。

如何安排这些部队需要弗兰克斯的策划。他的整个计划强调了深思熟虑和按部就班。小心翼翼地展开一系列的行动最终需要大量的战斗力配合，以打击共和国卫队的侧翼。根据美国陆军的官方战役记录，从结果来看，此次行动并非"像古德里安或隆美尔那样剑气如虹"。它更像是 1914 年成为德国军事战略伟大基石的施里芬计划。[40] 施里芬计划是参谋扎实工作的纪念碑，在实施过程中该计划被证明就像紧身衣一样严谨合身。同样的事情在这里再次发生了。

正如弗兰克斯所看到的那样，2 月 24 日战役的发展过程肯定了其方法的稳健性。在战场上对他的下级指挥官的调研也证实了这一点。但坐镇利雅得沙特国防部指挥工作，监视着事态进展的施瓦茨科普夫对弗兰克斯有不同的看法。远离战场，身在华盛顿的鲍威尔也是如此。他们希望弗兰克斯能加快节奏。在东线，海军陆战队的进度比原定计划超前了很多；在西线，第 18 军的机械化部队行动更快，推进得更深。为什么弗兰克斯不能效仿？

看似微不足道的内部争论将对美国大中东战争产生重大影响。弗兰克斯从未跟上过节奏，至少没有跟上施瓦茨科普夫满意的节奏。两人之间的脱节最终影响到了"沙漠风暴行动"的结局。战役取得的成果似乎颇有决定性，但实际上模棱两可之处颇多。1991 年，虽然胜利本就唾手可得，但"沙漠风暴行动"中展示出的前所未有的勇气抬高了必胜的幻觉。

2 月 25 日一早，当施瓦茨科普夫查看形势图时，他发现第 7 军一整夜竟寸步未移，他积郁已久的愤怒终于爆发了。弗兰克斯不前进的话就立即走人。随着与共和国卫队的距离越来越近，第 7 军承受的压力显著地增加了。这时，两位指挥官之间的分歧也越来越大。在施瓦茨科普夫的眼里，战争已进入扩大战果的阶段，要做的事是彻底清除战败之敌。然而第7军指挥官对此的看法有所保留，在他看来，真正的大战还未开始。

也许受到"城堡将军"的影响，施瓦茨科普夫对风险的偏好越来越大。[41] 胜利正在召唤，把握时机的紧迫感让他把避免伤亡等担忧通通抛之脑后。与此同时，弗兰克斯却在为友军开火导致的误伤感到不安。他变得更加厌恶风险，他开始思考草率行动有什么意义。

2月26日上午，第7军终于和已经遭受重创的共和国卫队狭路相逢。在当天以及接下来的一天，第7军将士们克服了恶劣的天气、后勤面临的诸多挑战以及与日俱增的疲惫感，轮番向极度劣势的对手发起了猛烈的攻击。在一次战斗中，美军第1装甲师第2旅全歼了伊军麦地那师的一支劲旅，摧毁了61辆坦克和39辆装甲车。而美军只付出了1名美国士兵生命的代价。整场战斗只持续了不到一个小时。[42]

在另一场战斗中，在称为东线73号的沙漠地带，美军一个装甲连遭遇并彻底摧毁了大约四倍于其规模的伊拉克部队。美军毫发未损。麦克马斯特上尉指挥的第2装甲骑兵团E连只花了23分钟就摧毁了28辆敌军坦克、16辆运兵车和30辆卡车。将领们在这次绝对优势的展示中，看到了更多胜利的希望。他们估计，在东线73号发生的战斗将成为未来战争的模式。这就好像研究人员仅仅基于对实验性药物进行的小型试验结果就宣布发现了治愈癌症的方法。[43]

"沙漠风暴行动"尽管场面更加宏大，但可以把它视为"螳螂行动"的重演。2月27日的夜幕降临时，美军指挥官估计还有一天就可以全歼伊拉克军队。然而，在这一天到来之前，"沙漠风暴行动"就戛然而止了。

华盛顿从来不认为摧毁共和国卫队是必须完成的任务，而考虑的重点正在发生变化。对表象的关注取代了严肃的战略分析。在一些观察家看来，美国似乎是在踩躏背运的、已经战败之敌。视角的转变影响了人们的看法。何时停止行动成为当下更为关注的焦点。

鲍威尔很快嗅出了气氛的不同并开始有所准备。这位鸽派[44]四星上将在给利雅得的私密电话中告诉施瓦茨科普夫"鸽派开始抱怨你们造成的伤害"，"这些报告看起来像是肆意杀戮"。[45]如果要求他在28日停火，施瓦茨科普夫会有什么想法？在短暂的犹豫之后，中央司令部司令做出了让步。赢得"五日战争"的想法引起了他的兴趣。这比以色列人大吹大擂的"六日战争"还要少一天。（在地面攻击行动之前长达数周的轰炸未在施瓦茨科普夫的计算之内。）

鲍威尔很快到椭圆形办公室向布什总统和他的高级助手们更新了最新战报。"总统先生，我们的进展比预期要好很多。伊拉克军队已经分崩离析，他们正准备落荒而逃"，他说，"到明天的某个时刻，任务就会完成"。鲍威尔强调说，诺姆·施瓦茨科普夫的看法也是如此。[46]

三军总司令问道："如果确实如你所述，为什么不在今天停手呢？"布什再一次远远出乎了下属的预料。领会了总统的意图之后，鲍威尔马上致电利雅得，询问如果要求当天晚些时候就宣布终止行动会有什么影响。"我这里没有任何问题"，施瓦茨科普夫回答说，"我们的目标是把敌人驱逐出境。任务已经完成"。从越战中得到的最好经验是，"将在外，君命有所不受"。战地指挥官的观点会得到尊重。随后，美国总统下令"沙漠风暴行动"将于华盛顿时间午夜时分结束。就像精密计算过一样，从地面进攻开始之时算起恰好过去了 100 个小时。[47]

随着时间嘀嘀嗒嗒的流逝,施瓦茨科普夫追随着麦克阿瑟的足迹,抓住战场上稍纵即逝的机会书写下属于自己的瑰丽篇章。随后在被称为"所有简报之母"的全球电视讲话中,中央司令部司令宣布:联军取得了胜利(萨达姆曾发誓要在"一切战斗之母"中击败美国人)。这次讲话可以算是大师级的表演。他表现得时而凶悍又尖刻,其中不乏人性和自嘲。他首先强调了美国领导下的联军胜利的本质及重大历史意义。联军确实取得了史无前例的重大成就。在一场"经典的坦克战"中,联军几乎摧毁了伊拉克军队,所有幸存者都被困在原地。"大门已经关闭了。""是时候停止行动了。""我们完成了使命。"[48]事实并非如此,大门也并未就此关闭。

当天深夜,布什也出现在了电视上。他没有像施瓦茨科普夫那样夸夸其谈,但也肯定了施瓦茨科普夫的结论。总统宣布"科威特已被解放","伊拉克军队被击败了,我们的军事目标已经实现","到了向前看的时候","这场战争已经成为过去"。布什声明中的第一部分无疑完全正确,第二部分则只是部分如此。不幸的是,最后这两段论述被大众所忽视,这对未来产生了相当大的影响。[49]

事实上,共和国卫队之大部在此次战争中未被消灭,他们也未曾陷入重围。单方面宣布的停火让他们有机会脚底抹油溜回了巴格达。

更糟糕的是,施瓦茨科普夫搞砸了停火协议的实施。在需要强势的时候,他却选择了让步,结果令人唏嘘。这不是他个人的错。令人诧异的是,军事行动的终止让美国的政治家和军事领导人同样措手不及。高居于庙堂之上,却没人认真考虑过下一步该如何进行。[50]（这种疏漏将在2003年海湾战争3.0版的关键时刻再次出现。）华盛顿没有向中央司令部提供终止敌对状态协议条款的任何具体指示。因此，施瓦茨科普夫自己起草了文件，并与伊拉克不知名的将军们举行了会晤。这些将军是远在巴格达，日子过得相当滋润的萨达姆任命的谈判代表。[51] 施瓦茨科普夫的想法非常直截了当："我们是获胜一方，所以条款的制定由我们说了算。"[52]

3月3日，在距离科威特边境不远的伊拉克塞夫万机场举行了会议。地点选择在这里是为了彰显此次会议的历史意义，而并非出于实质性的考虑。会场上充斥着哗众取宠的气氛。美国国立博物馆（因创办人史密森出资而得名）指定家具出现在现场是一个标志。"万一他们想要重建塞夫万的谈判场景"，变成了优先考虑的事情。会议刚一开始，施瓦茨科普夫就匆匆向他的对手保证，"只要签订了停火协议，我们不会永久驻留在伊拉克领土"。他和手下的士兵都迫切希望离开此地，所以萨达姆·侯赛因在这个问题上不必忧心忡忡。为了证明他与对手之间没有芥蒂，施瓦茨科普夫大度地同意了伊拉克人的请求，允许他们使用军用直升机。"鉴于伊拉克人同意了我们的所有要求"，他后来解释说，"我觉得在小事上让步并非不合情理"。但对执掌发号施令特权的人来说，这样的让步实在是太大了。待到休会时，会场上到处是同志般的敬礼和握手。[53] 1945年，麦克阿瑟曾在"密苏里"号战列舰的甲板上主持过受降仪式。这次仪式当然无法与之等量齐观，却在各方面尽量地模仿。（施瓦茨科普夫确实考虑过使用"密苏里"号战列舰。当时它就在波斯湾附近执勤。不过他发现在那里邀请重要政要与会过于复杂。）[54] 无论如何，第二次海湾战争自此算是正式结束了。伊拉克人释放了几名被俘获的联军士兵。这也是施瓦茨科普夫谈判的主要目标之一。联军拘押之下的数以万计的伊拉克战俘也被释放了。

在美国国内,"沙漠风暴行动"被比作是"漂亮的越战",还被描述成"有着令人眼花缭乱的表演、干净利落的冷酷执行和令人瞠目结舌的决定性战果"。它充满了正能量,有着无法抗拒的吸引力。正如《时代周刊》所言,"沙漠风暴行动"被称为"越南综合征"的美国老式抑郁症的终结者。"它也是对关注缺点和不足的终结。"海湾地区的胜利预示着"新的美国世纪的诞生以及以美国为中心的单极世界的出现"。这种夸张的说法得到了广泛的赞同。[55]

部队返回美国时,在美国国会大厦和曼哈顿下城的"英雄峡谷"大道举行了欢迎英雄凯旋的五彩花纸大游行。施瓦茨科普夫亲率部队在欢呼的人群中鱼贯而过。[56] 胜利给人一种使命完成的自豪感,还有一些民族和解的意味。弗兰克斯在与第 7 军特遣部队游行通过宪法大道之后,径直来到了越战纪念碑。"胜利属于你们",他一边说,一边用手指抚摸着牺牲战友们的名字。[57] 与此同时,小石城的阿肯色州年轻的州长在庆祝"沙漠风暴行动"的英雄荣归游行中,也提到了越战老兵。"我永远不会忘记当时我是多么激动",比尔·克林顿回忆说:"看着他们沿街游行时,在他们接受欢呼时,我仿佛看到越战老兵终于赢得了他们应得的荣誉。"[58] 很难想象,弗兰克斯和克林顿这样迥异的两个人(一位在越战中失去了一条腿,另一位则费尽心机逃避去那里服役)此时此刻却拥有如此一致的观点。

施瓦茨科普夫本人现在已是一线明星。他是狂热最权威的支持者,也是这种狂热的主要受益人。媒体人对他像是着了魔。施瓦茨科普夫有"天才般的智商"和"帕瓦罗蒂似的品位"。作为"美国的万人迷",他代表了"男性领导者的新范式"。他"内省,但不乏果断;具有同情心且能力出众;既是团队的一员又兼是团队的领导者"。在阿拉伯,施瓦茨科普夫策划了一场大胜。他杀敌无数,而己方士兵在枪林弹雨中却能毫发未损。美军越战指挥官威廉·威斯特摩兰虽然严于律己,但他的指挥是灾难性的。对比之下,施瓦茨科普夫是"一位有灵魂的战士"。他在战场上取得的成就无与伦比。"因此,军事史学家将有几代人不断提到解放科威特的丰功功绩。"他们会直接归功于它的指挥官。简而言之,"没人能比施瓦茨科普夫做得更好"。[59]

他的个人荣誉还在不断增加之中。布什总统颁发给施瓦茨科普夫一枚自由勋章;国会那里他获得了一枚金质勋章;他还获得了英国女王授予的骑士爵位。充满敬畏的国会议员提议擢升他为五星上将,将他(和鲍威尔)与马歇尔、艾森豪威尔等二战时期的伟大人物并肩。[60] 他的回忆录版权合同价值高达 500 万美元,渐呈洛阳纸贵之势。

然而,自布什总统宣布停止进攻的那一刻开始,战场上发生的事就不断破坏着胜利的氛围。遗留问题比比皆是,布什自己对此也隐约有所察觉。2 月 28 日早上,他在日记里流露出日益强烈的不安情绪。一方面,布什说服自己:"这是历史上前所未有之事。"另一方面,"结局并非干净利落"。[61]

证据表明结局不是那么干净利落。其实这在施瓦茨科普夫主持塞夫万机场谈判之前就已初现端倪。会议的前一天(也就是布什宣布战争结束的第三天),第 24 机械化步兵师和正向巴格达撤退的伊拉克汉谟拉比师狭路相逢。第 24 机械化步兵师的指挥官,少将巴里·麦卡弗里声称部队受到攻击。如果情况属实,那么敌人的攻击显然徒劳无功。在这场被称为"垃圾场之战"的战斗中,第 24 机械化步兵师的坦克、野战炮和攻击直升机击毁了敌军停在公路上的数百辆运输车辆。为了躲避致命的打击，伊拉克士兵索性丢弃了装备，逃之夭夭。4 小时后，行动宣告结束时，美军无人阵亡，只有一名士兵受伤。无论麦卡弗里的故事版本是否真实，此事表明施瓦茨科普夫所谓的"所有简报之母"并未叙述故事的全部。要么共和国卫队仍然保留了相当的战斗力，要么美军在三军总司令下令停止行动后，仍然实施了不必要的屠杀。[62] 或者两者兼而有之。

更糟糕的是伊拉克国内爆发了危机。这是一场反对萨达姆·侯赛因继续执政的平民起义。在第二次海湾战争中，布什总统曾敦促伊拉克人民颠覆萨达姆的统治。他甚至将萨达姆描述为"重生的希特勒"。[63] 美国政府的宣传机构也不断重复相同的信息。[64] 在 3 月 1 日的新闻发布会上，布什总统重申了他的萨达姆问题解决方案："伊拉克人民应该推翻萨达姆。"他接着说，"这将有助于伊拉克重回热爱和平的国际大家庭"。[65]

或许是对布什总统倡议的回应，大批伊拉克人，尤其是那些在萨达姆逊尼派阿拉伯复兴社会党领导下境遇不佳的什叶派和库尔德人，开始尝试驱逐独裁者的斗争。萨达姆对起义实施了无情的镇压，并很快取得了预期的效果。数千人被处决，成千上万的人被迫逃离家园。挣扎在穷山恶水的土耳其内陆，缺衣少食，居无定所，万念俱灰的库尔德难民的照片充斥着美国和其他西方国家的晚间新闻。（伊拉克什叶派的苦难并未引起关注。）仍然驻扎在伊拉克南部，等待重新部署的施瓦茨科普夫的部队对此选择了袖手旁观。这是一场巨大的人道主义灾难。对美国来说，这是一次巨大的难堪。

为库尔德人负责从来不是布什政府战略计划的一部分。他们再一次看走了眼。当然，布什的"世界新秩序"不会放任此类暴行的发生。在3月1日的新闻发布会上，布什指出，"沙漠风暴行动"提升了美国的地位和影响力。这会让整个世界变得更加美好，处处国泰民安。"我相信有了这些前车之鉴，"他说，"我们不再需要在世界范围内动用美国军队。我相信当我们说明了哪些是客观公正的标准时，比如当我们说侵犯邻国要承担责任时，人们会选择从善如流"。[66]伊拉克什叶派和库尔德人的不幸遭遇却暗示这种说法显然没有被萨达姆·侯赛因所接受。美国希望通过以暴制暴来恢复秩序。但恰恰相反，美国在伊拉克境内开展的军事干预提供了暴力和混乱升级的条件。这成为美国大中东战争的另一个永恒主题。

胜利的肥皂泡破灭之快让人吃惊，萨达姆设法活了下来。批评人士纷纷指责布什没有全力向巴格达推进；与此同时，施瓦茨科普夫发表了一份颇具误导性的声明，宣称他个人曾建议"继续前进"。[67]《纽约时报》的专栏作家威廉·萨菲尔将"布什总统背叛库尔德人"的做法和"肯尼迪的猪湾事件乃至卡特的沙漠一号事件"画上了等号。（艾森豪威尔冷面对待1956年匈牙利革命可能是更为恰当的对比。）布什的不作为"把代表着正义力量的超级大国刚刚获得的荣耀扔进了垃圾堆"。萨菲尔严厉地批评说："我们似乎是在为富人而战，对穷人我们选择了背信弃义。"[68]《华盛顿邮报》的外交事务专栏作家吉姆·侯格兰谴责布什对库尔德人见死不救是"巨大的愚蠢"。他将原因归结为"美国的老观念，把萨达姆当成了实现目标的工具"。他警告说，"消极等待"会"玷污最辉煌的胜利"。[69]查尔斯·克劳萨默对此表示赞成："我们给了萨达姆足够的机会。现在终结他的时候到了。"[70]

总统和他的支持者们从各自角度提出了各种解释。美军没有继续向巴格达推进的原因主要是期望敌人能自乱阵脚;而且阿拉伯的盟友们事先已经拒绝了旨在颠覆政权的战争。把既定目标从解放科威特调整为其他新目标将破坏联军合作的根基。切尼还解释说:"专家曾估计被击败的萨达姆将永无出头之日。"[71]就这样,政策制定者把错误的责任推到了专家身上。

然而,放弃进攻巴格达最重要的原因是不会为公众所知的。事实上,侯格兰说对了一半:布什政府仍然指望用伊拉克来牵制伊朗。《华盛顿邮报》的专栏作家玛丽·麦克格雷直言不讳地指出了这一点:"布什不希望什叶派宗教激进主义反叛分子推翻萨达姆的统治。那样一来,伊朗就将成为中东地区的主导力量。"[72]布什的国家安全顾问布伦特·斯考克罗夫特后来也承认,在打击萨达姆时,美国希望"在破坏他的攻击能力的同时,不能过分削弱伊拉克的实力从而出现权力的真空或者破坏了两伊之间的战略平衡"。这需要精妙的技巧和手术刀般精确的惩罚措施。[73]

然而,无论是第一次海湾战争还是第二次海湾战争,有一条战略原则始终神圣不可侵犯:伊拉克被定义为危险的伊斯兰共和国的战略平衡因素,这一直是美国的强烈兴趣所在。相比之下,萨达姆的命运则是次要的考虑。[74]库尔德人独立建国的雄心壮志遭到来自伊朗、伊拉克、叙利亚、土耳其和美国的一致反对。除库尔德人自己以外,他们分割周边国家领土,为库尔德斯坦提供立国之土的想法,几乎得不到任何支持。

尽管如此,在"为萨达姆的新受害者做些什么"的呼声越来越响的情况下,布什被迫做出了让步。4月5日,他命令美军向库尔德人伸出了援助之手(伊拉克什叶派则运气不佳,未在受援之列)。"我想强调的是,我们的所作所为仅是出于人道主义的考虑。"总统坚持说。这种说法并未道出全部真相。土耳其对深恶痛绝的库尔德人进入其领土深感不安，这才导致了美国政策的改变。[75] 名为"提供安慰"的救援行动开始了。其重要性和"沙漠风暴行动"不相上下。尽管第二次海湾战争名义上已经结束，但这里依然暗流涌动。这是表明美军不会马上"回家"的第一个迹象。很快会有更多的迹象陆续出现。

那么，该如何理解"沙漠风暴行动"呢？美国的战争策划者期望获得的成果其实未能实现。第二次海湾战争"是否戏剧性地改变了中东的局势呢"？[76] 它是否创造了"我们一生中难得一见的中东和平的大好机会呢"？[77] 这些问题的答案都是否定的。在过去25年里，关于战争的判断总是仁者见仁，智者见智。

"沙漠风暴行动"又被视为"石油战争"，情况的确如此。它的结果虽然难称完美，但还算得上令人满意。科威特埃米尔在很多方面都要感谢美国：他的国家终于光复。而沙特王室也不再面临迫在眉睫的入侵威胁。美国人的承诺消除了其对提供保护的所有疑虑。但即便如此，只要萨达姆·侯赛因还在执政，他就仍是威胁地区稳定的不安定因素。

第二次海湾战争被视为越战的续集。它被认为取得了毋庸置疑的成功。但它也产生了一些附带问题。对鲍威尔、施瓦茨科普夫和弗兰克斯这些军官来说，"沙漠风暴行动"象征着一次救赎。正如鲍威尔所说："美国人民重新爱上了自己的军队。"[78] 从政治上看，时间短促的划时代行动基本上扫清了使用武力的一切限制。布什总统兴奋地宣称："感谢上帝，我们一劳永逸地终结了越战综合征。"[79] 他的说法有其可取之处。但是，新出现的"沙漠风暴综合征"（指美国拥有无可匹敌的军事优势的信念）算是进步吗？就让历史告诉未来吧。随后几年，深受爱戴的美国士兵将经历炼狱般的苦难。

中东是美国的重要利益所在。但从美国不断扩大的武装干涉的大背景来看,"沙漠风暴行动"的成果接近于零。布什政府在1991年宣布的大获全胜有些言之过早了。行动的结果不及预期更多是源于对总体形势的根本性误判,而不是将军们领兵打仗能力的欠缺。

在接下来的10年,尽管华盛顿受到萨达姆的影响染上了亚哈狂躁症。但伊拉克独裁者只不过是与美国冲突的众多因素的代表性标志而已。问题的根源来自多个方面:大英帝国的衰落遗留下的真空;难有起色的落后经济和政治上的合法性问题;由阿拉伯民族主义的崛起引发的伊斯兰教内部的分歧;以色列国的建立;伊朗革命的到来;等等。

无论伊拉克战事取得多少胜利,无论胜利多么完美,很难想象它们能够解决这么多挑战。又一个10年过去,美国人终于选择了放弃。"9·11事件"之后,华盛顿不再徒劳无功地独立支撑大中东,而是开始努力改变那里。对"沙漠风暴行动"的根本误读使得这些努力貌似合理,但结果却是一场灾难。

第一部分 序幕　　　　　　　　　　　　　　7.没完没了

注 释

1.雷茵霍尔德·尼布尔：《美国历史的讽刺》（纽约，1952年），2-3页。

2.伊拉克严峻经济困境的简要说明，见劳伦斯·弗里德曼和埃夫莱姆·卡什：《海湾冲突，1990—1991》（普林斯顿，1993年），37-41页。

3.同上，45-48页。

4.乔治·布什：《国家安全指令26号，美国对波斯湾的政策》（1989年10月2日）。

5.托马斯·弗里德曼：《布什（暗示使用武力）宣称伊拉克的进攻"不会持久"》，《纽约时报》（1990年8月6日）。

6.诺曼·施瓦茨科普夫：《不需要英雄》（纽约，1992年），305页。

7.《"9·11事件"委员会报告》（华盛顿特区，2004年），57页。

8.弗兰克·舒伯特和特蕾莎·克劳斯：《旋风战争：沙漠盾牌和沙漠风暴行动中的美国陆军》（华盛顿特区，1995年），78页。这并不意味着这样的部署没有后遗症。但美军一直具有解决这些问题的特殊能力，特别是在资源供应没限制的时候。

9.诺曼·施瓦茨科普夫：《不需要英雄》（纽约，1992年），348页。

10."很可能，萨达姆从未打算入侵沙特阿拉伯。"迈克尔·戈登和伯纳德·特雷纳：《将军的战争》（波士顿，1995年），65页。

11.只有约旦、也门和巴勒斯坦解放组织自称支持伊拉克，但它们没有一个能够提供有意义的援助。

12."任何人"不包括以色列。见本章注31。

13.最终，美国领导的联军包括了32个国家。然而，这些国家的大多数派出了不到1000人的部队。华盛顿视埃及的参与为关键所在。这代价不菲。作为对穆巴拉克总统加入联军承诺的回报,美国放弃了100亿美元的埃及债务。

14. 根据理查德·切尼的说法,美国与第二次海湾战争相关的总支出为611亿美元,外国政府支付了611亿美元中的537亿美元。理查德·切尼:《我的时代:个人和政治回忆录》(纽约,2011年),228页。德国、日本、沙特阿拉伯和科威特都支付了数十亿美元的捐款。

15. 关于鲍威尔的保留意见,请参见迈克尔·戈登和伯纳德·特雷纳:《将军的战争》(波士顿,1995年),129-131页。

16. 理查德·切尼:《我的时代:个人和政治回忆录》(纽约,2011年),198页。

17. 亨利·罗恩:《沙漠中的仁川——我被否定的计划》,《国家利益》(1995年夏),35页。

18. 后来担任了助理国防部长的学者亨利·罗恩首先提出了"向西远行"计划的构想,该计划又被称为"蝎子行动"。退役中将戴尔·维斯帮助充实了这个概念。罗恩在文章《沙漠中的仁川——我被否定的计划》中回顾了"蝎子行动"的起源,34-39页。罗恩对如何解放科威特给予的关注较少。他更担心"如何防止飞毛腿对以色列的袭击"。他担心对特拉维夫的导弹袭击将"杀死特拉维夫或海法的成千上万人"。以色列的报复将破坏反对萨达姆的联盟。所以"蝎子行动"主要是捍卫以色列的计划。

19. 口述历史:《理查德·切尼》,《前线》,www.pbs.org/wgbh/pages/frontline/gulf/oral/cheney/1.html,访问于2014年12月28日。

20. 乔治·布什:《海湾危机的总统新闻发布会》(1990年11月8日)。

21. 诺曼·施瓦茨科普夫:《不需要英雄》(纽约,1992年),381页。

22. 到1991年2月,美国驻波斯湾部队的总兵力达到了53.3万人。见弗兰克·舒伯特和特蕾莎·克劳斯:《旋风战争:沙漠盾牌和沙漠风暴行动中的美国陆军》(华盛顿特区,1995年),157页。

23. 的确,愤世嫉俗者可能会认为投票支持战争还是反对战争的治理问题更可能提高个人的政治野心。

24. 萨拉·弗里茨和威廉·伊顿：《国会授权海湾战争》，《洛杉矶时报》（1991年1月13日）。

25. 丹·巴尔兹和瑞克·阿特金森，《鲍威尔发誓"要分割伊拉克军队并'消灭他们'"》，《华盛顿邮报》（1991年1月24日）。

26. 诺曼·施瓦茨科普夫：《不需要英雄》（纽约，1992年），381页，重点在于原文。

27. 布什在伊拉克入侵科威特之后不久就在国会致辞中创造出了这个新词。乔治·布什：《针对波斯湾危机和联邦预算赤字对国会联席会议上的讲话》（1990年9月11日）。

28. 沃德·勒哈代准将的原话，见奥托·弗里德里希编：《沙漠风暴：海湾战争》（波士顿，1991年），121页。

29. 斯派克被列为行动失踪人员。在2002年9月，总统对联合国大会的发言中（为对伊拉克开战做铺垫），乔治·布什在对萨达姆·侯赛因的起诉书中将飞行员悬而未决的境遇也列入其中。在第三次海湾战争期间，美国海军陆战队员找到了斯派克的遗体，从而证实他在1991年1月遇害。

30. 《波斯湾战争的行为：向国会提交的最终报告》（华盛顿特区，1992年），157页，160页，168页，170页，184页。另见托马斯·基尼和艾略特·科恩：《战争中的革命》（安纳波利斯，1993年），10-13页，18-19页。这是第二次海湾战争后美国空军委托的"海湾战争空中力量调查"的总结卷。

31. 危机爆发后将以色列在军事上排除在战争之外一直是美国的首要任务。华盛顿担心一旦以色列对伊拉克采取军事行动（这绝非不可能，以色列曾在1981年攻击了伊拉克的奥西拉克核反应堆）将会破坏反萨达姆联盟，所以布什政府恳求以色列自我克制。在接收了安全援助的各种承诺后，强硬的伊扎克·沙米尔政府在限度范围内同意只作壁上观。1月18日，几枚飞毛腿导弹落在了特拉维夫和海法（后面连续几天都有导弹袭击），这测试了以色列政府的忍耐力。在华盛顿，减少飞毛腿导弹的威胁成了当务之急。而施瓦茨科普夫却忽视了以色列还不属于中央司令部的管辖范围。（自称）"怒不可遏的"切尼命令施瓦茨科普夫重新调整了工作重心。美国还匆忙向以色列部署了爱国者导弹以加强防御。以色列的责任是远离战争。如果飞毛腿导弹安装了化学弹头而非常规弹头，结果会有所不同。切尼：《在我的时间》，215页。

32. 波斯湾战争的行为，173—174页。引述自高级海军指挥官沃尔特·波默中将。口述历史：《沃尔特·布默》，《前线》，pbs.org/wgbh/pages/frontline/gulf/oral/boomer/1.html，访问于2014年12月31日。

33. 诺曼·施瓦茨科普夫：《不需要英雄》（纽约，1992年），361页。在内战期间负责指挥波托马克的部队时，麦克莱伦极其不愿意与敌接触。被激怒的林肯总统说："如果麦克莱伦将军不想动用军队，那么借我使用一段时间吧。"

34. 口述历史：《柯林·鲍威尔》，《前线》，pbs.org/wgbh/pages/frontline/gulf/oral/powell/1.html，访问于2014年12月31日。

35. 波斯湾战争的行为，189—191页。

36. 美国估计伊拉克部队多达54.5万人。到2月24日，战场上的伊拉克部队很可能还有20万到22.2万人。两本书之间的比较：诺曼·施瓦茨科普夫：《不需要英雄》（纽约，1992年），385页；托马斯·基尼和艾略特·科恩的《战争中的革命》（安纳波利斯，1993年），93页。

37. 口述历史：《H.诺曼·施瓦茨科普夫》，《前线》，pbs.org/wgbh/pages/frontline/gulf/oral/schwarzkopf/1.html，访问于2015年1月5日。

38. 理查德·斯温：《幸运之战：沙漠风暴中的第三军》（莱文沃思堡，1994年），230页。美国陆军第二次海湾战争的官方历史中，斯温的著作仍是这场冲突最好的整体记录。

39. 同上，207页。弗兰克斯期望得到更多。他反复要求将第1骑兵师（最初是预备队）也置于他的控制之下。

40. 同上，229页。

41. 同上，250页。这句话是指一些第一次世界大战的将军将指挥

第一部分　序幕　　　　　　　　　　　　　　　　　7. 没完没了

所从战斗前线转移到后方舒适豪宅里的做法。他们因此失去了接触堑壕战战争现实的可能。

42. 同上，264页。

43. 约翰·格雷沙姆：《海湾战争第20日：东线73号战斗与合成战场之路》，国防媒体网络（2011年2月22日）。

44. 鸽派，一个广泛用于政治上的名词，用以形容主张采取柔性温和的态度及手段处理外交、军事等问题的人士、团体或势力，反义词为鹰派。

45. 诺曼·施瓦茨科普夫：《不需要英雄》（纽约，1992年），468页。

46. 科林·鲍威尔：《我的美国之旅》（纽约，1995年），521页。

47. 同上，521页。

48. 施瓦茨科普夫的战争结束简报可在 youtube.com/watch?v=wKi3NwLFkX4 上获得。访问于2015年1月2日。

49. 乔治·布什：《关于海湾战争结束的讲话》（1991年2月27日）。

50. 理查德·斯温：《幸运之战：沙漠风暴中的第三军》（莱文沃思堡，1994年），124页。

51. 施瓦茨科普夫的副手卡尔文·沃勒中将介绍了起草停火条款的过程："诺曼·施瓦茨科普夫问，我们该如何完成任务？我们要做些什么？在我们的作战室有一位国务院的代表。他问这位国务院代表，我们应该做什么？国务院的代表先生给了我们所谓伊拉克式的致敬，并说他对此一无所知。施瓦茨科普夫便把速记员叫了进来坐在他身边。他转过身来开始向他口述自己的一些想法。其他人如果想起些什么就会写一张便签递给他。随后他会把便签上的字读出来，你知道，之后还要在句子或段落或任何需要修改的地方进行仔细推敲。海军的文书人员会出去一会儿，将文件打好后再带回来。他稍做修改后就把文件发送给了五角大楼和国务院。这就是文件起草的过程。"口述历史：《卡尔文·沃勒》，《前线》，pbs.org/wgbh/pages/frontline/gulf/oral/waller/1.html，访问于2015年1月2日。

52. 诺曼·施瓦茨科普夫：《不需要英雄》（纽约，1992年），480页。

53. 同上，483页，488—489页。

54. 同上，473—474页。

55. 奥托·弗里德里希编:《沙漠风暴：海湾战争》(波士顿，1991年)，1页，3页。

56. 苏珊·贝尔:《百万人参加了五彩花纸大游行》，《巴尔的摩太阳报》(1991年6月11日)。

57. 汤姆·克兰西与小弗雷德·弗兰克斯将军:《走进风暴》(纽约，1997年)，487页。

58. 比尔·克林顿:《美国安全的新契约》(1991年12月12日)。

59. 理查德·H.P.西亚:《诺曼·施瓦茨科普夫将军：充满战争智慧的人》，《巴尔的摩太阳报》(1991年3月10日)；艾伦·古德曼:《新男性楷模》，《芝加哥论坛报》(1991年3月17日)；《阿拉伯的施瓦茨科普夫》，《里士满时报》(1991年3月8日)；马修斯:《军人的良心》，《新闻周刊》(1991年3月11日)；沃森:《风暴之后》，《新闻周刊》(1991年3月11日)。

60. 吉姆·柯克西:《科罗拉多提议施瓦茨科普夫和鲍威尔成为五星上将》，《丹佛邮报》(1991年3月4日)。

61. 乔治·布什和布伦特·斯科克罗夫特:《变革后的世界》(纽约，1998年)，486—487页。

62. 迈克尔·戈登和伯纳德·特雷纳:《将军的战争》(波士顿，1995年)，435—438页。

63. 托马斯·弗里德曼:《贩卖祭品：海湾的基本原理仍然回避布什》，《纽约时报》(1990年11月16日)。

64. 罗伯特·菲斯克:《文明的伟大之战》，(纽约，2006年)，646—647页。

65. 乔治·布什:《关于波斯湾冲突的总统新闻发布会》(1991年3月1日)。

66. 同上。

67. 安·德维罗和莫莉·摩尔:《赢得战争，为和平奋斗》，《华盛顿邮报》（1991年4月14日）。

68.威廉·萨菲尔：《布什的猪湾》，《纽约时报》（1991年4月4日）。

69.吉姆·侯格兰：《不朽的愚蠢》，《华盛顿邮报》（1991年3月29日）。

70.查尔斯·克劳萨默：《终结萨达姆的时候到了》，《华盛顿邮报》（1991年3月29日）。

71.口述历史：《理查德·切尼》，《前线》，pbs.org/wgbh/pages/frontline/gulf/oral/boomer/1.html。

72.玛丽·麦克格雷：《布什的和平问题》，《华盛顿邮报》（1991年3月26日）。

73.乔治·布什与布伦特·斯考克罗夫特：《变革后的世界》，383–384页。

74.关于这一点的进一步展开，详见安德鲁·巴塞维奇：《美利坚在伊拉克：终结无休止的战争》，《战争与和平之间》，马修·莫顿编辑（纽约，2011年），302–322页。

75.乔治·布什：《关于援助伊拉克难民的声明》（1991年4月5日）。美国对土耳其有所亏欠。在"沙漠风暴行动"期间，土耳其人允许美军从土耳其基地发动空袭。

76.口述历史：《理查德·切尼》，《前线》，pbs.org/wgbh/pages/frontline/gulf/oral/boomer/1.html。

77.口述历史：《施瓦茨科普夫》，《前线》，pbs.org/wgbh/pages/frontline/gulf/oral/boomer/1.html。

78.科林·鲍威尔：《我的美国之旅》（纽约，1995年），532页。

79.乔治·布什：《对美国立法交流委员会的发言》（1991年3月1日）。

第二部分

间奏

8. 美好的愿望

1991年，冬天悄然过去，春天来临，库尔德危机给"沙漠风暴行动"蒙上了一层阴影。为了实施"提供安慰行动"，五角大楼匆忙拼凑出了一支由多国部队组成的杂牌军，选择他们主要是因为他们易于调遣又距离近。起初，行动就像是"爆米花喂鸽子"。[1]但是，随着一托盘一托盘的"爆米花"的到来，行动开始产生效果。即便如此，那些被战争抛弃的难民仍然只能生活在土耳其东南部的贫困山区边缘。他们风餐露宿，幸运的能挤在塑料帐篷之下。食品、水和医疗用品紧急短缺的情况仍在持续。

目睹了巨大的痛苦之后，即使是最冷酷的人也不会无动于衷。然而，降低同情心是比较容易的事，良心的不安在空投救援物资之后得到了部分平息。美国空军运输机的效率之高令人印象深刻。在战斗机提供的空中掩护之下，数千名士兵组成的地面部队很快建立了一个安全区域。其范围从土耳其一直延伸到伊拉克北部。[2]

毫无疑问,美国和联军的努力挽救了许多人的生命。然而,困难之处在于搞清楚与"沙漠风暴行动"的初衷完全背道而驰的后续事件到底意味着什么。这就类似于演职人员的行头问题糟蹋了原本无可挑剔的表演。它传达了什么警示又预示着什么?

对布什政府和美国军方来说,"提供安慰行动"只是一个小小的注脚。科威特划时代的解放才是故事的主线。相比之下,拯救库尔德人的行动充其量不过是小的波折,它的发生根本不能算是重大事件。"沙漠风暴行动"预示着未来,"提供安慰行动"只不过是偶发事件。至少美国文职官员和军事领导人期望如此。

随着美国大中东战事缓缓拉开帷幕,事实证明情况恰恰相反。"沙漠风暴行动"(这是一场时间短促、作战英勇的战争。结束后还有过长时间的庆祝)被证明是偶发事件。而"提供安慰行动"这种道德上模棱两可的意外行动会不断上演。两个事件中看似无足轻重之事最终却变得更为重要。

回顾过去,库尔德危机的政策影响是显而易见的。首先,它提供了无可辩驳的论据证明萨达姆问题并未就此消失。那个顽固的暴力统治者拒绝有所作为。总统选举的临近是迫使乔治·布什一直粉饰第二次海湾战争的主要政治原因,但事实显然不是这样。类似的事情在2011年再次发生。当时巴拉克·奥巴马政府过早地宣布第三次海湾战争已经结束。后来战事又卷土重来,并且更加猛烈。

另外,为库尔德人出头破坏了人们的预期。人们原本以为"沙漠风暴行动"成功后,美国只要在海上维持波斯湾的治安即可;伊朗和伊拉克自会彼此牵制,这样就可以确保地区的稳定。但只要萨达姆还在掌权，指望伊拉克牵制伊朗就没有成功的可能。尽管稳定仍是华盛顿的重要目标，但它好像成了自己不得不承担的重任，这意味着不可预见的成本和风险。

除了暗示美军还有大量的任务需要完成之外，库尔德危机还引起了一些反思。"沙漠风暴行动"中展现出的军事优势到底带来了什么好处？有证据表明，那些好处无法达到华盛顿的预期。还不到一个月的时间，事态的发展就让布什总统的预言失效了："当我们设定好客观公正的标准时，人们会选择从善如流。"值得肯定的是，美国军队在救援伊拉克库尔德人方面做出了值得称赞的努力。但这一意外事件暗示着美军的职责不仅仅是偶尔击败那些无能的三流军队。

"提供安慰行动"的持续推进变得至关重要。为了避免伊拉克库尔德人成为永久难民（避免类似于1948年巴勒斯坦人流离失所，后来变成了永久性问题），美国需要说服他们回到出发之地。从人道主义援助的角度来看，现在的工作重点转移到了难民的重新安置。然而，让伊拉克库尔德人返回故乡，意味着要全程保卫他们的安全。

1991年7月24日，"提供安慰行动"被升级为"提供安慰2.0行动"。这次任务不再仅仅是提供维持生命的必需品，而是变成了专注于提供保护。为了完成此次任务，给返回家园的库尔德人提供正常的生存环境，五角大楼设计出了一种创新方法。由于不愿派出地面部队保卫伊拉克的库尔德斯坦地区，美国选择完全依靠空中力量把萨达姆·侯赛因牢牢困住的同时，又可以让库尔德人回归家园。从土耳其基地起飞的美国空军战斗巡逻小组，在法国、土耳其，以及英国空军的协助下，开始执行"禁飞区"计划，其范围包括北纬36°的所有伊拉克北部地区。这个区域包含伊拉克的库尔德斯坦地区和相当广阔的缓冲地带。行动的目标是让库尔德人从巴格达手中获得完全的自治。其实，这里就是一个独立王国，只是没有正式命名而已。换句话说，这次的目标是在萨达姆的咽喉上踩上一只脚。

行动没有设定明确的标准来判断任务是否已经完成。只要萨达姆还在掌权，库尔德人就会一直担惊受怕。因此，"提供安慰2.0 行动"一直维持到 1996 年 12 月 31 日。到那时为止，空军已经在伊拉克北部上空飞行了大约 4.2 万架次，联军也额外飞行了两万架次。[3] 实际上，即使到那个时候，行动也没有完全结束。他们只是更换了一个新名字。重新策划的"北部观察行动"，又持续了几年时间，增加了 3.6 万个飞行架次。

1992 年 8 月 27 日，美国在南方也发起了类似的任务。它被称为"南部观察行动"。从沙特阿拉伯基地或附近的美国海军航空母舰上起飞，战斗机在伊拉克北纬 32° 以南地区做交叉飞行。这里禁止伊拉克的一切军事活动，不仅包括空中，而且也包括地面。[4] 这次行动的目的是保护伊拉克什叶派免受萨达姆的暴政统治。当然这方面的行动有些太迟了。这是外交和经济战略的一部分。此举的关键在于给萨达姆施加压力。其目的是削弱萨达姆的统治。如果运气好的话，甚至可以导致萨达姆的倒台。到 2003 年第三次海湾战争开始时，执行南部禁飞区与禁行区任务的飞行员已经飞行了超过 15 万架次。[5]

"自 1992 年以来，我们执行的任务是对伊拉克的空中占领。"美国空军参谋长罗纳德·福格尔曼如是说。[6] 这种占领不可能是温文儒雅，也不会是太平无事的。事实上，实施禁飞行动类似于以色列和哈马斯或真主党之间的持续冲突。以色列应对的策略是"巴塔什"，其含义是"当下的安全"。这个平淡无奇的词汇表述了一种类战争的日常行为。此时,国家的生存并没有受到威胁。"巴塔什"的意思是保持双方力量对比的不平衡;或对敌人挑衅行为进行严厉的惩罚,并要求行动无一例外取得决定性的成功。在伊拉克上空,美国采用的正是"巴塔什"的行动逻辑。[7]

萨达姆对侵占伊拉克领空的反应是尖酸刻薄的谴责。但在行动上,他只做出了些象征性的反抗。1992年12月,一架冒险进入南部禁飞区的伊拉克米格战斗机被美国空军的一架F-16战斗机击落。在接下来的一个月,其他入侵事件也时有发生。更麻烦的是,美国情报部门侦测到在北纬32°地区发现有地空导弹(防空导弹)渗入的踪迹。1993年1月13日,即将离任的乔治·布什在南部禁飞区发动了对伊拉克防空系统的打击行动。美军没有遭遇到任何反抗,也没有蒙受任何损失。萨达姆声称,这次空袭行动出动了100多架飞机,造成了19名平民死亡。他发誓要"把伊拉克的天空变成反抗压迫的炙热岩浆"。[8]

1月17日,另一架米格战斗机出来碰碰运气,这次发生在北部禁飞区。它的命运和第一次一样,很快被一架F-16战斗机击落。当晚,还发生了另外的行动。美国海军军舰发射了数十枚巡航导弹,对巴格达以南的一处疑似核设施进行了打击。这是对萨达姆拒绝联合国武器核查人员入境的强烈回应。由于48小时后政府就要卸任,所以第二天美军对伊拉克的防控系统又进行了一次痛殴,以此作为告别礼。75架飞机参与了行动,行动完成后所有战斗机都安全返回了基地。当比尔·克林顿宣誓就任美国第42任总统时,敌对行动暂时告一段落。[9]

然而,这绝不意味着结束。整个20世纪90年代,战争起起落落,虽然总是一边倒,却不曾产生决定性的成果。一旦受到威胁,甚至仅仅是伊拉克的防御行为,也会招致美国战斗机的报复行动。

这些报复行为是"沙漠风暴行动"中"打坦克游戏"的变种。只不过现在打击的对象变成了萨达姆的防空系统。仅仅12个月的时间，在"北部观察行动"中，作战飞机就攻击了225个目标。在南部，1999年到2000年，有2000多枚美制炸弹或导弹攻击了伊拉克的萨姆导弹阵地、雷达或通信站点。这些行动没有引起公众或媒体的注意，很大程度上是因为在这期间，伊拉克未能击中一架美国战斗机。那伙"枪法很差的人"射术还是那么糟糕。[10]

这并不是说美军没有伤亡。他们确实有一些伤亡，但那都不是伊拉克人所为。1994年4月，"北部观察行动"中一架F-15战斗机击落了两架美国陆军的黑鹰直升机。战斗机误将它们错认为俄罗斯制造的伊拉克直升机。事件造成26人遇难，其中15名为美国人。[11] 1996年6月，恐怖分子袭击了位于沙特阿拉伯达赫兰的一处名为胡拜尔的公寓大楼。这里是支持"南部观察行动"的美军居住地。爆炸造成了19人死亡，数百人受伤。美国和沙特阿拉伯官员迅速把伊朗定为事件的幕后"凶手"。这是双方都很乐意接受的裁判，因为双方都不愿承认沙特公民可能参与其中。这不禁让人想起了"斯塔克"号事件。后来收集的证据表明，基地组织要对此事负责。在两大圣地所在的国土上，异教徒的长期存在引起了对他们的报复。[12]

当第三次海湾战争于2003年3月开始时，所有这一切，连同间歇爆发的大规模军事行动，比如1993年彻底摧毁了巴格达伊拉克情报总部的美国巡航导弹攻击或者1998年针对伊拉克疑似大规模杀伤性武器设施为期4天的轰炸，通通从记忆中消失了。[13] 这颇令人遗憾。有两个原因使伊拉克"空中占领行动"在美国大中东战争中占据了重要的位置。

首先,它纠正了人们的观点,把 20 世纪 90 年代仅仅视为"两次战争之间的十年"。这十年只是两段重要历史间的松散存在。这段历史始于冷战,终于所谓"全球反恐战争"的肇始。美国在 1989 年冷战结束后开始哈欠连连,直到 2001 年被不知从哪里冒出来的恐怖主义突然惊醒。

对萨达姆·侯赛因的伊拉克有限度的敲敲打打将本来清晰的故事变得复杂。事实上,美国在 20 世纪 90 年代的那段时间里并没有坐吃山空。冒险的开始可以追溯到 1980 年,并且之后一直处于不断加速和增强的过程中。大中东战争已经成了一项日常工作,虽然美国公众没有注意到这一点。只有在一种意义上,20 世纪 90 年代可以解释为两段战争的间歇期:在第二次海湾战争的灰烬中,埋藏着第三次海湾战争的星星之火。美国在 20 世纪 90 年代的军事行动为后续燎原之火准备了充足的燃料。

使得 20 世纪 90 年代的美国在伊拉克军事行动值得关注还有另一个原因。在这里,我们看到了"越战综合征"消失的影响。自我约束的缺乏以及肤浅的道德冲动压制住了深思熟虑的战略分析。

因此,美国在有关军事干预的辩论中,曾经谨慎的态度现在让位于"为什么不"。其后果是赋予了总司令更大的自主权。乔治·布什(和比尔·克林顿)在对萨达姆的打击中毫不犹豫地利用了这种权力。在执行"巴塔什"策略时,总统可以做他们想做的任何事。只要发过新闻,或者在电视上解释过爆炸的地点,而且没有美国人遇难,就无人对此提出质疑。

"越战综合征"的消失进一步影响了美国的大中东战争。面对严重不公或大规模侵犯人权的行为,总统发现要证明不作为的正当性变得越来越困难。拥有无与伦比的军事能力不仅让美国拥有了纠正错误、拯救苦难的能力，也使美国有责任肩负起这些使命。

优先考虑将军队留在国内的"美国优先"的概念，当时被认为过于自私，甚至可以说有些吝啬。但实际上它比以往任何时候都更有意义。"美军遍天下"的思潮随之出现了。哪里有水深火热，哪里就有美国军人的身影。在面对不幸的伊拉克库尔德灾难时，布什总统自己也臣服于这种观点。20世纪90年代变成了"办实事"的十年。

更多类似的情节将出现在中东舞台上。一些发生在大中东的核心地带，而另外一些则发生在外围。正处于瓦解阵痛中的南斯拉夫提供了一个案例；而落入塔利班控制的阿富汗是另一个例子。本书将在适当章节对此做详细的介绍。但对布什总统及其继任者克林顿总统来说，美国军队成为"行侠仗义"的工具之后，索马里首当其冲成为关注的重点。

从1992年8月到1994年3月，美国对那里的干预以美好的愿望开始，以血腥的失败和撤退告终。美军撤离之后，索马里彻底沦为长期混乱的战场。在美国的大中东战争中，索马里只能算是相对较小的战场。除了当地的人不这样认为之外，确实如此。

要解释清楚这样一个贫穷的非洲国家如何成了更大冲突的一部分，需要对背景做一些简短的说明。索马里是一个大国，其领土面积和得克萨斯州差不多大，而其海岸线长度则是加州的两倍还多。该国资源比较贫乏，就连人口也是如此。该国人口完全由逊尼派穆斯林组成，数量比较少。在冷战期间，索马里由于其非洲之角的战略位置吸引了两个超级大国的注意，这引发了美苏之间对索马里的小规模争夺。西亚德·巴雷在1969年到1991年一直掌控着这个国家。对他来说，推动经济发展，促进索马里普通人的福祉并非他优先考虑的事情。那时只要独裁者想要拥有武器，美国和苏联就会轮流提供武器。但冷战结束后，美苏在此地的竞赛戛然而止。就在外界失去对索马里的兴趣之时，全副武装的教派民兵组织了起义，推翻了巴雷的统治。之后就是彼此火拼的开始，这个国家陷入极大的混乱状态。其脆弱的食品和医疗系统也就此彻底崩溃。成千上万的难民逃往邻国避难，其他人则面临着迫在眉睫的饥荒。[14]

布什总统指示五角大楼提供援助，尽管规模不是很大。这是对联合国安理会援助请求的回应。1992年8月15日，10架美国空军C-130运输机从肯尼亚的蒙巴萨起飞，运送紧急物资到索马里的首都摩加迪沙和其国内的其他机场。这次行动被称为"提供救济行动"，它是"提供安慰行动"的姊妹篇。在随后的几个月里，近2500个架次的飞行完成了2.8万吨的食品和其他救援物资的运送任务。[15]

然而，把食品运送过来并不意味着食品会被自动分发到需要的人手中。正在进行的内战使得保护和分发救援物资的挑战大大超出了联合国索马里维和部队的能力。随着局势的持续恶化，"提供救济行动"与救援要求之间的差距越来越大。要求加大救援力度的媒体压力也随之增加。《纽约时报》恳求道："不要放弃索马里。"[16]《基督教科学箴言报》则敦促说："尽快结束索马里的痛苦。"[17]令人心碎的有关营养不良儿童的视频片段出现在美国电视台的节目中。这些都在述说一件事：那里的人们正在大批死亡。美国陆军官方历史记录下了接下来发生的事：由于"无法向世界解释为何'仅存的超级大国'以及'世界新秩序'的领导者无法对抗饥荒，布什总统下令将美国军队部署到索马里"。[18]

12月5日，"提供救济行动"被更名为"重建希望行动"。这个改变标志着更大的雄心。在竞选连任失败后，布什希望能优雅地离开椭圆形办公室。所以他命令美国军队投身于纯粹的利他主义行为。在给全国人民的演讲中他解释说，索马里任务是为了"创造安全的环境"，这样一来，食品就可以途经陆路直接运输到农村的百姓手中，从而"阻止那里正在发生的饥荒"。[19] 这次任务隐含着的要求是在混乱中恢复秩序。但总统坚持认为，美国不会卷入索马里内部的政治事务，美军也不会在此地久停。白宫令人难以置信地承诺，在布什1993年1月20日离任时，美军的撤军行动也会同时完成。[20]

声称军事行动无关政治往往不能如愿。在任何情况下，对另一个国家的军事干预天然就是一种政治行为，肯定会带来政治后果，哪怕是无意的或者预料之外的后果。在这种情况下，把"重建希望"说成拯救失败国家中饥饿的非洲人掩盖了两个突出的事实。首先，尽管中央集权遭到了瓦解，但构成索马里社会基础的15个宗族仍然保持着相对的完整性。换句话说，猖獗的无政府状态是具有欺骗性的表象。军阀的忠诚自然赋予他们权力。其次，在西方人眼中索马里没有资格成为民族国家，但索马里本身是伊斯兰世界的一部分。外国军队的到来（其中没有几个穆斯林）肯定会引起信徒的警觉。

布什总统希望美国关怀的对象会热烈欢迎美军的到来，但并非所有人都能够赞同。一个冒失的记者，后来曾担任美国驻肯尼亚大使的史密斯·亨普斯通的一封电报（很快被泄露）引发了轩然大波。他警告说，如果美国决定"拥抱索马里这个大麻烦"，那么未来肯定十分棘手。他警告说："如果你过去喜欢贝鲁特，今天你将会喜欢摩加迪沙。索马里人是天生的游击队员，他们会在公路上埋设地雷；他们会四处伏击；他们会发动打了就跑的攻击。他们没有能力阻止车队的通行，但他们会不停地骚扰并造成人员的伤亡。"[21] 时间是最重要的问题。亨普斯通预测说:"军阀会暂时销声匿迹,他们会耐心等待直到我们退出。"当外国军队离开之时,就是军阀们卷土重来之日。[22]

这些预测相当准确,但不是布什想听到的。亨普斯通的分析与即将离任总统的愿望产生了冲突。布什希望表达美国(和他自己)的善意,显示美国的军事霸权。美军无法应付当地民兵完全是匪夷所思之事。所以武装干涉势在必行。

12月9日晚,美国海军陆战队的一个加强营在摩加迪沙登陆。之前已有几个突击小组先期到达此地。一场欢迎盛会正等待着他们。"一群记者"手持摄像机、聚光灯和闪光灯,急切地想要记录下这一历史性时刻。[23] 这个不太吉利的开端显示出这次军事行动缺乏某种严肃性。幸运的是,海军陆战队并没有遭遇抵抗。

源源不断的美军随后陆续抵达,其中包括来自加利福尼亚州彭德尔顿军营的海军陆战队第1师;以及来自纽约福特堡的美国陆军第10山地师。20多个国家派出了小型特遣部队。在部署完成的时候,联合国索马里维和部队(这是联军的正式名称)总共包含了3.8万名士兵,其中2.5万名来自美国。所有部队都要听命于美国中央司令部的指挥。[24]

战役首先从最有希望的环节入手。中央司令部施瓦茨科普夫的继任者海军约瑟夫·霍尔将军制定的计划中提出首先要完成对摩加迪沙的控制。在港口设施和国际机场重新开放后,霍尔将军的部队就开始呈扇形展开,力求确保农村的安全,以便救援组织能够履行他们的职责。随着索马里军阀的暂时退让,联合国索马里维和部队可以在比较宽松的环境中运作。1993年1月,一位美国高级官员报告说:"根本没有遭遇到有组织的抵抗。"[25] 地面环境很快得到了显著改善。为了避免无事生非,联军部队开始修路、挖井、重建学校,并为索马里儿童接种疫苗。[26]

当比尔·克林顿在总统办公室渐入佳境之时,索马里的局势似乎也尽在掌握之中。如果故事就此结束,此事与本书的关联将微乎其微。然而,成功似乎隐约可见之时,问题突然出现了。

在整个美国大中东战争中,这种现象不断出现。很多人将其归结为军事实力和政治敏锐性之间的差距。尽管使用武装力量会让事情有一个不错的开局,但对暗流涌动的政治动向的错误理解很容易让美国受到伏击(真正的伏击或隐喻的"伏击")。索马里的情形就是如此。

克林顿从前任那里继承的挑战是要兑现布什的承诺,在撤离索马里的同时维持"恢复希望行动"取得的一切成果。美国政府的应对之法反映了所有新当选政府都会面临的困境。克林顿团队面对的困境比其他政府的还要大。简单地说,克林顿计划要扩大任务的范围,同时把大部分成本转嫁给盟国。人道主义援助要为国家建设让路。这是克林顿派驻联合国的大使马德琳·奥尔布赖特描述的前景。她说:"这是一项前所未有的事业。我们的目标是恢复整个国家的正常运行,使其成为自豪的、运转良好的、充满活力的国际大家庭中的一员。"[27]

为了减少抛头露面的机会,华盛顿敦促联合国在这项雄心勃勃的计划中充当实际代理人。在实际操作层面中,这意味着:

以混合编制的联合国维和部队替代联合国索马里维和部队。但会保留一支美军战斗旅作为快速反应部队,以备不时之需。

任命土耳其陆军中将贝尔指挥代号为"联合国索马里行动"[28]的新组织。28名来自美国的副职负责指挥快速反应部队,同时向远在坦帕的霍尔将军汇报工作。

· 183

任命退休的美国海军上将乔纳森·豪为联合国特使和首席国家建设代表。他刚从白宫国家安全顾问副职上卸任。他与华盛顿的直接联系将继续保持。

这种安排的主要特色是分散的责任和含糊不清的目的。

1993年3月，一些名不副实的索马里派系代表签署了一份名为"亚的斯亚贝巴条约"的文件。这些派系中包括索马里民主联盟、索马里民主运动、索马里国家民主联盟、索马里救赎民主阵线，等等。据说这些人所代表的军阀认同这份协议的签署，但其实不然。这些军阀对索马里未来的看法与联合国的大不相同。其中一个军阀对此尤其不满。他就是自封为索马里国家联盟司令的穆罕默德·法拉赫·艾迪德。他领导了一个部落民兵组织。这个组织既不属于国家，所谓的联盟也子虚乌有。摩加迪沙聚集了150万难民。在这些人中艾迪德是一个特别强势的存在。这使得他有能力制造真正的麻烦。他现在准备下手了。

5月4日，联合国索马里维和部队将索马里的安保任务移交给了尚未准备妥当的联合国索马里行动。该任务又被称为"持续希望"。豪和贝尔以及少将托马斯·蒙哥马利（贝尔的美国副手和驻索马里美军司令），现在名义上对此次行动负责。

6月5日，在摩加迪沙市中心，艾迪德的索马里国家联盟袭击了一支巴基斯坦维和特遣队，造成24人死亡，多人受伤。巴基斯坦人撤退时，将阵亡者的尸体留在了战场，这些尸体后来被暴徒残忍地肢解了。对蒙哥马利将军来说，对方单边开火的意图显而易见："我们已处于战争状态了。"[29]

这也符合联合国安理会的观点。在美国的大力支持下，联合国立即请求增援，并下令使用"一切必要手段"惩罚肇事者。[30]

在摩加迪沙，为了落实安理会的意图，海军上将豪为抓获艾迪德悬赏了2.5万美元，并签发了对他的逮捕令。豪还和华盛顿死缠烂打，要求增派援军。

艾迪德不为所动。敌对行动一旦开始就迅速升级。进入初夏时，霍尔将军被迫承认，"我们完全失去了对摩加迪沙的控制"。[31] 用蒙哥马利将军的话来说，索马里首都现在变成了"印第安国度"。维和部队离开联合国索马里营地，进入城市，面对骚扰、示威、难以控制的暴徒和伏击，这是很大的冒险。位于废弃国际机场的营地也经常遭到炮击。[32] 与此同时，美国 AC-130 攻击直升机开始在摩加迪沙上空盘旋。他们会用 105 毫米和 40 毫米口径的机关炮向索马里国家联盟的武器库、车辆储存设施和无线电台进行疾风骤雨般的攻击。[33]

参加联合国索马里行动的那些国家签署的是维和协议，而不是去介入城市的平叛行动。索马里国家联盟在 6 月 17 日重创了一支摩洛哥部队并造成大量人员伤亡（遇难者包括一位营长）。联合国索马里行动迅速撤出了战斗。各国政府逐渐开始限制自己进入索马里的部队参加军事行动的范围。艾迪德以惊人的速度暴露出联军军事能力和政治凝聚力的不足。军阀现在占据了上风。

能够履行联合国决议并维持秩序的只剩下美国人自己。在霍尔的批准和华盛顿的默许下，蒙哥马利将军开始动用快速反应部队。这样，它就不再是联合国索马里行动的后备力量而是作为独立的打击手段。直接的后果是，对艾迪德的战争变成了美国的战争，而不再是联合国的战争。

蒙哥马利明白，只有1300多名士兵的快速反应部队，不足以彻底击败索马里国家联盟。然而，这位美国指挥官只能用他手握的一切完成赋予他的使命。要求增派坦克在内的重装部队的请求没有得到坦帕的支持。因此,蒙哥马利认为与其尝试击败反叛分子,不如通过铲除或逮捕艾迪德及其主要助手来瘫痪整个组织。[34]

我们这里要介绍的是美国在伊斯兰国家军事介入的另一个重要标志。在面对令人畏惧的政治复杂性时,美国人习惯了把问题个人化。蒙哥马利认为艾迪德是无可替代的。[35] 除掉他就能解决摩加迪沙的问题。当复仇对象变成奥萨马·本·拉登、萨达姆·侯赛因、阿布·穆萨布·扎卡维、 奥马尔·穆阿迈尔·卡扎菲或巴拉克·奥巴马认定的,需要定点清除的恐怖组织"领导人"时,这种假设会不断重现。经过测试,这种逻辑有两方面的缺陷。首先,很少有领导人是不可替代的。一个倒下,自有另一个出现:"墓地里埋的都是不可或缺的男人。"而实际上,简短的哀悼仪式之后,他们很快就被遗忘了。[36] 其次,确实有少数人拥有无法替代的能力。这些人被清除后,常常留下了空白。通过除掉首恶之人神奇般地解决老问题,而新问题又随之出现。

在摩加迪沙,没有太多机会开展斩首行动。也就是说美军试图抓获艾迪德的行动失手了。7月12日的行动暗示着未来会出大问题。那一天,快速反应部队第22步兵团第1营的士兵突袭了一幢被称为阿卜迪的建筑,那里被认为是索马里国家联盟的指挥所。首先,美国的攻击直升机使用导弹和机关炮削弱了目标区域的防卫。随后直升机运送地面部队搜索了整个区域。突袭行动最终空手而归。但行动却造成众多旁观者身亡,并有数十人受伤。[37] 在美军离开后,愤怒的民众聚集到了现场,向留在现场的4名西方记者发泄他们的不满。他们被殴打致死后,尸体又被示众,以儆效尤。[38]

阿卜迪事件实际上比10月3日发生的著名的"黑鹰坠落"交火事件意义更加重大。它标志着索马里行动真正的转折点。保持克制的倾向就此消失得无影无踪。从这一点来说,"持续希望"

称为"任性的武力"更为确切。然而,美军出众武力的释放恰恰落入了艾迪德的圈套。美军部队在报告中确实吹嘘过攻击直升机"打开了炫耀模式","20毫米口径机关炮"成了"人群杀手"。[39] 蒙哥马利的部队杀害妇女儿童的行为(艾迪德冷酷而又精明地将他们推到前线)更激起了人们的愤怒。美军实施的暴力不但未能遏阻敌人,反而激怒了对手。[40]

美国军队不仅造成了对手的人员伤亡,自己也有所伤亡。随着联合国索马里行动的实际退出,美国大兵就成了索马里国家联盟的首要目标。艾迪德的幕僚一针见血地说出了索马里国家联盟的想法:"没有联合国什么事,都是美国人干的。干掉美国人将直接引发美国内部的纷争。"[41] 的确如此:8月8日,一辆美军车辆触发了地雷,造成4名美国士兵被炸死。这是美国迄今为止最严重的伤亡事故。这引起了华盛顿的注意。克林顿政府的回应是加大力度,抓捕艾迪德。

1993年夏,美国人需要思考的问题实在太多。其中有一些戏剧性的事件,比如围困萨拉热窝,签署《奥斯陆协议》,承诺巴以冲突的结束等。对好色之徒来说,值得关注的事件包括第一夫人的密友、白宫顾问文斯·福斯特的离奇自杀等。而媒体对克林顿丑闻的兴趣(真实的或想象的)比对政府治理更加强烈。在这种环境下,对索马里日益恶化局势的关注只能时断时续。

即便如此,4名美军士兵牺牲后两天,奥尔布赖特国务卿还是反击了对政府所作所为及其原因的质疑。在《纽约时报》的专栏文章中,奥尔布赖特指出艾迪德是问题的关键所在。她把索马里"从一个失败国家提升为新兴民主国家"定义为不言而喻的解决方案。在这个时间点,与其说索马里对美国是一个威胁,不如说是一个机会。这是展示联合国能力的机会。从这个角度上讲,奥尔布赖特对迄今为止取得的成就表示满意。"重建民族政府的计划正在按部就班地推进",她坚持道,"传统索马里领导人和具有文职领导能力的人开始坚持己见"。唯一负责的前途是"坚持到底"。"只有绥靖政策的支持者"才会有不同的意见。[42]

这纯粹是一堆废话。其中缺乏引领索马里走向民主之路的最模糊的概念。尽管如此,克林顿政府还是放弃了绥靖路线,选择加强除掉艾迪德的各项准备。在即将退休的科林·鲍威尔将军的支持下,克林顿总统于8月22日下令组建由特种部队组成的小型部队,专门负责搜捕行动。该部队被命名为游骑兵特遣队,由威廉·加里森少将领衔。部队大约有440名士兵。他们从第75游骑兵团,超级神秘的三角洲部队,以及代号为160的特种作战部队选拔而来。政府下的押注是,增派的战斗力量会扭转失败的局面。它后来被称为索马里"增兵",并被录入了美国军事词典。

特遣部队的到来使本已复杂的指挥关系陷入了更大的混乱。贝尔将军负责指挥联合国索马里行动,但他不能指挥蒙哥马利将军手下的快速反应部队。与此类似,蒙哥马利将军负责指挥驻扎在索马里的所有美军,但不包括加里森将军的特遣队。在形式上,蒙哥马利和加里森将军都在霍尔将军的指挥下。霍尔将军的工作地点位于8000多英里之外的中央司令部总部所在地坦帕。然而,加里森也会受到韦恩·唐宁将军的影响。作为美国特种作战司令部的负责人,他与加里森将军的混合部队的各个部分有着上下级关系。[43]唐宁在坦帕的另一个总部工作。由于唐宁与霍尔同级,所以他不必接受中央司令部的辖制。总体来说,这种安排不利于无缝对接。

大家寄希望于蒙哥马利和加里森能找到好的合作方式。只有在风平浪静,没有大事发生时,在华盛顿的参众两院,或中央情报局和联邦调查局之间才会出现"合作"的迹象。而在压力之下，"合作"的安排往往会被打破。在战争期间，"合作"是灾难之源。这种情况下，最需要的是集中统一指挥，责权利要划分得绝对清晰。1993年的摩加迪沙，这样的明确性根本无迹可寻。

更糟糕的是，美国人低估了他们的对手。此次行动的一位早期记录者指责美军指挥官把索马里人视为"智力原始、文化浅薄、军事懦弱"的异类。[44] 尽管这种判断看起来过于苛刻，但它并不缺乏价值。美国人策划了名为"邪灵蛇行动"的消灭艾迪德的任务。他们认为技术优势可以转化成战场的胜势。这似乎是"沙漠风暴行动"带来的伟大经验。然而这里的条件，尤其是拥挤的城市环境却与伊拉克有着天壤之别。在这里，对机械化装备的依赖暴露了美军的弱点。这限制了他们的灵活性。相比之下，艾迪德则不受武器装备的限制，并展示出了令人印象深刻的学习和适应能力。就敏捷性而言，索马里人的优势明显。

8月28日，当游骑兵特遣队的成员在摩加迪沙国际机场的新住所安顿下来时，索马里国家联盟的例行迫击炮袭击打伤了4名新来者。加里森没有浪费时间，而是马上给予了回应。8月30日清晨时分，"邪灵蛇"展开了一场精心策划的突袭行动。行动中共抓获了9人。令人尴尬的是，这些人后来被证明都是联合国雇员。他们中没有一人是索马里国家联盟的特工。不祥的开端凸显出在缺乏及时准确情报的情况下采取行动的危险性。

在接下来的三周里，以第一次突袭为模板的行动又执行了5次。行动的模式通常是：在160特遣部队"小男孩"的掩护下，UH-60黑鹰直升机运送三角洲特种部队到达目标区域。到达后，从直升机绳降到地面的突击队员快速执行突袭任务。游骑兵则乘轮式车辆抵达目标区域。他们负责提供后援并安排突击队员和俘房的撤出及返回基地。美国特种作战司令部的解密史料显示,"这6次行动都取得了战术上成功"。[45] 然而这种判断的前提是成功的狭隘定义。美国军队到达目标地区并安全返回就算成功。[46] 在其他方面,其结果却令人失望。艾迪德的势力依然强大。在6次行动中,游骑兵特遣队只抓到了他的一名助手。[47] 即便如此,这支部队的"无敌光环"依然完好。另一位富有同情心的历史学家写道,加里森的命令"有些趾高气扬。往好了说这令人厌恶,往坏了讲这就是目空一切"。[48]

对联合国索马里行动部队的迫击炮攻击仍在继续。控发地雷(美国军队从未使用过的一种简易爆炸装置)也对美军构成了日益严重的威胁。与此同时,美军快速反应部队的直升机不断进行着例行的攻击和还击。在索马里行动的记录中,约翰·赫希和罗伯特·奥克利报告说,"在索马里南部人口密集地区,使用攻击直升机对目标进行打击"正变得司空见惯。"9月5日至15日发生的一系列意外事件造成数百名索马里人伤亡。"[49] 尽管联合国索马里行动部队的伤亡人数要少得多,但这种不对等并不意味着进步。联军部队并没有严肃部队的纪律。他们还在挥霍所剩不多的最后残余。形势落入了艾迪德的步调。

9月25日,一名索马里国家联盟的战斗人员用火箭筒击落了一架UH-60直升机。3名机组人员全部罹难。火箭筒的攻击范围有限,精度欠佳,通常被用于反坦克武器。它在防空方面的部署标志着令人不安的事态进展。

加里森不为所动。他下令10月3日白天进行决定性的第7次突袭。由于美国人已经报道了此次行动,艾迪德早已严阵以待。[50]

这次行动原计划持续半个小时。它开局不错,最终却持续了很长时间才告结束。在行动过程中,索马里国家联盟击落了两架游骑兵特遣队的 UH-60 直升机,并击伤了另外三架。激烈的交火使遇难和受伤机组人员的救援工作极难展开。乘直升机前来或乘装甲车前来救援的游骑兵也不断中弹倒下。

局势一片混乱,美军被包围。他们寡不敌众,被火力压制得几乎抬不起头。对手则是被他们蔑称为"傻瓜"或"皮包骨"的乌合之众。美军精锐匆忙组成了防御圈,并据此进行还击和坚守。TF 160 攻击直升机的机组人员佩戴了夜视装置,在夜间低空不断地扫射,以阻止美国士兵被对手蹂躏。即便如此,也没有掩盖局势逆转的事实。眨眼间,猎人反成了被猎杀的猎物。

为组织救援,蒙哥马利将军拼凑了一支由快速反应部队步兵组成的精干力量。他们将乘坐马来西亚提供的装甲运兵车,由几辆动作迟缓的巴基斯坦坦克护送着前去救援。行动的组织和执行非常耗时耗力。此时,游骑兵特遣部队在敌人的无情打击下已是伤亡惨重。第二天早上,当战斗停止时,共有 18 名美军士兵阵亡,另有 80 人受伤。索马里人从直升机残骸中拖出了一名受伤的美军飞行员。他是一级准尉,名叫迈克尔·杜兰特。暴徒们正在骄傲地展示着自己的战利品。索马里人的损失众说纷纭,但肯定不会少于数百人。[51]

美国国内的反应就像是编排好的脚本:震惊、愤怒与问责的要求激烈地交织在了一起。浑身是血,茫然不知所措的杜兰特上了《时代周刊》的封面。他们在考问一个迟来的问题:"我们到底在做什么?"《新闻周刊》适时地把摩加迪沙发生的一切说成"与沙漠一号或贝鲁特海军陆战队兵营被炸同一级别的军事灾难"。[52]这个报道宣称,华盛顿"疯狂寻找替罪羊"的行动已在进行中。前美国大使史密斯·亨普斯通加入了讨论。他在《华尔街日报》上发表了一篇文章,提醒说,"我早就告诉过你们"。[53]《纽

约时报》的编辑委员会改变了之前"不要放弃索马里"的观点，提出"是时候退出了"。⁵⁴

来自亚利桑那州的共和党参议员约翰·麦凯恩此时已是军事事务的权威了。他对此非常愤怒。他抱怨说，美国士兵"是在与美国国家安全利益没有关系的冲突中丧生的"。"美国军队回家的时候到了。"麦凯恩借用了罗纳德·里根对贝鲁特爆炸事件的反应作为解决问题的模板。"里根坦然承认失败使得美国军人不必再做无谓的牺牲。坦率地说，从黎巴嫩撤军需要比现任政府升级索马里行动更需要勇气。"⁵⁵

然而，放弃的呼吁只获得了有限的支持。这和贝鲁特爆炸事件发生后的情况一模一样。更不必说"斯塔克"号事件和伊朗航空655次航班被击落事件后展开的调查回避了对基本政策的拷问。《时代周刊》切中要害的问题并没有得到解答。相反，国会调查人员和新闻媒体开始将注意力转向在10月3日的行动失败后应该采取什么措施快速营救游骑兵特遣队。首选答案是：更强大的火力（艾布拉姆斯坦克和AC-130攻击直升机）。⁵⁶

批评人士开始抨击克林顿总统。他在越战期间逃避兵役的那段历史使他在这类问题上极易成为攻击对象。这次则是因为他的政府未能满足前线指挥官提出的所有要求。⁵⁷鲍威尔和霍尔等上将对那些请求的反对未能阻止这样的指责。加里森后来承认，"如果在10月3日和4日晚上能在摩加迪沙南部再增加一点兵力，我相信它会被击沉"。⁵⁸

克林顿自我保护的本能使他迅速采取应对措施，做了自己应该做的事，麻烦就此消失了。他迅速派遣了大量的增援部队（包括艾布拉姆斯坦克和AC-130攻击直升机）前往索马里。他还同时呼吁暂停对艾迪德的追捕。这也为迈克尔·杜兰特的解脱提供了条件。麦凯恩参议员已经习惯了打了就跑的战术。他这次提出了一项妥协方案,将1994年3月31日设定为完成撤军的确切日期。国会通过了这个方案。在接下来的一段时间,军队无须制造麻烦,只要维持现状,保持低调,并按照计划完成撤兵秀即可。就像里根总统10年前在贝鲁特所做的那样。

最为重要的是,为了平息批评,克林顿解雇了国防部长莱斯·阿斯平。与其他相关负责人相比(不论文职还是军事官员),阿斯平与发生在摩加迪沙的错误没有太多关联。[59]但把他作为牺牲品完全没有问题。阿斯平被打上了替罪羊的标签,而不是其他高级军官,因为此举不需要付出任何政治代价。

争议终于平息下来。几乎与此同步,将摩加迪沙的交火从小规模的惨败事件粉饰为荷马史诗般的战斗开始了。多亏了一本畅销书和据此改编的热门电影,原本已为大众熟知的"索马里战役,1992—1994"被简化成了"黑鹰坠落"。精心选取的视角将1993年10月3日至4日发生的乱战捧上了神坛。行动中展现了美国士兵的勇气和英雄气概,而对历史的真实背景不闻不问。摩加迪沙事件成了一枝独秀。这就像阿拉莫防御战或库斯特最后的据点战斗。

随后出现了奇怪的现象:就像1968年的"新年攻势"(它在2003年到2011年的第三次海湾战争时再次上演),神学家总能把不言而喻的失败重新涂抹成了未被承认或被低估的胜利。你要做的只是在适当的光线下观察。加里森将军认为"这次任务是成功的"。因此,他在事件发生后不久就写信给美军的三军总司令表达自己的观点。[60]记者马克·鲍登在对这场战斗的描述中也得出了类似的结论:"在执行这项复杂困难和危险的任务中,尽管经历了严重的挫折和损失,但即便在压倒性的劣势之下,任务还是胜利完成了。"⁶¹ "这实际上暗示了在摩加迪沙发生的一切值得美国人引以为傲。"

鲍登的声明让我们想起越战结束时北越上校对美国军官的反驳。美国军官说:"你应该知道,你们从未在战斗中击败过我们。"美国人对战争最后的结果一无所知吗?北越上校回答说:"确实如此,但这和我们讨论的事又有什么关系呢?"⁶² 事实证明,美军在摩加迪沙战斗中表现出的值得尊敬的勇气(其中 2 名士兵——加里·戈登和陆军上士兰迪·舒格特——后来被授予荣誉勋章)与当时要解决的问题并不相干。艾迪德已经占据了上风。

政治和军事领导人发现消除事发前几个月的记录并非难事。对公众来说更是如此。美国人曾经把新奥尔良战役(这是一次令人印象深刻的丰功伟绩)作为忘记 1812 年战争的理由(这是一次不明智的、管理不善的冒险)。类似的事情在这里又发生了。游骑兵特遣队所承受的痛苦让"持续希望行动"黯然失色,并把它所具有的重要意义消耗殆尽。美国人甚至忘记了最惨痛的教训。他们不应该在敌人占领的大城市与装备精良,士气高昂的非正规军作战。

掩耳盗铃产生的后果不容小觑。事实上,以摩加迪沙交火为高潮的索马里行动对美国进行中的(但仍未公开承认的)大中东战争有着深远的影响。这也是奥萨马·本·拉登的观点。基地组织领导人后来声称他的特工曾帮助训练了艾迪德的军队。索马里行动暴露了美国军队的"软弱、脆弱和懦弱"的不足。"这次行动是对华盛顿的警告,不要再安排美国军队参加荒谬可笑的联合国人道主义救援计划。"对本·拉登来说,那里发生的一切证明"美军不过是纸老虎"。在他看来,美国在伊斯兰世界的军事失败值得庆祝。这表明美国是可以战胜的。⁶³

我们倾向于更微妙的解释，美军的失败在一定程度上是由于没有得到必要的资金来完成它的工作。尽管取得额外资源并非难事，但在1993年，美军的机构编制一般都不是满员的。白宫、五角大楼和中央司令部的当权者拒绝了增援的请求。他们决定在相对拮据的情况下对艾迪德采取军事打击。政治意愿和军事的严重误判未来还会在大中东地区的军事行动中反复出现。"9·11事件"之后更是如此。到那时，美国承诺的目标远比摧毁索马里国家联盟要高大得多。他们一次又一次地选择武力将美国的意志强加于人。他们发起了战争（或者换成另外一些人的说法，提升和解放），却无法正确估计所需的人力、物力、财力和政治资本。

更重要的是，索马里行动暴露出美军将领普遍存在的严重的能力缺陷。这些缺陷远远超出了其他过失的影响，例如缺乏足够的情报、复杂的指挥关系，以及对基本作战安全的漠视。

对高级指挥官来说，准确评估身处的政治环境和评估敌人的能力与意图一样重要。与战争本身一样，战时命令的行使本来就是一种内在的政治行为。政治敏锐性是岗位职责中不成文的一部分。

指挥官只能用有限的资源来进行战争。这些资源包括金钱、生命、时间和后方的支持。他们的挑战在于不耗尽这些有限资源的情况下完成工作。尽管蒙哥马利和加里森做出过许多战术上的误断。但更为重要的是，他们未能识别出行动中最大的缺点不是艾迪德带来的威胁，而是政治支持突然崩溃的可能性。

可以和尤利西斯·格兰特比较一下。例外证明了规则的有效性。1864年3月，在格兰特负责指挥联邦军队时，林肯总统赋予他美国财政的无限提款权。他可以享受美国工业的一切成果。最重要的还有在兵役适龄人口上的使用特权。因林肯11月的再次当选（很大程度上要归功于士兵的投票），格兰特得到了进一步的授权：充裕的时间。格兰特本能地把握住了机会。只花了一年整的时间，他的深思熟虑不仅粉碎了叛军，也通过战役的展开击败了邦联本身。双方都付出了惊人的代价。然而，即便到了今天也很少有人质疑这种付出。人们只会记得，格兰特是美国历史上一位伟大的统帅。

在美国历史上，其他指挥官都没有享有过这样的自由，即便是第二次世界大战中负责指挥的将军们也未尝有过。而蒙哥马利和加里森要面对的情况恰恰与格兰特的相反。林肯让他的总指挥可以自由支配一切，但是负责指挥索马里行动的美国指挥官，需要在有限的预算内取得成功。然而，在需要精打细算的情况下，蒙哥马利和加里森却不计后果地挥霍着有限的资源。最终他们发现自己花的钱比主人（总统、国会和美国人民）愿意承担的要多得多。美国高级军事领导人从未被要求回答这样的问题，要让索马里恢复秩序需要付出多大代价才是"值得的"。10月3日至4日的交火事件揭晓了答案：不值得。

如果说将领的能力是指可以对敌人造成的影响，那么蒙哥马利、加里森，以及他们在坦帕的上级要么忽视了，要么证明了自己无法理解战争的政治层面。我们将会看到，他们绝不是最后一批经历类似失败的高级军官。在整个大中东战争中，这一直都是美国将领的通病。随着时间的推移，出现了一个例外，他的名字叫戴维·彼得雷乌斯。

注 释

1.安·德维罗和莫莉·摩尔：《赢得战争，为和平奋斗》，《华盛顿邮报》（1991年4月14日）。

2.总的来说，在1991年4月初至7月中旬，为"提供安慰行动"提供支援的空军运输部门运送了7000多吨物资。丹尼尔·哈勒曼：《伊拉克危机："提供安慰行动"》，蒂莫西·沃诺克编：《短暂的战争：美国空军重要的应急行动》（蒙哥马利，2000年），181-182页。陆军和海军陆战队直升机供应了其他的物资。罗纳德·布朗：《1991年在伊拉克北部的人道主义行动》（华盛顿特区，1995年），26-30页。这本专著是美国海军陆战队"提供安慰行动"的官方历史。

3."提供安慰2.0行动"，globalsecurity.org/military/ops/provide_comfort_2.htm，访问于2015年1月12日。

4.在1996年，禁飞与禁行区扩大到了北纬33°，不包括巴格达。

5.威廉·艾伦：《伊拉克的南部危机》，《短暂的战争》，189-195页。

6.威廉·艾伦：《伊拉克的南部危机》，《短暂的战争》195页。

7.关于以色列"当前安全"概念的更多内容，参见艾略特·科恩、迈克尔·艾森施塔特和安德鲁·巴塞维奇：《刀、坦克和导弹》（华盛顿特区，1998年），71-73页。

8.弗兰克·鲍亚克：《美国飞机检查袭击造成的损失》，《犹他新闻》（1993年1月14日）。

9.有关这些遭遇的详细描述，参见保罗·怀特：《风暴之后的危机》（华盛顿特区，1999年），15-28页。

10.安德鲁·巴塞维奇：《美利坚帝国》（剑桥，2002年），152页。

11.详情请参阅《"提供安慰行动"：美国空军关于黑鹰被友军击

落事件的调查》,由美国审计总署编写并于 1997 年 11 月发表的报告,gao.gov/archive/1998/os98004.pdf,访问于 2015 年 1 月 14 日。

12.《"9·11 事件"委员会报告》(华盛顿特区,2004 年),60 页;"基地组织现在成为 1996 年军营爆炸案的嫌疑人",《纽约时报》(2003 年 5 月 14 日);佩里:《爆炸案发生后美国视之为伊朗发动的袭击》(2007 年 6 月 6 日),upi.com/Business_News/Security-industry/2007/06/06/Perry-US-eyed-Iran-attack-after-bombing/UPI-70451181161509/,访问于 2015 年 1 月 12 日。这个美国合众国际新闻社的急件引用了时任美国国防部长威廉·佩里的说法,"胡拜尔大楼爆炸案可能是由奥萨马·本·拉登组织策划的"。基地组织显然与早先发生在 1995 年 11 月 13 日的利雅得爆炸案有关。那次爆炸案造成 5 名负责训练沙特国民警卫队的美军死亡。

13.1993 年 6 月的打击行动是刚刚宣誓就职的克林顿总统发起的第一次军事行动。它是为了报复在布什总统访问科威特期间,伊拉克针对他的未遂刺杀阴谋。1998 年 12 月的"沙漠之狐行动"是对萨达姆拒绝与联合国武器核查小组合作的惩罚。

14.约翰·赫希和罗伯特·奥克利:《索马里和"重建希望行动"》(华盛顿特区,1995 年),3—24 页。

15.同上,25 页。

16.《不要放弃索马里》,《纽约时报》(1992 年 11 月 4 日)。

17.《终结索马里的痛苦》,《基督教科学箴言报》(1992 年 11 月 30 日)。

18.理查德·斯图尔特:《美国驻索马里部队,1992—1994》(华盛顿特区,2002 年),9 页。

19.乔治·布什:《关于索马里局势的全国讲话》(1992 年 12 月 4 日)。

20.约翰·赫希和罗伯特·奥克利:《索马里和"重建希望行动"》(华盛顿特区,1995 年),46 页。

21.《拥抱索马里大麻烦之前请三思》,《美国新闻与世界报道》(1992 年 12 月 14 日),转载了《亨普斯通电报》的摘录。

22.迈克尔·戈登：《特使坚持干预索马里有风险而且并不符合美国利益》，《纽约时报》（1992年12月6日）。

23.迈克尔·戈登:《美军登陆上了电视让美国大吃一惊》,《纽约时报》（1992年12月10日）。

24.约翰·赫希和罗伯特·奥克利：《索马里和"重建希望行动"》（华盛顿特区，1995年），63-64页。UNITAF是联合特遣部队的缩写。

25.引用来自海军少将迈克·克莱默在参议院委员会的证词。他是参谋长联席会议的情报官。美国参议院，武装部队委员会，参谋长联席会议关于索马里、伊拉克和南斯拉夫当前军事行动的简报（1993年1月29日）。

26.约翰·赫希和罗伯特·奥克利：《索马里和"重建希望行动"》（华盛顿特区，1995年），69-70页。

27.朱莉娅·普雷斯顿:《联合国成立索马里部队；除了9000名美军外，其他部队在5月全部撤离》，《华盛顿邮报》（1993年3月26日）。

28.作为联合国索马里行动的一部分，约有4000名美军驻扎在索马里。

29.采访：《托马斯·蒙哥马利将军》，《前线》，pbs.org/wgbh/pages/frontline/shows/ambush/interviews/montgomery.html，访问于2015年1月18日。

30.联合国安理会第837号决议（1993年6月6日）。

31.《1993年10月3日至4日在索马里摩加迪沙的游骑兵突袭事件的环境回顾》（1995年9月29日），19页。本文件提供了美国参议院对索马里干预的调查结果。本报告通常也被称为《华纳-莱文报告》，其主要作者是约翰·华纳和卡尔·莱文参议员。

32.采访：《托马斯·蒙哥马利将军》，《前线》，pbs.org/wgbh/pages/frontline/gulf/oral/boomer/1.html。

33.理查德·斯图尔特：《美国驻索马里部队，1992—1994》（华盛顿特区，2002年），9页。

34.采访：《托马斯·蒙哥马利将军》，《前线》，pbs.org/wgbh/

pages/frontline/gulf/oral/boomer/1.html。

35.《华纳－莱文报告》，23 页。

36. 普遍认为是夏尔·戴高乐的讽刺言论，其实可能起源更早。

37. 遇难索马里人的确切数字是一个颇有争议的问题，各种说法从 7 人到 70 人不等。陆军少校约翰·埃文斯：《非洲之角的 TF 1-22 步兵团》（2000 年），1-22infantry.org/history/somaliapagefour.htm，访问于 2015 年 1 月 19 日。

38. 约翰·赫希和罗伯特·奥克利：《索马里和"重建希望行动"》（华盛顿特区，1995 年），121 页。

39. 特遣队乌鸦：《"持续希望行动"，1993 年 8 月 27 日至 1994 年 1 月 9 日，经验教训》（1994 年 8 月 20 日）。这份报告收藏于美军陆军军史中心。

40. 总的来说，"持续希望行动"期间，美军在索马里消灭了大约 6000 至 1 万人。埃里克·施密特：《索马里战争伤亡人数可能达到 1 万人》，《纽约时报》（1993 年 12 月 8 日）。

41. 约翰·赫希和罗伯特·奥克利：《索马里和"重建希望行动"》（华盛顿特区，1995 年），121 页。

42. 马德琳·奥尔布赖特：《是的，有理由留在索马里》，《纽约时报》（1993 年 8 月 10 日）。

43. "加里森和我大多数时候，每天会有一两次谈话"，唐宁后来回忆说。谈话包括指导。"我不断地告诫加里森将军不要做疯狂的事情……耐心，小心，最终你会找到艾迪德的破绽。"《华纳－莱文报告》，39 页。

44. 乔纳森·史蒂文森：《失去摩加迪沙》（安纳波利斯，1995 年），115 页。

45. 美国特种作战司令部：《索马里游骑兵特遣队行动，1993 年 10 月 3 日至 4 日》（1994 年 6 月 1 日）。这些被编辑的大量文件最初被划分为保密文件不可向国外透露。

46. 根据这个标准，1970 年为营救关押在北越的美军战俘而采取的山西战俘营突袭行动也可以称得上成功。行动空手而归但那些行动参与者撤离时都没有发生事故。

47. 他叫奥斯曼·阿托，是被称为"艾迪德钱包"的唯利是图的商人。马克·鲍登：《黑鹰坠落》（纽约，1999年），27页。

48. 罗伯特·鲍曼：《我的部落对抗世界：美军和联军在索马里1992—1994》（莱文沃思堡，2003年），144页。

49. 约翰·赫希和罗伯特·奥克利：《索马里和"重建希望行动"》（华盛顿特区，1995年），125页。

50. 指挥快速反应部队航空力量的劳伦斯·卡斯帕上校随后写道："不断重复的一致性，'让心高气傲的游骑兵特遣队'向对他们有兴趣的那些人透露了他们的行动模式。"《猎鹰旅》（博尔德，2001年），37页。

51. 马克·鲍登的《黑鹰坠落》（纽约，1999年）提供了一整本书的实时记录。事件的加里森版本可参见他在参议院军事委员会的证词:《美军在索马里的军事行动》（1994年5月12日），2—14页。

52. 迈克尔·埃利奥特和约翰·巴里：《制造惨败》，《新闻周刊》（1993年10月18日）。

53. 史密斯·亨普斯通：《在索马里，被我忽视的警告成真了》，《华尔街日报》（1993年10月11日）。

54. 《索马里：该滚蛋了》，《纽约时报》（1993年10月8日）。

55. 约翰·麦凯恩：《麦凯恩对于索马里报告的评论》（1993年10月4日），mccain.senate.gov/public/index.cfm/speeches?ID=59361aed-af91-43fd-af0c-f996319d4c67，访问于2015年1月20日。

56. 中央司令部撤回了那年夏天早些时候提供的攻击直升机。

57. 大卫·哈克沃思：《犯同样愚蠢的错误》，《新闻周刊》（1993年10月18日）。

58. 詹姆斯·梅奥尔：《新干预主义，1991—1994》（剑桥，1996年），17页。

59. 举一个例子，霍尔将军（取得了唐宁将军的同意）拒绝了把AC-130加入特遣部队游骑兵"武器库"的请求。加里森并不认为没有AC-130会成为一个问题。9月，霍尔还告诉蒙哥马利他也没有同意对坦克的申请。对他来说,加里森后来告诉国会调查人员,"如果我有坦克,我不知道是否会用到它们。我从来没有想过应急计划",其中包括装甲车的使用。《华纳－莱文报告》,28-30 页,32-33 页。

60. 比尔·克林顿:《我的人生》(纽约,2004 年),553 页。加里森把俘虏艾迪德的两个关键助手以及 25 个小角色定义为成功。

61. 马克·鲍登:《黑鹰坠落》(纽约,1999 年),333 页。

62. 哈里·萨默斯:《战略:越南战争的批判性分析》(纽约,1984 年),21 页。

63. 彼得·伯根:《"圣战者"》(纽约,2002 年),22 页;《"9·11 事件"委员会报告》,(华盛顿特区,2004 年,60 页;小汤姆·泽勒:《回到索马里,他们和基地组织的连接更加清晰了》,《纽约时报》(2007 年 1 月 9 日)。

9. 迷失巴尔干

同墨西哥是拉丁美洲在北美的一部分一样，巴尔干半岛是欧洲范围内的伊斯兰世界的一部分。按照当今流行的说法，这种文化的融合本质上有很多好处。它孕育了多元主义，从而丰富了人们的日常生活。然而，文化交流也会引发摩擦，无论是自发产生的还是由煽动者或破坏者挑唆引起的。

直到20世纪中叶，美国和墨西哥的边境整齐地（虽然并不完美）分割了伊比利亚美洲。它几乎完全分割了天主教徒和美国大部分公民（包括所有美国精英阶层）都认同的盎格鲁新教区域。在巴尔干半岛，几个世纪以来，伊斯兰教和基督教世界之间的冲突早已打破了那些分割的边界，留下了不如意的少数民族、不稳定的地区，以及令人沮丧的野心。

对一些美国人来说，即使在今天，打破曾经将美国从拉丁美洲隔离开来的壁垒依然是怨恨的根源。

对愤世嫉俗的政客来说，一旦时机成熟，他们仍然希望壁垒能够得以恢复。冷战结束后的巴尔干半岛，类似的怨恨以及更加明显的犬儒主义也产生了分离独立的要求。这导致了共计 4 次真枪实弹的战争。其中有两次战争美国进行了武装干涉，一次是发生在 1995 年的波斯尼亚战争，另一次是 4 年后的科索沃战争。

在这两起战事中，被困穆斯林的困境为美国的军事行动提供了借口。在美国大中东战争中，波斯尼亚和科索沃战争只被视为"小插曲"。虽然它们很快就被更重大的事件所取代，但它们并非微不足道。自 1980 年以来，美国在伊斯兰世界采取的所有军事行动中，似乎只有这两次最接近真正的成功。然而，表象总是具有欺骗性，至少这并不是故事的全部。

故事要从 1914 年讲起。塞尔维亚的恐怖分子在萨拉热窝刺杀了奥地利大公，从而引发了世界范围的军事冲突。欧洲的全球领先地位就此宣告终结。在第一次世界大战之后，获胜的一方在策划巴尔干政治新秩序的过程中化简为繁，把事情复杂化了。其满不在乎的表现和重新制定中东版图时如出一辙。结果就导致了南斯拉夫的出现。它是波斯尼亚人、克罗地亚人、黑山人、塞尔维亚人、斯洛文尼亚人，以及其他民族的混合体。这个国家注定会引发政治偏头痛。就其规模而言，它和伊拉克和巴勒斯坦等盟军创造出来的国家类似。[1]

这个拼凑出来的国家延续了 70 年。冷战结束后，这种安排就分崩离析了。那些以前被称为南斯拉夫人的民众，放弃了多文化的社会主义。他们开始转而接受各种形式的宗教融合和民族融合的民族主义。

1991 年 6 月，斯洛文尼亚和克罗地亚成为首批分离出去的部分。斯洛文尼亚在经历了短暂的"十天战争"后赢得了独立。而且这次分裂相对来说没有太大的痛苦。对克罗地亚来说，情况要相对更困难些。这是因为在少数民族中比例较大的塞尔维亚人，在塞尔维亚人占统治地位的南斯拉夫军队的支持下，奋起反抗。激烈的战斗导致数千人死亡。更多克罗地亚人和塞尔维亚人则流离失所。1992 年 1 月，敌对行动暂时告一段落，而克罗地亚也终于宣布独立。但其大片领土还在自称为塞尔维亚克拉伊纳共和国的控制之下。在联合国的支持下，已经对南斯拉夫实施了武器禁运的欧洲派遣维和部队抵达此地，以维持岌岌可危的停火。

2 月底，波斯尼亚投票决定脱离南斯拉夫联邦。波斯尼亚和黑塞哥维那的塞尔维亚族裔抵制了此次公投，并建立起属于自己的塞族共和国，与塞尔维亚站在了同一战线。此后不久，1992 年 4 月，第三次巴尔干战争爆发。塞尔维亚人和克罗地亚人打算分割以穆斯林为主的波黑。塞尔维亚军队包围了波斯尼亚首都萨拉热窝。在西方人的眼中，这座城市是世俗多元主义的象征。但现在它却变成了但丁地狱里的一幕。据战地记者约翰·伯恩斯报道：

> 对 40 万萨拉热窝人来说，包围意味着每天每时每刻都有暴毙的危险。樱桃园里游戏的孩子们被坦克发射的炮弹炸得血肉横飞。年轻的母亲被塞尔维亚的狙击手击中，身受重伤摔倒在人行道上，婴儿从她的臂弯里飞出，腿部受了重伤，医生不得不给她做了截肢处理。在公园里，参加葬礼的哀悼者陷入了恐慌，因为塞尔维亚军队竟然动用防空炮和迫击炮向他们开火。有些人倒下再也没有起来。狙击手的准星是如此精确，以至于外科医生通过创口就能识别出持枪人的"个人签名"。他们有的追求枪枪爆头，其他人则只瞄准心脏。[2]

对波斯尼亚首都的分割包围仅仅是更大战役的一部分。其目的是将穆斯林从那些将要并入大塞尔维亚的地区驱逐出去。[3]而派遣到这一地区的联合国维和部队则完全无法胜任维和任务。

美国尽一切可能避免介入其中。乔治·布什政府还有更重要的事要完成。冷战结束后，南斯拉夫再也没有引起华盛顿的重视。巴尔干半岛属于欧洲问题。国务卿詹姆斯·贝克简明扼要地说："我们没有必要介入这场战争。"[4]

有三个原因改变了美国袖手旁观的做法。第一个是华盛顿赖以应付局面的那些人的无能。欧洲领导人担负了结束暴力的重任，但事实证明他们的执行能力堪忧。对欧洲人犹豫不决的视而不见，将成为谋杀者的帮凶。

第二个因素来源于南斯拉夫崩溃的道德框架。尤其是在西方精英中，萨拉热窝和波斯尼亚的命运勾起了普遍的惨痛记忆。它让人想起1936年至1939年的马德里围困。在波斯尼亚，最伟大的时代道德戏剧又重新粉墨登场。正如一位作家所言，这是"原始与现代"间的较量。这会为未能从法西斯手中拯救西班牙共和国的西方政府提供一次纠偏改过的机会。[5]从这个角度看，布什政府对萨拉热窝持久痛苦的漠不关心，似乎就不合情理了。

最后，也是最重要的，是总统大选之年的美国国内政治考虑。为了将在外交上最强势的现任总统拉下马，比尔·克林顿需要把自己塑造成一个意志坚定、高瞻远瞩的人。1992年，布什总统在波斯尼亚问题上的消极被动态度，给了他年轻气盛的挑战者一直想要的机会。克林顿的竞选团队指责布什在巴尔干未能展示出"真正的领导力"。令人厌恶的塞尔维亚总统斯洛博丹·米洛舍维奇和他的手下是一帮高级恶棍。而解决方案显而易见：用"经济封锁"扼杀"斯洛博丹·米洛舍维奇的分离势力"，同时"对攻击波斯尼亚救援行动的人进行空中打击"。[6]这位候选人坦白地说："我将从空军打击塞尔维亚人开始恢复人道主义的基本条件。"[7]

然而，当克林顿赢得大选之后，沉默取代了好战的叫嚣。新总统的助手只是摆摆姿态。马德琳·奥尔布赖特模仿了约翰·肯尼迪访问柏林的方式，来到了波斯尼亚首都。她用波斯尼亚语宣布"我是萨拉耶芙卡"，并向听众保证说："美国的未来和你们的未来是不可分割的整体。"[8]尽管克林顿非常善于巧言令色，但他并未像前任一样热切地投身于巴尔干半岛的泥潭之中。他担任总统仅仅8个月的时间，索马里任务就崩溃了。这让他更加犹豫不决。

随之而来的是漫不经心的干预。克林顿的支持者把他的这种方式称为"果断的多边主义"。然而，实际上这个词组中的名词比形容词更重要。果断的多边主义强调共识多于行动，过程重于结果。果断（某种程度上）在所有其他选择耗尽之后才会出现。

克林顿不愿采取单边行动，但也无法说服盟友采取更有力的集体行动。他发现自己陷入了进退两难的困境。5月初，欧洲领导人拒绝了他提出的"解禁和打击"提议（解除武器禁运，并利用北约的空中力量保护波斯尼亚人）。这一令人难堪的外交挫折实际上使美国政府的巴尔干政策处于迷失状态。"考虑到你的公众形象"，国务卿沃伦·克里斯托弗温和地斥责他的领导，"你不能随心所欲地遵循布什的策略什么都不做"。[9]为了掩饰内部的不团结和混乱，美国及其欧洲盟友制定了过渡方案。这就是"空中禁飞行动"。就在一个月前，这个行动打开了美国在巴尔干半岛数十年军事行动的大门。

"空中禁飞行动"是低风险的禁飞区行动的另一次实践。它将为波斯尼亚的穆斯林提供保护，使其免受塞族掠夺的威胁。它给人以严肃军事行动的表象。

根据联合国安理会的决议，北约 12 个国家的飞机参与执行了"空中禁飞行动"。从意大利的基地或亚得里亚海的航空母舰上起降的美国空军无疑做出了最大的贡献。

和伊拉克禁飞区一样，"空中禁飞行动"需要执行大量的空中巡逻任务。从 1993 年 4 月到 1995 年 12 月，北约空军总共飞行了超过 10.9 万个架次。在禁止塞尔维亚固定翼飞机进入波斯尼亚领空方面，行动取得了显著的成功。弱小的塞尔维亚空军很少挑战北约。如果它这么做就必须付出代价。举例来说，1994 年 2 月 28 日，两对美国空军 F-16 战斗机在禁飞区内遭遇 6 架塞尔维亚的小型亚音速轰炸机。他们在自身毫发无伤的情况下击落了其中的 4 架。[10] 1995 年 6 月，波斯尼亚的塞尔维亚人勉强拉平了比分。他们使用地空导弹（防空导弹）击落了由空军上尉斯科特·奥格雷迪驾驶的一架 F-16 战斗机。在成功弹射脱险后，奥格雷迪又躲避了 6 天的地面追捕，直到被美国海军陆战队营救。

在空军中队的出发准备室，此次胜利提供了欢庆的理由。在美国国内，奥格雷迪的壮举让他立刻成了名人，图书合同和电影再创作的邀请接踵而至。[11] 然而，这类事件就相当于军事市井新闻。它可以用来消遣，但内容实际上却很单薄。重要的行动不在天空而在地面。在那里，无情的暴力仍在继续。尽管波斯尼亚人（克罗地亚人）并非完全无辜，但装备更好的塞尔维亚人显然是更加恶毒的罪犯。当北约飞机在天空巡逻时，塞尔维亚人的标志性战争行为没有受到任何干扰。他们经常随意炮轰人口稠密地区，将俘虏关进肮脏的集中营，并将强奸作为武器。[12]

尽管拥有空袭保护维和人员的授权（在某些指定的"安全区域"，这项保护措施后来甚至扩展到了波斯尼亚人），但北约很少使用它。1993年6月至1995年8月,参与"空中禁飞行动"的飞机总共只投放了10次炸弹。美国及其欧洲盟友希望能有更严厉的军事行动,此类威胁就能促使塞尔维亚人做出让步,同意通过谈判达成协议。然而,就其影响而言,"空中禁飞行动"最多只能算是刺激因素。它并未阻止塞尔维亚人威胁联合国维和部队,也没有改变波斯尼亚人炼狱般的境遇。北约的空中行动成了军事自慰。炫耀自身强大的武力,反而暴露出西方国家的无能。[13]

问题有两面性。一方面,批准空袭的程序相当烦琐。在"双密钥"系统下,飞机进行正式攻击前必须取得联合国和北约的同意。为了维护好自己爱好和平的名声,联合国几乎从未做出过同意的表示。另一方面,塞尔维亚威胁要把维和人员作为人质。由于维和部队面临着危险,这打击了北约成员国的空袭热情。而美国本身不在威胁之列。因此,尽管美国军官在北约指挥系统中占据了大部分关键职位,但他们实际可以行使的权力却非常有限。[14]

随着战争的进行,死亡人数还在不断上升,而对美国政策的批评也在持续加剧。可以肯定的是,并非每个人都希望美国更加深入地融入巴尔干问题之中。参议员约翰·麦凯恩就坚持认为,这是一个没有军事解决方案的问题。"波斯尼亚发生的是一场悲剧",他在参议院的一次演讲中说,"这种内部冲突,无法用空中打击或地面部队给予解决"。[15]

随着时间的推移,麦凯恩的观点成了少数派。越来越活跃的、非正式的波斯尼亚穆斯林游说团体拒绝接受克林顿拙劣的借口。早在1993年7月,《华盛顿邮报》就嘲笑美国政府对波斯尼亚的政策是"心胸狭窄,令人尴尬的辩护"。[16]就在同一个月,经过充分酝酿的团结行动中，美国知识界资格最老的女旗手苏珊·桑塔格来到了萨拉热窝。之后桑塔格在《纽约书评》上发表了一篇讲述她的经历、后被广泛传播的文章。文中，她谴责美国和西方国家将胜利拱手让给了"塞尔维亚的法西斯主义"。在波斯尼亚首都，她主演了贝克特的《等待戈多》。但她承认，萨拉热窝人民实际上等待的是克林顿总统。[17] 在第二年上半年，这个新生共和国在面对彻底的种族灭绝大屠杀时，严厉指责白宫对此"漠不关心""胆小怕事"。"凄惨的波斯尼亚，"编辑写道，"我们本应该在贸易战中发现它的身影。我们愿意为贸易而战。种族灭绝之战我们就只能袖手旁观。"[18]

对颇有影响力的学者福阿德·阿加米来说，波斯尼亚具有将伊斯兰教与现代化融合在一起的潜力。拉多万·卡拉季奇这样的波斯尼亚塞族领导人声称他们是"为了保护基督教，对抗好战的伊斯兰激进分子"。[19] 阿加米教授坚持说："事实恰恰相反，波斯尼亚穆斯林才是普世文化的真正传承者，是西方世俗环境的孩子。"[20]

按照阿加米等观察人士的说法，这是美国必须为波斯尼亚提供保护的原因。典型的波斯尼亚穆斯林认同伊斯兰教，就如同普通法国人认同天主教，或者普通英国人认同英国圣公会一样。在这些地方，宗教是需要为之战斗的文化产品。从战略角度上讲，在伊斯兰世界的任何地方，美国都有责任去支持这种趋势。其最终目标不是促进宗教宽容，而是让宗教本身变得过剩。世俗化才能促进和平。

文化多元化、人权和保护穆斯林被认为与西方的世俗观点保持着一致性。这使得波斯尼亚经常出现在头版头条之上。然而，这些尚不足以促使克林顿政府决心采取更强硬的措施，而这恰恰是波斯尼亚的支持者翘首以待的。最终促使克林顿采取行动的是核心的地缘政治利益：保护北约的活力。这个联盟几十年来一直是华盛顿取得欧洲领袖地位的基石。"空中禁飞行动"是冷战后再次证明联盟重要性的尝试。从这个角度看，美国无法容忍行动的明显失败。如果波斯尼亚塞族人敢于藐视北约并侥幸逃脱了制裁，那么联盟就彻底完蛋了。这会对美国在欧洲的优势地位造成致命的伤害。

在此期间，为结束战争而进行的善意谈判，以及为维护波斯尼亚领土完整而做的努力已被证明徒劳无功。1995年夏，克林顿政府接受了外交斡旋失败的事实。美国的政策重点已经开始转变：结束战争势在必行，即使这意味着实际上要接受种族的划分。这为在军事上击败波斯尼亚塞族人（从而反驳北约已经名存实亡的结论）提供了实现这一目标的手段。

尽管克林顿总统在摩加迪沙事件后对美军参加地面作战的厌恶并未改变，但他的政府对与代理人合作的态度是开放的。1993年以来，在与桑塔格的一致行动中，伊朗和沙特阿拉伯政府（他们并没有接受阿加米或桑塔格的宗教观点）彼此展开了竞争，争相向波斯尼亚的穆斯林武装提供了价值数亿美元的武器。尽管这些行为违反了联合国武器禁运的规定，但据说，这些行动是在华盛顿了解和默许下发生的。[21] 来自伊朗、巴基斯坦和伊斯兰世界其他国家的数千名"圣战者"聚集在波斯尼亚，为他们的穆斯林同胞发起了"圣战"。[22] 就像波斯尼亚并非完全无辜一样，他们也绝不会坐以待毙。

与此同时，美国一直在悄悄地构建克罗地亚的武装力量。以倒行逆施的程度来看，给克罗地亚领导人弗朗乔·图德曼冠以法西斯的称号与称米洛舍维奇和卡拉季奇为法西斯一样适用。[23] 因此，五角大楼将这个项目转给了由刚刚退休的美国陆军军官管理的一家承包公司。这样就避免了通过直接培训或为克罗地亚部队提供建议而玷污自己的清誉。这是美国大中东战争的另一个显著特点。随着时间的推移，这个特点会变得更加突出，将传统的军事职能移交给雇佣兵成为一种趋势。[24] 追求政策目标与追求利润将携手同行。

当克林顿政府最终决定采取强硬政策的时候，它发现当地的合作伙伴已经做好了充足的准备，并且愿意成立一个反塞尔维亚的轴心。7月中旬，在斯雷布雷尼察大约8000名波斯尼亚穆斯林男子和男孩被屠杀。这使得任何"和平努力"都无法继续维持下去。美国及北约盟国现在成了针对塞族战争的志同道合者。8月28日，萨拉热窝市场的炮击事件中，37名波斯尼亚平民死亡，数十人受伤，这成了实施新政的导火索。

8月30日，"果决力量行动"取代了"空中禁飞行动"。轰炸取代了禁飞区的执勤行动。"果决力量"名义上是为了防止针对波斯尼亚平民的进一步攻击。[25] 其真正的目的是"施加足够的痛苦迫使塞尔维亚遵守"北约的各项要求。[26] 在这些要求中，最重要的是：解除萨拉热窝的围困，终止敌对行动，放弃建立单一种族的大塞尔维亚的计划。

从操作层面来看，制造痛苦意味着削弱波黑塞族的实力，而不是采取"切断和扼杀"的手段。因此，尽管美国雄心勃勃，但其打击范围受到限制。空中打击行动由美国空军中将迈克尔·肖特指挥。他曾是一名战斗机飞行员，同时也是越战老兵。大约有220架战斗机参加了此次行动。他们通常是从意大利的阿维亚诺的美军基地和在亚得里亚海航行的"西奥多·罗斯福"号航空母舰上起飞。到9月14日结束的时候，飞行员的出动架次超过3500次，其中三分之二是由美军完成的。[27] 北约消耗了1026件武器用于打击48个目标。所有目标都经过了精挑细选。目的是尽量减少附带的伤害。只有1架盟军飞机（1架法国幻影战斗机）在对敌行动中被击落。[28] 所有轰炸行动大体与"沙漠风暴行动"的一天消耗相当。[29]

在周密计划和执行力方面，"果决力量行动"让人赞叹。然而，作为解决实际问题的手段，它很大程度上有些多余。在北约空袭第一个目标之前，地面形势的发展已经决定了战争的走向。美国领导的空袭最多向波斯尼亚的塞族人强调了他们即将被击败的命运。

在8月的第一个星期，一场名为"风暴"的克罗地亚地面行动重新夺回了克拉伊纳。这里是塞族人1991年占领的克罗地亚—波斯尼亚边境地区的一处狭长地带。自那时起他们就一直占领着这片土地。该地区的面积几乎和康涅狄格一样大。克罗地亚人在解放该地区的过程中不仅赢得决定性的胜利，他们在战斗中还占据了明显的优势。克罗地亚被称为"微风"的第二轮攻击行动也利用了首轮行动的成功。波斯尼亚人也参加了进来，发动了自己的反塞族行动。[30] 整个军事平衡发生了戏剧性的转变。根据中情局的历史记录，波斯尼亚塞族领导人和米洛舍维奇本人很快意识到了大事不妙。克拉伊纳的失陷使他们相信，必须尽快就政治和军事解决方案达成协议。[31]

面对克罗地亚人的反击，塞尔维亚平民纷纷逃离家园。克罗地亚军队占领克拉伊纳后驱逐了多达20万塞尔维亚人。他们的困境引起的国际的同情和第二次世界大战结束时对被驱逐出中东欧的德国人一样多。这样的结果符合美国政府私底下的预期。"我们雇用这些人做我们的垃圾狗"，一名美国外交官这样描述克罗地亚人。虽然结果很难看，但现在还不是"恶心"的时候。[32] 更微妙的是，国务卿克里斯托弗发现"新的战略局面可能会对我们有利"。[33]

还不到瓜熟蒂落的时候。华盛顿期望的战争结束还需要等待一段时间。事实上也的确如此。尽管北约在两周后就宣布暂停"果决力量行动"以换取波斯尼亚塞族承诺解除萨拉热窝的围困,但激战仍然持续了一个月的时间。克罗地亚和波斯尼亚军队"继续为争夺或大块或零星的领土而战"。这进一步削弱了波斯尼亚的塞族军队。[34] 在战争的高潮时期,北约只是一个旁观者。在经过几周的讨价还价之后,双方的敌对状态终于在 10 月 12 日结束。交战双方现在都同意,继续战斗下去的代价比潜在的利益都要大。停火协议敲定了。

在美国的支持下,在俄亥俄州的代顿召开了为期 3 周的和平会议。会议达成的协议并没有在波黑恢复世俗的多元文化。总的来说,协议默认了那里乃至整个前南地区民族分离的现实。但代顿协议确实结束了塞尔维亚人、克罗地亚人和波斯尼亚穆斯林之间的暴力冲突。这个结果被广泛认为是美国方略的胜利。这是一次教科书式的展示。它证明了军事力量的巧妙使用和强大的外交手段甚至能够解决最棘手的问题。

从这个角度来看,此事的影响意义深远。美国在波斯尼亚和平方面发挥的重要作用,肯定了美国在冷战后的世界独特地位。同样重要的是,这个结果表明美国公众仍然愿意承担全球的领导责任。正如该协议的主要设计者理查德·霍尔布鲁克所写的那样,"在代顿之后,美国的外交政策更加自信,更加有力"。简而言之,"美国又回来了"。[35]

这是克林顿政府推崇的解释,也是激进的美国精英们欣然接受的解释。"美国的领导使和平协议的签署成为可能。"美国总统在宣布《代顿协议》时这样对记者说。[36] 崇拜者们称赞霍尔布鲁克"驯服了巴尔干半岛的恶霸"。在《纽约时报》上介绍霍尔布鲁克的一篇文章中，记者罗杰·科恩写道："没有他的穷凶极恶，没有他的狂妄自大，美国就无法铸就和平。"[37]

在霍尔布鲁克狂妄自大的背后，是美国强大的军事实力。《华盛顿邮报》驻五角大楼的记者观察到："果决力量行动"给北约注入了新力量和新活力。它还"证明了军事是外交的有效辅助手段"。[38]"这将成为未来行动的模板，军事力量被非常精确地估算并按需部署。盟国则承担着支援的角色，为多边主义提供注脚。严肃的美国外交官因此可以大胆地在外交战线冲锋陷阵，完成自己的使命。"

这种观点在美国的一些军事圈子里得到了支持。尽管中情局得出的结论是：最终迫使塞族人"坐下来谈判并达成和平协议"的是垃圾狗，但军官团的成员却并不这么认为。[39]在他们看来，"果决力量行动"已经扭转了局势。美国空军的分析人员总结说，"北约短促有力的轰炸行动刚刚开始就完成了派系间的地面争夺、维和行动及国际外交在3年时间都未曾取得的成果"。空中打击行动"践行了它的承诺"，以最小的牺牲和财富为代价迅速为波斯尼亚带来了实实在在的和平。[40]

在这里，美国人的自恋表现比以往更加自然，也比近几十年所声明的更为有力。它给人的感觉是：空军可以提供最快速、最人道的战争终结方式。更重要的是，由于美国在军事上的绝对优势，传统的"胜利"观念需要做必要的调整。军事力量的作用并非要取代外交，而是助其进一步发挥作用。波斯尼亚的一切让人相信，美国有能力做到这一点，美国有办法维持"世界新秩序"。曾在乔治·布什时代蜻蜓点水式展现过的这种能力，在比尔·克林顿时代被加以继承和发扬光大。至关重要的是，波斯尼亚的一切表明,伊斯兰教并没有对这种模式的推广构成不可逾越的障碍。《代顿协议》的执行至少说明了这一点。

从 1995 年 12 月 31 日开始,由 2 万名美国士兵组成的强大武装开始进入波斯尼亚。他们成为更大的北约维和任务的核心。[41] 由威廉·纳什少将指挥的陆军第 1 装甲师是部队的主要组成部分。由于担心摩加迪沙事件再度上演,五角大楼战战兢兢地接受了任务。抽着雪茄的纳什将军和理查德·霍尔布鲁克一样狂妄自大。他明白要确保波斯尼亚不会重蹈索马里的覆辙。他的目的不是为了表现突出,而是要维持敌对双方的隔离状态,保持投入但要避免过分介入的状态。"我们不能主动挑起事端。"纳什这样命令他的部队。[42]

被称为"联合努力"的行动从一开始就经历了不顺。这是过度官僚参与的直接后果,有太多将军彼此掣肘。萨瓦河是波斯尼亚的北部边境,也是部队的开拔之地。在那里,部队集结局面之混乱着实令人沮丧。这一半是由于恶劣的天气,一半则是由于严重的不称职。这导致美军跨过萨瓦河进入波斯尼亚的时间比计划推迟了 10 天。[43] 值得庆幸的是,普通士兵的主动性和决心挽救了这一切。在场的一位美军军官庆幸地说,最终渡过萨瓦河是"人类精神对抗最愚蠢体制的胜利,美军勉强避免了大祸临头"。[44] 那些肩上戴星的将军并非实至名归。

自此以后,尽管行动中不乏焦灼时刻,但问题总可以得到解决。美军指挥官坚持要把任务定义在一个较小的范围。他们的职责不包括国家建设,甚至不包括对战犯的追捕。遏阻而不是调解,被确定为行动的目标。身穿防弹衣,头戴凯夫拉头盔,全副武装的美国军队只需向人们展示无法等闲视之的勇士形象。[45]

总的来说,这种方法对强制执行命令是行之有效的。但对期望波斯尼亚成为基督徒与穆斯林和平共处典范的人来说，他们要失望了。武装干预的总体效果是"巩固了战时的种族清洗，维护了种族清洗者的当权地位"。在维和部队到达后的第4年，波斯尼亚的构成变成了"三个事实上独立的民族实体，三支独立的军队，三支独立的警察部队。国家政权只存在于纸面之上。它只能在民族实体的怜悯下苟延残喘"。即便如此，代顿谈判做出的停止一切敌对行动的决议已经得到了落实。这点至关重要。[46]

美国在波斯尼亚的军事存在前后维持了近10年。在此期间，美军的总人数一直在逐渐减少。没有一名美国士兵在敌对行动中牺牲。[47]对执行"军事保护"使命的部队来说，这样的结果达到甚至超过了预期。对各级指挥官来说，"零伤亡回国"才意味着使命完成。"这与波斯尼亚其他盟国驻军更为放松的心态形成了鲜明的对比。厌恶风险成了美军行事的重要标志。"在作战单元层面上，退出战略实际上意味着"不能有任何人丧生"。[48]

更广泛地说，"联合努力行动"缓解了美国士兵和非美籍穆斯林持续接触会加剧冲突的担忧。取而代之的是，美军部队与穆斯林民众比邻而居，和平共处。这令人放心，也让人消除了疑虑。因此，尽管美国人仍然被索马里发生的痛苦记忆所困扰（被霍尔布鲁克戏称为"越马综合征"），但波斯尼亚已经定义好了未来前进的方向。[49]

然而，对未来的憧憬很快被证明不切实际。与其说对波斯尼亚的武装干涉为巴尔干带来和平，不如说它只是为陷入困境的穆斯林提供了下一次干预的舞台。这次发生在塞尔维亚内部。

注 释

1. 关于这些事件的简要总结,请参见玛格丽特·麦克米兰:《巴黎1919》(纽约,2001 年),109-124 页。

2. 约翰·伯恩斯:《死亡之城萨拉热窝》,《纽约时报》(1992 年 7 月 26 日)。

3. 更详细的说明请参见史蒂芬·布尔和保罗·肖普:《波斯尼亚和黑塞哥维那战争》(阿蒙克,纽约,1999 年),62-127 页。

4. 劳拉·西尔柏和艾伦·米勒:《南斯拉夫:一个国家的死亡》(伦敦,1996 年),201 页。

5. 米沙·格兰尼:《南斯拉夫:复仇者的悲剧》,《纽约书评》(1992 年 8 月 13 日)。

6. 《克林顿南斯拉夫计划的部分文本》,《洛杉矶时报》(1992 年 7 月 28 日)。

7. 朱尔斯·维科夫:《克林顿、戈尔通过颠覆布什的外交政策开始了第二次巴士观光之旅》,《巴尔的摩太阳》(1992 年 8 月 6 日)。

8. 约翰·冯特雷特:《奥尔布赖特和沙利卡什维利释放了美国对波斯尼亚关系的信号》,《华盛顿邮报》(1994 年 3 月 31 日)。

9. 沃伦·克里斯托弗:《在历史的长河中》(斯坦福,1998 年),347 页。

10. 丹尼尔·豪尔曼:《关于波斯尼亚危机的决议》,《短暂的战争》,沃诺克,224 页。

11. 事件为三本书(其中两本为奥格雷迪自己的作品),三部纪录片和一部《与此事关系松散》的好莱坞电影提供了素材。

12. 简要说明请参阅史蒂芬·布尔和保罗·肖普:《波斯尼亚和黑

塞哥维那战争》（阿蒙克，纽约，1999年），128-188页。

13.库尔特·米勒：《禁止飞行和审慎力量：有效利用空中力量的方法？》硕士论文，美国陆军指挥和参谋学院（1997年），48页。

14.丹尼尔·豪尔曼：《关于波斯尼亚危机的决议》，《短暂的战争》，沃诺克，，224-225页。

15.约翰·麦凯恩：《波斯尼亚和索马里的维和行动》（1993年7月1日），mccain.senate.gov/public/index.cfm/speeches?ID=85bcd7dd-a857-4ecf-9a5c-21a264aa6947，访问于2015年1月28日。

16.《波斯尼亚的耻辱》，《华盛顿邮报》（1993年7月23日）。

17.苏珊·桑塔格：《戈多来到萨拉热窝》，《纽约书评》（1993年10月21日）。

18.《放弃权利》，《新共和》（1994年2月28日）。

19.斯蒂芬·金泽：《贝尔格莱德会议支持和平计划》，《纽约时报》（1993年5月13日）。

20.福阿德·阿加米：《站在塞尔维亚人面前》，《美国新闻与世界报道》（1994年5月2日）。

21.迈克尔·多布斯：《官方宣布，沙特阿拉伯曾为波斯尼亚资助武器》，《华盛顿邮报》（1996年2月2日）。

22.马里斯·西蒙斯：《审判提供了一窥波斯尼亚秘密战士的机会》，《纽约时报》（2001年9月2日），

23.克里斯·赫德斯：《重生的法西斯成了克罗地亚的开国元勋》，《纽约时报》（1997年4月12日）。

24.罗伯特·鲍曼等：《波斯尼亚的武装维和人员》（莱文沃思堡，2004年），28页；戴维·伊森伯格：《雇佣兵有限公司》（1997年11月），aloha.net/~stroble/mercs.html，访问于2015年1月31日。本文件是由美国国防信息中心赞助完成的专著。

25.联合国维和部队的撤出消除了对塞尔维亚人将他们扣为人质、限制北约空袭行动的担心。

26.瑞克·阿特金森：《空中打击行动为扮演更大的角色设定了舞台》，

《华盛顿邮报》（1995年11月15日）。

27. "果决力量行动"直到9月20日才"正式"结束，但在最后一周，北约停止了进一步的空袭。

28. 那年初夏，波斯尼亚塞族部队成功击落了一架美军F-16战斗机。飞行员成功弹射并躲过了追捕，最后被成功营救。

29. 上校罗伯特·欧文：《巴尔干空军行动研究：第二部分》，《空军杂志》（1997年夏）。作为载人飞机行动的补充，在"缜密武力行动"中，美国海军"诺曼底"号巡洋舰发射了13枚巡航导弹。

30. 在1995年7月22日签署的"分割协定"中，克罗地亚和波斯尼亚领导人承诺团结起来共同对抗波黑塞族人。三方战争自此成为两打一的战争。

31. 中情局、俄罗斯和欧洲分析局：《巴尔干战场：南斯拉夫冲突军事史，1990—1995》（华盛顿特区，2003年），第1卷，376页。该两卷本著作提供了巴尔干战争全景的战役细节描述。

32. 罗伯特·弗雷热引用理查德·霍尔布鲁克的《结束战争》（纽约，1999年），73页。

33. 引用马克·丹纳：《风暴行动》，《纽约书评》（1998年10月22日）。

34. 中情局、俄罗斯和欧洲分析局：《巴尔干战场：南斯拉夫冲突军事史，1990—1995》，第1卷，391页。

35. 理查德·霍尔布鲁克：《结束战争》（纽约，1999年），361页。

36. 比尔·克林顿：《宣布波黑和平协议的讲话》（1995年11月21日）。

37. 罗杰·科恩：《驯服波斯尼亚的恶霸》，《纽约时报》（1995年12月17日）。

38. 瑞克·阿特金森：《空中打击行动为扮演更大的角色设定了舞台》，《华盛顿邮报》（1995年11月15日）。

39. 中情局、俄罗斯和欧洲分析局：《巴尔干战场：南斯拉夫冲突军事史，1990—1995》，第1卷，396页。

40. 陆军上校罗伯特·欧文，"摘要"，罗伯特·欧文编：《巴尔干空中行动研究的最终报告》，（蒙哥马利，2000年），513-515页。

41.俄罗斯虽不是北约成员国但也参加了此次会议。莫斯科与西方的短暂冷战后，蜜月期正在全面展开。

42.小哈罗德·罗孚：《"联合努力行动"》（莱文沃思堡，2010年），63页。

43.总的来说，美军陆军从德国部署到波斯尼亚的计划不周，协调不利，简直一片混乱。见鲍曼等：《武装维和部队》，70-83页。

44.小哈罗德·罗孚：《"联合努力行动"》（莱文沃思堡，2010年），10页。

45.关于"联合努力行动"的更多细节（后更名为"共同保护行动"，然后又更名为"共同铸就行动"），见科迪菲利普斯：《波斯尼亚和黑塞哥维那：美国陆军在执行维和行动中的作用，1995—2004》（华盛顿特区，2007年）；以及理查德·斯旺：《既非战争又是战争》（卡莱尔兵营，2003年）。

46.国际危机组织：《代顿协议失败了吗？和平协议4年后的波斯尼亚》（1999年10月28日）。

47.一名美国人在地雷事故中丧生。纳什将军将之归因于"个别士兵不守纪律……随便摆弄地雷"。小哈罗德·罗孚：《"联合努力行动"》（莱文沃思堡，2010年），58页。

48.鲍曼等：《武装维和部队》，131页。

49.理查德·霍尔布鲁克：《结束战争》（纽约，1999年），217页。

10. 获胜的意义

我在千里之外注视着波斯尼亚发生的一切。这并不是我所熟悉的视角。服役 23 年后，我为自己平凡的军旅生涯画下了不太隆重的句点。刚刚退役的我当时正在华盛顿的高级国际研究学院努力完成学术生涯的见习期。作为初级职员，这个职位为我近距离接触华盛顿内部的各类知情者提供了充足的机会，其中包括现任或前任官员、杰出的记者、有政策影响力的学者等。穿过高级国际研究学院的园区，可见到他们经常在杜邦环岛附近出没。

对于我这样一个中年政治小白，这段经历既有启发性，又略微让人沮丧。这些表面上的内幕知情者其实知道的并不那么多。即使是在小型非正式研讨中，他们表达的观点也多是可以预测的，而且缺乏想象力。在具体问题上，观点可能会有所不同。然而，这种差异并不重要，重要的是对潜在共识的忠诚。基于华盛顿是世界中心的信念，这个共识理所当然地认为，人类的命运将取决于那里的决定。

从短期来看，危机四伏，一切都充满了不确定性。为使世界免于崩溃，美国有义务挑起重任。从长远来看，自由注定将取得最终的胜利。尽管过去曾历经坎坷，前路还障碍重重，但美好的前景赋予了美国所需的一切理由。

这个共识是第二次世界大战的直接遗产。它在冷战初期就已出现，随着冷战于20世纪90年代在令人满足的愉悦音符中结束时，这个共识已然不容置疑。事实上，冷战的结果肯定了共识的基本正确性，质疑它将犯下不可饶恕的罪行并被处以重罚。

还是总统候选人期间，比尔·克林顿曾表示他有意遵守这个共识，尽管他的党派批评者从来不会因为他勇于行动而赞扬他。右翼理论家们呼吁美国行使"仁慈的全球霸权"，因为它将引导人类走向"历史的终结"。[1] 克林顿政府用了另一个词语来表达相同的观点。他将美国描述为"不可或缺的国家"，负责引导其他国家驶上"正确的历史轨道"。[2]

保守派专栏作家查尔斯·柯翰默警告说，美国不应该从"世界秩序的规则和准备执行这些规则的责任"中有所退缩。[3] 作为回应，克林顿的首任国家安全顾问、自由派人士安东尼·雷克坚持认为，政府确实不会退缩。在做客高级国际研究学院时，雷克概述了所谓的"扩大战略"。该战略将拓展"世界上自由市场的民主社会"，即扩大愿意按照美国规则行事的国家范围。[4] 种族和宗教的差异可能会作为文化好奇心而存在，但在所有与政治经济相关的问题上，全球化的必要性终将胜出。聚集在台下的学生报之以热烈的掌声。

这种新自由乌托邦主义在军事事务变革理论中找到了在军事

领域的注解。在 20 世纪 90 年代，由于对当时事件极具选择性的解读，军事事务变革在国家安全圈子里变得非常流行。它对美国大中东战争的巨大影响再怎么形容都不过分。

军事事务变革的狂热支持者认为信息技术革命正在改变战争的本质。它使"现有的作战方法彻底过时了"。[5] 在未来战场上，能够建立和维护"信息优势"的一方必将赢得胜利。[6]

传统意义上的武装冲突中存在着大量的浪费且状况混乱不堪。军事事务变革将会给战争带来精确和控制。它将加速作战节奏，提高武器打击的准确性和杀伤力，使指挥官"在电脑屏幕上观察战斗进程，并发出即时的修正"。更妙的是，美国在信息技术方面的总体领先优势使美国在利用军事事务变革的潜力上获得了巨大的优势。其结果是，凭借"非接触战争"即可获得胜利。美军将"与敌人保持安全的距离"。他说："将敌人控制在制造伤害的范围之外，意味着美军更少的伤亡，或许完全杜绝伤亡的发生。这让政策制定者在决定何时何地作战时有了更大的自由度。"[7]

里根的油轮战争让我们对这种前景有了初步的感性体验。布什的"沙漠风暴行动"则在更大范围内进行了测试。比尔·克林顿对波斯尼亚的武装干涉也肯定了它的效果。从根本上加强美国的军事效能，使这个不可或缺的国家成为无可阻挡的国家，从而从根本上提高美国治理能力的整体效能，这成为军事事务变革的承诺。因此，真正的信徒已经准备好去实践它。

美国陆军的韦斯利·克拉克就是一位真正的信徒，或者说他适时地成了一名信徒。在冷战期间，克拉克就获得了非常有野心的名声。他愿意接受新鲜事物，在这些事物变得寻常之前。这样看来，他不仅有着炙热的愿望，他还是一个学习能力很强的人。

在波斯尼亚危机的高潮阶段，目光炯炯的克拉克中将曾担任理查德·霍尔布鲁克的首席军事顾问。他在艰难的谈判中一直陪伴在美国特使左右。最终，《代顿协议》的签署成为他们的巅峰时刻。对克拉克来说，这段经历极有启发性。它似乎展示了军事力量在冷战后的世界可以扮演的角色，"这是一种可以重复应用的模式"。[8]

在克拉克看来，大多数美国军官都太过昏庸，以至于对此无法理解。威慑作为维持美国庞大军事机构的首要理由已经过时了。当激进主义成为时下的主流时，威慑是被动的，甚至是怯弱的。随着苏联威胁的不复存在，军事事务变革让美国拥有了前所未有的军事实力。武力现在可以作为"胁迫外交"或"强制外交"的必要工具。[9]

1997年中期，克林顿总统将上将克拉克擢升为北约最高统帅。此时，巴尔干半岛的事业尚未成功。斯洛博丹·米洛舍维奇仍然统治着南斯拉夫的剩余地区。在塞尔维亚的科索沃省，这个国家即将发生的内爆正在酝酿之中。悬而未决的局面似乎为克拉克提供了一个超越霍尔布鲁克的机会，同时也可以展示一下他对"现代战争"的个人掌控力。科索沃将成为美国大中东战争的下一个战场。在这里，美国及其盟国对敌对运动的打击将取得巨大的胜利。进行这些敌对运动的团伙早已被美国国务院列为恐怖组织。其成员个个都是杀红了眼的穆斯林。

为了更好地理解科索沃的政治敏锐性，让我们假想一下美国内战结束后，大批邦联军人在葛底斯堡定居下来。再想象一下，在取得了优势地位之后，他们继续挥舞着星条旗，在历史教科书里颂扬注定失败的目标并煽动分裂。纽约、芝加哥和波士顿这样对联盟有深厚感情的要塞定会起来反对。

对塞族人来说，科索沃的意义与葛底斯堡对许多美国人的意义一样。1389年，这里是他们与土耳其人殊死搏斗来决定国家命运的圣地和史诗之所。然而自那以后，把科索沃作为自己家园的穆斯林已经远远超过了居住在那里的塞尔维亚人。他们理所当然地认为脚下的土地是他们自己的。事实上，科索沃的阿尔巴尼亚人或者科索沃人，都渴望像斯洛文尼亚人、克罗地亚人、波斯尼亚人和马其顿人一样，脱离南斯拉夫，走上独立自主的道路。塞尔维亚人对这样的未来非常担忧。在斯洛博丹·米洛舍维奇的民族主义的鼓动下，他们使得这个问题在本质上已无可调和。

早在1992年12月，乔治·布什就曾警告米洛舍维奇不要在科索沃引发动荡。布什威胁说，如果他不理会警告，就会"军事打击科索沃和塞尔维亚的塞族人"。然而，只要波斯尼亚危机还在上演，科索沃就只会吸引外界附带的关注，从而享受"一段阴郁的稳定期"。[10]

通过名义上（而不是实际上）维持一个多民族的波斯尼亚和黑塞哥维那，《代顿协议》改变了这一切。对科索沃人来说，这意味着国际社会不会支持他们基于种族身份的独立愿望。事实上，美国的政策制定者特别表达了对这种可能性的一贯反对。科索沃人相信耐心等待下去只会让他们一无所有。由于担心来自克罗地亚和波斯尼亚的塞族难民涌入科索沃，使得种族平衡变得于己不利，科索沃人选择了暴力。[11]

1993年成立科索沃解放军是救赎的最大希望。然而，随着军队的发展，科索沃解放军也留下了许多值得期待之处。由于没有得到民众的欢迎，直到1996年，该组织才招募到150名战士。然而，到1998年初，它已经集结了足够的实力，可以进行针对科索沃塞族人的系列骚扰和袭击。这些事件包括暗杀、绑架和爆炸。美国官员曾把科索沃解放军说成恐怖组织。这让斯洛博丹·米洛舍维奇有理由相信，美国会默许他粉碎他们。1998年夏，他开始痛下杀手。严厉的镇压给科索沃解放军带来了沉重的打击，但同时也造成了巨大的难民危机。这引起了媒体的广泛关注。对米洛舍维奇来说，20万科索沃难民是一场公关灾难。对科索沃解放军来说，这是成功的难得机遇。[12]

米洛舍维奇落入了对手的掌握之中。科索沃解放军的刺激和塞族的报复行动，不可避免地将美国及其盟友拖入了科索沃争取独立的斗争中。[13] 1997年，好战的马德琳·奥尔布赖特取代了温和的沃伦·克里斯托弗开始担任美国国务卿。1998年，华盛顿发出了最后通牒。奥尔布赖特指责米洛舍维奇"没有完全遵守国际社会的要求"。要么现在停止，要么塞尔维亚接受惩罚性的军事打击。"我们已经向米洛舍维奇和科索沃人明确表达，"奥尔布赖特强调说，"我们不支持科索沃独立。我们希望塞尔维亚脱离科索沃，而不是科索沃脱离塞尔维亚。"[14] 作为一个现实问题，奥尔布赖特提出的目标在本质上是相互矛盾的。要想赶走塞尔维亚人就必须让有独立倾向的"科索沃解放军"恐怖分子取得胜利。

在驱逐令发出后，美国及其盟友在执行之前暂停了行动。霍尔布鲁克另一个引人注目的任务（取得米洛舍维奇的让步）让塞尔维亚领导人有足够的时间来获得喘息的空间。北约空袭的威胁迫使南斯拉夫军队如华盛顿要求的那样从科索沃撤出。科索沃解放军没有浪费时间马上填补了空白。到12月，科索沃的战斗和对平民的掠夺又重新开始了。

事实上，不是华盛顿的所有人都赞同奥尔布赖特在此时孤注一掷。在多次危机的打击下，克林顿政府的支持率正处于风雨飘摇之中。对总统本人来说，莫尼卡·莱文斯基事件正在全面发酵。

众议院司法委员会在12月11日刚刚批准了一项弹劾案。一周之后,与萨达姆·侯赛因众多对抗中的最近一次在"沙漠之狐行动"为期4天的轰炸中达到了高潮。批评人士称这是一场"狗咬狗"的闹剧,只是为了分散公众对总统问题的注意力。[15]这个指控真是百口莫辩。

国务卿奥尔布赖特预计,发起针对科索沃的战争很可能招致类似的指责。因此,把战争的责任推给令人讨厌的米洛舍维奇就变得至关重要。正如美国国务院发言人詹姆斯·鲁宾所说,"我们必须清楚,采取军事行动的责任要由塞尔维亚人来承担"。[16]这就是1999年2月联军主持在法国朗布依埃召开和平会议的目的。名义上,这次会议是避免北约武装干涉的最后一次善意的尝试,而实质上,它的目的是为武装干涉消除一切障碍。

在美国的强大压力下,科索沃人只能默不作声地接受了分配给他们的角色。他们的代表丝毫没有表现出热忱就同意了解散科索沃解放军以换取非独立自治政府的承诺。只要北约部队被允许进入南斯拉夫尚存的领土就可以保证这种安排得以落实。[17]3月18日,米洛舍维奇的代表们不出所料拒绝了这份协议。这给了奥尔布赖特开战的口实。

在比利时蒙斯总部,克拉克将军密切关注着事态的发展。在指挥占领波斯尼亚的同时,克拉克还在积极推动不断轰炸以迫使米洛舍维奇屈服。在华盛顿述职期间,他抓住一切机会向任何想听情况介绍的人喋喋不休地进行宣传,无论是在五角大楼、国务院还是在白宫。他传播"福音"的努力没有得到顶头上司美国国防部长威廉·科恩的认同,也没有得到参谋长联席会议主席休·谢尔顿的支持。谢尔顿虽然不是克拉克的直接领导,但也是必须重视之人。这两位领导人都开始质疑克拉克的自由倾向,同时也对他的判断产生了怀疑。[18]

1. 1980年,"鹰爪行动":来自上帝的警告?(图片来源:阿巴斯/马格南图片)

2. 1982年,海军陆战队维和部队离开贝鲁特。(图片来源:美国海军陆战队)

3. 1983年,海军陆战队在贝鲁特清理废墟。一天之内,有241名美国军人死亡,里根终止了这里的一切行动。(图片来源:斯格特·兰迪·嘉多/美国海军陆战队)

4. 1983年,白宫椭圆形办公室内:接待阿富汗"圣战"战士。

5. 1983年,拉姆斯菲尔德在巴格达,他带来了来自华盛顿的问候。(图片来源:伊拉克电视台)

6. 1986年,埃尔多拉多峡谷行动,利比亚遭到突袭。(图片来源:美国国防部)

7. 1987年，第一次海湾战争：萨达姆·侯赛因的空军差点击沉美国"斯塔克"号军舰，美国却认为伊朗才是真凶。（图片来源：美国海军）

8. 1988年,"螳螂行动"。在"自二战以来最大的地面行动"中,美国军队攻击孱弱的伊朗舰队。(图片来源:美国海军)

9. 1991年,施瓦茨科普夫在《所有简报之母》的全球电视讲话中说道:"大门已经关闭了。"可惜,事实并非如此。(图片来源:美联社)

10. 1991年,第二次海湾战争:美军第7军从容不迫地前进,逼近伊拉克共和国卫队。(图片来源:美国国防部)

11. 1991年,华盛顿,"沙漠风暴"官兵返乡游行。(图片来源:美国国防部)

12. 1991年,被围困的伊拉克库尔德人逃离了萨达姆的魔爪。(图片来源:丹尼尔·雷尼/科比斯)

13. 1993年,摩加迪沙:索马里儿童在一架失事的美国螺旋桨式飞机残骸上庆祝胜利。(图片来源:多米尼克·伊戈兰/美联社)

14. 强制推行"禁飞区"。很少有人注意到,第二次海湾战争持续于整个 20 世纪 90 年代。(图片来源:肖恩·M.沃雷尔／美国空军)

15. 1996 年,沙特阿拉伯,达兰的卡巴塔:美国军队派兵驻扎在这两个神圣的地方是要付出代价的。(图片来源:美国国防部)

16. 1995年,波斯尼亚:为了阻止进一步的流血冲突,装甲部队抵达此地。(图片来源:美国防卫部队)

17. 1999年,联合部队行动:贝尔格莱德被烧毁,科索沃解放军获胜。

18. "9·11事件": 美国在大中东的战争已经结束。(图片来源: 埃里克·J.蒂尔福德 / 美国海军)

19. 2001年,持久而自由的战斗:由于美军不断进攻,塔利班和基地组织的武装分子将在某一天发动进攻。(图片来源:科特·纳尔逊/盖蒂图像)

20. 2003年,第三次海湾战争:伊拉克自由行动小组启动了一项雄心勃勃的计划。(图片来源:戈登·A.鲁瑟/美国海军陆战队)

21. 2003年,巴格达:当美国将军们冷静下来时,真正的战争才开始。(图片来源:凯伦·巴雷德·普尔/盖蒂图像)

22. 被解放的伊拉克：不知是镇压了暴乱还是助长了暴乱？（图片来源：美联社）

23. 阿布格莱布监狱：自由议程瓦解。（图片来源：美国武装警察专家萨布里纳·拉曼）

24. 大卫王：在伊拉克，他的成就是掩饰失败。（图片来源：托马斯·德沃扎克／玛格南图片）

25. 2010年,阿富汗增兵:传单宣告北约即将抵达马尔贾,并承诺"把政府关在笼子里"。(图片来源:美国军队)

26. 华盛顿放弃了"入侵并占领"策略,开始实施有针对性的暗杀;并非每个人都赞成这种做法。(图片来源:普瑞斯图片社/阿拉米)

27. 美军非洲司令部加入战斗，美国训练人员教队员新的战斗动作。（图片来源：史蒂夫·克鲁斯曼／美国海军陆战队）

28. "伊斯兰国"的崛起，使美国在第四次海湾战争中陷入困境。

1998年6月,在对五角大楼的拜访中,克拉克试图把自己的观点强加给约瑟夫·拉尔斯顿将军。政治嗅觉敏锐的约瑟夫·拉尔斯顿后来还曾担任过参谋长联席会议的副主席。在克拉克的回忆录中记录了交流的细节。这证明了他的固执,更不必说其中流露出的刚愎自用。克拉克已经开始宣传,通过北约的空中打击行动让米洛舍维奇远离科索沃。

拉尔斯顿:韦斯,如果空中威胁不能阻止他,那么下一步我们打算怎么办?

克拉克:哦,它一定会奏效。我了解他们那些人,空中威胁将会产生外交官所需的影响力。

拉尔斯顿:可以。但是让我们设想一下万一效果不佳,我们应该做些什么?

克拉克:那么我们就炸他个底朝天。我们会一干到底。

但克拉克坚持认为,这最多只有理论上的可能性。事情不会发展到真的需要使用暴力的程度。"我了解米洛舍维奇,那不是他想要的。"[19]

拉尔斯顿仍然持怀疑态度。克拉克放过了那些无能的上将。他们竟然无法理解"军队与生俱来的保守主义"这一显而易见的事实。[20]但更令人瞠目结舌的是,克拉克将科索沃问题的症结解释为某个恶人的阴谋诡计。波斯尼亚给予克拉克的经验是:"该地区的争端并不是真正意义上的古老宗教间的差异,而是寡廉鲜耻的领导人操控的结果。他们以普通人的利益为代价,攫取了自己的权力和财富。"[21]这意味着,消灭甚至恐吓那些不道德的领导人提供了让普通人获得正义最便捷的一条途径。

这种观点排除了阻碍美国权力使用的政治或历史的复杂性。克拉克并非孤家寡人。在鹰派圈子中，这种想法颇具吸引力。1998年9月，不少外交政策的知名人士（被召集在高级国际研究学院举行的午餐会上）联名在《纽约时报》发表了一整页致克林顿总统的公开信，敦促他在科索沃采取更加强有力的行动。这封信的标题开门见山地写着："总统先生，米洛舍维奇就是问题所在。"[22]

尽管没人敢于公开提出美国应该除掉这位塞尔维亚领导人，但在这里我们再次看到了日后在成熟的定点清除政策中希望表达的逻辑。邪恶的领导人是美好未来的主要障碍。解决方案是什么？清除他们。在未来的若干年里，美国反复验证了这个提议，其效果并不那么显著。这样的结果反而证明"斩首"是糟糕的战略替代品。无论美国在大中东地区面临的问题是什么，他们都比那几个作恶之人更棘手。

当朗布依埃会议由于未能达成协议而休会时，米洛舍维奇的潜台词是北约不过是在虚张声势。威胁轰炸没有产生预期的效果。事实上，从3月20日开始，塞尔维亚军队和武警等增援部队开始涌入科索沃。这是"马蹄铁行动"的开始。它是南斯拉夫组织的攻击行动，旨在彻底消灭科索沃解放军，一劳永逸地将穆斯林闯入者赶出该地区。

克拉克本人则胸有成竹。在北约授权使用武力的情况下，欧洲盟军总司令精心策划了一份战役计划并准备实施。3月23日傍晚，谢尔顿从华盛顿打来电话，下令执行。从那一刻起，媒体口中的"马德琳战争"就成了"韦斯的战争"。[23]

"联合力量行动"是人道主义的武装干涉。但是，就像以前波斯尼亚的"果决行动"一样，这只是为了掩人耳目。北约的真实目的是通过阻止塞族人驱逐科索沃穆斯林居民的行动来巩固北约的信誉。[24] 事实上，北约发动战争是为了证明冷战结束后，它依然保留了战斗的意志和能力。此时的克拉克像极了"沙漠风暴行动"开始时的科林·鲍威尔。如他所言，北约打算系统性地攻击、破坏、削弱、蹂躏并最终摧毁"在科索沃境内及周边地区的南斯拉夫军队"。[25] 由于克林顿总统宣布他"不打算派遣地面部队参加科索沃战争"，克拉克要完成任务就只能完全依靠空中打击力量。[26] 不幸的是，后续战役不但没有证明北约依然活力十足，反而由于其行动不断被重复失误所打断，产生了相反的效果。

3月24日晚8点许，"联合力量行动"开始了。巡航导弹的齐射以及B-2和F-117A隐形轰炸机发射的卫星制导炸弹攻击了塞族人的防空和战略通信目标。[27] 6个北约国家的飞机参与了行动，其中美国空军的架次占飞行总数的2/3。

从操作层面来说，"第一阶段"的目标是完全控制塞尔维亚的领空。目标未能完全达成。不知是出于懦弱还是狡猾，南斯拉夫人关闭了他们的雷达，这使得雷达的位置很难被锁定。因此，防空威胁就依然存在。所以北约被迫要求飞机保持在1.5万英尺以上飞行。这样做减少了他们被攻击的危险，但同时也让瞄准目标变得更加困难，并对轰炸的精度产生不利影响。

从政治层面来说，第一阶段的目标是发表一份声明，表明北约的严正立场。北约希望不必进一步施加压力就能迫使南斯拉夫做出退让。战争的总设计师奥尔布赖特和总工程师克拉克确信米洛舍维奇已经被缚住了手脚。他们都预期敌对行动在两三天内就能结束。布鲁塞尔的北约官员和华盛顿的大多数政府官员也有类似的看法。然而所有人都错得离谱。

从开始之日算起，"联合力量行动"共持续了两个半月。这比"沙漠风暴行动"长了几周时间。而与此同时，"马蹄铁行动"

也在加速，规模也扩大了不少。面对对手猛烈的攻势，科索沃人大批逃离。克拉克不得不面对参谋人员始料未及的危机。"联合力量行动"开始才一周时间，就有50多万科索沃人流离失所。其中10万人逃到了阿尔巴尼亚寻求避难，另有5万人进入马其顿。数字还在继续增长中。[28]

第一阶段行动结束后，第二阶段行动紧接着开始了。北约承诺投入更多飞机，打击更广泛的目标。第三阶段行动也准备就绪。然而，漂亮的术语掩盖了"联合力量行动"的混乱。按照克拉克的说法，到3月底，"逐渐升级和提升强度是我们的战略"。[29]而事实上，战略崩溃了。取而代之的是随意的、近乎绝望的努力，希望借此找到某种方式来结束北约在奥尔布赖特和克拉克的怂恿下不负责任就启动的行动。

当米洛舍维奇顽抗到底的态度显露无遗时，北约内部的"团结一致"就让位给了不和谐。"联合力量行动"更名为"严重失和"或"长期失调"可能会更准确些。

三个分歧导致了战役的受挫。在这些分歧中，克拉克都站错了队。由于自信自己的权力与北约首任最高指挥官德怀特·艾森豪威尔的一样，克拉克打算效仿他的前辈。结果证明，他的地位更像一名大学校长。他拥有大房子、豪华的办公室，还有可观的额外津贴，但他的影响力却非常有限。尽管他对多支下属部队负有责任，但每支下属部队却各有各的打算。

第一个分歧与行动的优先级有关。在这个方面，克拉克与他名义上的下属迈克尔·肖特中将产生了冲突。肖特在意大利的维琴察总部工作，负责协调空袭行动。空袭行动的道德正义性来自北约的宣称：阻止米洛舍维奇的科索沃种族清洗。这也就意味着，对南斯拉夫军队进行严厉的打击应该是优先考虑的问题。

南斯拉夫的部队大约有 4 万人。他们以难以发现和易于隐藏的小部队方式开展行动，并经常与北约试图保护的民众混杂在一起。对他们进行攻击的任务更适合地面部队来完成。而克拉克手中却只有空军。

这是肖特的看法。在他自己与米洛舍维奇交手的过程中，肖特总结说："如果你下手狠一些，打中了他的七寸，就肯定会引起他的注意。"[30] "打七寸"的意思是打击政府部门、基础设施、机场、兵营、通信站点和炼油厂，等等。对肖特而言，科索沃人遭受多大的苦难与他无关。

空军中将公开表达了对负责执行战争计划的陆军上将关于优先次序的不满。他向《华盛顿邮报》抱怨说："作为飞行员，我要做的事情本应该有所不同。""不应该是添油式的空中打击，也不应该是缓慢升级的过程。我们原本第一晚就应该攻入市中心，把'贝尔格莱德那位有影响力的公民'打回原形。这是藐视北约和美国的代价。"

如果你早上醒来发现房子停电，煤气灶没了气，每天上下班要经过的桥被炸塌了，接下来的 20 年都将躺在多瑙河里，我觉得你会开始发问："嘿，斯洛博，这是怎么回事？我们还要经历什么苦难？""从此刻开始，你将作一个转变，从为与世界为敌的塞尔维亚大男子主义拍手叫好转而开始思考，如果情况继续如此，国家将会变成什么样子？"[31]

肖特不看好飞机打坦克的战略。他拒绝走克拉克的道路。最终他大获全胜。[32]

第二个分歧是指上将之间的分裂。在参谋长联席会议上，欧洲盟军总司令陷入了与同僚的冲突之中。为了拯救受困于"马蹄铁行动"的科索沃人，克拉克紧急请求派出 AH-64 阿帕奇攻击直升机增援。这种武器很适合打击向科索沃推进的南斯拉夫机械化部队。然而这种安排也暗藏风险。AH-64 有多强大就有多脆弱。它还预示着政策灾难性的滑坡。由于克拉克已经公开宣称要"削弱、踩躏并最终摧毁"敌人，攻击直升机的使用可能会为地面部队的进入打开大门。

参谋长联席会议没有提供他所需要的东西。为了把阿帕奇直升机排除在战争之外，他们辩论、拖延，一拖再拖。克拉克后来抱怨道，"他们显然不明白这是战争。北约的未来岌岌可危"。[33] 更准确地说，参谋长联席会议得出的结论是，克拉克自己的重点与他们的有所不同。他们觉得有责任挽救一位他们并无好感的同事。这样做意味着要对从开始就存疑的冲突进行更深入的探究。当阿帕奇直升机最终派到战场并准备升空作战时，战争已经结束了。

像肖特将军一样，参谋长联席会议的胜利以欧洲盟军总司令未能如愿为代价。

第三个分歧发生在华盛顿与布鲁塞尔之间，克拉克正好处于居中的位置。北约名义上是平等的伙伴关系，实际上却是一个层级组织。美国一枝独秀，把持着最高职位。其最显著的标志是对欧洲盟军总司令职务的安排：美国人永远占据着这个位置。然而，这个职位的官员要为谁工作，是颇为微妙且需要政治手腕的事情。

当"联合力量行动"出现问题时，华盛顿希望克拉克把美国的利益放在首位，听从他们的指示。对此，克拉克本人不得要领或者干脆拒绝接受。令人难以置信，在解释一切正在按计划进行的电视新闻发布会上，这位欧洲盟军总司令提供的评估，描述的想法，把自己放在了与五角大楼和白宫针锋相对的位置。[34] 克拉克给人的印象是他拥有独立的权力。他是联军代表，而不是华盛顿的提线木偶。

克拉克的表现彻底激怒了美国国防部长威廉·科恩。他终于受够了。科恩命令谢尔顿将军打电话给克拉克，要联席会议主席将他的指示逐字逐句念给欧洲盟军总司令。他说："把你的臭脸离镜头远一点。你不需要做更多的简报了。"[35] 这个指示消除了对职权体系的任何怀疑，但也暴露出克拉克已然失去了华盛顿的信任。而他此时正迫切需要他们的支持。

这些事大多发生在幕后。在台前，"联合力量"与其他战争行为别无二致。行动充斥着不确定性和谬误，到处血流成河。然而，北约和美国政府宣称"联合力量"和真正的战争有所不同。它的目的是保护无辜的人。激光制导等精确打击手段的使用会减少伤亡，只打击那些真正该死之人。

因此，当战争中司空见惯的事在战场上发生时，他们感到非常震惊，就好像北约经历了灾难性失败，背弃了庄严的承诺。3月27日晚，一枚南斯拉夫导弹击落了一架美国空军的F-117A战斗机。（飞行员戴尔·泽尔科中校成功弹射脱险，并被成功营救。）由于隐形技术理论上让飞机无法被探测，所以被击落事件令人匪夷所思。

3月31日，塞尔维亚人在邻国马其顿俘获了3名执行维和任务的美国士兵。克拉克把此事称为"绑架"并发了不少牢骚。[36] 事情的真相可能是，士兵们无意中越过了边境线，从而落入了塞尔维亚人手中。即便如此，年轻的美军士兵被囚的照片被公开后还是引起了广泛的恐慌。（从不公开露面的杰西·杰克逊牧师再一次充当了灭火队员，前往贝尔格莱德，确保战俘获释。）

· 235 ·

4月12日，美国空军的F-15E战斗机攻击了一座铁路桥，击中了一辆碰巧进入目标区域的客运列车。10多名平民被杀，很多人受伤。两天后，几架F-16战斗机攻击了美国飞行员认定的军用车队。事实上，车队都是些拖拉机牵引的农用车，上面满载着逃亡的科索沃人。多达73名非战斗人员丧生。

更糟的事发生在5月7日。北约将空军力量的重心转向了肖特选定的一些"战略"目标。当日从密苏里州的怀特曼空军基地起飞的B-2轰炸机，向贝尔格莱德的一座巨大建筑物投掷了5枚卫星制导炸弹。这幢大楼是中华人民共和国的大使馆。华盛顿坚称这是一次意外。但美国的道歉根本无法平息中国人的愤怒。

……在科索沃，这些都被视为重要事件，成了联军无法协调行动的标志。

与此同时，在美国国内，缺乏耐心的传染病开始暴发流行。政界人士和权威人士都对政府无法迅速取胜表示无法理解。在轰炸开始的第一周，来自印第安纳州的共和党温和派参议员理查德·卢格，在写给《华盛顿邮报》的专栏文章中宣称："我们正在输掉科索沃战争。"[37]仅靠空中打击远远不够。派地面部队去解决问题已迫在眉睫。

好战人士异口同声地支持这个提议。在发表于《标准周刊》（《旗帜周刊》）的文章中，罗伯特·卡根和威廉·克里斯托尔赞扬了卢格和鼓吹战事升级的共和党人。他们写道："科索沃问题是我们这个时代最重大的问题。美国及其盟国是否有意按照我们的利益和原则来塑造整个世界……？还是眼睁睁地看着大多数人滑向混乱和野蛮的黑暗世界之中？"其中的关键是赢得决定性的军事胜利。这意味着美国必须"解放科索沃"，并"把米洛舍维奇赶下台"。[38]

参议员约翰·麦凯恩也发出了类似的声音。他谴责克林顿政府"发动了战争但又不愿付出代价"。总统以为只要待在后座上就能挽救科索沃人,同时还可以避免美军士兵的伤亡。麦凯恩坦言,总统不愿意入侵科索沃"让人迷惑"。总统拙劣的表现制造了更大的灾难。只有大规模地面进攻才能"拯救国家安全和荣誉于危难之中"。[39] 简而言之,由于未能实现立竿见影的军事成功而引发的舆论攻势,极大地提升了科索沃的重要性。科索沃一时间被提高到无以复加的地位。

何时以及如何发动地面入侵行动,从而扭转日益恶化的形势,成为当时最重要的问题。观察家们很满意武装干涉共识的出现。这种共识超越了美国政治中司空见惯的两派分裂。即使是和平主义者也开始意识到战争的潜在好处。[40] 其他人则评估着各种入侵可能性的优点。[41] 此刻的背景与二战时的历史背景极其相似。米洛舍维奇成了希特勒的化身。他参与了类似于奥斯威辛集中营的犯罪活动,所以罪大恶极。

和以往一样,不断出现的紧急事件要比批评家的胡言乱语重要得多。北约对美国来说非常重要,如果北约能够坚持下去,考虑到敌我间的巨大差距,科索沃战争的结局早已注定。平日里的冒险行动难免会发生严重的失误,但由此产生的难堪无论多么严重,与克林顿政府承认彻底失败带来的羞辱相比只能算是小巫见大巫。因此,与里根在贝鲁特或克林顿在摩加迪沙之后的决策不同,美国政府此次拒绝放弃。6月2日,国家安全顾问桑迪·伯格正面回应了批评人士。他确认了美国科索沃政策的"四个不能动摇的事实"。"首先,联军必胜。已经结束。没有任何其他可能性。其次,这里所说的胜利就是你我期待中的胜利。再次,空袭行动已给敌人造成了严重的打击。最后,总统没有排除其他选择的可能性。让我们回到第一点，我们必胜。"[42]

伯格提到的第四条明确取消了政府之前下达的禁止地面部队介入的禁令。如果克拉克将军的空中打击第三阶段没有达到预期的效果，那将进入第四阶段：地面入侵。

事实上，当伯格在台上虚张声势做"好勇斗狠"状时，敌人的结局已悄然来临。轰炸行动的第三阶段给对方造成了严重的损失。肖特将军指挥的部队一直严格按照他的想法执行任务：敌人的炼油厂关闭了，多瑙河上的桥梁被炸沉了，电力分配系统被毁了，连贝尔格莱德市中心的广播和电视设施也未能幸免。战争开始时，对北约满不在乎、吵吵嚷嚷的塞尔维亚人，表现出了厌战的苗头。

同样重要的是，科索沃解放军又恢复了活力。在盟军空袭的掩护下，他们重新聚拢了部队，再次发起了进攻。与"果决力量行动"一样，"联合力量行动"也同样受益于代理人的地面部队。

对米洛舍维奇来说，压垮骆驼的最后一根稻草在5月27日到来了。前南斯拉夫国际法庭正式指控他犯有战争罪。塞尔维亚地区不间断的空中打击，科索沃解放军的地面牵制，加上北约的蠢蠢欲动，使得米洛舍维奇对尽快结束敌对行动的兴趣甚至超过了克林顿。很快，此前未能达成停火协议的美国、欧洲和俄罗斯谈判代表迅速达成了一项米洛舍维奇也认可的协议。

6月3日，各方签署协议后，战斗马上就停了下来。但军事行动还在进行中。按照停火协议，南斯拉夫军队需要撤离科索沃。整个撤离行动秩序井然，南斯拉夫军队丝毫没有战败的迹象。接手的5万名维和人员于6月12日抵达了科索沃。这支以北约为班底的组织被称作科索沃维和部队。美国最初派出了7000名士兵参加。克拉克将军拥有最高指挥权。

科索沃维和部队中还包括一支俄罗斯特遣队。这让事情变得棘手。莫斯科的居中斡旋促成了停火协议的签订,所以这样的安排是西方为此支付的代价的一部分。俄罗斯人打算按照自己的想法行事。当他们派出一支装甲部队从波斯尼亚出发前往科索沃首府普里什蒂纳时,愤怒的克拉克做出了极其轻率的反应。为了阻止俄罗斯增援部队的到来,他命令科索沃维和部队的前线指挥官英国陆军中将迈克尔·杰克逊封锁普里什蒂纳主机场的跑道。杰克逊拒绝这样做,这引发了两人之间的激烈交锋。此事对我们理解科索沃战争对盟国关系的影响很有帮助。

杰克逊:将军,我不会再服从华盛顿的命令。

克拉克:迈克,这些不是华盛顿的命令,是我下的命令。

杰克逊:您有授权吗?

克拉克:作为欧洲盟军总司令,我有这样的权力。

杰克逊:您没有这样的权力。

克拉克:我确实有这样的权力。秘书长也支持我这样做。

杰克逊:主席先生,我不会为您挑起第三次世界大战。

为了打破僵局,杰克逊打电话给他的英国军事长官、爵士查尔斯·格思里将军,他是坐镇伦敦的国防部主官。杰克逊向格思里解释了情况,然后把话筒递给了克拉克。"我同意迈克的意见",格思里对欧洲盟军总司令说,"谢尔顿也同意我的看法"。[43] 这无疑是对克拉克的羞辱。克拉克可能还不清楚他的军事生涯就要结束了。他对米洛舍维奇的战争已经逆转取胜,但他就要失去自己的工作了。

在科索沃维和部队的保护下,流离失所的科索沃人开始返回

· 239

家园。返回后，他们马上发起了残酷的种族清洗运动，誓将居住于该省的 25 万名塞尔维亚人和罗姆人驱逐出境。⁴⁴ 美国陆军的官方历史记录了刚刚抵达的维和人员的所见所闻：

> 满腔仇恨的阿尔巴尼亚族人决心要为过去的血海深仇报复。他们发起了破坏的狂潮。虽然数量上有所不及，但他们的手段与之前他们经历的塞尔维亚种族大屠杀同样残酷。塞尔维亚人的一切都会被消灭或肆意摧残。他们甚至连废弃的房屋和教堂也不放过。许多暴力事件显然是经过精心组织和策划的。6 月里的每一天，美国士兵都能看到发泄仇恨的最新痕迹。
>
> 不幸的是，暴力并不是孤立事件，也不仅仅只涉及财产的损失。科索沃塞族人在整个科索沃省都遭到了攻击。在科索沃维和部队到来还不到一周的时间，至少有 27 名塞族人被科索沃解放军成员绑架。这些人后来再没有回来。塞尔维亚的一名学校官员曾在 1998 年的塞尔维亚种族清洗中保护了一个阿尔巴尼亚人的家园和家庭。他以为次年 6 月战争结束，南斯拉夫军队撤离后，他的安全必然无虞。他想错了，科索沃解放军先于北约科索沃维和部队到达那里。他们杀害了这名男子和他的妻子。他们的尸体被吊在了集镇的广场上。塞尔维亚人在公共建筑内或街道上被拦下问话，然后被抢劫、殴打或"逮捕"直至投入监狱关押起来。一些人就此"消失"。单单在一个社区，在塞族恐怖统治时期*，曾偶尔与塞族人合作过的 5000 名罗姆人被赶出家园。他们的家被劫掠一空，随后被付之一炬。⁴⁵

人们曾将巴尔干半岛的暴力事件完全算在了米洛舍维奇式

---

* 美国陆军官方的表述欠准确，容易产生误解，请对照本页第一段。——编者注

的邪恶政客头上，但这些事件的发生挑战了这种假设。即便如此，华盛顿及其盟国对此没有重新反省的动力。北约和美国相信科索沃塞族人被消灭只是一种偶然，他们不愿为塞族人的悲惨命运承担任何责任。

到1999年夏末，奥尔布赖特国务卿的任务完成了一半：除了被包围的很少一部分残余外，塞族人已经基本被驱逐出科索沃。至于任务的另一半（维持科索沃是塞尔维亚一部分的现状），也不再是华盛顿当局可以决定的了。"联合力量"已经将权力交给了科索沃民族主义者。尽管他们在宣布独立前又等待了近10年时间，但2008年他们盼望已久的独立终于得以实现。科索沃解放军和北约之间的合作颇为引人注目（一个使用恐怖手段，另一个则习惯性地大声谴责）。这使得科索沃人最终实现了孜孜以求的政治目标。北约"赢了"，但科索沃人从中获益更多。这是恐怖主义帮助实现目标的铁证。美国和其他国家无不公开反对恐怖主义，但在幕后却推波助澜，并对其结果给予了承认。[46]

胜利意味着科索沃人最终实现了自己的目标。但除此之外，"联合力量行动"还取得了什么成果？北约和它微不足道的波斯尼亚小兄弟对科索沃的武装干涉，如何准确地契合了美国大中东战争的整体战略？

值得注意的是，在大中东战争的所有战事中，只有在科索沃和波斯尼亚战争中，美军才代表着穆斯林和非穆斯林的对手进行作战。在这方面，巴尔干半岛的这两次独立的确与众不同。对一些人来说，这意味着对科索沃和波斯尼亚的武装干涉与以往的类型都有所不同。它们实际上与冷战后的欧洲重建有关。更准确地说，这两种说法都有正确的成分。将巴尔干战争从美国大中东战争的叙事中排除出去，是对美国军事实践弱点的视而不见。而这些弱点在未来更大规模的行动中将不断折磨着美国人。

有两个弱点特别引人注目。第一个事关战役设计以及把军事计划与政治目标相结合时面临的固有挑战。在科索沃尤其如此，两者之间几乎完全脱节。其责任基本上（尽管不是全部）要由克拉克将军来承担。克拉克继承了斯洛博丹·米洛舍维奇的业余心理学分析方法，用武力驱逐塞族人，保护科索沃人返回的复杂性代替了一本正经的交战。当他把事情搞砸时，除了做急就章之外别无他法。

"联合力量行动"的细节在某种程度上掩盖这个根本性的弱点。在一开始，美军就采取了自己最擅长的做法，以惊人的规模集结和运用资源。从统计学角度来看，"联合力量行动"令人印象深刻，其表现甚至可以说是大师级的。

在为期78天的战斗中，北约空军从多个国家的机场共计起降了3.8万多个架次。行动中，北约只损失了两架飞机。所有试图挑战的南斯拉夫米格战斗机无一例外都被击落。尽管消耗了1.2万吨弹药（超过2.8万枚智能炸弹、普通炸弹和巡航导弹），北约造成的非战斗人员的伤亡却相当少。尽管北约误炸造成了约500人死亡，另有900人受伤，但对比历史数据来看，这是非常小的数字。更令人吃惊的是，战役结束时，美国及其盟友没有一人在战斗中牺牲。[47]

从参与行动的飞机数量和提供的武器数量来看，美国在此次行动中贡献巨大。美军的起落架次占到总数的2/3；投掷的弹药则占到总数的83%。美国在情报收集、定位和执行任务方面的角色虽然不为外人所知，却起到了更为关键的作用。没有美军的参与，北约可能连局面都无法维持，也就不会有"联合力量"这样的大规模行动。反过来说，假使没有北约，美国自己的军事力量也足以完成"联合力量行动"，而且效率可能会更高。

克拉克将军称赞"联合力量行动"是"有史以来最精确、犯错最少的战役"。这并非毫无价值。[48]然而,即使他的论证没有问题,大部分功劳也确实要归功于美国,但他的主张错误地将战术胜利当成了战略胜利。这有点像用战场交换比来评估"沙漠风暴行动"的效果,而对战争结束后要面对的困难熟视无睹。

总之,"联合力量行动"令人信服地证明即使最聪明的美国高级军官也会面临战略上的挑战。尽管行动的替罪羊克拉克很快就要告老还乡,但他对战争的认知不足却逃过了更广泛的关注。在后续的战役中,这些弱点还会令人不安地有规律地反复出现。在阿富汗、伊拉克、利比亚和其他地方,美国军队仍然不断提供着令人印象深刻的统计数字,就像他们在科索沃和波斯尼亚所做的一样。但是,能把统计数字转化成永久性或分类明确的数据分析的将才可遇不可求。到那时,克拉克早就不在其位,但他指挥方法的缺陷依然阴魂不散。惊艳的战场表现继续成为战略智慧缺乏的可怜替代品。

"联合力量行动"暴露出的第二个弱点是:坚信美国的军事实力可以输出普世价值。也就是说,西方的自由主义价值观可以减少全球暴力事件的发生,并为最终创造一个和平的世界提供最好的、或许也是唯一的希望。这种信念已经深深植根于美国人的集体意志之中。它为持续的大中东战争提供了内在的逻辑联系。大中东战争也就不再仅仅是迥然不同的、分散各地的小冲突的集合。

美国及其盟友将这种信念带到了巴尔干半岛做实际测试。波斯尼亚和科索沃一样,意识形态之争危如累卵。在这两个地方,倒行逆施的教派主义与世俗的多元文化主义展开了你死我活的竞争,前者要把后者碾为齑粉。米洛舍维奇的塞尔维亚民族主义者代表了前者,因而理所当然地受到了严惩。波斯尼亚人和科索沃人则代表了后者，因而受到了庇护。塞族人坚持的水火不容、积怨和愤恨可以追溯到基督教的鼎盛时期。所以在西方文明人眼中，塞族被视为"他们"。披着伊斯兰外衣的波斯尼亚人和科索沃人则轻松地成了"我们"的一部分。

这场道德剧的基础是宗教在现代生活中扮演角色的未阐明的假设。在美国及整个西方世界，主流的普世价值已经将信仰边缘化了。在今日之美国，《希伯来圣经》《新约》或《古兰经》的个人读者拥有充分自由去相信他们聆听到了上帝的圣言。原本，这样的邂逅应该成为社会关系或政治安排的基础，但实际情况却完全是另一回事。在这些领域，权力的真正源泉在于上帝并不了解之处。

然而，在西方之外，放之四海而皆准的世俗主义优越性作为社会的基础并非不言而喻。将西方多元的、不断演进的人权事业（普世绝不意味着固定或永恒不变）强加于他人的做法在促进和谐的同时也会遭遇反抗。在伊斯兰世界的许多地方（虽然并非全部），西方宣称的普世价值不过是一场空；在最糟糕的情况下，普世价值则被视为亵渎神明之物。即使对于巴尔干半岛的穆斯林（作为西方坚持普世权利超越身份理念的公认受益者）也是如此。

我们在这里遭遇到了科索沃战争中的伊斯兰维度。尽管政策制定者奥尔布赖特和军事指挥官克拉克认为科索沃的穆斯林身份是偶然因素，但宗教与眼下的问题绝不是完全无关。对非西方的观察人士来说，宗教方面的考虑非常重要。就像以色列政府将世界上对犹太人的任何攻击视为自己必须关注的问题一样，大多数穆斯林认为，塞族人对科索沃人的迫害就是对自己的迫害。所以在伦敦举行的伊斯兰激进分子大会将科索沃的困境和1948年被迫逃离家园的巴勒斯坦人的困境相提并论。"对阿富汗、黎巴嫩、巴勒斯坦、阿尔巴尼亚和科索沃的穆斯林的屠杀"都是相同问题的一部分。尽管披着仁慈的外衣,但北约这样的组织却直接卷入了反对穆斯林的暴力活动中。要防止此类暴行必须"成立伊斯兰哈里发国"。这成了"全世界穆斯林的核心问题"。[49]

那些在审判时支持过波斯尼亚人的有影响力的伊斯兰国家,现在又争先恐后来帮助科索沃人,而科索沃解放军成了最终受益者。沙特政府为背井离乡的科索沃难民提供了数百万美元的救援物资。[50]而伊朗则秘密向科索沃解放军提供了资金和武器。[51]以色列外交部长沙龙指责伊朗帮助科索沃试图成立一个伊斯兰国家。[52]美国人对科索沃问题与中东其他地区的事态发展的相关性不太敏感,但高度警惕的沙龙却并非如此。

毫无疑问,沙龙基于以色列视角的担忧被夸大了。然而,任何无视这类担忧的人都应该想想科索沃塞族人的命运。他们中有很多人都祖居于此,而如今,在"联合力量行动"中,他们被当成了种族和宗教异类被驱逐出境。美国军队则在一旁袖手旁观。

和在波斯尼亚一样,美国武装干涉科索沃的支持者对这个问题的认识也是错误的。为受迫害的穆斯林发起的军事行动在伊斯兰世界不会赢得感激。开明的阿加米教授发现了这个"不解之谜","美国为欧洲的两大穆斯林族群进行了军事冒险,但没有任何阿拉伯或穆斯林领导人向美国表达过感激之情或给予过支持"。美国人在波斯尼亚和科索沃的"善行"在某种程度上"从未被认可"。[53]但是,"不解之谜"只不过是阿加米教授一厢情愿的想法。他所期望的是,其他人会和自己一样,接受同一个世界观。受到挫败的绝非阿加米教授一人。在美国政坛,这种现象非常普遍。

北约的救赎之举完成多年以后的今天,波斯尼亚人和科索沃人正源源不断地离开自己的家园前往叙利亚和伊拉克。他们将在那里报名参加反美、反西方的"圣战者"组织。[54] 这些"圣战"分子有着完全不同的普世价值。他们发动的战争是对"果决力量行动"和"联合力量行动"迟来的裁决。那两次行动成功不过是梦幻泡影。

注 释

1. 威廉·克里斯托尔和罗伯特·卡根:《面对新里根主义的外交政策》,《外交》(1996年7月/8月);弗朗西斯·福山:《历史的终结?》,《国家利益》(1989年夏)。

2. 比尔·克林顿:《就职演说》(1997年1月20日);比尔·克林顿:《为什么我要去中国》,《新闻周刊》(1998年6月29日)。

3. 查尔斯·柯翰默:《单极时刻》,《外交事务(美国与世界)》(1990年)。

4. 安东尼·雷克:《从遏制到扩大》(1993年9月21日),mtholyoke.edu/acad/intrel/lakedoc.html,访问于2015年2月6日。

5. 迈克尔·马扎尔等:《军事技术革命:结构框架》(华盛顿特区,1993年),16页。到20世纪90年代中期,军事技术革命一词不再受到青睐,被军事革命取而代之。

6. 爱德华·柯瑞派恩维奇:《军事技术革命:初步评估》(华盛顿特区,2002年),12页。这项研究虽然发表于2002年,却始于1992年,当时它是由五角大楼的网络评估办公室主办的。

7. 迈克尔·马扎尔:《军事革命:国防规划框架》(1994年6月10日),strategicstudiesinstitute.army.mil/pubs/display.cfm?pubID=242,访问于2015年2月11日。

8. 韦斯利·克拉克:《现代战争》(纽约,2001年)。

9. 同上,6页,418页。

10. 蒂姆·犹大:《科索沃:战争与复仇》(纽黑文,2000年),73页,91页。

11. 同上,124-126页,162页。

12. 同上，130-131 页，136-138 页，141 页，147 页，169-171 页。

13. 巴顿·格尔曼：《危机之路：美国及其盟国如何走向战争》，《华盛顿邮报》（1999 年 4 月 18 日）。

14. 马德琳·奥尔布赖特：《科索沃新闻发布会》（1998 年 10 月 8 日）。除非另有说明，国务院官员的讲话和国务院文件可在该部门的网站 state.gov 上获得。

15. 一年前曾出现过一部巴里·列文森执导的电影，名叫《摇尾狗》。在这个（颇为有趣的）讽刺作品中，愤世嫉俗的政治特工发动了一场针对阿尔巴尼亚的虚构战争，挽救了陷入性丑闻的美国总统的政治命运。

16. 詹姆斯·鲁宾：《关于科索沃和谈的新闻简报》（1999 年 2 月 21 日）。

17. 北约提出的在南斯拉夫境内的特权详见附件 B：《多国实施部队的地位，朗布依埃协议》，http://peacemaker.un.org/sites/peacemaker.un.org/files/990123_RambouilletAccord.pdf，访问于 2015 年 2 月 18 日。

18. 韦斯利·克拉克：《现代战争》（纽约，2001 年），109 页，112-113 页，127 页。

19. 同上，119 页。

20. 同上。

21. 同上，68 页。

22. 约翰·博尔顿、罗伯特·卡根、扎尔迈·哈利勒扎德、威廉·克里斯托尔和保罗·沃尔福威茨等杰出人士的文本和签字，请参见 refworld.org/docid/3ae6a6d70.html，访问于 2015 年 8 月 20 日。

23. 沃尔特·艾萨克森：《马德琳的战争》，《时代周刊》（1999 年 5 月 9 日）。在 1999 年 7 月 12 日发行的《新共和》杂志的封面上是奥尔布赖特的一幅漫画。被称为"战争部长"的她身穿中将制服，胸前挂满了装饰物，摆出电影《巴顿将军》中的著名标志性姿势。

24. 蒂姆·犹大：《科索沃：战争与复仇》（纽黑文，2000 年），234-236 页；韦斯利·克拉克：《现代战争》（纽约，2001 年），171 页；马德琳·奥尔布赖特：《国务卿女士》（纽约，2013 年），391 页。

25. 韦斯利·克拉克：《现代战争》（纽约，2001年），203页。

26. 比尔·克林顿：《关于前南斯拉夫共和国空袭的全国讲话》（1999年3月24日）。

27. 以下内容大量涉及威廉·阿尔金的《"联合力量行动"：历史上空中力量最精确的运用》，安德鲁·巴塞维奇和艾略特·科恩编：《在科索沃作战：全球化时代的政治与战略》，（纽约，2001年），1—37页。

28. 韦斯利·克拉克：《现代战争》（纽约，2001年），234页。到战争结束时，联合国难民事务高级专员估计，科索沃流离失所者总数超过了85万人。《1999年联合国难民事务高级专员全球报告》（2000年6月），345页。

29. 韦斯利·克拉克：《现代战争》（纽约，2001年），229页。

30. 蒂姆·犹大：《科索沃：战争与复仇》（纽黑文，2000年），186页。

31. 威廉·德罗兹迪克：《空战指挥官宣称科索沃离胜利不远了》，《华盛顿邮报》（1999年5月24日）。

32. 达娜·普里斯特：《北约统一战线的内部分裂》，《华盛顿邮报》（1999年9月21日）。

33. 韦斯利·克拉克：《现代战争》（纽约，2001年），227页。

34. 例如，在一次新闻发布会上，韦斯利·克拉克说："大家应该理解我们无法阻止塞尔维亚的准军事部队进入村庄杀害平民。"其含义是，克拉克希望将他本人未能预见的难民危机的责任推给其他各方。韦斯利·克拉克：《现代战争》（纽约，2001年），207页。

35. 韦斯利·克拉克，《现代战争》（纽约，2001年），273页。

36. 同上，229页。

37. 理查德·卢格：《派遣地面部队》，《华盛顿邮报》（1999年4月1日）。

38. 罗伯特·卡根和威廉·克里斯托尔：《战而胜之》，《标准周刊》（1999年4月19日）。

39. 约翰·麦凯恩：《克林顿将以美国的荣誉来交换虚假的和平？》，《华尔街日报》（1999年5月10日）。

40. 帕特里夏·科恩：《地面战争使人同床异梦》，《纽约时报》（1999年5月30日）。

41. 伯纳德·特雷纳：《如何在巴尔干地区发动一场地面战争》，《波士顿环球报》（1999年5月13日）；沃伦·贝斯：《基本规则》，《新共和》（1999年5月17日）。

42. 史蒂芬·埃尔兰格：《米洛舍维奇对科索沃的强硬态度让北约的入侵行动蓄势待发》，《纽约时报》（1999年11月7日）。

43. 韦斯利·克拉克：《现代战争》（纽约，2001年），396页、398页。

44. 蒂姆·犹大：《科索沃：战争与复仇》（纽黑文，2000年），287页。在科索沃人眼里，罗姆人是塞尔维亚人的帮凶。

45. 科迪·菲利普斯：《"共同守护行动"：美国陆军在科索沃》（华盛顿特区，2007年），22页。

46. 以梅纳赫姆·贝京和伊扎克·沙米尔等犹太复国主义者的方式，多名科索沃解放军的领导人得益于法律和秩序，从恐怖主义的实践者摇身一变成了主流的政客。例如，科索沃共和国第一任总理就是科索沃解放军的领导人哈希姆·沙奇。他担任此职务达7年之久。

47. 一架AH-64阿帕奇直升机的2名机组成员在阿尔巴尼亚的一次例行训练中发生碰撞事故时遇难。事故中两架阿帕奇直升机中有一架失踪。在另一起事故中，机上机组人员幸存了下来。

48. 韦斯利·克拉克：《现代战争》（纽约，2001年），297页。

49. "宗教激进分子结束伦敦会议，发表声明"，外国广播信息服务（1999年5月23日）。

50. 《沙特阿拉伯扩大对科索沃难民的援助》，美国新闻通讯社（1999年4月22日）。

51. 雷蒙德·邦纳：《北约对支持科索沃反叛分子的提案有所警惕》，《纽约时报》（1999年4月4日）。

52. 《以色列宣称伊朗资助科索沃分离主义者》，英国广播公司的监测报告（1999年4月8日）。

53. 罗伯特·凯瑟：《美国的消息在海外泥牛入海》，《华盛顿邮报》

（2001年10月15日）。

54.蒂莫西·霍尔曼：《叙利亚来自西巴尔干地区的外国战士》（2014年6月30日），打击恐怖主义中心，ctc.usma.edu/posts/foreign-fighters-from-the-western-balkans-in-syria，访问于2015年2月27日；齐娜娜·哈利穆奇和蒂奥多罗维奇·米洛斯：《雇佣军，极端主义成为巴尔干的主要出口产品》，《自由欧洲文件和出版物》（2014年8月15日）；戈登·巴多斯：《巴尔干的"圣战者"》，《世界事务》（2014年9月／10月）。

11. 虚张声势的战争

为了亡羊补牢，克林顿政府发动了一场针对奥萨马·本·拉登和基地组织的战役。和大中东战争的整体效果一样，这场战役可以说效果不佳。尽管行动本身有一些模糊的预期而且大家相信严厉的打击将削弱基地组织，或者至少让本·拉登有所顾忌，踌躇不前，但除此之外整个行动可以说漫无目标，也毫无紧迫感。政府好像不太确定该做些什么。他们或许只是想作作秀，免得被指责为碌碌无为。美国的政策制定者在不知不觉中为本·拉登提供了进一步的理由，用来证明美国人并不比苏联人更强硬。

本·拉登是富有的沙特大亨之子。由于在阿富汗的英勇事迹，他成为备受推崇的英雄。他在20世纪90年代一直努力将基地组织打造成"圣战"的工具。在这方面，他毫不掩饰自己的意图。在1996年发表的漫无边际、拖沓冗长的宣言中，本·拉登说出了自己心中的愤懑不平，并描述了愿景。他抱怨的核心在于"伊斯兰人民遭受的侵略以及不公平、不公正的待遇"。这是"犹太复国主义者和十字军联盟"的联合绞杀。其后果是在整个中东地区，穆斯林的"鲜血变成了最廉价之物。他们的财富沦为敌人的战利品"。面对"让人不寒而栗的大屠杀，面对着动摇信心的大屠杀"，"整个世界都选择袖手旁观"。所以，武装斗争已成为当务之急。其最优先的目的是驱逐驻扎在沙特阿拉伯的美军。他们在那里保护着"暴虐和非法"的皇室家族。本·拉登写道：除了信仰真主之外，"没有比把美国人赶出圣地更重要的任务了"。[1]

两年后，本·拉登在阿富汗的避难所中为之前的宣言加上了结尾。他指控说，自"沙漠风暴行动"以来，美国"在伊斯兰教的最神圣之地阿拉伯半岛占领领土，掠夺财富，对其统治者发号施令，羞辱其人民，恐吓其友邦，并以其半岛基地为先头部队，与邻近的穆斯林人民展开战斗"。是可忍，孰不可忍！为结束这种局面，本·拉登宣称"每个穆斯林都有义务"消灭美国人，无论他是军人还是平民。要不惜采用暴力手段将外国军队从"伊斯兰的所有土地"上驱逐出去，解放麦加和耶路撒冷的穆斯林圣地。这样的暴力手段事出有因。[2]

这些并非来自秘密文件，而是取自公开的声明。美国官员面临的挑战在于是把本·拉登的伊斯兰裁决当作疯子的胡言乱语，还是视之为严肃的行动宣言？"9·11事件"后，答案当然不言自明。然而，

·253·

当这些文件首次曝光时，情况并不那么明朗。

本·拉登已经向美国宣战，但他的战争方式却是打了就跑。基地组织在20世纪90年代展示出的微不足道的能力无法匹配其领导人的宏图大略。

基地组织的恐怖袭击并非只针对美国人，而针对美国人的所有恐怖袭击也并非都是基地组织所为。在20世纪90年代，随着时间的推进，其他国家在美国大中东的敌对名单上处在更重要的位置。当比尔·克林顿1993年当选总统时，美国正与萨达姆·侯赛因处于"战争"状态。很快总统发现他要与穆罕默德·法拉赫·艾迪德和斯洛博丹·米洛舍维奇开始"战争"。克林顿政府花了好几年时间才得出结论，美国与本·拉登也在"战争"状态。

基地组织领导人对此从不怀疑。本·拉登发现了美国在伊拉克、索马里、巴尔干半岛以及其他国家军事行动的模式。他认为，美国的目标是彻底控制这个地区。但实际上，当克林顿总统在该地区扩大军事干涉时，他和前任一样，从未设计过类似的战略。所谓战略应该区分重点，明确轻重缓急。当做出选择时还要匹配目标和手段。关于美国无与伦比的军事实力和历史发展方向的流行假设，使得战略没有存在的必要。

本·拉登的对美战争断断续续开展了很长时间之后，华盛顿的高级官员才慢慢有了一些意识。而他们做出正式的反应则花费了更长的时间，而且所谓的反应也不过就是隔靴搔痒而已。

基地组织策划的目前已知最早的针对美国人的恐怖事件发生在1992年12月的也门。恐怖分子在也门亚丁市的两家酒店外引爆了炸弹。那里曾是美军去索马里的中转站。此次袭击以失败告终，爆炸没有造成什么人员伤亡，而且其中没有一名美国人。[3] 由于此事发生在美国大选和新总统就职期间，所以没有引起人们的注意。

第二次恐怖袭击取得了很大的成功,引起了更多的注意。1993年2月26日,恐怖分子在纽约世贸中心停车场引爆了一辆满载炸药的货车。行动中有6人死亡,1000多人受伤,并造成5亿美元的经济损失。克林顿总统此时上任还不足一个月。在每周的例行广播中(其主题通常是经济政策),他就此增加了部分内容,承诺联邦政府将帮助州和地方政府调查此事。他说,美国人希望"在自己熟悉的街道、办公室和家里有安全感"。"安全感是安全的重要组成部分。它对我们所有人都很重要。"[4]

第二天,克林顿乘"空军一号"来到纽瓦克机场进行事先安排好的活动。他告诉记者,美国人不应该"在这个时候反应过度"。总统决定不访问哈德逊河对面的爆炸现场。[5] 他也没有推测凶手的动机或身份。嫌疑人在发给媒体的声明中宣称自己是"解放军第五营"的成员。[6] 事实上,这种说法纯属子虚乌有。世界贸易中心的首次爆炸是以纽约大都会为基地的一个"圣战者"组织小组的杰作。

在中断了一段时间后,沙特阿拉伯又发生了两起恐怖袭击事件。1995年11月,一枚汽车炸弹在利雅得的一幢建筑外被引爆。此处正是美国人训练国王内务安全部队(沙特阿拉伯国民警卫队)的所在地。5名美国人在恐怖袭击事件中丧生。沙特政府逮捕、审问并迅速处决了4名罪犯。其间未允许美国调查人员参与审问。[7]

次年6月,另一枚汽车炸弹摧毁了霍巴塔公寓大楼。此次恐怖袭击发生在4404飞行联队的临时驻地宰赫兰。他们是美国执行"南部监视行动"的空军部队。爆炸中有19名美国人死亡,另有372人受伤。不愿合作的沙特政府控制了由美国联邦调查局局长路易斯·弗里领导的美国调查小组。他们得出的结论是,以

· 255 ·

伊朗为代表的真主党组织实施了此次袭击。但事实上，行动参与者都是沙特人。[8] 美国五角大楼要求担任现场指挥的特里·施瓦利尔准将为此次安全过失负责；随后美军驻沙特阿拉伯部队被转移到更偏远，但更有安全保障的地方。[9] 除了意料之中的"替罪羊"以及国会成员的"事后诸葛"之外，事件追究也就到此为止了。

从 2001 年 9 月以后的视角来分析这些恐怖袭击事件，你会有种强烈的冲动，把他们看成易被忽略的对未来的预警。事实上，每次事件中都有大量证据指向本·拉登参与其中的可能性。确实有一些参与亚丁事件调查的美国官员产生过这样的怀疑。[10] 我们现在已经清楚，基地组织的前身是本·拉登参与联合创立的阿富汗事务局。该组织很可能资助了世界贸易中心的第一次恐怖袭击。"9·11 事件"之后，一些美国高级官员已经开始察觉本·拉登可能是沙特阿拉伯国民警卫队遇袭事件和霍巴塔公寓大楼爆炸事件中的幕后黑手。2007 年，在霍巴塔爆炸事件发生后，国防部长威廉·佩里就重申了他一贯的观点，这次袭击"很可能是奥萨马·本·拉登所为"。[11]

但是，在当时，本·拉登参与这些恐怖袭击事件并非一目了然。1998 年 8 月 7 日，美国位于肯尼亚和坦桑尼亚的大使馆同时发生了炸弹袭击。在这次大事件发生后，基地组织领导人才得到了认真的关注。[12]

对美国大使馆的袭击经过了精心策划。行动被精确地安排在了美军到达沙特阿拉伯的整整 8 年之后。恐怖袭击带来了毁灭性的效果。在事件中，各有一辆满载炸药的卡车给预定目标造成了巨大的结构性破坏。在内罗毕，袭击造成 227 人死亡，其中包括 12 名美国人，还有数千人受伤，其中绝大多数是过路的肯尼亚人。在达累斯萨拉姆，有 10 名使馆工作人员遇难，其中没有 1 名美国人，另有数十人受伤。

不到24个小时，克林顿总统就出现在了电视广播里。他向公众解释了发生的恐怖袭击事件。"美国人是恐怖主义的目标"，他说，"因为我们对这个世界有独一无二的领导责任；因为我们采取了行动促进和平与民主；因为我们团结在一起坚决反对恐怖主义"。这份声明不过是在断章取义，甚至有可能误导公众。其目的不是广而告之而是为了安抚人心，并以此作为掩饰真相的手段。肯尼亚和坦桑尼亚余焰未熄的美国大使馆昭示了问题就在那里。而问题的历史、意识形态和宗教信仰的复杂性是总统不愿意承认的。他没有寻根问底而是直接给出了解决方案。美国政府承诺要"继续打击恐怖分子"。[13] 至于美国如何行动以及与谁为敌，却没有明确说明。

美国情报机构旋即宣布本·拉登要为此负责。中情局局长乔治·特尼特表示已经掌握了"十拿九稳"的证据。克林顿选择进行直接但有限度的军事报复。[14] 自此，美国大中东战争的范围扩大到了基地组织。

这个新对手的众多显著特征中，有一个尤其突出：基地组织不是国家，而是一个组织，它没有地域的限制。尽管如此，为了发起打击基地组织的行动，美国官员还是决定对一小部分固定设施进行导弹攻击。

还有一些替代方案，比如战斗机轰炸，大规模地面部队介入，或特种作战部队的突袭等。但在研讨时，这些方案各有各的困难：时间更长，美军伤亡的风险，国内政治派别的反对可能性，诸如此类。谢尔顿将军代表了冷漠的联席会议领导人的观点。他反复强调那些潜在的困难。相比之下，使用舰载导弹进行远程攻击就显得直截了当而且简单易行。[15]

8月20日晚,海军陆战队在中央司令部司令安东尼·津尼海军上将的指挥下,对基地组织发起了军事打击的首轮轰炸。这次行动的代号为"无限延伸"。尽管行动代号相当威风,但就其实际效果而言,它不过是埃尔多拉多峡谷行动的重演。

在阿拉伯海,从水面舰艇和一艘潜艇上共发射了大约70枚战斧巡航导弹。它们的目标锁定在位于阿富汗的基地组织训练营地。在红海,另有两艘美国海军的水面作战舰艇向苏丹首都喀土穆附近的一家制药工厂发射了13枚战斧导弹。本·拉登本人曾在此地生活过一段时间,之后他才前往阿富汗。特尼特等美国情报官员认为,包括本·拉登在内的基地组织领导人已经在阿富汗首都喀布尔东南部的霍斯特省和巴基斯坦边境交界处的营地举行过一次会议。他们还相信,一年前在喀土穆开业的阿尔-希法制药工厂生产的化学物质可以用来制造致命的神经性毒剂。它最终可能会落入基地组织之手。

然而,两处的情报后来证明都不准确。导弹命中了目标,美军也没有遭受任何损失,因为美国人根本就未曾处于危险之中。但是,以其他标准来衡量,"无限延伸行动"的效果却令人失望。这次看似完美的行动,实则有诸多不足。此次行动成了执行高效却毫无意义的高科技武器消耗的范本。

在霍斯特省,基地组织的领导人毫发无损得以全身而退。为了制造最大的毁伤效果,战斧巡航导弹在目标地区投掷了集束弹药。行动杀死了几十名基地组织步兵和来自巴基斯坦三军情报局的官员。[16]但是本·拉登本人和他的主要助手并没有在营地附近。国防部长威廉·科恩将位于霍斯特省的基地组织设施称为"恐怖主义大学"。[17]然而,大学的课程暂停了。当导弹来袭时,教员们基本没在校园附近。津尼也承认这次袭击"实际上并没有给对手造成太大的损失"。[18]

科恩后来评论说，"无限延伸行动"的目的是"发出明确的信号，表明美国已经上场。美国绝不会容忍针对自己的任何恐怖主义活动"。[19] 然而这种信号既没有深刻地影响到基地组织的领导层，也没有把他们吓倒。

与此同时，战斧导弹摧毁了位于喀土穆的阿尔－希法工厂。这次攻击行动击毙了一位夜班警卫并重创了一位看热闹的路人。[20] 然而，美国科学家随后的调查却对该工厂被用于邪恶目的的说法提出了严重质疑。[21] 只有一件事是肯定的：被摧毁的设施永远无法实现它原来的设计目的。它无法生产出急需的抗生素和抗疟疾药品。

在华盛顿，美国高级官员将此次行动形容为开场白，而非最后一击。当被问及是否会有更多的打击行动时，科恩部长向记者保证说，"我们正在制订应急计划。未来会有更多行动安排"。国务卿奥尔布赖特希望美国人民明白"这是一场持久战"。她将其称为"未来之战"，但这是一场失去意义的战争。奥尔布赖特谴责了那些人。他们"认为殃及无辜是为了某种形式的政治表达。那不是政治表达……那是谋杀，非常简单明了"。[22] 这样的表述满足了道德上的要求，但不能提供关于发动战争所需的任何见解"。

美国的安全机构以前基本上没有关注过本·拉登，现在却走向了另一个极端。他们把本·拉登视为带有生存影响力的阴谋策划者。在克林顿政府内部，"抓住"本·拉登从而使基地组织群龙无首自此成了热门话题。[23]

这种反应被证明大有问题。在对基地组织的威胁进行分类以便将它与伊斯兰世界里引发美国武装干涉的其他情况加以区分时，美国犯下一个根本性的错误，在夸大基地组织危险性的同时忽视了孕育其生长的大环境。美国的决策者再次把症状（恐怖主义）当成了病因（由于美国的不明智政策引发的政治和社会功能的恶化）。

这就相当于得知波士顿茶党喜欢把山姆·亚当斯和"自由之子"看成整个北美殖民地对皇权挑战的代表之后的英国政府。他们认为只要逮捕了亚当斯，镇压了蛊惑人心的波士顿人就能重新走上正轨。这让他们沉溺于巨大的幻觉之中。和18世纪70年代中期的情况一样，20世纪90年代末的情况也是如此："未来之战"即将到来，但超级大国对即将进入的状态却一无所知。

在美国国内，"无限延伸行动"没有吸引多少人的支持。对克林顿总统的不检点行为感到厌恶的批评人士，指责他试图分散大众对莱文斯基事件的注意力。[24]更多的鹰派人士则抱怨说，"无限延伸"的影响力还远远不够。延伸是一回事，影响力则是另一回事。他们要求采取更强有力的行动。在支持对阿富汗和苏丹的攻击时，《华盛顿邮报》外交政策专栏作家吉姆·侯格兰发现了"令人不安的迹象"：克林顿决定再次"发动导弹攻击，然后就宣布问题已经解决"。对侯格兰来说，一次打击的力度远远不够。他抱怨道："很难相信，一个晚上的攻击就是克林顿本可完成和应该完成任务的极限？这样就足以阻止本·拉登血腥的极端主义？"[25]记者马克斯·布特在《华尔街日报》上发表的文章给予了附和。美国作为"世界警察"有升级打击行动的责任。他呼吁克林顿总统信守承诺，因为总统曾宣称"最近在苏丹和阿富汗进行的巡航导弹攻击行动只是美国打击恐怖主义行动的开始"。[26]对《新共和》来说，"斩首"本·拉登已是当务之急。媒体编辑们希望美国将暗杀的疑虑抛诸脑后。在"反恐战争"中，美国需要更大的"战术灵活性"。[27]后来成为外交政策分析专家的前中央情报局特工马克·格雷奇特更为激进。他写道，美国大众需要克服"将死亡人数最小化的不切实际的道德约束"。他承诺，只要消灭了本·拉登，"我们就能严重破坏他的整个网络"。[28]

因此，在美国大中东战争中，美国驻非洲大使馆遇袭事件成了重要的催化剂。它强化了于事无补的政策倾向，却未能促使美国重新审视任务的优先级。将基地组织列入华盛顿的敌对清单中，意味着再次确认军事行动可以解决问题的信念。[29] 政策制定和确定目标之间的界限变得模糊不清。

事实上，"无限延伸行动"并没有成为打击基地组织的起跳板。美国中情局使用了"捕食者"无人机对阿富汗进行空中侦察，但得到确凿情报的可行目标还是很难发现。怀疑论者还提出了成本效益问题："我们用数百万美元的巡航导弹或炸弹击毁50美元的丛林健身房或泥瓦房的价值何在？"[30] 外交上的痛苦收益比也需要考虑在内。美国导弹在打击阿富汗目标时必然侵犯巴基斯坦领空。这提醒人们单边军事行动几乎不可避免地会激怒美国的盟友。和以往一样，军队对风险的容忍度仍然很低。[31] 因此，尽管再次打击本·拉登的冲动催生出超过一打"具体的、精密的、详细的"行动计划，并使克林顿政府多次处在行动的边缘，但总统从未真正扣动扳机。[32]

美国向本·拉登宣战是对本·拉登对美宣战的冲动而愚蠢的反应。这赋予基地组织名不副实的地位。克林顿政府在声明中对军事行动只字未提。这是错上加错。这和1939年至1940年的严冬中，英法两国的政策如出一辙。对美国来说，这是一场虚张声势的战争。

美国迟钝的反应使本·拉登得以实施另一次攻击行动。

2000年10月12日，美国海军"科尔"号成为"斯塔克"号和"塞缪尔·罗伯茨"号之后，另一艘在美国大中东战争期间遭受重创的舰船。[33]

导弹驱逐舰"科尔"号当时正好途经苏伊士运河和红海前往波斯湾。它要在亚丁做"加完油就走"的短暂停留。晚上刚过11点，正当加油和补给工作进行时，一艘载有2名不明身份人员的白色小船靠了过来。"科尔"号船员误以为它是一艘垃圾船，来这里是为了完成垃圾清理工作。当小船接近驱逐舰的左舷时，那两个人假意招了招手，然后就引爆了炸弹。巨大的爆炸在"科尔"号吃水线的上方撕开了船体。工程空间很快被水淹没，电力系统也相继失效，通道里烟雾弥漫。17名美国海军士兵当场死亡，另有36人受伤。自第二次世界大战以来，还没有一艘美国战舰在对敌行动中受损。在那个时刻，"科尔"号成了纪录的终结者。

"科尔"号船长，指挥官柯克·利波尔德和近300名船员（包括44名女兵）经过艰苦卓绝的努力，最终阻止了这艘被炸残的驱逐舰沉入海底。为了拯救它，水手们在可怕的环境下度过了一段令人精疲力竭的时光（即便在阴凉处温度也高达45℃，而甲板下的温度更达到了55℃）。经过3天累断了腰的辛苦工作，水手们才成功稳住了战舰。[34] 士兵的英勇行为与那些将美国军舰派往亚丁等地的混乱政策形成了鲜明的对比。

像往常一样，负责制定政策的人，无论身在华盛顿还是中央司令部，都没有受到任何惩罚。当问责的指针停止旋转时，它再一次指向了现场指挥官。调查人员发现，"这艘船并没有保护自己免受攻击的万全之策。部队对自我保护缺乏深思熟虑的计划，而执行效果更是不令人满意。"在62项必需的武装保卫措施中，"科尔"号船长弃置不用的有19项，未能完成遵守的有12项。其中有几项"可以阻止自杀船只的攻击或降低其攻击的影响"。[35] 这些发现让利波尔德的职业生涯就此终止了。[36]

在美国军队里,无论大小,每次行动都会有自己的名字。修复"科尔"号的努力,被中央司令部命名为"坚强回应"。实际上,除了将船从现场移开之外,行动更接近"沉默反应",甚至是"全无反应"。

"科尔"号访问亚丁,不仅是为了在那里补充燃料,还因为在那里停泊是"接触"政策的一部分。该政策相信美军在不稳定地区的定期出现能够起到安抚或鼓舞人心的作用。按照五角大楼的说法,"接触"政策可以"帮助塑造国际环境……促进世界和平和稳定"。[37] 在美国的国家安全团体里,认为"接触"政策可以促进和平和稳定的坚定信念与基督徒的基督复临信仰别无二致。它为整体的军事事业提供了终极理由。

按照这个逻辑,也门不能算是一个和平稳定的国家,因此双方"接触"的时机已经成熟。来自中央司令部的津尼希望通过有步骤的计划("科尔"号访问只是计划的一部分)来防止这个国家"成为下一个阿富汗"。[38] "没有人会天真地认为某个具体的行动或事件会产生决定性的影响。"然而,人们相信"接触"行动累积到一定程度就会带来变化。这种想法多少有些幼稚,但美国官员对此毫不在意。因此,与其说是对"接触"政策的怀疑,不如说是"科尔"号的遇袭事件表明了加倍下注的必要性。一个月前接替津尼担任中央司令部指挥官的汤米·弗兰克斯明确表达了自己的观点。"恐怖分子已经向我们宣战,我们不能退缩",他说,"我永远不会放弃'接触'政策"。[39]

然而,对白宫内部人士来说,对"科尔"号的攻击表明仅靠"接触"政策是远远不够的。在美国情报机构确认基地组织策划了此事之后，美国国家安全委员会的工作人员迅速起草了一份多层次行动计划。美国"计划用3到5年的时间"，"击溃"本·拉登的恐怖网络。"到那时该组织将不再构成严重的威胁"。该计划将其他9个恐怖组织也标记为恐怖网络的一部分，同时强调实际问题甚至更加严峻。经常在西方国家抛头露面的基地组织是以"全球化方式"来运作的。

然而，"击溃"计划并不具有全球性。本·拉登的主要基地就集中在阿富汗。该计划的关键内容包括向当地的反塔利班武装提供秘密援助；以及"美军公开的军事行动"以摧毁基地组织的"指挥和控制体系、基础设施以及塔利班的军事和指挥设施"。但该计划没有对所需军事行动的规模进行估计。尽管承认基地组织是"阿富汗对抗苏联的国际'圣战者'的产物"，但该计划并没有考虑直接成本及后续的影响。[40] 之前利用"圣战"分子的尝试产生了意想不到和计划外的后果，但在克林顿的白宫，一些人还是蠢蠢欲动想要再来一次。

与美国过去20年在伊斯兰世界的其他军事行动相比，这个提议相当大胆。"击溃"计划没有承诺会立竿见影，反而强调了长期的付出。该计划认为，消灭基地组织不能用天或周来计算。它可能需要数年的时间。

我们会怀疑，这些军事行动将会取得真正决定性的结果。毕竟，摧毁阿富汗基地组织首先会给反美"圣战"主义创造成长的条件。但是，"击溃"计划是否有用没有实际意义：它一直停留在备忘录阶段。克林顿即将届满，他没有兴趣开辟新的战场。2000年11月，美国副总统阿尔·戈尔和得克萨斯州州长乔治·布什两人的选票非常接近，无法分出胜负。在这种情况下，没有可能对基地组织发动大规模的军事行动。由于整个国家的目光都聚焦在佛罗里达州的重新计票上，"科尔"号遇袭事件并没有得到太多关注。当最高法院正式裁决布什获胜时，克林顿发动的虚张声势的战争获得了第二次生命。

注 释

1."本·拉登宣布针对美国人展开'圣战'",(1996年9月2日),《对外广播新闻处报告》,fas.org/irp/world/para/ubl-fbis.pdf,访问于2015年3月2日。

2.《追杀令敦促"圣战"打击美国人》(1998年2月23日),《对外广播新闻处报告》,fas.org/irp/world/para/ubl-fbis.pdf,访问于2015年3月2日。

3.《"9·11事件"委员会报告》(华盛顿特区,2004年),59-60页。

4.威廉·克林顿:《总统的广播讲话》(1993年2月27日)。

5.保罗·韦斯特:《克林顿概述了74亿美元的国家服务计划》,《巴尔的摩太阳报》(1993年3月2日)。

6.丹尼尔·本杰明和史蒂文·西蒙:《神圣的恐怖时代》(纽约,2002年),13-14页。

7.《"9·11事件"委员会报告》(华盛顿特区,2004年),60页。

8.大卫·柯克帕特里克:《沙特阿拉伯宣布逮捕了1996年霍巴塔公寓大楼爆炸案的嫌疑犯》,《纽约时报》(2015年8月26日)。

9.《提供给总统和国会的关于海外部署美军保护措施的报告》(1996年8月30日),au.af.mil/au/awc/awcgate/khobar/downing/toc.htm,访问于2015年3月6日。该文件通常被称为唐宁报告。

10.彼得·伯根:《"圣战者"》(纽约,2002年),176页。

11.《佩里:爆炸案发生后美国视之为伊朗发动的袭击》,美国合众国际新闻社(2007年6月7日)。

12.《纽约时报》提到的"本·拉登"和"基地组织"的频率随着时间的推移成了公众可见度的指标。

年份	本·拉登	基地组织
1994	3/1	0/0
1995	0/0	0/0
1996	13/10	0/0
1997	5/5	0/0
1998	213/183	12/23
1999	176/132	2/5
2000	163/142	17/12

通过检索学位论文全文数据库，我们发现《纽约时报》在这段时间里有两个文章数据库。对于任何给定的搜索关键词，它们都会产生不同的检索结果。在每个单元格中，第一个数字是从《纽约时报》"当前文件"中检索出的包含"本·拉登"或"基地组织"的文章数量。第二个数字是从《纽约时报》"最新版／东海岸版"检索出的文章数量。我非常感谢德尔林·卡尔普提供这些数据。

13. 威廉·克林顿：《总统的广播讲话》（1998年8月8日）。

14. 理查德·克拉克：《反击一切敌人》（纽约，2004年），184页。

15. 迈卡·曾科：《威胁与战争之间：美国在冷战后的世界，断断续续的军事行动》（未出版博士论文，布兰迪斯大学，2009年），117页。

16. 同上，127页。

17.《在国会山的新闻发布会上的发言》（1998年8月21日）。

18. 汤姆·克兰西与托尼·津尼将军：《战备》（纽约，2004年），341页。

19. "9·11事件"委员会：《员工声明第6号（军事）》（2004年3月26日）。

20. 迈卡·曾科：《威胁与战争之间：美国在冷战后的世界，断断续续的军事行动》（未出版博士论文，布兰迪斯大学，2009年），124页。

21. 詹姆斯·莱森和戴维·约翰斯顿：《专家在被轰炸的苏丹工厂未找到制造武器的化学品》，《纽约时报》（1999年2月9日）。波士顿大学化学系主任托马斯·图利乌斯教授领导了此次调查。

22.《在国会山的新闻发布会上的发言》(1998年8月21日)。

23.理查德·克拉克:《反击一切敌人》(纽约,2004年),198页。

24.同上,189页。

25.吉姆·侯格兰:《漫长战争中的一次打击行动》,《华盛顿邮报》(1998年8月23日)。

26.马克斯·布特:《维多利亚时代士兵提供给美国的一些经验》,《华尔街日报》(1998年8月25日)。

27.《进行人身攻击》,《新共和》(1999年9月14日和21日)。

28.爱德华·雪莉:《杀死本·拉登的礼仪》,《华尔街日报》(1998年8月27日)。"爱德华·雪莉"是格雷奇特的化名。

29.当然也有例外,但是它们都并不重要。《基督教科学箴言报》的一篇社论就质疑发动对恐怖主义的战争真是一个好主意。社论指出,问题可能不是本·拉登,而是"北非,中东和南亚等部分地区普遍的疏离感和愤怒"。美国基于武力的政策会引发"针锋相对的暴力循环"。社论预计"为了避免美国国土遭遇恐怖主义的潜在威胁,美国国内会有暂停公民行使自由权利的压力"。《反对恐怖主义的战争》,《基督教科学箴言报》(1998年8月24日)。

30.理查德·克拉克:《反击一切敌人》(纽约,2004年),201页。

31."9·11事件"委员会:《员工声明第6号》。

32.休·谢尔顿:《毫不犹豫》(纽约,2010年),342-343页;丹尼尔·本杰明和史蒂文·西蒙:《神圣的恐怖时代》(纽约,2002年),280-282页,320页。

33.在"沙漠风暴行动"期间,另有2艘海军舰艇"普林斯顿"号和"的黎波里"号曾经触雷,虽然破坏严重,但好在尚不至于致命。

34.埃文·托马斯和莎伦·斯夸索尼:《绝望时刻》,《新闻周刊》(2001年3月26日);哈尔·皮特曼:《在英雄面前》,《海军航员》(2001年5月)。

35."下令调查美国海军'科尔'号(DDG 67)于2000年10月12日前后在也门亚丁塔瓦西(亚丁港)的班达尔准备并执行燃料补充,短暂停留期间的行动"（2000年11月27日）。

36.利波尔德不同意调查人员的调查结果。他在《当务之急：基地组织对美国海军"科尔"号的攻击》（纽约，2012年）上给出了自己对事件的解释。

37.约翰·沙利卡什维利将军，"前言"，《美国国家军事战略》（华盛顿特区，1997年）。

38.众议院军事委员会：《对美国海军"科尔"号攻击的调查》（2001年5月），6页。报告载于 bits.de/public/documents/US_Terrorist_Attacks/HASC-colereport0501.pdf，访问于2015年3月10日。

39.同上，7页。

40.《消灭来自基地组织网络威胁的战略：现状与展望》（2001年1月），www2.gwu.edu/~nsarchiv/NSAEBB/NSAEBB147/clarke%20attachment.pdf，访问于2015年3月11日。

第三部分

高潮

12. 改变他们的生活方式

每一届新政府上台时都会对外交政策提出自己的愿景，然而在实际运作时这些愿景很少被实践。2001年1月20日上台的布什新政府的愿景比大多数前任更加雄心勃勃，也更为具体。它恰恰源于克林顿总统有意忽视的那些信念。在这些信念中，最重要的是军事自信。它是美国领导力的基础。美国要扮演其历史上不可或缺国家的角色，必要条件是拥有和使用至高无上的军事权威。布什政府的国防部长认为，克林顿政府给人的印象是美国"害怕舞刀弄枪"并且"厌恶风险"。[1] 布什团队意欲扭转这种局面。

新总统和他的前任一样，在担任总司令之职以前，几乎没有任何相关的经验。在国家安全方面他是新手。因此，和前任一样，乔治·布什的身边聚集了经验丰富的下属和知名专家来弥补他经验的不足。这些人的任命经常预示着政府的战略意图。

就本书的目的而言,有三次任命尤为引人注目。布什选择了竞选伙伴、前国防部长理查德·切尼做他的副总统;主持五角大楼的人选,他选择了与切尼关系密切的前国防部长唐纳德·拉姆斯菲尔德;而拉姆斯菲尔德的副手,他则安排了老布什政府里担任切尼重要助手的保罗·沃尔福威茨。在华盛顿的圈子里,他有着博学思想家的美誉。

尽管切尼、拉姆斯菲尔德和沃尔福威茨并非每件事都心有灵犀,但他们三人普遍赞同一个观点:对才智出众和愿意发挥其潜力的人来说,军事实力是非常有力的武器。当美国大中东战争挂上高速挡时(布什和他的重要幕僚都没有预料到会发展到这样的程度),这三位高级幕僚抓住时机,把他们的想法放到实战中进行了检验,并给美国的政策留下了不可磨灭的印记。很不幸,他们最终取得的成就微不足道,他们犯下的错误反而影响深远。这确实有些意味深长。

2001年9月11日的恐怖袭击发生在乔治·布什总统上任后的第234天。在这一天之前,布什的日程很少引起我们的注意。直到那一天,大中东战争一直处于自动驾驶状态。在北部和南部禁飞区巡逻的美国战斗机时不时地轰炸一下伊拉克的目标。克林顿政府对伊拉克和伊朗的"双重遏制"政策仍在执行之中。布什的国家安全团队从未低估过本·拉登,但在如何对付他的问题上却十分谨慎。[2]有时,深思熟虑往往意味着无所作为。基地组织只是美国要面对的众多问题之一。他确实比菲德尔·卡斯特罗的古巴问题更为紧迫,却要排在弹道导弹防御系统部署和中国崛起这些战略挑战之后。

就大中东问题而言,以色列和巴勒斯坦的冲突是即将离任和

· 273

即将上任政府间的主要分歧。布什总统明确表示,他对重复前任解决争端的办法没有兴趣。在他看来,靠中东斡旋来实现和平并不是自己优先考虑的问题。至于那些导致美国对伊斯兰世界不断武装干涉的重大问题,更不在他的考虑范围之内。老专家组成的新团队没有时间也没有策划新想法的意愿。他们早已了解所须了解的一切。

但他们未能避免发生在世贸中心和五角大楼的恐怖袭击。袭击造成数千无辜之人遇难,还有大约1780亿美元的物质损失。很多经济活动被迫停止。[3]

任何阴谋诡计,无论是抢劫银行还是恐怖袭击,都需要周密的计划、大胆的实施以及恰到好处的运气。除此之外,还需要合适的外部条件,比如脆弱的防御或在岗位上打盹的警卫。尽管在具体比例上,观察者可能会有争议,但所有这些因素在"9·11事件"中或多或少都存在着。

19名身藏美工刀的年轻男子轻而易举地劫持了4架商用客机。他们把飞机变成了破坏力巨大的致命导弹。这震惊了美国。习惯于视集体安全为理所当然的美国人感觉到让人心寒的脆弱感。

历史上没有任何先例可资参考,将之与偷袭珍珠港事件进行比较也是站不住脚的。1941年12月,美国人是在偷袭发生之后,通过电台广播了解到了日本发动攻击的始末。而在2001年9月,美国人是眼睁睁地看着恐怖事件的发生。他们目睹了同胞的死亡。他们看到燃烧的建筑物轰然倒塌。对住在曼哈顿或华盛顿特区的人来说,这段经历让人不堪回首。他们身临其境,亲身体验和嗅到了毁灭的味道。

布什政府以及世界上规模最大、最先进的国家安全机构在保卫国土安全这一根本使命上遭遇了彻底失败。奇怪的是,惨败后没有一位官员因之丢掉工作，也无人被追究责任或降职。团结在国旗之下，优先处理紧急事务显然要比问责重要得多。

1941年12月的珍珠港事件之后，让美国海军上将赫斯本德·金梅尔和陆军中将沃尔特·肖特对事件负责是否公平？答案或许是否定的。然而，撤销2名高级军官的职务并降阶使用至少承认领导层犯下了不可饶恕的错误。但从美国大中东战争开始，负责制定和执行国家安全政策的内阁部长和上将基本上被免于追责。在摩加迪沙事件后武断地开除国防部长阿斯平是一次例外。值得注意的是，这种做法在"9·11事件"中得以延续。因此，那些未能预见和阻止美国本土最严重直接攻击的官员依然留在了工作岗位上。如果民众要求政府官员关注"保卫美国的国土安全"，他们将获得更大的权力。

布什总统亲自解释了发生的一切、其后续影响以及如何确保恐怖袭击不再降临到美国人身上。

在一系列标志性的声明中，布什承认美国陷入了规模巨大的冲突中。他错误而无力地将其描述为"全球反恐战争"。在总统的词典里，恐怖主义与魔鬼别无二致。所以消灭恐怖主义的战争，就像布什发誓要做的那样，必然变成摧毁恶魔的战争。

考虑到现实的情况，布什放弃了1980年以来美国卡特原则指导下的军事行动。美国从无到有发动了全球反恐战争。尽管19名劫机者中有15名沙特人，但总统对调查这个事实的潜在意义没有任何兴趣。对沙特安全和福祉的担忧促使美国首次提出了卡特主义。但令人发指的"9·11事件"的实施者恰恰来自这个国家，这到底意味着什么？对这个问题的讨论被布什政府列为禁区。

为了给全球反恐战争一个恰当的历史地位，总统把它描述成20世纪集体记忆中那些战争的继承者。在过去20年里，无论美国在伊斯兰世界采取了多少军事行动，其规模都不及20世纪30年代到80年代美国在欧亚大陆发动的军事行动。换句话说，这场战争的核心问题司空见惯，没有什么值得担心。

在谈到美国的新对手时布什说："我们以前遇到过这种情况。他们是20世纪残暴意识形态的继承者，通过牺牲别人的生命来实现他们激进的幻想。除了权力意志之外，他们放弃了所有的价值观。他们正在法西斯主义、纳粹主义和极权主义的道路上执意前行。他们会沿着这条路一直走下去，直到葬身于无人留意的、被人抛弃的谎言的历史坟墓里。""就像第二次世界大战和冷战一样，自由也曾岌岌可危，但它注定会再次大获全胜。"[4]

然而，捍卫自由需要范围广泛的进攻。这种战争形式具体该如何展开需要彻底搞清楚。针对恐怖主义的全球战争不在五角大楼既有的应急计划中。尽管总统警告美国人要做好迎接形式完全不同冲突的准备（"不会再有攻克岛屿或抢滩登陆的战斗"），但他并没有明确指出这些差异到底意味着什么。[5]

布什政府的官员开始处理此事。他们设计了描述此项事业的术语，使得简洁明了地表达政府的意图成为可能。"全球反恐战争"的批评者不无道理地指出，发动战争的荒谬之处在于它只针对战术目标；或者用布什比较喜欢的说法，其目的是消灭邪恶。然而，就我们的目的而言，其启发之处在于，政府坚持把战争描述为"全球性的"。

"全球战争"的提出是为了破除美国行使权力的限制。早在"9·11事件"之前，布什政府就对这种限制愤懑不平，并尝试打破它。就职后不久，总统在美国国防大学发表演讲时表示，随着冷战的结束，"仅靠威慑是不够的"。世界正变得"更不确定、更难预测"，预防性军事行动正逐渐成为当今的行事规则。[6]

"9·11事件"正好创造了机会来处理这个必须完成之事。哪怕一次小规模战争，其目标可能都是多重的，但全球反恐战争的主要目标就是给美国的军事力量松绑。布什和他的主要幕僚认为，这样做才能维护美国人的生活方式及其所需一切。换句话说，战争的目的从一开始就不只是基地组织或是混乱的大中东造成的直接威胁。到此为止，石油只是需要考虑的次要问题。战争规划师们一直在寻找让美国人永享与生俱来特权的方法。这就意味着要制定一套全新的规则来扩大全球唯一超级大国的特权，从而延续美国世纪直到永远。

"9·11事件"后不到一周时间，拉姆斯菲尔德以令人钦佩的坦率，直言不讳地阐述了这一问题。"我们有一个选择"，他告诉记者，"要么改变我们的生活方式。当然这是不可接受的。要么改变他们的生活方式。我们……选择后者"。[7]五角大楼的媒体团队成员没有向拉姆斯菲尔德施压，要求解释"他们"是谁（或"我们"是谁）。但拉姆斯菲尔德主张中的含义很明确：任何积极支持反美恐怖主义或对此有支持、同情倾向的国家、团体或组织都不得不改弦更张。拉姆斯菲尔德在"9·11事件"后的第一个冲动就是用外延最大化的语言来解释美国的政策。"需要迅速行动……干大事；有关系的也好，不相干的也好，我们要横扫一切。"[8]不必再烦恼死伤人数，"干大事"意味着要面对几十个国家千百万人的命运，其中大多数来自伊斯兰世界。

在过去的20年，美国在这些地区的军事介入不过是浅尝辄止。按照卡特主义的主张，为了维持美国人的生活方式，美国有责任确保波斯湾及其周边地区的安全。从卡特算起，小布什的几位前任无一例外都接受了这个主张，布什本人亦是如此。然而，他的前任都极力避免不间断的大规模使用武力。美国的大中东战争因此缺乏严谨性。但这个阶段已经结束。"如果战争不能显著地改变世界的政治版图",拉姆斯菲尔德在同一个月写道,"美国将无法实现它的目标"。⁹

作为军事目标,改变"他们"的生活方式类似于"拿破仑式"的伟大。高贵还是荒谬完全取决于你的立场。重新绘制世界政治版图这样雄心勃勃的目标意味着要承担更大的付出。

奇怪的是,布什政府却不愿提供必要的资金。就利害关系而言,全球反恐战争可与第二次世界大战或冷战相提并论。但它不像以前的那些冲突需要为国捐躯。发动全球战争并不需要布什总统进行全国总动员。¹⁰国家不会加征新税,不会要求个人做好牺牲的准备,也不会发生强制征兵。日常生活同以往并无差别。总统要求美国人"享受我们应该享有的生活"。¹¹亚伯拉罕·林肯在萨姆特堡围困期间遇到的困难或富兰克林·罗斯福在珍珠港遇袭后面临的困境,对布什来说是难以想象的。这充分表明布什政府未能把握住未来挑战的要点。换句话说,从一开始,在宣布的目的和实现目的的手段之间就存在巨大的鸿沟。

"9·11事件"后的几天或几周内,义愤填膺的美国人紧密地团结在了一起,准备接受三军总司令的召唤。但除了随波逐流之外,总统几乎无欲无求。布什政府虽然扩大了美国大中东战争的范围,却并没有相应扩大美国人民的角色。相反,美国人民的角色被最小化了。国家和社会建立的这种关系将在布什总统的任期内和任期后一直维持下去。这样的结果与签订婚前协议的效果类似,一旦落笔签字,基本就不可能重新谈判,尤其是双方的热情开始冷却之后。

两个因素解释了布什政府将公众置于旁观者位置的决定。一方面,美国高级官员,不管是文职还是军官,都认为公众没有必要参与其中。如果运用得当，美国现有的军事实力就足以完成此项工作。另一方面，他们认为公众的参与反而会带来不便，甚至有可能侵犯到自己行动的自由，这样做不会给胜利带来任何有意义的贡献。

这些观点的背后是对未来战争的预期。简而言之，有效利用军事革命赋予美国的军事实力，将决定未来战争的走向。切尼、拉姆斯菲尔德和沃尔福威茨对军事革命的神学体系都称赞有加。它的最新名字是"变革"。布什本人对此还有些半信半疑。在那个神学的教堂里，科技是上帝。质量优于数量；灵活和精确胜于蛮力。最好把现代战争留给专业人士。在21世纪的战场上，士兵的能力如果还与第二次世界大战、朝鲜战争或越南战争时一样，他们就是一种累赘。

"9·11事件"之后首次军事行动的初步结果是对这种想法的肯定。那次战役引发了新阿富汗战争。美国部队直接登上前台，不再扮演幕后的角色。"持久自由行动"（为了避免冒犯穆斯林的情感，五角大楼放弃了原来的名字"无限正义"）的目的有两个：首先是摧毁或至少严重削弱基地组织。其次是明确为反美恐怖分子提供支持或庇护的政权的命运，就像塔利班经历的一样。尽管以沃尔福威茨为首的布什总统顾问曾经考虑过征讨萨达姆·侯赛因统治下的伊拉克，但在布什政府的打击名单上，阿富汗的头号位置从未受过严重质疑。以报复为由做出决定是不被允许的。

"持久自由行动"的起始阶段和美国军史上的所有行动一样勇往直前。行动取得了惊人的成功，但是这种成功是不完整的、短暂的，而且颇具误导性。

在穷乡僻壤、地广人稀的阿富汗采取任何军事行动都要面临巨大的挑战。然而，"9·11事件"却迫使美国尽快采取行动，而且宜早不宜迟，华盛顿对此尤其缺乏耐心。处理此事的重任落在了中央司令部的汤米·弗兰克斯将军的身上。

美国陆军有一项传统，高级军官要选择一个人格化身。道格拉斯·麦克阿瑟把自己塑造成了半神的形象；小乔治·史密斯·巴顿则是勇士的形象；奥马尔·布拉德雷扮演了谦逊而不爱出风头的"平民将军"；德怀特·艾森豪威尔则是和蔼可亲、慈父般的"老好人"。"这些面具并不特别写实，但每一个都自有其目的。"

汤米·弗兰克斯给人的印象是来自得克萨斯州的棒小伙。他也许不像五角大楼里的那些人八面玲珑，但悟性要高出两倍。这意味着他要扮演粗糙的乡土形象，而这恰是弗兰克斯最擅长的。据我所知，他是唯一一位在回忆录中把上将们称为"混账东西"的退休将军。[12] 不幸的是，弗兰克斯缺乏足够的天赋来完成他任务的另一部分。想象一下缺乏智慧的世界级滑稽演员史蒂芬·科尔伯特。这就是弗兰克斯的写照：一个敏感的粗人，但缺乏完成使命的能力。

尽管美国中央司令部的责任区包括阿富汗，而且中央司令部以前的军事行动曾以这个国家为目标，但直到"9·11事件"发生时，美国并没有在此地发动战争的计划。在拉姆斯菲尔德不耐烦的催促之下，弗兰克斯和他的手下迅速纠正了这个疏漏，匆匆设计出了针对基地组织和塔利班的反攻计划。他们先对后者下了手。[13] 塔利班大约有4.5万名士兵，其中1/4是非阿富汗籍的"外国战士"。他们还七拼八凑了一堆苏联遗留的坦克和飞机。这些部队可不是什么威武之师。[14] 得到他们的承诺困难重重，而要得到基地组织的承诺更是难上加难。

完成中央司令部的计划依赖于可动用的资源。它包括美国的制空权，乐于援助的反塔利班代理人甚至一些异教徒。正如弗兰克斯将军所说的，美国"将利用技术优势和阿富汗人民的勇气解放这个国家"。[15] 弗兰克斯将苏联在20世纪80年代的失败归结为俄罗斯人的强硬手段。他建议采取不同的策略。然而，事实上这种转变是不得已的选择。由于将大量地面部队派往阿富汗需要数月的准备时间，所以所有的短期行动都必然要采用"轻投入"的方式。

10月7日，在"9·11事件"后不到一个月，行动就开始了。不出预料，第一步是空袭。首轮打击开始于当天深夜。[16] 布什政府的成员试图在军事上与前任在所有方面都有所不同。但是，最初的攻击强度与两年前的科索沃战争开始时并无二致。此次攻击以舰载巡航导弹、航母舰载攻击机和从美国基地起飞的远程轰炸机轰炸为主要特点。这些攻击行动并非只是做做样子，但效果并不明显。[17] 应人道主义的要求，两架美国空军的C-17运输机从德国拉姆斯坦空军基地起飞，向遭受攻击的地区投放了给养和医疗用品。从此，武器和救援物资的运送就一直持续了下去，尽管这些努力并未带来决定性的影响。在阿富汗这个国家，有太多民众需要救济，但值得用精确制导弹药来打击的目标却着实不多。[18] 很快，美国的战斗机数量就按照塔利班的实际情况进行了缩减。布什总统不安地抱怨："我们在用导弹打沙子。"[19]

与此同时，美军的精锐部队集结在了位于乌兹别克斯坦的苏联空军基地（又被美国人称为K2）。他们组成了"三角洲刺刀特遣队"。[20] 这支部队由约翰·马尔霍兰上校指挥。"三角洲刺刀特遣队"的成员主要来自肯塔基州坎贝尔堡的美国陆军第5特战部队，数量有300多人。[21] 马尔霍兰的任务很明确但闻之令人生畏：在反塔利班武装分子控制的地区安营扎寨。这样的安排使得从塔利班控制的喀布尔和阿富汗其他主要城市夺取政权的希望变得更加渺茫。为了完成使命，多支特种作战小分队将与阿富汗抵抗力量取得联系，用金钱、武器和火力支援作为交换条件，激发他们的斗志。

根据美国情报部门的判断，抵抗力量中最有前途的是叫北方联盟的组织。该联盟盘踞在首都东北部的潘杰希尔山谷。北方联盟所谓的"联盟"，就像共和党被称为"政党"一样。和大佬党（美国共和党的别称）类似，北方联盟只是一个松散的组织，一个不讨人喜欢的机会主义者。获得权力是他们的主要兴趣所在。北方联盟的几位军阀指挥着差不多两万名士兵，其中大部分是乌孜别克族和塔吉克族。这已经足以说服布什政府和他们建立基于利益交换的联姻。[22]

10月19日晚，2架直升机将马尔霍兰的首批特战队员送到了高达1.6万英尺的崇山峻岭之间。不久之后，其他部队也纷纷效仿，开始向声名不佳的反塔利班军阀们提供后勤服务。[23] 他们的出价被接受了。美国人跨上了阿富汗主人提供的马匹，开始四处奔走，呼叫战斗机对塔利班的前线阵地展开空袭行动。[24]

由于世界上最强大的空军可以随时响应他们的呼唤，北方联盟的指挥官在10月28日发起了大规模进攻。行动的目标是夺取通往喀布尔的塔利班北部战略重镇马扎里沙里夫。美国空军的慷慨支援从根本上改变了战场上的力量对比。一夜之间，在使用激光目标指示器的少量美国军人的帮助下，北方联盟彻底占据了上风。11月9日，马扎里沙里夫被攻占。阿富汗人之间的内部交易使得部分塔利班分子得以脱身，而其他人则选择了改旗易帜。美国军队逐渐意识到，在这里忠诚极不可靠，以至于确定孰敌孰友非常困难。

战场上的现实，削弱了布什政府的努力。他企图把"持久自由行动"塑造成正义战胜邪恶的一次行动。所有的帽子和手上都沾满了沙子。"9·11事件"的邪恶本质强化了美国从大中东战争的第一天起就具有的倾向,时而扮演无辜受害者的角色,时而扮演正义倡导者的角色,或者兼而有之。[25] 在阿富汗发生的一切使这种说法根本无法成立。

例如,在一场战斗结束后,驻守昆都士的塔利班武装力量献城投降。北方联盟的高级指挥官阿卜杜勒·拉希德·杜斯塔姆将军下令将战俘拘禁在金属集装箱内。战俘在那里待了好几天,没有食物,也没有水。在"达什特-莱利大屠杀"中,估计有数百或数千人遇难。其他战俘则被直接射杀。由于杜斯塔姆对美国来说价值连城,美国官员自然对此事另眼相看。权衡再三,他们决定压缩事件的知情范围,为他提供庇护。很快此事就大事化小,小事化了了。[26]

尽管如此,在马扎里沙里夫的进展似乎提供了确凿的证据,证明"持久自由行动"正在朝着正确的方向前行。攻势指向了喀布尔。塔利班在阿富汗首都外围布设的防御阵地上基本上没有发生像样的战斗。大量塔利班武装分子临阵倒戈。其他人则逃回了家乡,或者邻国巴基斯坦的避难所。不到一周时间,北方联盟就攻克了喀布尔。几乎与此同时,美国和盟军的小部队抵达了位于巴格拉姆附近的苏联空军基地。[27]

注意力现在转向了坎大哈。这里是塔利班的精神家园和最后堡垒。11月25日,美国海军陆战队在詹姆斯·马蒂斯准将的指挥下,占领了这座城市西南方向的一座废弃机场。大家很快把这里称为"前线作战犀牛基地"。此事标志着美国地面部队做出了重要承诺。[28] 对巴格拉姆和"犀牛基地"的占领预示着战事从"轻投入"阶段向长期军事存在阶段转变。

就在几天前，弗兰克斯命令保罗·米科拉谢克陆军中将"指挥和协同地面行动，摧毁基地组织并在阿富汗全境防止国际恐怖活动的再度出现"。[29]在他的任期内，米科拉谢克未能完成他的使命。这个评价对随后15年里陆续接替这个职位的8位中将或上将也同样适用。在米科拉谢克将指挥部设置在遥远的科威特的同时，美国陆军第10山地师的少将"破坏者"富兰克林·哈根贝克也走上了舞台，建起自己不大的前线指挥所。尽管哈根贝克不过是光杆司令，但占领自此开始成形。

11月28日，由当地普什图武装加强的北方联盟部队包围了坎大哈；固定翼飞机和海军攻击直升机此时也轮番上阵不断打击塔利班的防御部队。哈米德·卡尔扎伊这个被流放的普什图人被华盛顿看中，即将被扶植为阿富汗的未来领导人。他和塔利班通过谈判达成了一项协议，允许他们撤离。12月9日，在美国特种部队的护送下（美国士兵负责他的安全），他以胜利者的姿态进入了坎大哈。

卡尔扎伊与阿富汗战争的关系就如同吴庭琰（越南共和国第一届总统）与越战的关系一样：除了亲西方的倾向让他成为华盛顿眼中理想的伙伴之外，他的民族主义者的身份还没有沾染上腐败的污点。在20世纪50年代，艾森豪威尔政府试图利用吴庭琰作为代理人，建立符合美国国家安全利益的越南共和国。在21世纪第一个10年，布什政府试图利用卡尔扎伊来达到类似目的。很快，美国的军官和文职官员都发现，和40年前的吴庭琰一样，卡尔扎伊也有自己的打算。

此时，号称东部联盟的几支反塔利班武装派别正在向离巴基斯坦边境不远、重峦叠嶂的托拉博拉山谷推进。此地有迷宫一般的巨大洞穴。这里被认为是基地组织或许也是奥萨马·本·拉登本人的最后避难所。尽管获得了大量的空中支援，并有一支名为"特遣部队 11 号"的精锐美国猎人小队的策应，但攻占托拉博拉的行动并未取得太大进展。[30] 能力不济的东部联盟缺兵少将，组织松散得像一盘散沙，连像样的进攻都无法发动。由于弗兰克斯将军不愿派遣美军（比如位于"犀牛"机场的美国海军陆战队）封锁逃跑路线，本·拉登，基地组织及塔利班武装的残余在逃往巴基斯坦的过程中没有受到任何阻挠。[31]

12 月 18 日，"持久自由行动"告一段落。华盛顿的军官和文职官员都以为大获全胜了。他们认为长达 12 周的战斗虽然没有彻底击败敌人，却可以说已重创了对手。实际上，基地组织和塔利班虽说已经树倒猢狲散，但他们都保留了重建的能力。奥萨马·本·拉登和塔利班领导人穆拉·奥马尔仍然在逃。未完成的任务还有不少。

不管怎样，弗兰克斯本人对此已深信不疑。12 月 22 日，这位中央司令部的指挥官参加了在喀布尔举行的卡尔扎伊就职典礼。弗兰克斯揶揄自己的形象就像是穿着"紫色长袍，头戴桂冠的殖民地总督"。以他的估计，"持久自由行动"消灭了 50 万苏军都未能战胜的敌人。在他的亲自指挥下，"2500 万人得到解放并统一了全国"。[32] 这当然是信口雌黄。就像施瓦茨科普夫在"沙漠风暴"结束时犯的错误一样，弗兰克斯把行动的部分成功与使命完成混为了一谈。

具有讽刺意味的是，尽管弗兰克斯始终强调不能重蹈苏联人的覆辙，但他还是成功复制了苏联人的老路。无政府状态开始折磨着阿富汗人。美国人似乎忘记了恢复秩序才是当务之急。他估计"维持这个国家的长治久安"大约 1 万名美军士兵"就足够了"。这个估计很快被证明错得离谱而且表明他对实际情况缺乏足够的了解。³³ 尽管中央司令部司令自己非常乐观，但阿富汗战争并没有在 2001 年 12 月中旬结束。战争只是刚刚开始而已。

华盛顿的一些高级官员对于事态的判断更为准确。沃尔福威茨在坎大哈即将被攻陷时对记者说："从某种程度上说，最艰难的工作现在刚刚开始。"他同时强调说："我们可能犯下的最严重的错误就是未能在战场上斩草除根。"³⁴ 一天之后，他又重申了同样的观点。布什和拉姆斯菲尔德发出了明确指示："我们要集中精力，保持对问题的高度关切。麻烦并未远离阿富汗。还有大量的工作需要完成。同时开展太多任务会让人分心。"³⁵

但这只是为了掩人耳目。在幕后，关注的焦点已经转移到另一个问题上。11 月 27 日，拉姆斯菲尔德向弗兰克斯下达了口头命令：中央司令部要开始为入侵伊拉克做前期的准备。³⁶

正如布什政府的最高领导层解释的那样，"持久自由行动"的真正意义在于它确立了美国无可争议、史无前例的军事霸主地位。拉姆斯菲尔德后来写道："视野开阔的态势感知能力，乐观进取的决断力和创造性的适应能力，这些正是总统理想中的国防转型的典范。"³⁷ 用通俗易懂的话来说，拉姆斯菲尔德希望表达的是，阿富汗发生的一切表明，军事正统理论已经过时。大而迟缓者必将被精益快捷者所代之。

要说还有什么不足，那就是以前对美国军事实力的估计太过保守了。沃尔福威茨认为美军在阿富汗取得的成就是"革命性的"，是"叹为观止的"。在历史类似事件的比较中，他提到了第二次世界大战时期的阿纳姆战役。那次战败的原因是参谋人员高估了盟军的能力，从而犯下了致命的错误，将他们派往"一座距离过于遥远的大桥"。如今，沃尔福威茨担心由于"地面部队拥有了利用远程空中打击力量的能力"，军事参谋人员可能走向另一个极端。由于缺乏足够的勇气和想象力,他们更乐于制订计划,也许不再是关于"大桥太远"的问题,而是有关"那几座桥太短了"的问题。[38] 对沃尔福威茨以及其他国家安全机构供职的志同道合的官员(以及鹰派)来说,"持久自由行动"驳斥了限制美国使用武力的必要性。军事行动被证明风险可控,成本适中,预期回报巨大。

记者查尔斯·柯翰默以他典型的直截了当,信誓旦旦地指出:"阿富汗发生的一切证明美军实力超群,战斗意志坚决,并且来之能战,战之能胜。"他写道:"阿富汗战争的示范效应使近东地区发生了深刻变化。该地区的领导人已经明白,他们的未来取决于我们,而不是本·拉登。所以他们开始俯首帖耳。"[39] 没什么比仗势欺人更能吸引人们的注意。这是对美国大中东战争下一阶段的热切期待。

这种乐观情绪在布什总统 2002 年 1 月发表的国情咨文演讲中俯拾皆是。总统明确指出,他的政府只能在后视镜里看到阿富汗的身影。战利品已经分发完毕。"在短短四个月里",他不无得意地说,美军"俘虏、逮捕或消灭了成千上万名恐怖分子,摧毁了阿富汗恐怖组织的大本营,拯救了人民使之免于饥饿。整个国家从残酷的压迫中被解救了出来"。布什自信地说,更辉煌的胜利就在前方不远处。他直截了当地宣称:"我们正在赢得反恐战争。"是的,还有更多工作需要完成,但地点不在阿富汗。布什发誓要转向下一个"邪恶轴心"。这个"邪恶轴心"包括伊拉克、伊朗和朝鲜。对那些政权的清算之日正在迅速逼近。萨达姆·侯赛因的伊拉克则首当其冲。[40] 不幸的是,布什对阿富汗战争所下的结论言之过早。

毫无疑问,"刺刀特遣队"非比寻常的勇士圆满完成了布置给他们的所有任务。"持久自由行动"无疑也是计划和执行的奇迹。在精确度方面，它超过了曾经令人惊叹的"沙漠风暴行动"以及过去 10 年以来的其他小规模行动。整个行动中，飞行架次达 3 万次之多。没有一架飞机在对敌行动中受损。五角大楼的数据显示，75% 的弹药成功击中了预定目标。这比 1991 年的"沙漠风暴行动"和 1999 年的"联合力量行动"又有了明显改善。和 2.2 万多次炸弹和导弹轰炸相比，非战斗人员的伤亡人数非常少。诸如激光指示器之类的尖端技术，已经可以用来引导灵巧炸弹击中目标；在战场上空高高盘旋的无人机可以提供情报甚至向地面目标发射导弹。凡此种种无不证明美国军队的技术优势。[41] 最令人刮目相看的是，美军的伤亡人数之少到了可以膜拜的地步，已不足以引起人们真正的关注。在美军 12 名阵亡名单中，只有 1 名中情局特工是由于对敌行动牺牲的，另有 3 名军人因误炸捐躯，其余殉国者则都是非敌所为。[42] 五角大楼用来评估军队表现的所有指标中，美军都表现得非常出色。

可惜，这些指标并不完整，而且在一定程度上也并不合适。"持久自由行动"的初期有点类似于 20 世纪 80 年代的油轮战争，只不过规模更大。美军在射程和杀伤力方面优势巨大，敌人甚至无法近身有效反击。

这些优势源于塔利班愚蠢地选择了在阿富汗的大城市周围固守防御阵地的常规战方法。[43] 然而，在"战败"之后，塔利班无须再按常规方式战斗。坎大哈陷落后，他们重回了游击队的本色。阿富汗战争的新阶段从此展开。这个阶段的跨度不会只有几周时间，它注定是一场持久战。2001 年秋，美军展现出的"革命性的惊人"能力在此阶段效果不佳。

布什总统和弗兰克斯将军原以为已经大获全胜，却没想到胜利转瞬即逝，旷日持久的战事刚刚拉开了序幕。战场就在与美国没有任何重大利益冲突的国家。它也是一个无法直接威胁到美国国家安全的国家。与塔利班的战争成了无关战略宏旨的行动。这就好像为了反击南方的分裂行径，亚伯拉罕·林肯派遣联邦部队深入到巴西解放那里的黑人。在美国人眼中，让巴西改过自新无疑是天方夜谭，不会带来可观的回报。阿富汗也是如此。

地面行动刚刚开始就预示了未来的困难。2002年3月，美国派驻阿富汗的战斗部队（此时尚不足2000人）进行了首次大规模地面进攻。这次"蟒蛇行动"暴露了拉姆斯菲尔德高效快捷改变他们生活方式的局限性。

此次行动的地点选择在沙希库特峡谷。它位于喀布尔以南的巴基斯坦边界附近。那里地势崎岖不平，并不适合人类居住。情报显示，塔利班或基地组织的头目（他们被美军视为"高价值目标"）可能已逃至此处避难。从伤亡人数或美军从塔利班手中解放的城市数量来看，"持久自由行动"取得了令人印象深刻的成功。但从高价值目标被消灭的数量来看，行动并不成功。"蟒蛇行动"的目的是向解决这个问题前进一大步。[44]

授权和制订"蟒蛇行动"计划的指挥官们没有预料到在那里会发生激烈的战斗。他们原本以为这不是一次正式的战斗，它应该更像是一次狩猎。数百名顺从的阿富汗军人组成的部队，在美军教练的指挥下将进入沙希库特峡谷向敌人发起冲锋。狙击部队将提前到达指定位置封锁峡谷的几个出口。他们要执行的任务是必要的射杀和抓捕。从开始到结束，整个行动预计持续不过几天的时间。

看似简单的计划由于一些意外变得不那么简单。第一，天气和地形的困难比想象中更为严重。第二，对敌情报极不准确。原来估计峡谷中只有150~250名敌军，而实际数量则要翻上两到三倍。更糟的是，敌人并非溃不成军而是全副武装，斗志昂扬。第三，执行"蟒蛇行动"的部队是一个"大杂烩"。它由不同单位、不同后勤支援和不同国家的部队临时拼凑而成。没人考虑过他们是否能合成为具有战斗力的整体。第四，最致命的是，无论是由于疏忽、愚蠢还是拙劣的狭隘主义作祟，签署"蟒蛇行动"的人违反了最基本的统一指挥原则。

光杆司令哈根贝克将军被安排处理后事。2002年2月中旬，哈根贝克将寒酸的总部从K2转移到了巴格拉姆。远在科威特的陆军中将米科拉谢克命令哈根贝克策划和执行"蟒蛇行动"。为了这个目的，位于坦帕的弗兰克斯将军，让哈根贝克负责指挥阿富汗境内的所有部队，但非常规部队例外。他们统一划归"11号任务小组"指挥。坐镇沙特阿拉伯的苏丹王子空军基地的空军中将"嗡嗡叫"迈克尔·莫斯利将会协调空中支援任务。莫斯利初来乍到，很少关注阿富汗酝酿中的事态发展。他和米科拉谢克彼此都不愿搭理对方，这加剧了问题的严重性。与此同时，在北卡罗来纳的波普空军基地，美国联合特种作战司令部的指挥官戴尔·戴利，负责指挥"暗黑"部队的行动，这其中就包括了"11号任务小组"。中情局特工也依然活跃在这一地区，并通过自己独立的汇报链向上传递情报。在他们认为合适的时间、合适的条件下，他们会与军方合作。无论这种一团糟的安排会带来什么好处，紧密协作绝不是其中之一。摩加迪沙的阴影再次降临在了美军头上。

"蟒蛇行动"为哈根贝克提供的部队是怪异的混搭。1月，占领"犀牛"机场的海军陆战队已经离开。他们的位置被称为"嚎叫之鹰"的第101空降师第3旅1部接手。隶属于该旅的3个步

第三部分　高潮　　　　　　　　　　　　12. 改变他们的生活方式

兵营只到达了 2 个，而且没有携带标配的野战火炮。弗兰克斯和拉姆斯菲尔德认为对手的威胁几乎可以忽略不计。再加上对前线情势的持续关注和了解，他们确定没有必要为该旅提供大量的火力支援。在接到装备请求之后，中央司令部司令勉强同意分配 8 架 AH-64 攻击直升机给他们，以弥补重型武器的不足。哈根贝克还有一个师属营归他指挥。他的第 187 步兵团第 1 营最初被部署到 K2 作为安全部队，现在也到了巴格拉姆重新集结。这些来源不同的士兵被整编成了"图集特遣部队"，由弗兰克·维尔辛斯基上校指挥。[45]

"图集特遣部队"还有一个被美国人称为"铁锤特遣部队"的当地兄弟部队。这支有着响亮名字的部队由美国特种部队招募的武装暴徒组成。中情局特工为他们提供了大量现金资助。该部队由齐亚·罗丹统帅。他是有影响力的普什图部落首领的儿子。这几个规模不大的秘密部队拼凑而成的大杂烩（有些来自盟军，但也包括美国海豹突击队）构成了哈根贝克的战斗序列。整个组织如果能够达到马马虎虎的程度已经相当不错了。

在没有野战火炮支撑的情况下派遣步兵进入战场，你只能听天由命。3 月 2 日晚，当哈根贝克将军下令"蟒蛇行动"开始时，好运气不在他这里，也不在他的部队那里。

几乎所有可能出错的事在战场上都发生了。崎岖到几乎无法通行的道路让乘坐卡车行进的铁锤特遣部队到达预定目标的进展非常缓慢；美国空军的一架 AC-130 攻击机误炸了行军中的车队，造成 1 名美国人和 3 名阿富汗人死亡，多人受伤。"铁锤特遣部队"被迫撤退，重新集结，然后继续前进，直到遇到敌人的迫击炮射击才再次停了下来。之后，特遣部队待在原地，等待美国空军承诺的慷慨空中支援。美国人曾信誓旦旦，事到临头却迟迟不能兑

· 291 ·

现。不久，齐亚指挥的阿富汗部队还没真正进入沙希库特就退缩了。哈根贝克的计划至此失败了一半。

祸不单行。哈根贝克承认，他曾错误地估计实战层面上"敌人在阿富汗的武装抵抗早已土崩瓦解"。[46] 直到 CH-47 支奴干直升机在指定拦截阵地附近的着陆区投放图集特遣部队时，美国人才发现苗头不对。直升机遭遇了猛烈的攻击，其中一架 CH-47 支奴干直升机受损严重。而准备投入战斗的阿帕奇直升机也纷纷挂彩。在离此很近的营地，美国人经历了一次令人难堪的交火。他们被敌人的轻武器和迫击炮牢牢钉在了地面。战斗造成数十人受伤。由于没有火炮可用，而攻击直升机又脱离了战场，图集特遣部队不得不指望着固定翼飞机的空中支援，但等待的时间非常漫长。夜幕降临带来了暂时的安宁，AC-130 攻击直升机也终于回到了战场。

3 月 3 日，美军的军心渐稳，伤亡人员得以撤离，援军也陆续赶到，战场局势终于趋于稳定。然而，3 月 3 日和 4 日晚间又传来了更多坏消息。一架隶属于 160 特遣队的 CH-47 支奴干直升机被击中。当时它正在执行在"塔库尔"山脊线安插海豹突击队的任务。另一架载有游骑兵快速反应部队的 CH-47 支奴干直升机也遭遇了类似的命运。7 名美军士兵在行动中牺牲。在激战近 17 个小时之后，这些部队才最终得以脱身。

各个司令部终于意识到"蟒蛇行动"正在经历预料之外的顽强抵抗。他们终于被唤醒了。支援前线为生死而战的美军部队是他们的职责所在。很快，各型轰炸机提供的空中支援有了大幅增加。到 3 月 6 日，地面战斗告一段落。虽然图集特遣部队还在坚守岗位，但空中打击取代了地面行动。接下来的几天时间，沙希库特峡谷"见证了空战史上的盛况。美军在最狭小的地理空间内，投下了数量最多的精确制导武器"。⁴⁷ 3月10日，由几辆老式苏联装甲车加强和重组后的铁锤特遣部队终于进入了沙希库特峡谷，但在那里该部队没有引起别人的注意。到此为止，敌人要么战死沙场，要么逃之夭夭。图集特遣部队则开始打扫战场，直到3月12日完成了整个山谷的清场工作。"蟒蛇行动"此后不久即告结束。

五角大楼尽了最大努力把"蟒蛇行动"装扮成一场大胜。弗兰克斯将军宣称行动取得了"无条件的绝对成功"。⁴⁸但现实远非如此。这次行动没有收获任何重要的"高价值目标"。阿富汗战争并未就此终结。这是后"9·11事件"阶段美国大中东战争的通病。极其周详的计划和资源配置的不足，让此次行动付出了极高的代价，才完成了一片不毛之地的清理工作。随后美军又抛弃了它。

除了少数例外，参战的美国官兵以坚忍不拔的英雄意志履行了自己的职责。与前一年10月阿富汗战争开始时微不足道的伤亡相比，美国军队此次遭受了严重的损失。不幸的是，这些还只是惨痛历程的前奏： 在未来的岁月里，有两千多名美国人将葬身阿富汗，另有2万多人受伤。

可以肯定的是，从朝鲜战争开始，每次冲突中美军的真实伤亡人数比他们愿意承认的都要多。至于多了多少确实难以回答。就像美军进入沙希库特峡谷之时，他们不知道要面对多少敌人；在他们离开时也不知道共击毙了多少敌兵，或者有多少漏网之鱼已经为下一场战斗做好了准备。因此，在所有情况下他们能做的就只有估计。所以伤亡比例与胜利没有必然的关联。

对评估行动后续影响的人来说，托拉博拉和"蟒蛇行动"提供的警示在于，阿富汗战争还远未结束。然而，由于对萨达姆·侯

· 293 ·

赛因的执着，布什政府对此选择视而不见。阿富汗被放在了次要的位置。这里发生的战争也就演变成了另一场虚假的战争。美国点燃了战争之火，却又无力有效控制火势，最后只能任其发展成燎原之势。

第三部分 高潮　　　　　　　　　　12. 改变他们的生活方式

注　释

1.《国防部长拉姆斯菲尔德接受〈时代周刊〉专访》（2001年12月14日）。除非另有说明，引用美国国防部官员的原话（不论军职或文职）都可以在国防部网站（defense.gov）找到。这里引用的是拉姆斯菲尔德的回忆。当年1月份他与乔治·布什进行了一次对话。

2. 理查德·克拉克：《反击一切敌人》（纽约，2004年），227-238页。

3. 沙恩·卡特与阿曼达·考克斯：《"9·11"账单：3.3万亿美元》，《纽约时报》（2011年9月8日）。《时代周刊》报道的更大数字包括了战争费用和"9·11事件"后改善国内安全的费用。

4. 乔治·布什：《就美国应对"9·11事件"，对国会联席会议的讲话》（2001年9月20日）。

5.《对伊利诺伊州芝加哥航空公司员工的讲话》（2001年9月27日）。

6.《对国防大学的讲话》（2001年5月1日）。

7.《国防部新闻简报——国防部长拉姆斯菲尔德》（2001年9月18日）。

8. 这是拉姆斯菲尔德在下午2点40分左右口述给副官的一份记录。该记录本身可以在"历史共享"获得，historycommons.org/context.jsp?item=a240blameiraq#a240blameiraq，访问于2015年3月14日。

9. 唐纳德·拉姆斯菲尔德：《总统备忘录：战略思想》（2001年9月30日）。

10. "9·11事件"之后，布什政府立即部署了大约3.5万名预备役人员用来加强国土的防御，重点是防止另一次空袭的到来。这就是所谓的"高贵之鹰行动"。此次行动最初得到了充分的重视并被广为宣传。然而，2002年3月，五角大楼缩小了行动的规模，原因是"飞行成本高昂，空军资源不断枯竭以及巡逻不太可能阻止对手对美国的进一步袭击"。实际上，进行中的以及预期中的海外行动被放在了优先的地位。埃丝特·施拉德尔：《五角大楼将减少城市上空的空中巡逻》，《洛杉矶时报》（2002年3月19日）。

11.《对航空公司员工的讲话》。

12. 汤米·弗兰克斯：《美国士兵》（纽约，2004年），277页。

13. 鲍勃·伍德沃德：《战争中的布什》（纽约，2002年），25页，43—44页。

14. 本杰明·朗伯斯：《空中力量反恐》（圣莫尼卡，2005年），76—77页。

15. 汤米·弗兰克斯：《美国士兵》（纽约，2004年），271页。

16. 中情局的准军事人员于9月26日进入该国。他们与反塔利班的阿富汗人进行谈判（并开展收买活动）。第一手资料请参阅盖理·斯若恩：《首先入场》（纽约，2005年）。

17. 美军及少数增援的英军在空中行动的首日总共只打击了31个目标。次日派出的飞机比首日更少，它们只攻击了13个目标。本杰明·朗伯斯：《空中力量反恐》（圣莫尼卡，2005年），85—86页，88页。

18. 本杰明·朗伯斯：《空中力量反恐》（圣莫尼卡，2005年），95—96页。

19. 鲍勃·伍德沃德：《战争中的布什》（纽约，2002年），212页。

20. "9·11事件"之后，作为取得大量经济补偿的回报，乌兹别克斯坦政府同意允许美军进入卡尔什-哈纳巴德机场。从2001年到2002年，美国对乌兹别克斯坦的援助增加了4倍。唐纳德·赖特等：《另一种战争："持久自由行动"中的美国陆军》（莱文沃思堡，2010年），38页。美军一直使用该设施（它被非正式地称为K2）作为阿富汗行动的后勤支援基地直到2005年。当时，美国施加的与人权有关的压力激怒了乌兹别克斯坦，因此该国撤销了协议并驱逐了美国人。

21. 达娜·普里斯特：《"555战队"发展了新的战争方式》，《华盛顿邮报》（2002年4月3日）。

22. 鲍勃·伍德沃德：《战争中的布什》（纽约，2002年），51页。

23. 本杰明·朗伯斯：《空中力量反恐》（圣莫尼卡，2005年），71页。

24. 要详细了解美军特遣部队在打击塔利班行动中的作用，请参见唐纳德·赖特等：《另一种战争："持久自由行动"中的美国陆军》（莱文沃思堡，2010年），75-82页，96-112页。

25. 一些知名人士表达了他们的异议。苏珊·桑塔格在"9·11事件"发生仅仅一周之后就抱怨说，"自以为是的胡言乱语以及赤裸裸的欺骗被公众人物和电视评论家们广为散播"。他们拒绝承认恐怖袭击的发生是"特定的美国联盟及其行动的后果"。桑塔格嘲笑了所谓的"悲伤管理"。取而代之，她提倡用"一些历史意识的碎片"来帮助理解"刚刚发生的事情以及可能发生的事情"。苏珊·桑塔格：《星期二及以后的日子》，《纽约客》（2001年9月24日）。

26. 詹姆斯·莱森：《美国对塔利班战俘的死亡无所作为》，《纽约时报》（2009年7月10日）。

27. 本杰明·朗伯斯：《空中力量反恐》（圣莫尼卡，2005年），132-133页。

28. 10月19—20日晚，来自第75游骑兵团第3营的大约200名士兵空降到了同一个机场。游骑兵的主要任务是支援三角洲部队抓捕塔利班领导人穆拉·奥马尔的行动。那次行动空手而归。在停留了几个小时后，C-130s运输机安全撤出了游骑兵部队。

29. 理查德·斯图尔特：《"持久自由行动"：2001年10月至2002年3月》（华盛顿特区，2004年），19页。斯图尔特是"匕首任务小组"的官方历史学家。

30. 特遣部队11号是参加"持久自由行动"的几支"秘密"特种部队之一。其存在是机密的并且没有得到正式的承认。

31. 唐纳德·赖特等：《另一种战争："持久自由行动"中的美国陆军》（莱文沃思堡，2010年），113-120页。

32. 汤米·弗兰克斯：《美国士兵》（纽约，2004年），314页，325页。

33. 同上，324页。

34.《国防部副部长沃尔福威茨接受 CNN（美国有线电视新闻网）晚间版的采访》（2001 年 12 月 9 日）。

35.《国防部副部长沃尔福威茨接受中东广播中心的采访》（2001 年 12 月 10 日）。

36. 汤米·弗兰克斯：《美国士兵》（纽约，2004 年），315 页。

37. 唐纳德·拉姆斯菲尔德：《已知和未知》（纽约，2011 年），405 页。

38.《国防部副部长沃尔福威茨接受〈洛杉矶时报〉的采访》，（2001 年 12 月 14 日）。

39. 查尔斯·柯翰默：《权力谈判》，《华盛顿邮报》（2002 年 1 月 4 日）。

40.《在国会联席会议上发表的有关国情咨文的发言》（2002 年 1 月 29 日）。

41. 本杰明·朗伯斯：《空中力量反恐》（圣莫尼卡，2005 年），247-253 页。

42. 这些数字来自 icasualties.org/oef，访问于 2015 年 3 月 20 日。

43. 唐纳德·赖特等：《另一种战争："持久自由行动"中的美国陆军》（莱文沃思堡，2010 年），120 页。

44. 以下节选自肖恩·奈勒的《择日而死》（纽约，2005 年）。此书对"蟒蛇行动"做了详细的说明。另见本杰明·朗伯斯：《空中力量反恐》（圣莫尼卡，2005 年），163-200 页；唐纳德·赖特等：《另一种战争："持久自由行动"中的美国陆军》（莱文沃思堡，2010 年），127-173 页。

45. 从第二次世界大战后在日本服役期间开始，第 187 步兵团就获得了"拉克卡桑人"的绰号。构成第 101 威尔辛斯基旅的步兵营就来自该团。

46. 肖恩·奈勒：《择日而死》（纽约，2005 年），120 页。

47. 本杰明·朗伯斯：《空中力量反恐》（圣莫尼卡，2005 年），194 页。

48. 布莱恩·诺尔顿：《美国的攻击"绝对成功"，但更多的战斗就在眼前》，《纽约时报》（2002 年 3 月 19 日）。

13. 破门而入

为什么布什政府在2003年选择入侵伊拉克？我们有意对这个问题进行深入探究出于两个原因。首先，这样做可以把2003年至2011年的第三次海湾战争放在大中东战争的背景之下。其次，是为了便于理解布什在伊拉克想要实现的真正目标，并彻底揭开美国在那里经历的巨大失败。

这个问题有各式各样的答案。布什政府提供的官方说法以及最热衷于战争的众多支持者都提到了伊拉克大规模杀伤性武器的潜在威胁。不过这只是一个幌子。保罗·沃尔福威茨承认，大规模杀伤性武器提供了"所有人都无法拒绝的理由"。这种说法暗示了还有其他更合理的解释。[1]

当冒烟的枪或者蘑菇云学派的声明无法找到实质证据来支持时，其拥护者们却仍然坚持良好的意愿比实事求是的态度更为重要。[2]拉姆斯菲尔德随后解释说，对大规模杀伤性武器的强调是"公关失误"。³对失误或伪造情报吹毛求疵无异于对失去意义的往事旧事重提。事态的发展或多或少地掩盖了有争议的问题，而且布什的支持者们早已想好了退路。解放被压迫的伊拉克人后来被宣传为战争的目标。在关于蘑菇云假说被记者穷追猛打的时候，白宫发言人麦克莱伦机智地总结了政府的立场变化。他恼火地说："我们不会重新解释出兵伊拉克的理由。"这是历史长河中的一朵小浪花，"大历史"正在召唤我们到"大中东传播自由"。⁴

批评者们则拒绝接受官方的说法。他们提出了许多替代解释。当伊拉克大规模杀伤性武器被证明子虚乌有，而解放被压迫民众又出乎意料地艰难，这就赋予了那些替代方案更高的可信度。广为传播的解释包括：美国入侵伊拉克是为了"获取石油"；为军工复合体注入资金；为从福利国家抽离资金提供借口；消灭以色列的威胁；实现布什总统完成任务的心理满足感，毕竟废黜萨达姆是他父亲的未竟事业；等等。

与布什和他的幕僚给出的说法不同，这些解释的明显优势在于：没有明显的漏洞。事实上，每种解释都至少包含了一点点真相。然而，无论是单个方案还是所有方案累加在一起，它们都不够完整。原因很简单——他们低估了政府的万丈雄心。

事实上，布什政府入侵伊拉克是为了验证三个前所未有而又彼此强化的主张。首先，美国决心要验证预防性战争的效果。其次，维护美国（但不允许其他国家）除掉自己认定的邪恶政权的特权。最后，这是为了扭转把新自由主义标准排除在伊斯兰世界之外的努力，以此证明像世界其他地区一样，康多莉扎·赖斯宣称的"进步范式"（包括民主、有限政府、市场经济、尊重人权，特别是女性权利等）同样适用于大中东地区。[5] 用明确具体的术语来说，这就是"改变他们的生活方式"的战略。作为实施这一战略的开始之地，萨达姆·侯赛因统治下的位于大中东核心地带的伊拉克具有独一无二的吸引力。毕竟，在萨达姆的统治下，他的祖国变成了国际社会的弃儿。在萨达姆自己的核心圈子之外，几乎没有人会为他的完蛋而伤心流泪。伊拉克军队也不太可能摆出搏命的姿态。他们已经充分证明了自己的无能。更何况，美国长期的轰炸和10年制裁给军队造成了严重破坏。世俗的伊拉克人民希望向上流动。对解放的渴望让他们团结在了一起。这些都被视为某种红利。在布什政府的上层，这被视为稀奇的概念。换句话说，入侵伊拉克的必要性并非来自它的危险性，而是因为它所代表的机会。

在2001年10月的一篇文章中，记者马克斯·布特轻松地为这个论点做了总结。他写道："一旦阿富汗问题得以解决，美国就应该把注意力转向伊拉克。"

假如美国没有入侵和占领伊拉克，萨达姆·侯赛因就不会被迅速消灭掉。但这次入侵不需要再派50万人参战。这是由于侯赛因的军队自海湾战争以来已被大幅削弱了。当伊拉克人民相信美国此次下定了决心，他们会给予美军大力帮助。侯赛因一旦被废黜，在巴格达组建由美国领导的国际摄政机构就将提上议事日程，就像在喀布尔发生的一样。

多年来，美国由于支持穆巴拉克和沙特王室等专制独裁者而备受阿拉伯世界的谴责。这次是纠偏正名的机会。通过建立首个阿拉伯民主国家可以向阿拉伯世界表明，美国会像对待东欧一样善待他们，给他们带来自由。把伊拉克塑造成中东受压迫民族希望的灯塔是具有历史意义的战争目标。[6]

所以萨达姆是否与"9·11事件"有瓜葛根本不是问题的重点。毕竟政府的终极战略目标（即众所周知的"自由计划"）不仅是避免另一次"9·11事件"的发生，更是铲除大中东地区反美恐怖主义的温床。这意味着该地区与美国人的利益或美国的价值观完全一致。萨达姆·侯赛因的伊拉克是启动这一崇高事业的最佳场所。

让我们来做一次思想实验。2003年5月1日，布什总统发表了"使命完成"的著名演讲。他宣称"伊拉克的主要战斗行动已经结束"。假设他的这些描述都真实不虚；假设副总统切尼所说的美军将被视为"解放者"受到热烈欢迎以及拉姆斯菲尔德提出的战争总成本将"低于500亿美元"的估计通通得以实现；假设沃尔福威茨对伊拉克能够"为自身的重建筹措资金"的预测得以兑现；假设美国国防部副部长道格拉斯·费斯宣称的美国将采取军事行动让"伊拉克走上繁荣自由之路"的承诺得以实现。[7]换句话说，想象一下"伊拉克自由行动"像布什政府预期的那样发挥了作用。

这样的结果将如何影响美国在大中东地区的地位呢？在《利维坦》一书中，托马斯·霍布斯写道："是什么品质可以让一个人集万千宠爱于一身，又是什么品质可以让一个人成为令人胆战心惊之人？或许这种品质的赫赫声名本身就充满了力量；因为它是获取众人帮助和服务的手段。"⁸ 这适用于 17 世纪，现在也同样适用于 21 世纪。这句格言扼要地抓住了第三次海湾战争的真实合理性。这与促使萨达姆·侯赛因在 1980 年发动第一次海湾战争或 1990 年发动第二次海湾战争的动机没有明显的差别。尽管在伊拉克取胜不太可能给美国带来太多的拥戴，但它肯定会转化为恐惧或尊重。通过展现自己的决心和处理伊拉克问题的能力，美国本身就会成为"利维坦"。⁹

韦斯利·克拉克将军讲述了这样一个故事："9·11 事件"发生几周后，参谋长联席会议的一位高级官员向他转述了布什政府的一项计划。计划声称"要在 5 年内拿下 7 个国家"，行动从伊拉克和叙利亚开始，以伊朗为终点。¹⁰ 由于无法找到相关文件来确认这种说法，我们有理由质疑克拉克轶事的真实性。然而，我们不应该怀疑克拉克轶事中体现出的强大幕后推动力。当然，"拿下"几个国家不一定意味着连串的战争。按照霍布斯的观点，用伊拉克来证明与美国为敌的愚蠢，将有希望不动武就"拿下"其他几个国家。

因此，美国官员强加给萨达姆·侯赛因的所有指责以及要他卷铺盖走人不是一个短期目标。拉姆斯菲尔德认为，战略行动意味着"要做好后续三、四、五步的安排"。¹¹ 对阿富汗的武装干涉并没有留有后手；相比之下，对伊拉克的武装干涉将有所不同。正如五角大楼排名第三的文职官员费斯所言，除掉萨达姆将"使得在政治、军事等方面与国家恐怖主义的对垒变得更加容易"。在举例时他特别提到了卡扎菲的利比亚和巴沙尔·阿萨德的叙利亚。这些政权都有"知难而退的记录"。因此，他们的问题极有可能"通过强势外交而不是军事手段来解决"。¹² 击败萨达姆·侯赛因，摧毁他的军队，将让美国外交获得所需的强势地位。

简而言之，伊拉克行动的胜利将为战胜其他国家打开成功之门。这种论证的逻辑同样适用于巴基斯坦、埃及和沙特阿拉伯等名义上的盟友。暴力伊斯兰主义的孵化器中的每个人也不得不开始用不同的方式做事。布什政府的多米诺骨牌计划总体上看规模非常宏大。正如布什政府的一位官员所言："巴格达是通往整个中东的必由之路。"[13]

考虑到伊拉克在此计划中不言而喻的中心地位，布什总统实际上从未做出过与它开战的决定。开战是顺理成章的事。因此，总统从未召开过专题会议，就此事向顾问们征求意见。没有一份精心酝酿、反复斟酌利弊的文件出自白宫椭圆形办公室。随着阿富汗战事的结束（只是假设而已），在伊拉克问题上达成心照不宣的共识是显而易见的下一步。这是真正的共识。与之形成鲜明对比的是沃尔福威茨反复暗示、人为编造的大规模杀伤性武器的故事。最晚到 2002 年初，入侵伊拉克已不存在任何问题。不确定的只是时间以及具体的方式。[14]

夯实战争基础的工作贯穿于下一年的始终。它包括了三大任务：第一项任务主要是由国家安全顾问康多莉扎·赖斯负责，她负责把伊拉克战争合法化的新准则编入法典。第二项任务是操纵国内的舆论，批驳反对者和怀疑论者对未来战争的反对意见，负责此事的副总统切尼对此表现出了浓厚的兴趣。国防部长拉姆斯菲尔德拥有第三项任务的事权。他负责制订战之能胜的战争计划。[15]

在赖斯的工作成果中有一篇文章成了理解美国大中东战争的要点，就如同林肯的葛底斯堡演说是理解美国内战的关键。这篇文章通过布什总统 2002 年 6 月 1 日在美国军事学院发表演说的形式被大众所知。在那次演讲中，布什提到了预防性战争。

早在1946年,纽伦堡国际法庭就明确谴责了预防性战争。"发动侵略战争",国际法庭宣称,"是最严重的国际犯罪。与其他战争罪行不同,它本身就是一切罪恶的集合"。[16]从那时起,没有哪届美国政府敢于对此提出质疑。

布什政府绞尽脑汁想要制造例外把美国从约束中挣脱出来。"对自由最严重的威胁",总统对西点军校的毕业生如是说,"就潜伏于激进主义和技术的致命十字路口。""新威胁使得威慑和遏制等概念成了陈词滥调。随波逐流只会招来祸殃。"布什警告说:"如果我们坐等威胁成熟,一切都将为时已晚。"美国拒绝坐以待毙。他说:"我们必须先敌而战,打乱敌人的部署。在最严重的威胁出现之前,就将它消灭于无形。在我们的世界,通往安全的唯一途径就是行动。美国将会采取行动。"

在"威胁出现之前",就将它消灭于无形,这是布什主义的本质。布什政府委婉地称之为"预期自卫"。[17]然而,这个理论并非无中生有。它可以追溯到卡特在1980年发表的宣言。他当时把美国的生活方式与控制波斯湾联系在了一起,从而发动了大中东战争。预防性战争是卡特主义的私生子。没有人能否认两者的基因相似性。

为把前文提到的特权包含在道德权威之内,布什总统将其与历史前行轨迹的自信解释包装在了一起。布什接着说:"在20世纪结束时,人类进步模式的唯一性得到了证实。这种模式是以不可协商的人类尊严的要求为基础的。"在这些要求中,最重要的是"法治,对国家权力的限制,对妇女和私有财产的尊重,言论自由,司法公正和宗教宽容等"。这里的关键词是"不可协商",总统强调"对自由的追求适用于所有人",其中当然包括"整个伊斯兰世界"。因此,尽管美国承诺在威胁出现之前就消除它,它也同样致力于落实"不可协商的人类尊严的要求"。布什表示,他们相信为了改变人们的生活方式而进行的预防性战争将给所有人带来好处。[18]

布什在高台上高谈阔论时,他的副总统在台下正干着龌龊的勾当。切尼以不同寻常的韧性亲自主持了萨达姆·侯赛因是迫在眉睫威胁的提案。他时而用公平的方法时而用卑鄙的手段,抹黑或毁灭和他意见相左的所有人。在他们的事业里,理性诚实充其量不过是选项之一。一位非常了解美国政府内部情况的英国资深官员说,政府"决定采纳情报还是相信事实取决于他们制定的政策"。[19] 的确如此。除了篡改事实以外,有时他们还会明目张胆地散布谣言。"时间不在我们这边",切尼警告说,"不作为的风险远高于行动的风险"。这种陈词滥调是军国主义最后的避难所。[20]

副总统的批评者也为数不少。他们无法容忍切尼肆意抹黑对手,编造虚假言论,以及采纳从可疑来源获取的可疑情报。事实上,这不过是他摆出强硬姿态的政治手段。尽管行为可鄙,但他并非是靠散布谣言、篡改事实操纵国家滑向战争的第一人。1917年,伍德罗·威尔逊总统曾说反对向德国宣战的参议员是"一小撮任性之人。他们没有主见,只会自以为是"。他们草率地决定拒不执行总统的命令。"这使得伟大的美国政府深感无助并令人鄙夷。"后来,威尔逊放松了对反干涉主义者的打击。那些人很快发现自己被媒体嘲讽为"堕落和不忠的阻挠者"或者"政治的流浪汉"。这些人的名字将"在历史上与本尼迪克特·阿诺德同列"。[21] 与此类似,在美国介入二战之前,富兰克林·罗斯福曾将反干涉主义者诽谤为"铜头蛇",这是内战用语,相当于20世纪50年代称某人为"同性恋"或"旅伴"。[22] 林登·约翰逊总统及其政府成员用半真半假、不太真实或彻头彻尾的谎言，证明对越武装干涉的合理性。但请注意：在这三个例子里，穷兵黩武的政府都得偿所愿。

因此，切尼只是继承了神圣而又华而不实的美国传统。要想在国外发动战争首先要取得国内政治斗争的胜利。切尼对华盛顿对手的看法和对手对他的看法完全一样：不是你死就是我活。[23]

与此同时，在不受公众监督的情况下，拉姆斯菲尔德亲自制定了推倒第一张多米诺骨牌的具体行动方案。成功不是简单地推翻萨达姆政权（这个结果早已注定）。如果寄希望于伊拉克成为整体战略的催化剂，美国必须取得历史性的胜利，那种快速、干净利落、无可置疑的决定性胜利。更关键之处是要证明与美国的对抗必然徒劳无益。拉姆斯菲尔德对上届政府实施的渐进主义不屑一顾。一周接着一周的轰炸只为击败塞尔维亚这样的弹丸小国，这让人匪夷所思。他说，"渐进主义"可能对某些人来说还不错，但"它无法带来震惊和敬畏，也就无法借此改变敌人的盘算"。[24]对拉姆斯菲尔德来说，与萨达姆的未来大战就是为了改变其他人的盘算。

从这个角度看，中央司令部现成的战争计划基本上是"沙漠风暴"的翻版，不太可能制造令人眼花缭乱的效果。这种老古董早已过时了。就连弗兰克斯将军也承认"1003作战计划"老套、传统、可预测，更不用说它"太大、太慢，一点也不时髦"。[25]拉姆斯菲尔德对此欣然同意，并承诺帮助弗兰克斯制订出更好的计划。

随之而来的论证围绕着两个问题：数量和行动次序。拉姆斯菲尔德是军事变革的狂热支持者。他并不认为更多地面部队意味着更强的战斗力。数量少一些或许效果更佳。他同样不喜欢先掌握制空权，然后不停地轰炸，最后地面部队狂飙激进的方式。这种按部就班的方法并非必要。国防部长希望所有行动能够同步展开。

为了促使中央司令部接受他的看法,拉姆斯菲尔德使用了苏格拉底式的方法。他已经掌握了真理,但他希望弗兰克斯和幕僚们与他一同开始探索真理之旅,就好像真理是他们自己发现的一样。拉姆斯菲尔德非常推崇"推敲提问"法。他会不断提出新问题,直到将军们制作的幻灯片和已获批准的方案别无二致。[26] 在与伊拉克相关的所有大政方针上,他都会向弗兰克斯抛出自己的问题。这样就有效地弱化了参谋长联席会议的顾问角色。经过足够的辅导,中央司令部的指挥官就会发现拉姆斯菲尔德观点中闪耀着的智慧。[27]

拉姆斯菲尔德和弗兰克斯之间的非对称合作反映了越战后军民官员之间的关系。从特权和权威的角度考虑,文职领导人应尽力让高级军官处于严格的控制之下。然而,为满足公众的口味,他们纵容了这样的幻想: 在战争期间,总统、国防部长和将军们作为一个整体可以全权处理自己的需要。

在"9·11事件"发生前被束之高阁的"1003作战计划",准备组织50万人的入侵部队。这和1991年将伊拉克军队从科威特驱逐出去的美军规模大体相当。拉姆斯菲尔德认为,这个数字的1/4就应该绰绰有余。弗兰克斯提出了自己的意见,先是38.5万,然后是30万,之后是27.5万。但拉姆斯菲尔德仍不满意。[28]

他们最终在17万人的规模上达成了共识。[29] 与此同时,他们在"热启动"方案上也达成了一致。一旦部队就位,空军和地面部队就会同时发起进攻。行动的目的不只是击溃敌人,还要让他们痛不欲生;不是要追求胜利的细节,而是要彰显压倒一切的气势。"沙漠风暴行动"过分依赖数量众多的战斗部队。与之不同，"伊拉克自由行动"更强调敏捷和速度。当萨达姆和他的将军们还没有弄明白对手是谁，他们的部队就已经耳聋目盲，被穿插分割、包围孤立，最终悲惨地出局。

在弗兰克斯将军的回忆录中，他不遗余力地宣传自己伊拉克入侵计划的原创身份。他坚持认为，这个计划预示着"真正的战争革命"的到来。[30] 而实际上，用列宁的话来说，弗兰克斯最多起到了"有用白痴"的作用。这位中央司令部的司令是布什政府两大谜题的迷恋者：首先，与军事变革原则相一致的军事行动是验证布什预防性战争原则的关键；其次，策划伊拉克的政权更迭将直接或间接把美国摆在伊斯兰世界的变革设计者的位置。

弗兰克斯沉溺其中不能自拔。他错误估计了部队面临的挑战。在现实中，推翻萨达姆并非胜利的关键。随后要面对的才是最困难的部分。至少部分高级军官和一些经验丰富的外交官这样警告说。[31] 能否说服伊拉克人接受由华盛顿主导的政治新秩序，从而"改变他们的生活方式"，才是判断是否成功的真正标准。对战争主要目的的误解使得弗兰克斯制订的战役计划只是围绕攻入巴格达而展开，而对之后发生的事则完全未予考虑。

服从上级的命令是军人的天职。在这方面，弗兰克斯超出了布什和拉姆斯菲尔德的期望。然而，作为军事专家，他有义务协助上级对战争进行现实的思考，并制定出合理的对策。在这方面弗兰克斯并不成功。这方面的失败是他指挥能力不足的最真实写照。

2002年至2003年间的冬季，第三次海湾战争的各项准备工作仍在紧锣密鼓地进行中。由于在参众两院拥有令人放心的多数席位，国会批准了入侵授权。政治博弈而不是对国家利益的仔细权衡对投票结果产生了更大影响。[32] 布什主义自此获得了国会的批准。在2月5日的联合国大会上，布什政府展开了斡旋行动，以便确保获得安理会的军事行动授权。美国政府发现在那里几乎得不到支持。竟然有人相信授权是必走的程序，这让美国政府感到惊讶。

民众对战争的反对演变成了大规模的抗议，并在2月15日达到顶点。世界各地举行了大规模示威活动。在纽约、伦敦、巴黎、罗马、柏林等数十个城市，数以百万的民众走上街头。在评价这些抗议活动时，《纽约时报》的结论是，"地球上有两个超级大国：美国和世界舆论"。[33] 布什政府对此不能苟同。总统对此无动于衷，对所有抗议视而不见，听而不闻。他本人评论说，他不太关注示威者的意愿。他会"根据智囊团的建议来决定大政方针"。[34] 个人有权表达自己的观点，但这些观点并不重要。美国政府可以为所欲为。

有一些值得尊敬的例外，比如刚刚成立的《美国保守派》杂志，德高望重的《国家》杂志以及主要报纸和舆论杂志的社论都立场坚定地支持白宫，认可战争的必要性。[35] 有些人甚至热烈地期盼着这一天的到来。在思考未来之战时，马克斯·布特在《旗帜周刊》写道，他发现"在那些历史上的关键时刻（比如攻占巴士底狱或柏林墙的倒塌）之后，一切都变得不同"。布特预测，历史学家会把入侵伊拉克作为这样的重要时刻反复提起。"被称为民主的强大抗生素被注射到中东的病体之后，健康状况将开始好转。"对伊战争的胜利必将使美国为中东"提供至高无上的有效监督"。布特认为"美国在伊拉克的胜利将会威慑"那些未开化的邻国政权。他们将对华盛顿的期望俯首帖耳。他写道，如果他们不能抓住机会，"美国将不得不采取更有力的手段，使我们与这些国家的关系与我们的利益和原则保持一致"。[36]

随着入侵部队的集结完毕以及政治准备工作的完成,布什发出最后通牒要求萨达姆离开伊拉克。伊拉克独裁者拒绝就范。随后总统在3月19日下令开始行动。

弗兰克斯曾设想从巴格达的两个方向同时发动地面进攻。其主要攻击方向为南部,以科威特为前进基地;辅助攻击则从土耳其北部发起。令华盛顿措手不及的是,土耳其议员们拒绝了美军第4师借道其国土开辟北部前线的请求。这次失策(五角大楼花了数十年时间,几十亿美元讨好土耳其的军官集团)进一步证明,平日里俯首帖耳的盟友在为布什的改革行动背书前也会三思而后行。

不听使唤的土耳其对战争的进程没有直接影响。行动从南部开始了。那里部署了美国陆军第5兵团的两个师(第3师和第101师),海军陆战队的远征部队,以及英国第1装甲师,加之已经司空见惯的美国空中优势,这些部队足以碾碎敌人的任何防御。[37]

行动开始仅仅3天之后,弗兰克斯召开了招待会,为聚集在卡塔尔前线指挥部里的1100名记者介绍了"伊拉克自由行动"的进展情况。和施瓦茨科普夫10多年前的"所有简报之母"一样,弗兰克斯突出了胜利的消息。他宣称"这场史无前例的战役"进展顺利。"此次战役的特点是令人震惊、出乎意料、灵活机动、前所未有的精确弹药使用规模以及摧枯拉朽的巨大力量。"他演讲的其他部分则强调了对战场态势的绝对掌控,这是由于"利用了伊拉克的广度和深度来展开部队行动,有时同时进行,有时则按照一定的先后顺序"。他对记者说,正在执行的计划"提供了很大的灵活性以便部队能够按自己的方式攻击敌人。我们正是这么做的"。没有任何意外发生。部队表现都极其出色。而萨达姆

· 311

几乎完了。伊拉克的大规模杀伤性武器肯定会被找到。一切尽在掌握之中，成功在即。"[38]

一些较真的记者提出了一些小失误来反击将军的完美介绍，但这同时也避免了对战役行动前提的仔细推敲。在伊拉克城市纳西里耶附近发生的补给车队遭伏击事件中，有11名美军遇难，另有7名士兵被俘。这成了重大新闻。1名美军战地指挥官随手发表的一篇评论也是如此。他介绍说遭遇到了伊拉克杂牌军"萨达姆敢死队"的意外抵抗。美国第5军的威廉·华莱士中将评论说，"我们面前的敌人和战场上的其他对手有所不同"。他的坦白登上了头版头条。这遭到拉姆斯菲尔德的痛斥。被激怒的弗兰克斯威胁要解除他的职务。这场战争被打扮成精心设计的艺术品。无论国防部长还是中央司令部司令，都不能容忍任何人脱离官方讲稿随便发声。[39]

对在前线参加实战的人来说，司空见惯的迷雾和战斗摩擦让他们感觉很不舒服。恶劣的天气和供应短缺限制了联军前进的脚步。更糟糕的是，对手拒不配合。由AH-64阿帕奇攻击直升机发动的针对卡尔巴拉附近共和国卫队麦地那师的大规模攻击严重受挫。两架阿帕奇直升机被击落，其他直升机在返回时几乎都"伤痕累累"。[40]

如果"伊拉克自由行动"只是一部百老汇音乐剧，评论家们完全有理由对说错台词等失误评头论足。然而，军事行动不是舞台演出，占领巴格达的整个过程实际上已经不能更好了。在向最终目标推进的过程中，他们克服了时有时无，有时却很激烈的反抗。像往常一样，美军完成了布置的所有任务。天气放晴后，攻击势头得以恢复。到4月4日，美军占领了伊拉克首都外围的萨达姆国际机场。一天后，艾布拉姆斯坦克就已经在巴格达的街道上纵横驰骋了。萨达姆和他的儿子们以及他的核心圈子成员一起人间蒸发。4月9日,有组织抵抗的最后残余也宣告土崩瓦解。向"和平行动"的过渡就此开始。[41]越来越多的美国士兵和海军陆战队员涌入巴格达的同时,媒体适时记录下了兴高采烈的伊拉克人在天堂广场推翻萨达姆雕像的一幕。仅仅3周时间,美军就推进了350英里,而伤亡却比"沙漠风暴行动"还要少。布什政府的战争(旨在重塑大中东秩序的战争)似乎将以决定性胜利的姿态而告终。弗兰克斯当然也这样认为。他斩钉截铁地对拉姆斯菲尔德说:"像'伊拉克自由'一样成功的行动在历史上从未出现过。"[42]

第三次海湾战争并非3周就宣告结束了。事实上,它又持续了450周之久。如果把最终的时间跨度比作上一段落文章的长度,那么攻占巴格达所花的时间不过相当于开头的两个文字的长度而已,甚至在美军最终撤离之后,这里的战事还未停止。

在美国大中东战争中这种现象稀松平常。原以为战争结果已是板上钉钉,最后却被证明根本不是那样。就像1991年的"沙漠风暴行动"或2001年的"持久自由行动"一样,本来希望武装干涉可以解决某个特定问题,结果却制造了一堆新问题。美国中央司令部的参谋人员曾以为美军士兵在巴格达街头行进标志着"伊拉克自由行动""决定性"阶段的完结。[43]然而,当美军以为战斗已经结束时,"决定性"阶段才刚刚开始。

弗兰克斯本人此时对未来还一无所知。4月16日,他飞抵巴格达进行了短暂访问。在那里,他发出了一条自以为是的"自由信息给伊拉克人民"。[44]他还和手下的将军们一起,在萨达姆众多宫殿中挑出了一个,搔首弄姿拍照留念,把那里当成了1945年的德国总理府。此后不久,他宣布了退休的想法。后萨达姆时代的伊拉克成了另一个人头痛的事。

布什的政治团队在 5 月初协调"使命完成"的胜利庆典之时,形势就变得不靠谱了。随着萨达姆的倒台,伊拉克的政治权威也随之崩溃。社会秩序也是如此。普通伊拉克人参加到一场掠夺的狂欢之中。他们拿着"吊扇、床垫、电脑、灯泡、足球等各种各样偷来的物品"招摇过市。[45] 在巴格达、摩苏尔和基尔库克,"掠夺者们把一切可以移动的东西全部搬走"。[46] 不能搬走的,在他们洗劫后被砸得粉碎。《洛杉矶时报》报道说:"掠夺者像蝗虫一样四处蔓延。他们厚颜无耻地闯入政府办公室、外交人员的住所、银行,甚至医院,把他们能搬走的一切全都搬走。"从获得解放的第一天开始,这座拥有近 500 万人口的城市就变成了"无法无天的法外之地"。[47]

华盛顿的拉姆斯菲尔德持有不同的观点。国防部长嘲笑来自伊拉克的新闻报道夸大其词,极具误导性。他在 4 月 11 日的五角大楼新闻发布会上对与会者说:"今天拿起报纸时,我简直不敢相信自己的眼睛。"他说:"我读到了八个大标题,它们无一例外都在谈论混乱、暴力或动乱。小母鸡潘妮在担心'天要塌下来了'。我从未见过这样的事情!"天塌不下来,拉姆斯菲尔德坚持说。尽管事情暂时显得"有些混乱",但联军的伊拉克计划正在按部就班稳步推进之中。[48]

拉姆斯菲尔德对局势的解读是错误的。精疲力竭的美国部队数量不足而且缺乏技能和必要的指导来维持有效的治安。对布什政府重塑大中东至关重要的决定性成果正在迅速消失。战略能否取得实效取决于萨达姆的下台是否能让民众感恩戴德,或者从暴政统治下解放出来的人们是否愿意服从。糟糕的是,在伊拉克民众中,这两方面的成效都令人担忧。很快,他们就转过头来开始针对伊拉克的"解放者"。

4月底发生在伊拉克城市费卢杰的事件,让我们窥见了美军即将面对的考验。它是对第二次海湾战争中东线73号战斗传奇的回应,这颇有些讽刺的意味。1991年,麦克马斯特上尉率领的E连赢得了一场小胜。它助长了美国对军事霸权的幻想。现在,一个小小意外暴露了美军的不足。这证明过往的一切不过是梦幻泡影。

美军部队与伊拉克民众在名为艾尔卡达的学校里不期而遇。那里一时间枪声大作。但我们却不能称之为交火事件。在美国军史上发生过类似的事件,那就是发生在1770年的波士顿大屠杀。和波士顿一样,在费卢杰,全副武装的士兵残杀了抗议军事占领的平民。到底是士兵们开枪自卫还是无缘无故地屠杀无辜百姓主要取决于你看问题的出发点。事实上,对此事件的分歧之大简直无法调和。其中一些分歧甚至可能与事件本身并不相干。重要的是暴力事件的后果。

对事件的某些事实确实存在着共识。作为美国占领军的一部分,初来乍到的第82空降师的士兵在费卢杰建起了一个分部。费卢杰距巴格达大约40英里,是伊拉克以逊尼派人口为主的中等规模城市。第504伞兵团第1营C连将艾尔卡达的校舍占为己有,当成自己的大本营。但是,费卢杰的居民对他们的出现并不欢迎。[49] 4月28日(是萨达姆·侯赛因的生日),200多名愤怒的伊拉克人无视外国占领军实施的宵禁聚集在这所学校。他们大声吵嚷着要求美军滚蛋。只有这样,停课一个多月的学校才可能重新开课。

示威者高呼着反美口号,向美军投掷石块,并完全无视解散的警告。他们可能曾对空开枪或直接向美军士兵开枪射击。

受到威胁的美军伞兵部队不管三七二十一扣动了自动武器的扳机。事件中有 13 名伊拉克平民死亡,数十人受伤。死者大多数为成年男性,但也有 1 名女性和 1 名小男孩。美国人则没有任何伤亡。[50]

这不是战后美军第一次杀害伊拉克平民。[51] 然而,费卢杰事件却有着不同的性质。它像是点燃导火索的火柴。观察人士得出的结论是,这是一起给伊拉克反叛分子"注入生命"的事件。[52] 费卢杰和其他地区随后爆发了更多的暴力冲突。简而言之,美军面临着日趋成熟的武装抵抗运动。其令人困惑之处也正是其复杂之处。"我们"就像美国独立战争时期的英国士兵;而"他们"则是一群下定决心要驱逐占领者的乌合之众。

更糟糕的是,当中央司令部执行类似曲棍球赛的"换人战术"时,暴乱爆发了。当时参加入侵行动的主要部队开始回国休整。他们的岗位由新来的部队接手,而且指挥官也做了相应的调整。在坦帕,约翰·阿比扎伊德接替弗兰克斯将军成为中央司令部司令。当指挥官和幕僚的重组结束后,管理伊拉克日常事务的责任被移交给了陆军中将里卡多·桑切斯。他是美国陆军中级别最低、经验最少的中将。和大多数同龄人一样,桑切斯在越战之后才得到委任。因此,他几乎没有接受过专门的培训,也没有平叛的亲身体验。过去 30 年,他一直在磨炼一套和眼下任务不相关的技能。在伊拉克,他需要精心策划战役行动来平定这个比加利福尼亚州略大些的国家。伊拉克的边境此时已是千疮百孔;这里还有 2500 万难以对付的百姓。这就相当于让爆破专家去负责修复被炸弹炸毁的大教堂。

缺乏有效的民间支持使得任务变得更加复杂。为了方便伊拉克尽快过渡到后萨达姆时代的政治秩序(并防止其他管理机构在国防部的地盘上指手画脚），拉姆斯菲尔德成立了所谓的重建和人道主义援助办公室。这个规模不大、设计草率、资源不足的组织负责人是一位退休的美国将军，名叫杰伊·加纳。早在1991年，在第二次海湾战争结束时，加纳在为库尔德的流离失所者组织援助方面做了大量有价值的工作。现在，他要负责为全体伊拉克人民筹建新的政府。他把这个角色比作助产士：加纳和他的团队在旁指导，加油助威，但伊拉克人自己也要全力分娩。毕竟，这是他们的国家。[53]

不过几周的时间，这种方法的缺陷就显露无遗。它的主要问题在于华盛顿期待立竿见影的效果，而现实的进展却是缓慢而渐进的。拉姆斯菲尔德迫不及待地希望伊拉克尽快走上正轨，所以他把加纳弃置一旁，重新任命保罗·布雷默接替了他的职务。布雷默是人脉极广的前外交官和华盛顿专家。虽然他缺乏在阿拉伯世界的实践经验，却拥有足够的自信。他不喜欢扮作助产士。作为"联合临时政府"的领导人，布雷默打算亲自执掌政权。除了没有正式的头衔之外，在所有方面，他都把自己视同总督。他不必请示拉姆斯菲尔德的意见，而是直接向布什总统汇报。

加纳和布雷默之间的区别是美国政府内部分歧的投射。争议在于哪种想法能够更好地将"新"伊拉克变成现实。一个阵营倾向于采用1944年法国联合解放运动的方式：击败占领者，将权力移交给伊拉克版的戴高乐将军。所有使命也已完成。（美国政府中的一些人将温文尔雅的伊拉克流亡者艾哈迈德·沙拉比视为伊拉克版的戴高乐；把沙拉比领导的伊拉克国民议会比作自由法兰西。两者都荒谬无比。）[54]另一个阵营则认为这个问题类似于1945年被解放之后的纳粹德国：只有在前政权的罪行被认定，惩罚被施行之后，新秩序的建立才能向前推进。

布雷默倾向于第二种方法。在 5 月初抵达巴格达之后，他马上发布了两条命令，作为新执政官到来的宣示。他先是解散了萨达姆·侯赛因的复兴党，并禁止其大多数成员在伊拉克公共事务中重新扮演重要的角色。之后，他又解散了军队在内的整个伊拉克国家安全机构。[55] 某种程度上说，布雷默的命令只带来了象征性的影响：它们不过是确认了旧秩序的一去不返。当然，它们还暗含了布雷默希望完全取代旧秩序的意图。通过把西方的自由主义、民主和市场经济原则成功地嫁接到伊拉克（这些原则在伊拉克并不常见），他将向大中东地区展示这些原则的普适性。布什政府的后"9·11"战略的成功与否将取决于他是否有完成这些任务的能力。

不幸的是，布雷默大使应对事业挑战的能力并不比桑切斯将军应对暴乱的能力更高一筹。完成这项事业的难度之大足以用来检验道格拉斯·麦克阿瑟或喀土穆的基奇纳这种帝国半神的成色。美国人终于发现到处都是凡夫俗子。更糟糕的是，桑切斯和布雷默很快就势同水火。[56] 两人的紧张关系更加削弱了团结的力量。

桑切斯和布雷默大使不愉快的联盟仅仅维持了一年时间。在此期间，暴乱行动上了高速路。到 2004 年夏秋之际，美国政府"改变他们生活方式"的战略已经失败得一塌糊涂。布什总统花了更长的时间才理解和接受了这一现实。

导致失败的因素很多。其中排位最高的是美国高级指挥官花费了太多时间才理解了冲突的性质以及对手的性质。既然萨达姆的倒台意味着（或应该意味着）战争的结束，那么萨达姆下台之后战争为何又持续了如此长的时间？提供合理的解释确实是令人畏惧的智力挑战。

对手到底是谁？在巴格达陷落后的整整一年里，美国高级军事领导人例行公事地将抵抗行动归咎于暴徒和伊拉克复兴社会党的余孽。对付这些卑鄙拙劣威胁的最好办法就是粉碎它。

2003年5月,第3师指挥官布福德·布朗特少将告诉记者,在他的责任区内90%的反抗行动是"普通罪犯"所为。他们只会做些"诸如汽车盗窃,抢劫银行的事"。剩下的10%才是垮台政权的残余势力所为。那些人"没有意识到战争已经结束",现在应该"试着习惯生活在新伊拉克"。[57] 一个月后,第4师指挥官雷蒙德·奥迪尔诺少将,给出了类似的评估。他的部队每天都会遭遇所谓的"不服从的捣乱分子",其中包括"前政权的成员和普通罪犯"。但奥迪尔诺对这些人根本不屑一顾:"他们微不足道,无常善变而且效率奇差。"迫击炮和火箭攻击、路边伏击和远程引爆地雷可能会造成人员伤亡,但这些都没有造成严重后果。"这不是游击战",奥迪尔诺坚持说,"它和游击战不同,因为它不协调、无组织、没有领导"。[58]

8月,自布什总统宣布大规模战斗结束以来,美军的战斗死亡人数已经超过了入侵期间的阵亡人数。阿比扎伊德将军因此对评估做了修改。刚被任命的中央司令部司令得出的结论是,"复兴社会党的残余势力"确实进行了有组织的抵抗。他们正在开展"一场针对我们的传统游击战"。这次声明至关重要,战争根本没有结束。"虽然那些只是低强度的冲突",阿比扎伊德总结说,"但这的确是战争"。[59]

赢得战争意味着完成入侵之初就开始的工作。通过无情地打击、消灭复兴社会党的一切残留会让所有人明白,旧秩序已经不复存在。为了消灭反叛分子,美军发动了数百次封锁搜查行动。为了消灭或逮捕逍遥法外的复兴社会党领导人,他们发动了数不清的突袭行动。到7月份,奥迪尔诺报告说,他的部队"正在执行搜索和攻击任务，通过例行巡逻以及系列攻击行动达到解除对手武装，击败和捣毁敌对势力并抓捕前政权成员的目的"。在他的部队责任区内，行动"非常成功，取得了稳定的效果"。[60]

7月22日，美军在摩苏尔取得了巨大的成功：他们将萨达姆的两个儿子（乌代和库赛）逼得走投无路并将他们一举歼灭。桑切斯将军相信，这是"我们经历的抵抗和破坏因素的转折点"。尽管萨达姆本人仍然在逃，但"此事向伊拉克人民证明，旧政权的成员已经不会回来重新掌权。这正是我们反复强调过的"。[61]

虽然打击被推翻政权的残余仍然是军事行动的主要目标，但联军面对的局面正在变得更复杂。就在萨达姆的儿子被拿下几天之后，桑切斯自己在CNN（美国有线电视新闻网）上解释道："我们在伊拉克面临着多层次的冲突。那里有恐怖活动，有前政权领导人，有犯罪分子，还有职业杀手。这些人每天都在对我们的士兵构成威胁。"

桑切斯还有一些新发现。"这就是我提过的恐怖分子磁铁"，他说，"美军在伊拉克的存在，制造出一个机会目标"。实际上，美军的存在非但没有带来稳定，反而刺激和吸引了反美"圣战"分子。这对桑切斯来说不是问题。"这里正是我们期望与敌战斗的地方"，他说，"我们无法忽视的重点是，我们必须在伊拉克取得战斗的胜利。否则美国就要在自己的国土上对付这些恐怖分子"。[62]

虽然指挥官对形势的判断发生了改变，但他的战争行事方式依然还是老样子：保持压迫。他的下属指挥官正是这样执行的。正如驻伊拉克的海军陆战队高级指挥官所言："我们通常的做法是用更强大的力量回击敌人的武力挑衅。"[63]陆军和海军陆战队的指挥官们都相信这种方法会行之有效。在安巴尔省，指挥第82空降师的查尔斯·斯旺纳克少将宣布："我们做得棒极了。

我们正在快车道上前行，安全局势得到了控制。"[64]

奥迪尔诺将军也表示同意。10月，他发表了一份乐观的进度报告。这份报告与他7月份的如出一辙。"大家都知道，"他说：

"美军士兵每天都在与恐怖分子、前政权成员和普通犯罪分子打交道。为了击退他们的攻击，持续改善区域内的安全与稳定，我们正在执行搜索和攻击任务，通过危机巡逻和系列攻击行动达到解除对手武装，战胜和摧毁敌对势力，并抓捕组织反联军行动的前政权中层成员的目的。这些努力取得了很大的成功，在整个地区取得了稳定的效果。"

如果在取得这么多成功之后，暴力活动仍然不能禁止，那么奥迪尔诺愿意将其归咎于濒临失败的敌人身上。他断定，反叛分子正"一天比一天更加绝望"。这位将军淡化了越来越多的外国武装人员正在进入伊拉克的报道。他说："我发现伊拉克人不喜欢其他国家的人自作聪明来伊拉克浑水摸鱼。"他的评论没有明显的讽刺意味。[65]

阿比扎伊德自己则开始接受更为微妙的观点。在他的描述中，日益多元化的"极端分子"群体正在从与前政权无关的各种来源中积聚力量：

其中有宗教极端分子和国家极端分子。这些极端分子有些与阿拉伯复兴社会党有千丝万缕的联系，有些则完全没有关系，但他们都渴望与联军一战。另外还有一支规模不大但非常重要，组织良好的外国武装组织。他们中的一些人已经在伊拉克工作了很长时间，更多的则是从不同的边界陆续渗透了进来。此外，反抗联军的什叶派武装也不容小觑。他们的目的是破坏任何在巴格达成立的温和政府。

换句话说,阿比扎伊德得出的结论是,这场战争跨越了种族、教派、宗教和民族主义的界限。敌人的主要目的不是恢复萨达姆·侯赛因的统治,而是驱逐外国占领军。他认为,对手的目标"不是在军事上打败我们",而是要"摧毁美利坚合众国的意志。这非常简单明了。摧毁我们的意志,让我们滚蛋……这是他们的目标也是他们正在努力的方向"。这意味着,萨达姆·侯赛因身处何方已经变得无关紧要。[66]

即便如此,当美军在12月13日将满身污泥的前伊拉克独裁者从藏身洞中拉出来时,桑切斯找到了另一个转折点。他在巴格达向记者保证:"抓获萨达姆·侯赛因是新伊拉克的决定性时刻。"尽管刚刚过去的一个月已有82名美国人阵亡,另有336人受伤,但桑切斯似乎看到了更美好的未来就在前方。[67] "我相信,萨达姆·侯赛因的被拘捕将被视为伊拉克人民和解的开始,也是伊拉克重生的标志。"[68]

他的下属也恰到好处地随声附和。谢丽尔·沙利文将军在第二个月宣称:"我们已经通过了弯道,现在可以直线加速了。萨达姆·侯赛因的被捕是我们向前迈出的一大步。那些对他的回归抱有幻想的人的希望彻底破灭了,而那些担心他回归的人也不再有所畏惧。"[69] 奥迪尔诺对此表示认同。他说:"我们一直在试图打击的前政权成员屈服了。萨达姆的被捕是敌人行动和心理上的重大挫折。"[70]

事实很快证明萨达姆的被捕无关大局。暴乱仍在持续而且还在不断加剧。一定程度上这还要归功于美军的行动。

桑切斯和同僚们把复兴社会党构陷为对手是严重的错误。但开弓没有回头箭,因为此时回头必然引起对入侵伊拉克战略合理性的更大质疑。布什总统原以为伊拉克人会心甘情愿地接受他的"自由计划",从而为大中东地区更大范围的转变铺平道路。

在1965年底,当美国作战部队抵达南越几个月之后,西贡的美国最高指挥部突然意识到造成持续冲突的关键不是国际共产主义而是民族主义。越共游击队和北越的作战目标并非将极权主义的意识形态散播到世界各地,他们只是希望统一分裂的国家并行使民族自决权。这是无法想象的。美国当然不会允许这样的说法出现,因为他们觉得这将会动摇美国武装干涉的根基。

伊拉克的情况也是如此。助长暴乱的不是试图恢复萨达姆权力的那些势力,而是另有原因。但这种想法将动摇战争持续下去的合理性。在寻找伊拉克大规模杀伤性武器无果而终时,这变得尤为重要,因为这曾作为宣战的理由。因此,美国高级军官坚持认为,即使萨达姆已经呜呼哀哉,伊拉克战争继续下去的理由仍将以被推翻的独裁者为中心。

萨达姆被捕后没几天,理查德·迈尔斯将军就拜访了巴格达。一位记者请参谋长联席会议主席考虑这样一种可能性:"假设杀害美国士兵的不是复兴社会党党员,不是萨达姆的支持者,而仅仅是把你们视为占领军的民族主义分子。"迈尔斯对此完全不能同意。"我了解的事实并不支持这种说法",他回答说,"我认为事实证明我们一直接触的那些人,我们拘留的那些人——如你们所知,我们每周要拘留数百人——他们不是民族主义者。这些人都有前政权的背景……他们是恐怖分子。这些人都有前政权的背景"。[71] 承认其他可能性等于承认整个战争是一场错误。因此,广告式的口头禅,翻来覆去所说的和实际情况都没有关系。

迈尔斯提到美国军队每周都要拘捕数百名伊拉克人，这是千真万确的。从战术上来说，拘留服役年龄的男性是桑切斯行动的核心，其目的是根除复兴社会党的威胁。拉姆斯菲尔德的名言"清除一切。宁可错杀，不可放过"在实践中得到了完全的落实。这种肆无忌惮是为了让民众畏惧而不是为了赢得民心。红十字国际委员会在2004年初发布的一份报告中简明扼要地描述了美国人使用的方法。报告开门见山地提到，拘捕"是一种模式"。

负责拘捕行动的机构通常在天黑后闯入民居。他们会破门而入，厉声把住户叫醒，并大声发号施令，将家庭所有成员赶进军人看守的房间里。在搜查其他房间时，他们同样会踹开房门。毁坏橱柜和其他瓶瓶罐罐也是家常便饭。对于要逮捕的嫌疑人，美军会用软铐把他们的手绑在身后罩住头后带走。有时，他们会逮捕屋内所有的成年男性，老弱病残也不例外。对待这些人的方式通常是推搡、侮辱、用枪瞄准、拳打脚踢，以及用枪托痛击等。人们被带走时经常来不及换好衣服（有时仅仅穿着睡衣或内衣）。他们被剥夺了整理随身物品的机会，比如收拾好换洗的衣服、卫生用品、药品或眼镜。那些投降时携带手提箱的人，随身物品往往会被没收。在多数情况下，逮捕过程中没收个人物品时不会提供任何收据。[72]

在美国主流出版物上的文章也讲述着类似的故事。美国军队采用的方法与以色列军队在约旦河西岸使用的恐吓战术有得一比。[73] 其中就包括捣毁任何疑似暴乱家庭居所的行动。[74] 在萨达姆被捕后不久，《纽约时报》刊登了一篇措辞严厉的专栏点评。伊拉克战争老兵，海军中校卡尔·穆迪三世写道，桑切斯的"强硬"手段"与以色列在被占领土上使用的战术类似"。他们这样做不可能赢得伊拉克阿拉伯人的爱戴。[75]

类似的方法意味着相同的目的。以色列国防军的"强硬"姿态反映了以色列对约旦河西岸永久控制的决心。美国军队采取类似的手段，加深了伊拉克民众将被美国永久控制的恐惧，尽管华盛顿坚称自己无意于此。总之，美国严厉的平乱战术不但未能压制反抗反而加剧了反抗。《时代周刊》直言不讳地总结说："美国人经常犯下把普通伊拉克民众逼上梁山的罪行。"[76]

"逮捕—拘留—审讯"的方法正在变成毒瘤并开始转移扩散。为了给警戒—搜查行动中被捕的越来越多的囚犯提供场地，美国军队建起了众多监禁设施，阿布格莱布监狱是其中之一。它在萨达姆·侯赛因时期就是臭名昭著的监狱所在地。现在这里关押了被美军拘捕的7000多名伊拉克人。最迟从2003年10月开始，该监狱变成了美军士兵"虐待、厚颜无耻和肆意犯罪"的场所。伊拉克被拘者是事件的受害人。到12月，美国军方的高级领导意识到这里出了问题。[77]在接下来的一个月，安东尼奥·塔古巴开始调查此事。他在报告中汇总了那些不正当行为。其中包括：

- 殴打、扇耳光、拳打脚踢，在被拘者的光脚上跳来跳去；
- 拍照或摄录裸体男女被拘者；
- 强迫被拘者摆拍各种性体位；
- 强迫被拘者脱光衣服并要赤身裸体达几天时间；
- 强迫裸体男性被拘者穿着女式内衣；
- 强迫男性被拘者自慰并拍照和录像；
- 将裸体男性被拘者叠成一堆，然后跳到最上面；
- 一名裸体被拘者头顶沙袋被绑在（配给口粮的）盒子上。

电线连接起他的手指、脚趾和生殖器以模拟电刑；

・在男性被拘者腿上写下"我是强奸犯"（他被指控强奸了一名 15 岁女性被拘者），并拍摄裸照；

・用一条狗链或绑带系在裸体被拘者的脖子上，美国女兵则在一旁摆拍；

・一名男性宪兵与一名女性被拘者发生了性关系；

・用未带嘴套的军犬恫吓被拘者，至少发生了一起军犬伤人的事件，被拘者受伤严重；

・拍摄死去的伊拉克被拘者。

塔古巴的调查发生在萨达姆・侯赛因被捕后不久。他的调查结论是，的确存在"系统性"的虐待行为。美国陆军将他的报告列为机密，希望能平静地处理此事，避免不必要的尴尬。[78]

通过隐瞒来解决问题的努力从一开始就注定了失败的命运。塔古巴报告被泄露了出去。在 2004 年 4 月，哥伦比亚广播公司在《60 分钟》节目中爆料了阿布格莱布监狱的故事，并向全世界播放了塔古巴发现的证据。

华盛顿和巴格达的美国权力机构立即启动了应急控制模式。他们一边谴责这种破坏纪律的行为，一边坚称几只"烂苹果"的不端行为不能代表全体美军将士，也不能代表美国的对伊政策。他们本来不必如此多费口舌。

不管公平与否，阿布格莱布监狱丑闻证实了大中东地区的穆斯林对美国意图和文化根深蒂固的怀疑。如果说一些穆斯林的恐怖行径成了确认西方人对伊斯兰教偏见的注脚，那么阿布格莱布监狱丑闻的照片证实了众多穆斯林的成见：美国是放纵、颓废和性变态的污水沟。

战争本质上是政治的延续。阿布格莱布监狱丑闻是美国政治上的重大挫折。其后果很严重,以致第三次海湾战争的失败就始于此事。丑闻之后,美国政府再也不可能把大中东战争描绘成同情伊斯兰民众的慈善事业。毋庸讳言,战争仍将继续,但以伊拉克为起跳板开始更大范围战略转变的可能性已经微乎其微。即使美国在伊拉克能够取得某种程度的胜利,这种胜利也不具有深远的意义。在巴格达,通往大中东之路走到了尽头。布什政府重建大中东的战略刚刚开始就已经一败涂地。

2004年6月,桑切斯将军离开了巴格达。退休后,他写了一本充满痛苦的回忆录。在书中他为自己未能升任上将愤愤不平。[79] 同一个月下旬,布雷默也离开了那里。6月28日,乔治·布什签字确认伊拉克的主权正式恢复。布雷默的继任者接过了大使头衔。然而主权国家伊拉克此时还驻有16万外国部队。他们继续在这个国家往来纵横,执行任务。[80] 布雷默适时发表了自己的"殖民总督"任职报告,把任期内出现的问题全部归咎于他人。[81] 在过去一段时间,无休无止地调查阿布格莱布监狱丑闻已经让他们精疲力竭。最终,一名预备役女将军,贾妮斯·卡宾斯基准将成了被问责的最高级官员。对她的处罚是军阶降为上校,解甲归田。后来她出版了一本自辩清白的回忆录。[82]

在总统任期的艰难时刻,约翰·肯尼迪曾引用过一句谚语:"胜者有一百个父亲,而败者则孤苦无依。"2003年春,第三次海湾战争曾让自豪的"父亲们"夸夸其谈。仅仅一年后,"父亲们"的规模就已大为减少。"这样的电影我看过了太多次",前中央司令部司令津尼在2004年4月说,"电影的名字叫越南"。[83]

战争仍在艰难地向前推进。坏消息总比好消息多。美国军队在著名的纳杰夫战役(2004年8月)和第二次费卢杰战役(2004

年 11—12 月）中取得了胜利。然而，这些胜利对第三次海湾战争最终结果的影响不会超过第二次马纳萨斯之役（1862 年 8 月）或弗雷德里克斯堡战役（1862 年 12 月）对美国内战结果的影响。也就是说，除了给持续僵局打上血腥标记之外，它们的意义不足挂齿。

毋庸讳言，伤亡在持续上升。到 2004 年中，在伊拉克阵亡的美国士兵已经超过 1000 人大关。在那一年，平均每月受伤人数达到了 668 人。有些月份则要更糟些。4 月，有 1215 名美国军人在行动中受伤。11 月，这个数字达到了创纪录的 1431 人。[84]

财政支出也在飙升。截至 2004 年底，美国与伊拉克战争相关的月支出接近 70 亿美元。[85] 与第二次海湾战争相比，美国的盟友并没有自愿负担起它们的份额。布什总统上任时，财政预算尚有盈余，但伊拉克和阿富汗的不间断的战争产生了巨额财政赤字。2004 年，联邦政府超支达 4120 亿美元。这还不是最糟的。到 2009 年布什卸任时，美国的年度赤字突破了万亿美元大关。[86]

2004 年是大选之年，赢得连任成为总统事项的重中之重。尽管布什未能在伊拉克取得成功，但在民调中他表现得很出色。11 月，他轻松击败了来自马萨诸塞州的参议员约翰·克里。克里总是纠结于解释自己为何先投票支持，后又转而反对伊拉克战争。他试图为民众提供选他成为总司令的理由。再次当选总统为布什提供了喘息之机。至少在一段时间内，他可以无拘无束地假装伊拉克正在走上正轨，以此证明"自由计划"成为美国政策基础的正确性。

美国的总统崇拜有很多负面影响。坚信总统大选的结果具有深远影响就是其中之一。这个观点至今仍然没有消亡，尽管美国民众支持候选人 A 超过候选人 B，常常不是因为 A 更像下一位亚伯拉罕·林肯，而只是因为 B 是两害相权中更轻的选择。2004 年大选也是如此。

正如布什在第二次就职演说时表明的那样，他还是把此次连任解读成赋予他的神圣使命。在演讲中，布什承诺美国将以"终结世界的暴政为目标"。总统用雄辩的口才宣布（但措辞并不精准）：

> 从建国之日起，我们就庄严宣告，世界上无论男女都拥有权利、尊严和不可估量的价值，因为他们有着和造物主一样的形象。世世代代，我们都宣告自治政府的必要性，因为没有人生来就是主人，也没有人天生就是奴隶。推进这些理想的实现是我们伟大祖国的使命，也是我们先辈的荣耀。今天，它成为国家安全的迫切需要，也是我们时代的召唤。[87]

事实上，伊拉克战争不断恶化的进程充分证明，沉迷于美式自由是历史的必然选择，更有可能制造不幸而非荣耀。

布什的第二次就职演讲被认为是彻头彻尾的美式八股文，他只是重申了历任总统的观点。然而，演讲中也有着不可磨灭的自我放纵的幻想以及狂热超越冷静的痕迹。布什希望通过传播美国梦来结束暴政的想法成了奥萨马·本·拉登梦想的榜样。本·拉登希望建立基于伊斯兰原则的新哈里发国。事实证明，总统发动预防性战争获得和平的愿景和本·拉登的愿景一样都充满着想象，而且两者同样有害。他们真是天造地设的一双。

注 释

1.《国防部副部长沃尔福威茨接受了萨姆·坦纳豪斯的采访》,《名利场》(2003年5月9日)。道格拉斯·费斯在回忆录中也肯定了这一点。他写道,宣称萨达姆拥有大规模杀伤性武器"并不是我们参战理由的基石"。大规模杀伤性武器只是为我们提供了一个方便的论据,它有助于说服国内外的怀疑者。道格拉斯·费斯:《战争与决策》(纽约,2008年),228页,重点在于原文。

2. 这里引用了一句名言。布什的国家安全顾问康多莉扎·赖斯为在伊拉克进行预防性战争而警告说:"我们不希望冒烟的枪变成蘑菇云。"CNN晚间新闻,沃尔夫·布利策(2002年9月8日),http://transcripts.cnn.com/TRANSCRIPTS/0209/08/le.00.html,访问于2015年3月28日。

3. 唐纳德·拉姆斯菲尔德:《已知和未知》(纽约,2011年),435页。

4.《史蒂夫·麦克莱伦举行白宫定期新闻发布会》(2005年12月6日)。

5.《国家安全顾问康多莉扎·赖斯关于恐怖主义和对外政策的讲话》(2002年4月29日)。

6. 马克斯·布特:《美利坚帝国的理由》,《旗帜周刊》(2001年10月15)。

7. 乔治·布什:《在美国"亚伯拉罕·林肯"号战舰上就伊拉克问题发表的全国讲话》(2003年5月1日);《理查德·切尼在媒体见面会上的专访》(2003年3月16日);唐纳德·拉姆斯菲尔德:《国防部长拉姆斯菲尔德的媒体监控》(2003年1月19日);保罗·沃尔福威茨:《在众议院拨款委员会的证词》(2003年3月27日);道格拉斯·费斯:《参议院对外关系委员会的声明》(2003年2月11日)。

8. 托马斯·霍布斯：《利维坦》（再版，伦敦，1886年），48页。

9. 在2001年的听证会上，拉姆斯菲尔德曾对这一逻辑进行过分析。他作证说，美国国家安全政策的最终目标"应该足够强大有力，可以劝阻人们不要去做他们本来会做的事。你甚至不必为战争而战"。国会第107次大会的首次会议，参议院军事委员会的提名（2001年1月11日），55页。

10. 《现在就民主》（2007年3月2日），youtube.com/watch?v=SXS3vW47mOE，访问于2015年3月30日。

11. 道格拉斯·费斯：《战争与决策》（纽约，2008年），49页。

12. 同上，52页。

13. 引用哈尔·布兰兹：《伟大战略的好处？》（伊萨卡，2014年），163页。

14. 约翰·普拉多和克里斯托弗·埃姆斯：《这算是一个决定吗？》（2010年10月1日），美国国家安全档案馆，nsarchive.gwu.edu/NSAEBB/ NSAEBB328/，访问于2015年3月31日。

15. 一些人表示还有第四项任务，即为国际社会提供理由使侵略伊拉克具有合法性和正当性。这项任务落到了国务卿科林·鲍威尔的头上。除了鲍威尔本人以外，布什政府的其他高级官员也并不认为这是一个非常伟大的时刻。

16. 菲利普·雷赫尔：《跨国犯罪与司法手册》（加利福尼亚，2005年）。

17. 道格拉斯·费斯：《主权与先行自卫》（2002年8月24日），papers.rumsfeld.com，访问于2005年4月12日。

18. 《布什总统在西点军校的毕业演讲》（2002年6月1日）。2002年9月，白宫发布了一项新的美国国家安全战略并美化了这些主题。

19. 《唐宁街备忘录》，《星期日泰晤士报》（2005年5月1日）。备忘录本身是英国首相托尼·布莱尔和他的主要安全顾问的会议记录，时间是2002年7月23日。

20. 切尼引用自《对伊拉克不作为的风险》，CNN.com/Inside Politics（2002年8月27日）。

21. 罗伯特·伯德与玛丽沙龙:《参议院,1789—1989》(第 1 卷)(华盛顿特区,1988 年),417 页。

22. 托马斯·莫罗:《惠勒痛斥罗斯福,以及抹黑德伯格上校》,《芝加哥论坛报》(1941 年 4 月 26 日)。

23. 在《纽约书评》中,记者马克·丹纳为切尼的手段和他取得的成就贡献了几篇见解深刻的文章。其中包括《黑暗中的理查德·切尼》(2014 年 3 月 6 日),《他重塑了我们的世界》(2014 年 4 月 3 日),以及《切尼:越残酷越好》(2014 年 5 月 8 日)。

24. 托马斯·亚当斯:《后来的军队》(韦斯特波特,2006 年),136 页。

25. 汤米·弗兰克斯:《美国士兵》(纽约,2004 年),331 页。

26. 幻灯片确实代表了更正统的计划手段。在这里,拉姆斯菲尔德还表达了他对军事惯例的鄙视。托马斯·里克斯:《惨败》(纽约,2006 年),75 页。

27. 迈克尔·戈登和伯纳德·特莱诺尔:《眼镜蛇 II》(纽约,2006 年),5-7 页,22-23 页;托马斯·里克斯:《惨败》(纽约,2006 年),42-43 页。

28. 迈克尔·戈登和伯纳德·特莱诺尔:《眼镜蛇 II》(纽约,2006 年),4 页,29 页,31-32 页。

29. 汤米·弗兰克斯:《美国士兵》(纽约,2004 年),428 页。

30. 同上,416 页。弗兰克斯用了 100 多页的篇幅(328-437 页)详细介绍了"伊拉克自由行动"的计划和筹备工作,而仅用了 50 多页的篇幅(478-530 页)介绍行动的实际执行阶段。

31. 最有名的是担任陆军参谋长的埃里克·新关将军,他于 2003 年 2 月公开表示,"占领伊拉克需要数十万军队"。布什政府的高级文职官员将这一预测视为"过于离谱"。埃里克·施密特:《五角大楼因伊拉克占领部队的规模对将军提出了反驳》,《纽约时报》(2003 年 2 月 28 日)。

32. 发生在 2002 年 10 月的投票(恰巧在非大选年选举之前),在参议院的得票数为 77 : 23,在众议院的得票数则为 296 : 133。在第二次海湾战争前夕，培养了总统雄心的一些国会议员却投票反对授权使用武力的决议案。这些国会议员为此付出了沉重的政治代价。反对"沙漠风暴行动"随后被认为是可以取消议员资格的依据。这一次，雄心勃勃的参议员如乔·拜登、希拉里·克林顿和约翰·克里不打算重蹈覆辙。这三位杰出的民主党人都投票支持了共和党的战争议案。

33. 帕特里克·泰勒：《街头新势力》，《纽约时报》（2003年2月17日）。

34. 安妮·科恩布鲁特：《总统并未被反战抗议所吓倒》，《波士顿环球报》（2003年2月19日）。

35. 请参见埃里克·马格利斯的《入侵伊拉克：愚蠢之路》，《美国保守派》（2002年10月7日）；以及《给国会议员的公开信》，《国家》（2002年10月14日）。

36. 马克斯·布特：《绥靖政策的终结》，《旗帜周刊》（2003年2月10日）。

37. 在推翻萨达姆的战役中，联军的空军部队飞行了共计2万多架次，其中3/4用于打击伊拉克的地面部队。后一个数字反映了战争开始时，伊拉克防空和指挥控制能力的严重退步状态。此时伊军已经没有多少值得打击的目标了。美军提供了超过90%的参战飞机。在2.8万枚弹药消耗中，70%以上属于精密制导弹药。在对敌行动中只损失了一架A-10疣猪固定翼飞机。《"伊拉克自由行动"中的数字》（2003年4月30日），afhso.af.mil/shared/media/document/AFD-130613-025.pdf，访问于2015年4月18日。本文档是由美军中央司令部空中部队整理的统计汇编文件。

38. 《这必将成为史无前例的战役》，《华尔街日报》（2003年3月22日）。该文章提供了美军中央司令部新闻发布会的完整文字记录。

39. 吉姆·德维尔：《海湾指挥官看到更长的路》，《纽约时报》（2003年3月28日）。

40. 格雷戈里·方特诺特等：《在路上："伊拉克自由行动"中的美国陆军》（华盛顿特区，2004年），89页。这部美国陆军的出版物提供了第三次海湾战争第一阶段的官方历史。

41. 同上，339 页。

42. 汤米·弗兰克斯：《美国士兵》（纽约，2004 年），524 页。

43. 美军中央司令部的"OPLAN 1003V"行动方案分为四个阶段。第一阶段是"准备工作"；第二阶段是"形成战场"；第三阶段是"果断行动"，这意味着到达巴格达；第四阶段则涉及处理战后事宜。《美国中央司令部幻灯片汇编》，认证权限 2002 年 8 月 15 日；《高度机密/波罗的步骤》，标签 K，美国国家安全档案馆，nsarchive.gwu.edu/NSAEBB/NSAEBB418/，访问于 2015 年 4 月 15 日。

44. 它的开头是："我，联合部队司令汤米·弗兰克斯将军在此特别声明：在伊拉克的联军来此的目的是作为解放者而不是征服者。"他接着承诺，他的部队将帮助伊拉克人"医治他们的伤口"，建设代议制政府并保护伊拉克的石油。汤米·弗兰克斯：《美国士兵》（纽约，2004 年），528–529 页。

45. 罗杰·罗伊：《在自由巴格达，抢劫者声称他们可以拿走任何东西》，《奥兰多前哨报》（2003 年 4 月 10 日）。

46. 马克·麦克唐纳，乔纳森·兰迪和德鲁·布朗：《巴格达——摩苏尔和基尔库克街头一片混乱，劫掠者抢走了一切》，《骑士论坛报》（2003 年 4 月 11 日）。

47. 约翰·丹尼斯夫斯基和杰弗里·莫汉：《劫掠者带给巴格达的新浩劫》，《洛杉矶时报》（2003 年 4 月 11 日）。

48.《国防部新闻发布会——国防部长拉姆斯菲尔德和迈尔斯将军》，（2003 年 4 月 11 日）。

49. 据传闻，美国士兵正在向伊拉克儿童分发色情作品并使用夜视装置来哄骗伊拉克妇女。《暴力反应：美军在费卢杰》，《人权观察》（2003 年 6 月），5 页。

50. 伊丽莎白·奈费尔：《美国，对伊拉克抗议者死亡人数的争议》，《波士顿环球报》（2003 年 4 月 30 日）；克里斯汀·斯派洛克：《13 名伊拉克人在抗议中被杀，几十人受伤》，《芝加哥论坛报》（2003 年 4 月 30 日）。

51."在两周前的摩苏尔事件中,美国海军陆战队杀死了10名伊拉克示威者"。大卫·罗德:《摩苏尔冲突令陷入困境中的美国面临更棘手的环境》,《纽约时报》(2003年4月15日)。

52.威廉·克拉尔和罗伯特·卡斯特罗:《费卢杰之战》,国防分析研究所(2009年9月),12页。

53.《杰伊·加纳将军在伊拉克》,英国广播公司的《新闻之夜》节目的文字记录(2004年3月19日),gregpalast.com/bbc-newsnight-reportgeneral-jay-garner-on-iraq/,访问于2015年4月17日。

54.据说道格拉斯·费斯希望加纳简单"宣布沙拉比为总统"。杜夫·扎克海姆:《火神的故事》(华盛顿特区,2011年),163页。扎克海姆是乔治·布什第一任期间的五角大楼高级官员。

55.这两条命令的文本均可在CPA网站上查阅 iraqcoalition.org / regulations /,访问于2015年4月17日。

56.托马斯·里克斯:《惨败》(纽约,2006年),324页。

57.《来自第3步兵师指挥官的伊拉克现场简报》(2003年5月15日)。

58.《来自巴格达奥迪尔诺少将的远程视频会议》(2003年6月18日)。

59.《国防部新闻简报——迪·丽塔先生和阿比扎伊德将军》(2003年7月16日)。

60.《来自巴格达奥迪尔诺少将的远程视频会议》(2003年7月25日)。

61.《桑切斯中将关于确定乌代·侯赛因和库赛·侯赛因的死亡情况简报》(2003年7月23日)。

62.《桑切斯中将接受CNN专访》(2003年7月27日)。

63.《在伊海军陆战队第1远征军的简报》(2003年9月9日)。发言人是詹姆斯·康威中将。

64.《陆军少将斯旺纳克在巴格达的远程视频会议》(2003年11月18日)。

65.《第4步兵师指挥官雷蒙德·奥迪尔诺少将,来自伊拉克提克里特的电话会议》(2003年10月27日)。

66.《与阿比扎伊德将军的现场视频电话会议》(2003年11月13日)。

67. 死亡人数来自 icasualty.org，访问于 2015 年 4 月 23 日。

68.《布雷默大使发自巴格达的简报》（2003 年 12 月 14 日）。

69.《第 82 空降师指挥官发自伊拉克的简报》（2004 年 1 月 6 日）。

70.《第 4 步兵师指挥官发自伊拉克的简报》（2004 年 1 月 22 日）。

71."伊拉克巴格达的媒体可用性"（2003 年 12 月 16 日）。

72.《红十字国际委员会（ICRC）关于伊拉克境内受日内瓦公约保护的战俘及其他受保护对象在联军逮捕、拘留和讯问期间待遇的报告》（2004 年 2 月）。

73. 德克斯特·菲尔金斯：《美国加强对伊拉克城镇控制的严厉新战术》，《纽约时报》（2003 年 12 月 7 日）。

74. 杰夫·威尔金森：《美国炸毁伊拉克嫌疑人的家园》，《费城问询报》（2003 年 11 月 18 日）。

75. 卡尔·穆迪三世：《姑息养奸，拯救国家》，《纽约时报》（2003 年 12 月 30 日）。

76. 布莱恩·班尼特等人合著：《失去心灵与理智》，《时代周刊》（2003 年 12 月 8 日）。对这个战争阶段的美国战术的详细批评请参阅里克斯的《惨败》，214-269 页。

77. 乔什·怀特：《调查发现美国在伊拉克的将军曾被告知存在虐待现象》，《华盛顿邮报》（2004 年 12 月 1 日）。

78.《针对 15-6 条款对第 800 宪兵旅所做的调查》（2004 年 3 月）。

79. 里卡多·桑切斯：《战斗中的智者》（纽约，2008 年）。

80. 唐纳德·赖特等人合著：《在路上 II》（华盛顿特区，2008 年），169 页。

81. 保罗·布雷默：《我在伊拉克的岁月》（纽约，2006 年）。

82. 贾妮斯·卡宾斯基：《一个女人的军队》（纽约，2005 年）。

83. 托马斯·里克斯：《惨败》（纽约，2006 年），362 页。

84. icasualties.org，访问于 2015 年 4 月 24 日。

85. 艾米·贝拉斯科：《自"9·11"以来伊拉克、阿富汗和其他全球反恐行动的战争成本》（2014 年 12 月 8 日），14 页。这是美国国会研究处发表的一份报告。

86.《预算赤字的历史》,usgovinfo.about.com/od/federalbudgetprocess /a/Budget-Deficit-History.htm,访问于2015年4月24日。

87.乔治·布什:《第二次就职演说》(2005年1月20日)。

14. 如何收场

2004年6月，当小乔治·凯西将军抵达巴格达接替里卡多·桑切斯担任驻伊联军总指挥时，他有一个惊人的发现：没有战争规划。他的前任由于负担过重以至于从未绘制过战争的蓝图。终极目标是什么？什么样的流程步骤可以引导联军朝着目标前进？没有文件给出回答。这就好像英美联军在诺曼底登陆时，只有向柏林进军的模糊认识，却缺乏抢滩登陆的行动指引。

新任指挥官立即着手纠正错误。凯西是越战阵亡将军的儿子。这是他第一次亲历战争。深思熟虑、冷静睿智，有着朴实无华外表的凯西有着桑切斯所缺乏的优点。他来自华盛顿，清楚上司那不切实际的期望。布什总统依然希望胜利能让"自由计划"继续，从而维持其重大战略意义的表象。与此同时，国防部长拉姆斯菲尔德也热切期待继续向前推进。

他希望尽快对伊拉克采取行动以阻止美国军事霸权的主张受到进一步侵蚀。为了让他的上司完全满意，凯西需要大获全胜然后尽快撤离。前线的实际情况使这样的目标没有实现的可能。

凯西 8 月份制订和公布的战役计划为布什和拉姆斯菲尔德提供了他们期待的内容，但只是部分并非全部。[1] 从本质上说，即使在付出巨大努力之后，他也无法承诺能完全彻底的胜利。在听证会上，凯西提出美国的目标应该是创建"安全"而不是击败敌人。"如果你想要得到安全"，他对参议院军事委员会的成员说，"你必须拥有足够的情报。而想要在平叛环境下获得情报，你就必须转变民众对暴乱的看法。首先是对反叛分子的看法；其次是对联军的看法。"[2] 转变民众的看法并非典型的美式军事任务。凯西对未来之路的预判暗示了他期望的降低，同时也是在呼吁大家要有足够的耐心。

凯西的平叛提议颇受瞩目。作为越战的直接后果之一，平叛的概念一度在美国军事圈子里声名狼藉。现在，凯西建议重新启用它。众所周知，镇压暴乱或平叛能为转变伊拉克人的看法提供一条途径。在抵达巴格达之后，凯西告诉布什总统，他的首要任务是"制订全面的平叛计划"。[3]

从实际角度来看，新任指挥官的"平叛"计划意味着两件事：减轻对美军占领的抵触情绪，同时培养伊拉克自身的军事和政治能力，使之足以治理自己的国家。换句话说，"平叛"计划可以提供让美军体面退出的希望。2005 年 12 月是凯西设定的任务完成日期。[4]

这种处理方式基于三个核心假设。第一点，也是最重要的一点是，这个被称为"伊拉克"的民族国家以及居住于此认同其"伊拉克人"民族身份的人是一种客观存在。这为联军建设这个国家

· 339 ·

提供了坚实的基础。第二点，外国军队采用更友善和温和的方式有利于他们被当地民众所接受。第三点，地面行动的推进将为华盛顿赢得足够的时间让计划得以完成。不幸的是，这三个假设存在的问题都不小。

敌人多中心的特点让问题更加复杂化。2005年6月，副总统切尼向美国人民保证，伊拉克的暴乱状态处于"最后的阵痛"阶段。[5]但实际上，这种状态正在进化之中而且变得更加复杂。在巴格达陷落两年之后，逊尼派"抵抗者"组成的武装抵抗组织对什叶派多数来行使政治权力的未来深感不满；什叶派民兵则对外来势力的长期军事占领感到不满；而所谓的"外国战士"，他们则对什么都不满意。他们抓住美军入侵伊拉克的天赐良机，到那里发起了反对西方的"圣战"。[6]这些外国武装分子来自阿拉伯邻国，其中一些来自中东很偏远的地区。2004年10月，他们称自己为伊拉克基地组织。他们的领导人阿布·穆萨布·扎卡维宣誓效忠奥萨马·本·拉登。2003年之前，基地组织没有找到机会在萨达姆·侯赛因统治下的伊拉克取得一席之地来建立新哈里发国。吊诡的是，借乔治·布什反恐战争的机会，他们现在有了立足之地。

凯西将军在伊拉克指挥联军的时间长达32个月。在此期间，他会定期返回华盛顿汇报进度。通常他会在迈尔斯将军和阿比扎伊德将军的陪同下前往国会山，向国会和美国人民保证一切尽在掌握中。尽管总是小心释放出"挑战"犹存的提醒，但是直接监督伊拉克行动的军方领导人给出的评价始终充满希望。一致的结论始终是，这场战争我们不仅可以取胜，而且必须取胜，也必将取胜。

举例来说，在2005年6月，迈尔斯向参议院军事委员会保证：

"我们的方向正确无误。"而阿比扎伊德也看到了"进展良好"的证据，更大的成功就在前方。凯西附和说，行动"兼具现实性和可行性"。当马萨诸塞州的民主党参议员爱德华·肯尼迪把伊拉克说成泥潭时，凯西反驳说那是"歪曲事实的错误表述"。他说，反叛分子"缺乏远见。他们既没有立锥之地，也没有大众的支持"。另一方面，大多数伊拉克人都在为民主做出贡献。"伊拉克安全部队每天都在为自己的国家战斗和牺牲。"凯西总结道："这里绝不是泥潭。"[7]

9月，铁三角再次来到了国会大厦。迈尔斯和阿比扎伊德让来自巴格达的指挥官更新了前线的最新消息。凯西做证说，"基于验证过的平叛原则而制定出的战略"让联军"在伊拉克每天都能取得进展"。他向参议员们保证，"我们在伊拉克有能够带来成功的战略和计划。我们在实现目标方面取得了巨大进展"。凯西希望继续改善条件让美军在一年内撤出部队的计划得以实施。[8]

2006年，海军陆战队的彼得·佩斯将军接替了已经退休的迈尔斯。在伊拉克问题上，新上任的参谋长联席会议主席沿袭了前任的陈词滥调。他在8月份对参议员们说，"我们在伊拉克已走了很长一段路"。接着他说，尽管"前面还有很长的路要走，我们会坚持下去并取得胜利"。佩斯发言后，阿比扎伊德提出了更有实质性而且更全面的看法。他把伊拉克放在了更大的斗争背景下，其范围包括了"整个中亚、中东，并一直延伸到了非洲之角"。

中央司令部司令敦促参议员们从更宏大的视角来看待问题。他说，美军在伊拉克的对手也曾出现在"阿富汗、巴基斯坦、沙特阿拉伯、埃及、约旦和黎巴嫩等国"。"你随便说出该地区的一个国家，那里都有他们的人马。"他继续说：

人们普遍认为这场战争始于 2001 年 9 月 11 日,但开始的时间从 1983 年 10 月算起也无不可。当时真主党摧毁了一座海军陆战队兵营,炸死了驻扎于此的 200 多名美国海军陆战队士兵。你可以说,从较低的水平上来说这场战争在索马里就已经结束了。在撤出之前我们只在那里待了很短的时间。你也可以说,向敌人发射几枚战斧式对地攻击导弹创造了一种环境,使我们不得不集中比以前更多的精力、更坚韧的毅力、更大的耐心和勇气来面对这个更复杂的环境。

剧增的威胁使美国面临三重挑战。阿比扎伊德认为,首先是"击败基地组织及其相关的运动";其次是"遏制伊朗的地区霸权计划";最后才是"寻找阿以冲突的全面解决方案"。阿比扎伊德相信伊拉克"是地区更广泛问题的核心"。他坚持说:"拿下伊拉克是搞定中东地区其他国家的先决条件。"值得注意的是,他不再声称美国的军事实力足以让这个焦点国家恢复稳定。伊拉克人终究要靠自己来决定国家未来的命运。阿比扎伊德对此表示很乐观,因为"大多数伊拉克人正在为统一祖国而努力,而不是试图去分裂它"。[9]

然而,阿比扎伊德"能做到"的生硬表达,实际上承认了伊拉克问题是大问题中的一小部分,它只是中东众多问题之一。美国中央司令部司令的论述是重新评估军事行动帮助恢复秩序效果的机会。同时也可审视一下美国以往的军事行动是否使那里的问题更加恶化。总之,这本是重新评估战略的时机。但由于更关注于伊拉克问题,参议员们让这次机会与他们擦肩而过。

高级军事专家所谓"基本上走上正轨"的保证最终被证明毫无根据。正在伊拉克上演的事实讲述了不一样的故事。在 2005

年和2006年，行动的里程碑一个接着一个（选举和公民投票通过了宪法，成立了新政府），但没有对暴乱产生实质性的影响。

计划未能如期实现，而且证据表明伊拉克确实陷进了泥潭。

方方面面的伤亡数字都在不断上升。到2006年底，美国在伊拉克的累计死亡人数已经接近"9·11事件"中死亡人数的总和。有超过2.2万名美军士兵受伤。与此同时，主要使用简易爆炸装置的伊拉克"恐怖分子"组织的袭击在数量和杀伤力两个方面都在不断增加。尽管联军报告中的敌方战斗人员死伤或被俘的人数令人印象深刻，但武装抵抗行动丝毫没有减弱的迹象。[10]总体来说，抵抗力量还在壮大之中。[11]建立高效的伊拉克安全部队和建立高效的伊拉克政权一样，经常是进两步退三步。

与美国大中东战争早期的所有战役不同，执行"伊拉克自由行动"（连同不受重视的，与此非常类似的阿富汗"持久自由行动"）的美军发现自己陷入了越战后美国军事领导人发誓要避免的困境。旷日持久的冲突即便在遥远的未来也看不到彻底胜利的希望。美国不愿承认失败又找不到明显的退出理由。在此之前的"螳螂""沙漠风暴""果决力量"和"联合力量"等行动都至少取得了战术层面的成功，这足以制造出真正胜利的假象。随着巴格达胜利进行曲渐成往事，以周计算的战斗变成以月计算，之后更变成了以年来计算。"伊拉克自由行动"成功的挑战也随之上升了。

沉没成本也是如此。无论是以鲜血、财富，还是信誉来衡量，那些投入排除了美国止损直接回家的可能性。卡特在伊朗人质救援行动失败后曾做出过这样的选择。在贝鲁特爆炸事件发生后的里根和摩加迪沙交火后的克林顿也同样如此。但这一次，此路不通。美国的军事实力已被公认为世界最强，这并非全无道理。

然而，此一时彼一时，伊拉克的复杂环境暴露出不可一世的美军的局限性。

2006年2月22日是第三次海湾战争的转折点。那一天，恐怖分子炸毁了萨马拉的阿斯卡里清真寺。摧毁什叶派圣地的事件激起了《纽约时报》所说的"教派愤怒"。"伊拉克各地高喊着复仇口号的暴徒"让伊拉克在内战的边缘摇摇欲坠。[12] 一心复仇的什叶派教徒袭击了数十座逊尼派清真寺，并暗杀了多位逊尼派阿訇。凯西刻意轻描淡写地指出，其后果"比我们以前处理过的都要复杂得多"。他总结说，萨马拉爆炸事件的直接后果是"冲突的基本性质从反对联军的暴乱，演变为伊拉克民族和教派集团为伊拉克的政治和经济权力展开的斗争"，而联军被夹在了中间。[13]

虽然暂时还算不上失败国家，但伊拉克已濒临失败了。中央司令部情报部门准备的机密简报说明，到10月份为止，那里的暴力事件"达到了空前的程度，并正在向全国蔓延"。用颜色标识的"国内冲突指数"来衡量（范围从代表和平的绿色到代表混乱的猩红色），中央司令部对伊拉克局势的评估指示占了光谱的红色部分。[14]

这种情况令美国的政策制定者始料未及。然而，伊拉克教派冲突激增的影响力远远超出了国家的边界：伊朗在支持什叶派极端分子时只是隐身幕后但其作用却日益不容小觑。换句话说，战争开始时美国以为自己是驾驶室里的司机，现在却发现自己被丢在了后座上。在这个充满讽刺意味的转变中，事件的主动权如今旁落在伊朗人手中。

回想1980年至1988年的第一次海湾战争，当伊朗和伊拉克争夺地区霸主之时，美国选择了支持巴格达，从而防止了德黑兰占据上风。在1990年至1991年的第二次海湾战争中，美国采取行动挫败了萨达姆·侯赛因的霸权野心。在第三次海湾战争开始时，美国在布什总统提出的"自由计划"的幌子下，开始提出自己对地区霸权的诉求。由于美军无法兑现布什总统平定伊拉克并在政治上改变它的承诺，伊朗正逐渐成为美国过度扩张行为的主要受益者。美国在波斯湾的武装干涉始于遏制伊朗，现在却产生了相反的效果。

在国内，布什（或拉姆斯菲尔德）发动的战争越来越不受人欢迎，"隧道尽头就是光明"的承诺越来越没有说服力。2006年11月举行的大选是对持续近4年冲突的全民公投。对布什心怀不满的选民们选择支持民主党，使其控制了参众两院。总统本人对此心领神会。不到一天的时间，他就解除了现任国防部长的职务。这实际上默认战争出了问题。这位刻薄、自信的军人曾被布什昵称为"拉姆斯塔德"。在鼎盛时期他被媒体亲切地称为"真正的摇滚巨星"和"大帅哥"，但这些早已变为了他的政治负担。[15]在他离开时几乎无人为之唏嘘。布什决定任命经验丰富的国家安全事务助理罗伯特·盖茨成为下一任国防部长。这次提名罕见地获得了两党的一致欢迎。

提名人选的确定也是对凯西将军在巴格达开展的管理工作的评判。他曾受命挽救布什"9·11事件"后的大中东的改造战略。但他失败了，没有赢就算输。

凯西作为指挥官的日子已经屈指可数了。华盛顿的文官和退休将军们计划把他赶下台的阴谋正在迅速成形。[16]这是"向西远足"行动的重演。在"沙漠风暴行动"之前，它曾迫使中央司令部对战争计划做出调整。当时，施瓦茨科普夫将军悬崖勒马才得以幸存下来。而此时，无意改变自己的凯西则丢了工作。2007年1月初，布什总统正式宣布，戴维·彼得雷乌斯将接替他的职务，并且立即生效。[17]

　　回头来看，凯西失败的命运似乎早已注定。当然，他手里的牌对他很不利。他接手的是一个烂摊子。尽管凯西指望伊拉克人团结一心，重塑自己的命运，但伊拉克社会四分五裂的本质却使前路障碍重重。基地组织在伊拉克的出现使问题更加恶化。尽管提供给凯西的资源也不算少，但他并没有足够的地面部队来完成任务。

　　他在巴格达的任期内，美军部署在伊拉克的兵力介于12.7万人到16万人之间。从历史上来看，这些数字并不算多。如果考虑到"伊拉克自由行动"在"9·11事件"后军事战略的重要影响则更是如此。相比之下，虽然当时的人口远远不及现在（而且女性大部分被排除在服役序列之外），美国在朝鲜战场部署的部队两倍于此；在越南战场上的部队则是三倍于此。在冷战期间，这两次战争都不能算是重要的战事。[18]

　　但凯西还是得到了五角大楼所能提供的一切。为了招募志愿兵，国会提供了慷慨的军饷和奖金。在一项名为"停止损失"的政策中，军队禁止士兵在服役合同结束后离开现役。他们将水兵和飞行员重新划给地面部队。通过部队重组来增加作战旅的总人数，同时还要求预备役士兵多次参加现役军事行动。然而，这些措施都并非解决问题的办法，而只是应对兵力持续短缺的临时手段。布什总统发动的是"全球战争"，但他决定不必动员整个国家。这个决定基本上确定了发动战争可以提供的军队规模。

　　为了缩小需求和可供一战的部队人数间的差距，布什政府大幅增加了五角大楼对私人安保公司的依赖以完成传统上由士兵履行的职能。然而，这种可疑的做法更加凸显了美国军事体系的不足之处。一个"处于战争状态的国家"甚至无法动员1%的人口穿上制服为国而战。

被高调宣传的联军在弥补不足方面其实助益甚少。凯西指挥下的非美部队人数最多时只有2.5万人。到2006年底，这个数字下降了40%。况且从部队素质来看，这些军队就像是大杂烩。这些重要挑战如在巴格达执行命令或镇压安巴尔省的逊尼派反叛分子时，他们的价值有限。"自愿联盟"不一定就是"力量联盟"。

所有这一切都是凯西本人不成功的证明，尤其是概念转化为实践时更是如此。军队是等级森严的组织，一贯重视忠诚和服从。总司令指挥下属去完成的任务和他们最终能够做成的事之间总是存在着差距。凯西在巴格达担任指挥官期间，这种差距显得特别巨大。

凯西本人长期工作在巴格达，而他麾下的主要部队则是按照轮换制度进出这个国家。就像签订了不成文的合同，来到这里的士兵都很清楚他们会一起部署，并肩战斗，然后在事先约定的时间一起返回故乡。[19]这与越战时期的个人替换制度形成了鲜明的对比。在那里，美国部队在长期的战争压力下几乎都要崩溃了。而在伊拉克，在相当艰难的条件下，美军展现出令人印象深刻的韧性。在一定程度上这要归功于单位轮换制。

但有利就有弊。2003年和2004年的伊拉克参战部队，在2005年或2006年再次回来进行第二次轮换。他们自认为对战争了如指掌，自身丰富的经验会帮助他们应付自如。因此，他们不太愿意接受上级的指示，尝试不同的方法。他们习惯于用怀疑的眼光来看待问题。[20]

想象一下，对冲基金经理宣称追求社会价值最大化而不是利润最大化是他们的根本目标。聪明细心的员工可能会对优先级的变化做出迅速的反应，但剩下的雇员可能会听不进去或者无所适从。

凯西试图说服部队接受平叛行动也是如此。很多下属要么不服从安排,要么不知道该如何下手。结果,在战斗中拥有相当自由度的营旅级指挥官经常做出与凯西意图相左的决定。仔细研究过美军"多种多样作战风格"的一位观察人士得出的结论是,到2006年为止,战术指挥官"是在真空中指挥作战。没有任何战略指引着他们的工作,因为无人提供战略"。更准确地说,凯西制定好了平叛战略,却没有向下属充分说明他的要求是什么。"所以他们各自为战,用部队和资金为各自的部门打掩护,直到五角大楼通知他们撤离。"[21] 一些部队执行了平叛计划,其他部队则是想到哪里是哪里。[22]

2005年至2006年,美军在萨达姆·侯赛因的家乡提克里特部署了第101空降师的一个旅。指挥该旅的迈克尔·斯蒂尔上校提供了一个很有启发性的例子。摩加迪沙的老将斯蒂尔干练勇敢,这一点毋庸置疑。然而,正如一位美国将军所言,他和凯西"对如何推进伊拉克战争有着根本性分歧"。一场振奋士气的巴顿式演讲总结了斯蒂尔的哲学:"最终赢得胜利的一方通常是最先使用暴力的一方。"平叛行动过于婆婆妈妈,是懦夫的行径。在斯蒂尔的部队里(三年前执行"蟒蛇行动"的也是这支空降部队),毙敌人数才是衡量成功的标准。所有服役年龄的成年男性都是他们的清除目标,除非他们"站着不动,高举双手"等待美军验证其非战斗人员的身份。斯蒂尔明确表明了自己的想法。

相比于历史上的战争罪行,这里后来发生的暴行其实不算什么。斯蒂尔手下的几名士兵冷酷无情地处决了几名伊拉克俘虏。指挥系统中上上下下的军官们想尽办法想要掩饰此事,最终却以失败告终。[23] 直接参与此事的屠杀者被审判、定罪、监禁,随后就被遗忘了。尽管斯蒂尔因为"制造了放任和不负责的环境"而备受谴责，但他自己不在起诉之列。[24] 他在那里正常服役直到把部队带回故土。

这个故事极具启发性。凯西将军在巴格达总部发号施令说："这是我们的行事方式。"而在第 101 师第 3 旅的斯蒂尔上校却另起炉灶："我们的方式与众不同。"第 3 旅弥漫着这种氛围的责任在于斯蒂尔，但其根本原因不止于此。克劳塞维茨曾写道，战争的主要目的是将自己的意志强加给敌人。但这样做的前提是上级首先要有能力将自己的意志强加给下属。凯西连这种基本的要求都不能达到，这证明了他领导能力的不足。

2007 年 2 月 10 日，第三次海湾战争迎来了第四任指挥官。戴维·彼得雷乌斯在巴格达接替了凯西的职务。彼得雷乌斯在许多方面都是这个职位上官方认可的人选。对战争的支持者来说，没有什么比重新赢得公众对持续冲突的支持更紧迫的要求了。欺骗也好或误导性的欺诈也罢，"伊拉克自由行动"需要重新赢得支持。

布什总统发现自己陷入了林登·约翰逊总统在 1967 年遭遇的窘境。随着自己信誉的下降，约翰逊总统试图争取到威廉·威斯特摩兰将军的支持，从而为美军在越南坚持到底寻找理由。40 年后，另一位信誉有问题的总统寄希望于另一位将军助其摆脱困境。此事的棘手之处在于如何把普遍认为徒劳无功的布什战争重塑成突破在即的彼得雷乌斯战争。幸运的是，这位新指挥官的众多天赋中，最出色的就是他天才的推销能力。

1974 年，彼得雷乌斯从西点军校毕业后没几年，就拿下了晋升所需的所有门票。他的职业道路与其他寻求晋升的官员有所不同，他会在同一张门票上打好几次孔。年轻军官通常会花一年左右的时间为某位将军做副官,但只有少数人才能成为上将的助手。彼得雷乌斯则与众不同。他为三位上将做过侍从武官,并与第四位上将的女儿喜结连理。[25]

这些成就只是表面光鲜。正如陆军中将丹尼尔·博尔格所言(他是彼得雷乌斯的同僚但并非他的粉丝),彼得雷乌斯是"助手、副官和混蛋"组成的"AAA俱乐部"的成员。他们的"野心家自我推销社团"经常在军事权力的中枢周围晃来晃去。[26]彼得雷乌斯逢迎拍马的本领出众。不论是高级官员,还是政治家、学者,甚至是记者,只要他们有利用的价值,他就会去讨他们的欢心。

越战之后,大多数现役军官都对记者抱有戒心和敌意。然而彼得雷乌斯则视他们为潜在的,可资利用的机会。他花费了大量精力做各种准备,用虚假的真诚来欺骗他们。

在"伊拉克自由行动"的第一阶段,彼得雷乌斯少将曾指挥过第101空降师。曾获普利策奖的媒体人瑞克·阿特金森成了他全天候寸步不离的随身记者。此人还是《华盛顿邮报》的历史学家。这有点像那位注重形象的二战将军。他经常安排厄尼·派尔或A.J.雷伯林作为个人文书助理坐在自己吉普车的后座。阿特金森被彼得雷乌斯的"奇思妙想"迷住了。他总能适时地向邮报颇有影响力的读者群传达将军"大脑的冥想"。彼得雷乌斯在战争初期就对阿特金森不断重复:"告诉我该如何结束。"这种巧妙的具有讽刺或暗示性的语言是用来当作诱饵的(没有什么比潘兴的"拉斐特,我们来了"或者麦克阿瑟的"我会回来"更发自内心)。它的作用正是如此。[27]

萨达姆倒台后,占领伊拉克的行动在起始阶段曾陷入一片混乱。此时彼得雷乌斯为复兴北部城市摩苏尔采取的有力行动赢得了满堂彩。《纽约时报》报道称,"第101空降师在伊拉克北部的重建中取得了成功"。报道形容彼得雷乌斯"全心全意投入到了国家建设中",并"准备在巴格达的民政当局仍有履职能力的时候采取行动"。[28] 然而,这个成绩转瞬即逝。彼得雷乌斯的摩苏尔就像波将金村一样徒有其表。他离开后不久,这座城市就陷入了混乱。[29]

2004 年 6 月,晋升为中将的彼得雷乌斯再次来到伊拉克进行第二次轮换。他受命于凯西,执掌训练伊拉克安全部队的任务。《新闻周刊》刊登了一篇封面故事来向他致敬。这篇文章先抛出了自己的问题:"这个人能救伊拉克于水火吗?"[30] 而隐含的答案则显然是:毫无问题。然而,当彼得雷乌斯在 15 个月后离开时,他未能拯救这个国家,而且伊拉克军队的建设仍是进行时。《新闻周刊》好像忘了发撤稿通知。

彼得雷乌斯的下一个职务把他带到了堪萨斯州的莱文沃思堡。美军正在那里反复切磋战法。作为莱文沃思堡的指挥官,他亲自起草了最新版的平叛手册。这样做的目的是让凯西在伊拉克的行动更为严谨。最终定稿的文本 FM 3-24 在 2006 年 12 月浮出了水面。当时,布什政府正疲于应付改弦更张的压力。撇开其他方面不谈,FM 3-24 是一次令人赞叹的公关胜利,而彼得雷乌斯本人则是这次胜利的主要受益者。[31] 手册上宣称取胜之道已尽在掌握之中。

讲述这些的目的并非是要质疑彼得雷乌斯惊人的天赋,而是希望特别说明他的特质有别于汤米·弗兰克斯、里卡多·桑切斯或乔治·凯西这样的军人。彼得雷乌斯聪明、精于事务,而且不乏血气之勇。那个年代的高级军官大多如此。彼得雷乌斯与众不同之处在于,他掌握了丹尼尔·布尔斯廷几十年前所谓的"制造假新闻"的手段。[32] 他有操纵表象的天赋,能让感觉替代现实。

这是布什政府在2006年底至2007年初的那个冬天迫切需要的：可以重构伊拉克战争的人。这样才可以掩盖美国大中东战略不可逆转的崩溃。

年轻的彼得雷乌斯在自己普林斯顿大学的博士论文中写道："在任何时候，政策制定者愿意相信的事比事实是什么要重要得多。"[33] 尽管这不是他的原创，但这种想法准确描述了彼得雷乌斯接管巴格达政权时面临的任务。他的首要任务是说服政治精英，美国公众甚至美国军方不要相信发生在伊拉克的现实；对承诺和现实之间的差距视而不见；粉饰战争或取而代之。只要能够转移人们对战略目标缺乏的关注就是成功。

在"9·11事件"之后，布什政府制定了一项战略。在美国大中东战争开始之后，这是破天荒的第一次。在军事变革训令指导下已经完成变革的美国军队一直打算改变伊斯兰世界的核心。6年过后，彼得雷乌斯将军的任命意味着对这个战略的放弃以及军事变革主张的完结。尽管大中东战争仍在继续，但美国此时的伊斯兰军事政策和罗纳德·里根在两伊战争中明里支持一方，暗中向另一方提供武器的做法没有任何连续性。布什总统指望彼得雷乌斯将军想办法避免别人留意到这一点。

彼得雷乌斯将军成功地做到了。接受过FM 3-24平叛条例培训的3万名临时增援士兵的到来，在晋升为中将，负责日常事务处理的奥迪尔诺将军的帮助下，他通过"增兵行动"为第三次海湾战争重新注入了活力。在听证会上，彼得雷乌斯确认"保卫伊拉克人民的安全"（尤其是在巴格达）是他的首要任务。他承诺美军将"锲而不舍"，即便是在最艰苦的社区，哪怕是实现了凯西所谓的温和胜利之后（伊拉克人能够为自己的命运承担责任）。彼得雷乌斯强调说，"伊拉克问题没有军事解决方案"。进步需要时间,"毫无疑问,前路漫漫,道阻且长"。然而,"只要付出就有希望"。行动升级意味着希望。[34]

后来的现实和预期基本相符。将美军部署在巴格达暴力事件发生最频繁的地区确实让他们经历了很多艰难困苦。但到2007年秋,美军的伤亡人数开始减少,9月,再次回到华盛顿的彼得雷乌斯汇报说,困扰伊拉克的暴力浪潮已经开始消退。平民的总体伤亡下降了45%,而在巴格达则下降了70%。汽车炸弹袭击和自杀式袭击都在减少。在安巴尔省,逊尼派开始攻击基地组织,并表现出"愿意在伊拉克军队服役的新想法"。彼得雷乌斯估计,美军在伊拉克的驻军将在明年夏天恢复到增兵前的水平。然而,他警告称,"快速撤军"可能释放出"强大的离心力",从而让来之不易的成果付诸东流。[35]

这开启了故事的新篇章。彼得雷乌斯正带领伊拉克走上复苏之路。进步千真万确,但即便如此,挑战依然存在。战争必须继续下去。

直觉告诉我们,确保战争一直延续下去才是行动的根本目的。到2007年,越来越多的美国人厌倦了伊拉克战争,那里发生的所有战斗都包含在内。他们希望金蝉脱壳,越快越好。然而,顺从民众的反对呼声来决定战争的终止将危及国家安全精英习以为常的特权。自第二次世界大战以来,总统和他身边的幕僚决定了国家在何时、何地以及如何与敌作战。越战是一次例外,它反而证明了规则的重要性,美国民众没有发言权。阻止对秩序的进一步挑战超越了伊拉克本身的重要性。这次增兵达到了目的。它赢得了时间,并消除了公众干预政策制定的可能性。[36]

彼得雷乌斯特别在乎的一些政治家、专家、学者和分析人士对此做了更多的解读:增兵行动是史无前例的壮举。功劳归于将军本人。历史学家维克托·戴维斯·汉森宣称,彼得雷乌斯"将会像尤利西斯·格兰特、威廉·特库姆塞·谢尔曼、小乔治·史密斯·巴顿和马修·李奇微这样的名人一样被写入军事史"。[37] 擅长拼字的记者马克斯·布特对此欣然接受。他把彼得雷乌斯抬举成了"伊拉克战争中的李奇微。他力挽狂澜,就像马修·李奇微在朝鲜战争中所做的一样"。[38] 迈克尔·奥汉伦和布鲁金斯学会的同事们进一步深入研究了美国军事史。他们得出结论:彼得雷乌斯的增兵行动是"自 1864 年谢尔曼进军海洋以来,美国军事上最伟大的反败为胜"。[39] 美国企业研究所的弗雷德里克·卡根和金伯利·卡根也不甘落后。他们写道:"伟大的指挥官经常成对出现,艾森豪威尔和巴顿,格兰特和谢尔曼,拿破仑和达武,马尔伯勒和欧根,恺撒和拉比努斯。"彼得雷乌斯将军和雷蒙德·奥迪尔诺现在可以被列入这份名单之中。[40] 另一位作家完成了惊人一跃,他在研究中窥见了上帝之手。杰弗瑞·贝尔写道:"很显然,上帝在美军迫切需要将才的时刻派来一位伟大的将军。"[41] 戴维·彼得雷乌斯是上帝最好的选择。

一些观察人士对"彼得雷乌斯热"无动于衷。在他们看来,把彼得雷乌斯和奥迪尔诺与格兰特和谢尔曼等量齐观,像把乔治·布什和亚伯拉罕·林肯相提并论一样滑稽。是的,伊拉克的暴力事件在 2007 年至 2008 年急剧减少了。但是彼得雷乌斯以及平叛行动的"最佳实践"都没有提供充分的因果解释。

激增的怀疑论者很快指出所谓的逊尼派觉醒(逊尼派部落领袖们转而攻击基地组织,并与美国的当地指挥官建立了基于利益交换的合作关系)始于彼得雷乌斯被任命为巴格达总司令之前。2005 年,在第二次海湾战争中东线 73 号地区的英雄麦克马斯特,已经荣升为第 3 装甲骑兵团的上校。他稳定了摩苏尔西部的塔尔阿法尔市的局势。其手段主要是循循善诱，密切关系，避免破门而入，等等。[42] 在2006年的夏秋之际，指挥着第1装甲师一支劲旅的肖恩·麦克法兰上校，成功地（可能也是暂时地）平定了安巴尔省的首府拉马迪。像麦克马斯特一样，麦克法兰也展示出了摆脱正统观念的束缚并在忙碌中寻求创新的能力。他后来承认说："在拉马迪，我有点像溺水之人。我努力寻找一切能助我浮出水面的物件。最终我抓住了，答案是部落。"[43] 然而，是基地组织的过火行为，而不是FM 3-24的教条迫使逊尼派部落领导人暂停了针对美国人的行动。而美国人则用补贴和感激涕零予以回应。[44]

在巴格达，一场大清洗早在增兵之前就已爆发。逊尼派和什叶派（以及什叶派的内部派别）之间持续数月的激烈战斗事实上结束了伊拉克首都的教派冲突。到2007年初，巴格达复制了20世纪中叶的波士顿或芝加哥：混合社区成为过去。物理隔离极大地降低了暴力水平。彼得雷乌斯的部队并没有主动创建，而只是起到了确认和维持治安的作用。[45]

最后，由美国特种部队专门针对基地组织的秘密"猎杀或抓捕行动"一直在紧锣密鼓地进行。负责行动的斯坦利·麦克克里斯托中将不必向巴格达的美军指挥官汇报。他的直接汇报对象是中央司令部。通过打垮伊拉克的基地组织，麦克克里斯托重新夺回了因恐怖主义"失去"的部分领土。那是布什总统2003年缺少智慧的入侵行动的直接后果。把成功归于彼得雷乌斯的增兵行动或多或少有点像把数字时代开疆拓土的功绩归于脸谱网的发明者。事实上其他人也做出了巨大的贡献。[46]

那么，我们该如何把增兵行动放在美国大中东战争的大框架内来理解呢？彼得雷乌斯将军的批评者博尔格中将说："增兵

· 355

行动并没有取得胜利。"⁴⁷ 彼得雷乌斯的支持者，参议员麦凯恩的结论却是"增兵行动卓有成效"，而且对此他从未动摇过。⁴⁸ 虽然双方的结论大相径庭，却各有各的价值。

事实上，增兵行动不过是一段插曲。它恰逢或促进了暴力事件的短期减少。不幸的是，彼得雷乌斯于2007年至2008年在巴格达取得的成就与他在2003年至2004年占领摩苏尔期间的成就极为相似：胜利转瞬即逝。真正具有决定性影响的胜利应该像中途岛海战或斯大林格勒战役那样为战争的最终结束铺平道路。

在美军的军事操典中，进攻行动成功之后首先要彻底打扫战场，然后才能开展对敌追击。用专业术语来说就是赶尽杀绝。在伊拉克增兵行动之后，这些动作从来没有发生过，甚至从未被考虑。⁴⁹ 彼得雷乌斯的成就不但没有为结束第三次海湾战争创造条件，反而为支持者提供了延长战争的理由。关于这一点，博尔格无疑是正确的。可以说增兵行动对伊拉克战争的结果没有任何影响。

然而，假新闻有大作用。把增兵行动奉为史诗般的胜利可以有力地反击对美国政策制定者愚蠢的质疑或美国军事领导人无能的攻击。这些质疑或攻击随着伊拉克战事越拖越久而变得愈加突出。如果任由其滋生蔓延，必将带来更多令人不快的问题。首先入侵伊拉克是否英明？对那些出谋划策的精英言听计从是否明智？继续从五角大楼攫取更多资金支持一项失败的事业是否划得来？对投入血本意在维护其全球军事霸权的国家来说，最危险之处在于伊拉克战争引发了质疑：战争是否依然是行之有效的政策工具？

增兵行动的支持者们给所有吹毛求疵的人提供了现成的答案：看吧！这是大卫王的辉煌！⁵⁰ 看吧！前所未有，经过改造的美国战争以平叛的形式重生了！⁵¹ 从这个角度讲，参议员麦凯恩

· 356 ·

的观点胜过了博尔格的观点。增兵行动是对重新考虑美国大中东战争基本假设或者重新审视美国军事化政策想法的先发制人的打击。从这个角度考虑，增兵行动确实取得了成功，而且是巨大的成功。

此事影响之大在2008年总统大选中可见一斑。这次大选与1968年臭名昭著的休伯特·汉弗莱与理查德·尼克松的竞选有相似之处。40年后，至少从政治意义上讲，伊拉克成了越南的翻版。要成为因战争而名誉扫地的现任总统的继任者，候选人一定要能够阐释战争的意义以及他应对战争问题的打算。

在这次历史重演中，约翰·麦凯恩扮演了汉弗莱的角色。他不想完全放弃战争又要小心翼翼以免自己的候选资格受此影响。伊利诺伊州首次当选参议员的民主党候选人，政坛新星奥巴马扮演了理查德·尼克松的角色。和尼克松一样，奥巴马竞选总统时承诺在不损害国家信誉和声誉的前提下退出战争。尼克松曾提出过"体面的和平"计划，而奥巴马选择了类似的方案。他承诺"以负责任的方式结束这场战争"。[52] 具体来说，奥巴马承诺改变美国在伊斯兰世界的军力部署。他认为伊拉克战争是一场"愚蠢"和"草率"的战争。阿富汗将取代伊拉克得到金额最高的支票。他认为阿富汗战争才是"我们需要赢得的战争"。[53]

从某些方面来说，选举的结果取决于两位候选人在伊拉克问题上的分歧。对麦凯恩来说，增兵行动压倒一切。他一直是增兵行动的坚定支持者，而奥巴马从来都不是。在此基础上，麦凯恩论证说他已经证明自己足以胜任最高统帅一职，而奥巴马则连资格测试都未能通过。虽然对一些具体的做法会有不同看法，但麦凯恩从未动摇过支持第三次海湾战争的决心，而这恰恰是奥巴马从第一天就开始反对的。奥巴马认为，尽管麦凯恩拥有总司令一职所需的远见，但同时也暴露出了他的不适应性。至关重要的是，尽管每位候选人都不断质疑对手的判断能力，但两人从未怀疑过以伊拉克战争为代表的已经经营了数十年之久的军事事业。

美国大选看似无法调和尖锐分歧的竞选结果，恰恰肯定了超越分歧的隐含共识。这次也不例外。奥巴马轻松击败了麦凯恩，因此美国大中东战争毫发无损并得到了重生。不过即便投票结果相反，情况也会如此。

2009年1月20日，当奥巴马就任总统，开始承担伊拉克战争的责任时，战事已经进入了尾声。布什总统最后一次访问巴格达时，签署了"美国撤军框架协议，因为此时伊拉克战争已经接近成功"。[54]（表面上）增兵行动带来的成功就在眼前。美国部队收拾行囊的时刻到了。与伊拉克政府达成的协议将2011年12月确定为撤军完成的最后期限。即将离任的布什总统将伊拉克形容为"正在崛起的民主国家，反恐战争的盟友，鼓舞人心的中东人民的自由典范"。[55] 从表面上看，这像是"使命完成"的重演。

用美国人真正关心的伤亡指标来衡量，这里的形势确实在好转之中。的确，战争仍在继续，但在奥巴马担任总统的前6个月里，在伊拉克阵亡的美军士兵平均每个月只有17人，比两年前下降了80%还多。受伤的美军士兵数量也在急剧下降。最新的每月受伤人数比增兵行动开始时的每月死亡人数还要少。[56] 这些进展足以支持美国人对战争进行的调整。

表象再次蒙蔽了大众的眼睛。除非给使命一个严重缩水的定义，否则美国2009年的"使命完成"与2003年的并无本质差别。

安全是一个相对概念。尽管在增兵行动之后伊拉克内部的安全局势已有很大的改观，但暴力事件和暴乱仍在持续。在奥巴马总统任期的前6个月里，增兵计划正式完成后，自相残杀的暴力冲突仍会造成平均每月 280 名伊拉克人丧生。对联军部队的攻击频率继续维持在每周 200 次左右。每个月，反叛分子都会导致数十名伊拉克士兵或警察死亡。[57]

报纸头条记录下了某个月发生的一组事件，暗示着混乱仍在持续：2009 年 6 月 1 日，"在巴格达集市爆炸事件中有 4 人丧生"；2009 年 6 月 4 日，"9 人在巴格达咖啡馆爆炸事件中死亡"；2009 年 6 月 8 日，"伊拉克：什叶派地区小公共汽车爆炸事件中 9 人遇难"；2009 年 6 月 10 日，"伊拉克汽车炸弹事件造成 30 人死亡"；2009 年 6 月 20 日，"伊拉克卡车炸弹事件造成 64 人罹难"；2009 年 6 月 21 日，"致命卡车爆炸事件后，伊拉克人在瓦砾中寻找自己的亲人"；2009 年 6 月 22 日，"随着美国撤军日期的临近，31 人在伊拉克恐怖袭击事件中丧生"；2009 年 6 月 24 日，"炸弹袭击了巴格达什叶派地区的集市，造成 69 人遇难"；2009 年 6 月 26 日，"巴格达发生了摩托车炸弹爆炸事件"；2009 年 6 月 30 日，"伊拉克人民庆祝美国撤军，爆炸导致 33 人死亡"。[58]

伊拉克人民长期忍受着其他国家（除了阿富汗）无法想象的暴乱。即便如此，刚刚入主白宫的奥巴马总统就发现沿用前任的立场只是政治上的权宜之计。虽然没有明说但他的政府借用了这种说法：增兵行动确实扭转了战局。因此，形势的改善提供了合适的理由去实现布什总统设想的，同时也是奥巴马总统承诺一旦当选就要采取的行动，逐步减少驻伊美军的人数。

当战事拖得太久之后，国内的政治考虑往往会取代战略考量成为制定政策的基础。美国人之所以选择奥巴马是为了让美国从伊拉克撤军。新总统实现这个愿景的意志非常坚定。他的挑战在于让此次撤军看起来和撤退有些不同。这就是美军在第三次海湾战争的最后两年里的任务。正如津尼将军或其他越战老兵在晚年所指出的那样,这是越战的重演。

在第三次海湾战争经历的若干阶段,美国军方领导人都展现出对标语的青睐。汤米·弗兰克斯将军将他的现代战争理论简化成了两个词:"极速绝杀"。[59]当"极速绝杀"无法保证完成任务时,乔治·凯西想出了"基地组织出局,逊尼派接手,伊拉克安全部队领导"的替代方案。这表达了他消灭外国武装,结束教派分歧,并促进伊拉克安全部队接管战斗的决心。[60]

彼得雷乌斯的增兵行动产生了另一条标语。"清理、控制和构建"的标语意在传达新的决心,而最终目标(寻找出路)仍然保持不变。彼得雷乌斯于2008年9月离开了伊拉克,晋升为中央司令部司令。他在巴格达的直接继任者奥迪尔诺,以及2010年9月这场战争的第六位继任者劳埃德·奥斯汀将军都没有创造出时髦的标语来描述他们期望实现的目标。如果他们要这样做,"坚持下去,优雅地退出,祝好运"之类的可能是比较符合现实情况的标语。

"伊拉克自由行动"进入了倒计时。撤离管理取代了"积极行动"成为大家关注的焦点。其中有两个问题比较突出:部队撤出的速度和剩余部队的构成(指布什政府承诺的2011年12月撤军后的留守部队)。每一项都是华盛顿新任指挥官和巴格达将军之间的敏感谈判话题。[61]

竞选总统时,奥巴马曾发誓在就职后的16个月内从伊拉克撤出全部美军作战部队。奥迪尔诺告诉他的新上司,23个月可能是更合理的数字。最终双方取得了折中,定为19个月。在大选时,奥巴马曾暗示所有作战部队都要撤离。在中央司令部彼得雷乌斯的支持下,奥迪尔诺提出需要保留应急部队处理伊拉克军队无法处理的问题。尽管奥巴马最初对这一请求表示反对，但他最终同意在美军的战斗角色正式结束后保留一支"过渡"部队。为了给总统提供政治掩护，五角大楼将留守部队称作"参谋和支援"部队。而实际上，他们是标准的美国陆军战斗编制，并配备了顾问小组加强实力。这就相当于在船员里增加几名护士就把航空母舰称为医疗船。奥迪尔诺期望过渡部队的总人数为 5 万人。奥巴马担心这个数量太多不能为所在政党的反战派接受，所以建议人数暂定在 3.5 万到 5 万，具体数字以后再敲定。[62]

伊拉克的首要任务并不是解决问题，而是要防止事态的进一步恶化。遏制当权什叶派的独裁倾向，解决伊拉克的内部争端，维护能够有效治理民族国家的政府形象，这些都消耗了奥迪尔诺大部分的精力。值得称赞的是，将军刻意避免提及战争正在接近结束或接近取得决定性成功之类的说辞。2009 年 9 月，一个不识趣的记者问道，伊拉克暴乱是否终于到了"最后的挣扎"阶段（在当时的情况下，这个用词显得过于沉重），奥迪尔诺对此表示了愤怒。"我永远不会说最后的挣扎。"我们可以理解他的健忘，他显然忘记了 6 年前他说过同样的话。"它不会就此结束，不是吗？在接下来的 5 年、10 年或 15 年里，伊拉克还会存在低强度的暴乱。重要的是，暴乱的程度如何？伊拉克人是否可以凭借自己的武装和政府来处理这些问题？这些才是关键所在。"[63]

对一位美国上将来说，承认这一点并不容易。尽管付出了巨大的努力，希望将己方的意志强加于对手，但美国还是失败了。美国领导的联军心照不宣地放弃了尝试。事实上，联军已然不复存在。美国之外的最后一支外国部队已于 2009 年夏天从伊拉克撤出，只剩美国独自留在那里。

世界上最强大的军事组织发起的这场战争似乎没完没了，而且没有令人满意的出路。控诉战争之举将和美国的大战略相脱节，这样做无异于乱弹琴。即使这种政治意愿业已存在也是如此，更何况它并不存在。除了把最光鲜的一面展现出来然后离开之外，美国已无更好的选择。

2010年9月，"伊拉克自由行动"让位给了"晨曦行动"。奥斯汀将军负责行动的全面指挥。这种奥威尔式的称谓选择恰如其分。这次更名的目的是要彰显美军的战斗任务业已结束，但事实上战斗仍在继续，虽然只是零星发生。无论是否有新事物从天而降，至少一件事是确定的，美军部署在伊拉克的军力正在下降。2009年12月，共计11万美军驻扎在伊拉克。一年后，这个数字变成了4.8万。又过一年，这个数字变成了0。伊拉克政府破坏了美国在伊拉克保留过渡军力的计划。[64] 凯西将军曾希望在2005年12月结束第三次海湾战争。他的估计被整整推迟了6年。

1973年3月，在越南举行的美国驻南越军事援助司令部的关闭仪式上，该司令部的最后一任指挥官弗雷德里克·韦安德将军对参加仪式的美国士兵说："你们可以昂首挺胸，因为这一直是无私奉献的一部分。"当他准备离开西贡时，将军表达了自己的乐观情绪。"我们的使命已经完成。我将带着强烈的自豪感离开这里，自豪感来自我们取得的成就和这些成就所代表的意义。"[65]

38年后，在相似的情况下离开巴格达时，奥斯汀将军的评价与韦安德的也很类似。他宣称："近9年的时间里，我们的军队在伊拉克取得了极其卓越的成就。他们推翻了残暴的独裁者，将自由还给了伊拉克人民。"在此过程中，美军士兵为"伊拉克新生的民主成为现在和未来地区最具活力的领导者"搭建了舞台。[66]

当然，美军于1973年之前在越南共和国取得的成就能否得以维持取决于越南共和国人民自身是否具备能力。2011年后的伊拉克也是如此。伊拉克人是否具备能力独立治理自己的国家？抑或伊拉克和越南共和国一样，他们自身无法抵御内外部的压力？只有时间能证明一切。"时钟"刚刚开始嘀嗒作响。

注 释

1.凯西和美国大使约翰·内格罗蓬特起草的使命宣言的广度标志着从形成"伊拉克自由行动"的确定性上远离的开始。它宣布:"要帮助伊拉克人民建设一个能与邻国友好相处的新伊拉克,并建立尊重人权和拥有足够维持国内秩序的安全部队的宪法和代议制政府,拒绝将伊拉克变成恐怖分子的庇护所。"小乔治·凯西:《战略思考》(华盛顿特区,2012年),26页。

2.美国参议院军事委员会:《关于再次任命美国的小乔治·凯西将军为伊拉克多国部队将军及指挥官的提名》(2005年6月24日)。

3.小乔治·凯西:《战略思考》(华盛顿特区,2012年),20页。

4.截至2004年12月底,凯西仍然公开预测下一年度的12月之前任务就将完成。约翰·巴努斯维茨:《指挥官说炸弹制造了强大的暴乱假象》,《国防部新闻》(2004年12月16日)。

5.《切尼说:伊拉克反叛分子在做最后的挣扎》,CNN.com,访问于2005年6月20日。

6.大约占伊拉克总人口1/5的伊拉克库尔德人也很开心。这并不值得大惊小怪,毕竟他们非正式地却有效地分裂了出去。名义上,他们在伊拉克的北部领土建立了一个自治的,很大程度上也是和平的库尔德斯坦。如果美国入侵伊拉克是为了让伊拉克的库尔德人走自主的道路,那么这场战争可以算是取得了成功。

7.美国参议院军事委员会:《美国的伊拉克军事战略与行动》(2005年6月23日)。

8.美国参议院军事委员会:《美国的伊拉克军事战略与行动》(2005年9月29日)。

9. 美国参议院军事委员会：《伊拉克、阿富汗和全球反恐战争》（2006年8月3日）。

10.《伊拉克指数》（2006年12月21日），brookings.edu/fp/saban/iraq/index20061221.pdf，访问于2015年5月3日。

11. 2005年2月，凯西将军作证说联军去年清除了1.5万名反叛分子。这比以前估计的反叛分子的人数还要多出数千人。要么美国的情报估计错误，要么美军行动创造出的"恐怖分子"比他们消灭的还要多。

12. 罗伯特·沃思：《什叶派神殿爆炸事件引发了伊拉克的教派愤怒》，《纽约时报》（2006年2月23日）。

13. 小乔治·凯西：《战略思考》（华盛顿特区，2012年），93页，104页。

14. 迈克尔·戈登：《美国中央司令部的图表显示伊拉克民间的剧烈冲突被推向了混乱的局面》，《纽约时报》（2006年11月1日）。新闻文章的印刷版以彩色形式转载了一条被泄露的幻灯片简报。

15. 拉瑞莎·麦克法夸尔：《蠓虫的肉麻恭维信》，《纽约客》（2003年11月3日）。2002年，70岁的拉姆斯菲尔德登上了人物杂志《活着的最性感男性》栏目名单。

16. 弗拉德·卡普兰：《反叛分子》（纽约，2013年），223-243页。

17. 小乔治·凯西"明升暗降"成了陆军参谋长。

18. 美国在朝鲜战争期间的部队兵力达到32.6万人的峰值；在越战期间，人数峰值达到了53.6万人。

19. 2006年夏，小乔治·凯西要求将第172斯特赖克旅延期4个月重新部署。在核准请求时，国防部长拉姆斯菲尔德感到有必要访问部队在阿拉斯加韦恩赖特堡的原驻地，向受影响家庭解释他的决定。

20. 威廉·希克斯和卡列夫·塞普：《对平叛行动的评估：伊拉克战争，2004—2005》（未发表的论文，2015年）。希克斯和塞普曾向凯西提出过反暴乱的建议。

21. 劳伦斯·卡普兰：《放手》，《新共和》（2006年7月10日）。

22. 威廉·希克斯和卡列夫·塞普：《对平叛行动的评估：伊拉克战争，

2004—2005》。

23. 斯捷潘·梅斯特罗维奇：《受审的"好士兵"》（纽约，2009），57-65页。

24. 拉斐·卡查杜里恩，《杀戮公司》，《纽约客》（2009年7月6日）。

25. 三位将军分别是约翰·加尔文、卡尔·沃诺和亨利·谢尔顿·彼得雷乌斯的岳父威廉·诺尔顿将军。

26. 丹尼尔·博尔格：《我们为什么输了》（波士顿，2015年），181页。

27. 瑞克·阿特金森：《伊拉克战场上没有尽头的漫漫长路》，《华盛顿邮报》（2004年3月7日）。

28. 迈克尔·戈登：《第101空降师成功重建了伊拉克的北部地区》，《纽约时报》（2003年9月4日）。

29. 加利福尼亚州蒙特雷海军研究生院的3名在职军官编写的一份研究报告得出的结论是，在彼得雷乌斯的部队占领摩苏尔时，全年的"暴乱组织和暴力活动都有所增加"。第二年，暴乱暴力行动和影响力进一步增加了。到2005年，摩苏尔是一座"被围困的城市"，亚雷特·布勒梅尔，香农·尼尔森和特里·克拉克：《伊拉克的平叛分析：摩苏尔，拉马迪和萨马拉，2003—2005》（未出版的研究生论文，海军研究生院，2006年），27页，52页，68页。作者是美国陆军的少校。

30. 《新闻周刊》（2004年7月5日）。

31. 据报道，FM 3-24文件出现后的一个月内，互联网用户就下载了大约150万次。芝加哥大学出版社很快出版了这些文字的平装本。彼得雷乌斯本人为此附加了背书。这实际上是对他这本著作的大肆宣传："这本书已经成为总统、副总统、国防部长、参议院军事委员会成员（25位成员中有21位成员），以及更多人的床头书。这本书也理所当然应该在你的床头有一席之地。"

32. 丹尼尔·布尔斯廷：《意象或者美国梦发生了什么》（纽约，1962年）。

33. 大卫·豪厄尔·彼得雷乌斯：《美国军事与越战教训》（未出

版的博士论文,普林斯顿大学,1987年),13页。

34. 美国参议院军事委员会:《对美国的大卫·豪厄尔·彼得雷乌斯担任伊拉克多国部队将军和指挥官的提名》(2007年1月23日)。

35. 美国参议院军事委员会:《伊拉克局势和伊拉克政府在目标方面取得的进展》(2007年9月11日)。

36. 彼得雷乌斯自己明白这一点。他在2007年4月对采访者说:"华盛顿的钟摆速度比巴格达的要快。""所以我们显然一直在试图加速巴格达的时钟,并且在某种程度上取得一些进展以便我们可以,也许……对华盛顿的钟表花更多的时间。"托马斯·里克斯:《政治与伊拉克现实的冲突》,《华盛顿邮报》(2007年4月8日)。在他的回忆录中,接替拉姆斯菲尔德担任国防部长的罗伯特·盖茨用相同的比较描述了这一激增。他写道,"我的角色是找出如何赢得一些时间",以便想办法"如何放慢华盛顿的时钟,以及如何加快巴格达的时钟"。罗伯特·盖茨:《责任》(纽约,2014年),49页。

37. 维克托·戴维斯·汉森:《伊拉克,第三轮》,《政策评论》(2008年11月/12月)。

38. 马克斯·布特:《我们赢了,我们还没赢》,《旗帜周刊》(2008年2月4日)。

39. 杰森·坎贝尔,迈克尔·奥汉伦和艾米·诺维奇:《伊拉克的现状:更新》,《纽约时报》(2007年12月22日)。

40. 弗雷德里克·卡根和金伯利·卡根:《镇压暴乱的巴顿》,《旗帜周刊》(2008年3月10日)。

41. 杰弗瑞·贝尔:《彼得雷乌斯的晋升》,《旗帜周刊》(2008年5月5日)。

42. 对富有同情心的记者的说明请参见乔治·帕克的《塔尔阿法的教训》,《纽约客》(2006年4月10日)。

43. 吉姆·迈克尔斯:《一位陆军上校的赌注在伊拉克得到了回报》,《今日美国》(2007年5月1日)。

44. 对于麦克法兰自己的说明请参阅尼尔·史密斯和肖恩·麦克法

兰的《安巴尔省的唤醒：引爆点》，《军事评论》（2008年3月至4月）。也可参阅吉安·金泰尔：《致命弯道》（纽约，2013年），87-88页，96-98页，或道格拉斯·鲍奇的《平叛》（剑桥，2013年），309页。

45.吉安·金泰尔：《致命弯道》（纽约，2013年），89页。

46.同上，101页。指挥官对战役的看法请参见斯坦利·麦克克里斯托：《我担负的任务》（纽约，2013年），第7-15章。

47.丹尼尔·博尔格：《战争的真相》，《纽约时报》（2014年11月10日）。

48.约翰·麦凯恩和乔·利伯曼：《增兵效果显著》，《华尔街日报》（2008年1月10日）。

49.乘胜追击是对撤退之敌的攻击行动。它一般发生在己方成功的攻击之后。此时对手已无力组织有效的防守并正在试图脱离接触。乘胜追击是彻底摧毁敌人的手段。《美军陆军FM 100-5行动》（华盛顿特区，1993年），7-9页。

50.彼得雷乌斯的这个绰号到底是欣赏还是讽刺要视演讲者的观点而定。马克·鲍登：《战争教授》，《名利场》（2010年5月）。

51."平叛行动"的狂热支持者很快开始推广自己毫不怀疑的"全球平叛"理念。詹姆斯·约翰逊上校写道，正确运用"平叛"原则将使美国创造"覆盖全球的政治、意识形态和经济自由的环境"。《反恐战争的全球平叛计划》，《CTC前哨》（2008年6月15日）。还可参见丹尼尔·罗珀上校的《全球平叛：漫长战争的战略清晰度》，《参数》（2008年秋季）。

52.《奥巴马关于伊拉克的演讲》（2008年3月18日），cfr.org/elections/obamas-speech-iraq-march-2008 / p15761，访问于2015年5月11日。

53.《奥巴马对伊拉克战争发表的演讲》（2002年10月2日）；《在华盛顿特区的讲话：〈我们需要赢得的战争〉》（2007年8月1日）。

54.乔治·布什：《在美国西点军校的讲话》（2008年12月9日）。

55.《在国务院颁发总统自由勋章时的讲话》（2009年1月15日）。

56. 可在 icasualties.org 获得。

57.《布鲁金斯伊拉克指数》（2009年12月11日），brookings.edu/~/media/Centers/saban/iraq-index/index20091211.PDF，访问于2015年5月13日。

58.《在巴格达集市爆炸事件中有4人丧生》，法新社（2009年6月1日）；《9人在巴格达咖啡馆爆炸事件中死亡》，法新社（2009年6月4日）；《伊拉克：什叶派地区的小公共汽车爆炸中9人遇难》，美联社（2009年6月8日）；《伊拉克汽车炸弹事件造成30人死亡》，美联社（2009年6月10日）；《伊拉克卡车炸弹造成64人身亡》，法新社（2009年6月20日）；《致命卡车爆炸事件后，伊拉克人在瓦砾中寻找亲人》，法新社（2009年6月21日）；《随着美国撤军日期的临近，31人在伊拉克袭击事件中丧生》，法新社（2009年6月22日）；《炸弹事件袭击了巴格达什叶派地区的集市，造成69人丧生》，美联社（2009年6月24日）；《巴格达发生了摩托车炸弹爆炸事件，20人遇难》，美联社（2009年6月26日）；《伊拉克人庆祝美国撤军，但爆炸导致33人死亡》，美联社（2009年6月30日）。

59. 汤米·弗兰克斯：《美国士兵》（纽约，2004年），400页。

60. 小乔治·凯西：《战略思考》（华盛顿特区，2012年），68页。

61. 第三个令人关注的问题是转移装备，涉及装在8.8万个集装箱中的大约280万吨物资，还有4.1万辆各式车辆。《来自科威特韦伯斯特中将的国防部新闻简报》（2010年4月2日）。

62. 迈克尔·戈登和伯纳德·特莱诺尔：《尾声》（纽约，2012年），560—570页，573—574页。

63.《雷蒙德·奥迪尔诺将军在五角大楼简报室召开的国防部新闻简报会》（2009年5月8日）。

64. 美国要求2011年12月31日（这是布什政府承诺撤退的最后期限）之后留在伊拉克境内的美军将不受伊拉克法律的约束。伊拉克政府拒绝了这一侵犯国家主权的行为。

65. 约瑟夫·特里斯特：《美军撤出越南；河内释放了最后一批战俘》，

《纽约时报》（1973年3月30日）。

66.《奥巴马低调欢迎伊拉克美国最高指挥官回国》，美联社（2011年12月20日）；《美国将军将巴格达标准带回家》，CNN.com（2011年12月20日）。

15. 筹建中的政府

选举巴拉克·奥巴马成为总统，美国人再次把最高权力托付给了外交政策方面的新手。除了乔治·布什以外，这种模式在美国大中东战争期间占据了主导地位。

所有新当选的总统都曾承诺要与过去的麻烦划清界限。奥巴马也不例外。他希望通过与俄罗斯关系的"重新设定"以及对中国进行"持久的接触"，以此来排除第二次冷战的可能性。他向伊朗"主动伸出了橄榄枝"。作为回报，他希望看到"他们松开拳头"的意愿。更重要的是新总统发誓要"为美国和全世界穆斯林之间的关系寻求新起点"。这超越了美国和其他国家间的所有举措。对于新起点，"共同的原则……正义与进步的原则；宽容以及所有人的尊严"将成为双方关系的基础。[1] 向冲突和猜疑说再见；向和谐和理解前行。总统任期伊始，奥巴马就宣布美国的大中东战争是多余之物。它是误解的不幸产物。然而，在实践中，结束冲突脱离了他的可控范围。这很可能是因为他的行动范围太广所致，战争因此得以长期存在下去。

范围的扩大始于阿富汗。大中东战争爆发之初，美国策划了破坏该国稳定的计划。待大功告成之后，美国却不愿承担战争的后果。"9·11事件"后，乔治·布什政府推翻了喀布尔政权。更迭后的新政府符合了美国的规则。然而对伊拉克战事的锲而不舍很快为布什提供了借口，让美国再次远离了阿富汗。阿富汗结局的不可预知性远不如布什政府追捕萨达姆的兴趣。但"持久自由行动"一旦开始，结束之日遥遥无期。布什终于发现自己陷入了双线作战的窘境。这是因为他的误判而绝非有意为之。

在第二次世界大战期间，在面对双线作战的困境时，富兰克林·罗斯福始终努力调和对德战争的必要性，同时兼顾对日战争的必要性。布什则并没有将两者并列考虑。他确立了明确的优先顺序并始终坚持不懈：伊拉克是主要努力方向，阿富汗不过是跑跑龙套而已。在他的整个任期内都是如此。海军上将迈克尔·马伦接任参谋长联席会议主席后对此亦步亦趋，他简明扼要地指出："在阿富汗，我们有多大能力就办多大的事。而在伊拉克，我们要竭尽所能。"[2]而"有多大能力就办多大的事"的意思是说"我们没什么能力"。

他的坦白令人惊讶。在布什担任总统的8年时间里，美国的军费开支一直为世界最高。金额一路从每年3000多亿美元涨到了每年近7000亿美元，增长了一倍还多。五角大楼发现，即便如此还是无法同时为两个中等规模的武装冲突提供充足的资源。第三次海湾战争几乎持续了布什总统的整个任期，而第二次阿富汗战争也是久拖未决，只是没有吸引太多人的注意而已。

奥巴马就任总统后抓紧一切时间改变布什设定的战略重点。他试图在撤出伊拉克的同时，在阿富汗更有作为。阿富汗的行动升级使奥巴马得以履行竞选时提出的未经仔细推敲的承诺。然而，这样做带来了意想不到的后果：大中东战争一直持续的同时还确保了布什留给奥巴马的战略空白依然未变。

阿富汗仅是更大的事业的一小部分。这场战争将来会轻松成为美国历史上耗时最长的战争。这个事实很难与该国不甚重要的地缘政治意义相匹配。在"9·11事件"之后，布什和副手们把阿富汗视为战略死胡同。他们的判断并没有错。8年之后，奥巴马总统却打算加倍下注。虽然这一见解依然有效，但被认为已无关紧要。

事实上，阿富汗战争进入了第二个10年，而且前路渺茫。美军留在万里之遥的国度到底希望收获些什么？这变得越来越令人费解。大多数美国人对这个国家知之甚少，甚至根本未曾关注。是要把阿富汗从塔利班的手中拯救出来吗？为什么阿富汗人值得美国大费周章？为什么不去墨西哥把它从掠夺性贩毒集团中拯救出来？为什么不去拯救海地或委内瑞拉？这两个国家离美国国土更近，有类似的需要，并且可以更好地消化来自华盛顿的捐赠。

在推翻塔利班之后，美国在阿富汗的军事存在几乎是名存实亡了。在布什执政期间，美国的常年驻军平均不足1.8万人，从未超过"伊拉克自由行动"中美军总数的1/5。[3] 与伊拉克相比，这里的伤亡也不大。美国在阿富汗的战争损失每年平均不到80人。[4]

托拉博拉战败后，阿富汗在名义上被解放了。华盛顿的重点转移到了国家重建上。美国及其盟国（为了证明该组织存在的合理性，北约依然热衷于"走出区域"）打算在喀布尔建立由西方遴选的卡尔扎伊领导的强大中央政府，并在阿富汗全境行使管辖权。这个政府将维护国家稳定,防止阿富汗再次成为恐怖分子的避风港,并为其长期现代化进程创造条件。[5] 尽管布什政府一贯轻视联合国的作用,但这次他却指望联合国和"国际社会"在这个野心勃勃的项目中起领导作用。留在阿富汗的美国小规模战斗部队只是为了追捕基地组织的残余势力以及像塔利班那样的松散组织。哪里有战斗,美军都会起而应战。而占领和重建的任务则留给他人来完成。这种任务分工受到善意的政府或非政府组织的积极响应。他们迫切地希望扭转阿富汗人民的困境。很快,26个联合国机构在喀布尔设立了办事处,超过40个国家向所谓的国际安全援助部队派遣了自己的部队。[6]

不幸的是,行动实际取得的成绩远远不及西方国家的预期。尽管在阿富汗建立的合法政府表面上取得了一些不错的进展(像伊拉克一样,过渡机构成立了,宪法草案成形了,还进行了选举),但实质性的进展依然滞后。卡尔扎伊总统被揶揄为"喀布尔市长"。他在阿富汗首都之外的权力非常有限。在农村,传统的民族和宗族政治盛行。尽管捐助国承诺提供数十亿美元的发展援助,但有些国家一直未能兑现。而实际兑现的资金也有可能变成了咨询人员的薪资、奖金或企业的利润。这些资金原本应该投入到惠及阿富汗百姓的项目里。这里腐败猖獗。[7] 国内经济中只有一个产业在蓬勃发展:鸦片种植和出口。被占领的阿富汗占到全球鸦片产量的90%。

现实和占领者的承诺之间存在着巨大的差距。这为塔利班和基地组织的东山再起创造了条件。尤其是在与巴基斯坦接壤的阿富汗南部和东部省份。那里成了伊斯兰激进分子的避难天堂,暴力活动也更加猖獗。到2005年,自杀式爆炸事件和在伊拉克大行其道的简易爆炸装置出现在阿富汗的数量也在不断增加。安全形势变得越加严峻。美国的盟友曾经设想，空袭停止后，他们就能开始执行与波斯尼亚或科索沃类似的维和行动。真枪实弹的战争着实令人猝不及防。[8]

喀布尔曾发生过一次意外。这是2003年4月28日发生在费卢杰校舍的血腥对抗的阿富汗版本。此事将美国及其盟国在阿富汗面临的问题做了全方位的展示。

2006年5月29日上午，美军士兵驾驶的一辆卡车跟随车队在阿富汗首都拥挤不堪的街道上行驶时和停靠在路边的大约12辆车发生了碰撞并造成若干路人死亡，另有多人受伤。当车队里的其他车辆试图离开现场时，愤怒的阿富汗人围住了他们，并开始向部队投掷石块。紧接着枪声大作，全面骚乱爆发了。暴徒们在街头横冲直撞，他们洗劫并烧毁代表外国存在的一切建筑物，包括援助机构和新建的五星级酒店。他们愤怒地谴责美国并嘲笑卡尔扎伊总统是美国人的狗腿子。阿富汗安全部队花了6个小时才恢复了秩序。到那时为止，已有16名平民死亡，另有超过百人被送进医院，其中许多人身中枪伤。[9]

美国大使马上出面道歉，称刹车故障是事故的主因。阿富汗人对此并不买账。他们指责美国人的野蛮驾驶表明他们对阿富汗百姓的轻视。无独有偶，一周前发生在坎大哈省的美国空袭误炸事件造成至少16名（或多达34名）阿富汗平民死亡，其中包括妇女和儿童。此事也激起了民众的愤怒。[10]美国政府为这一不幸事件真诚道歉，就和类似事件中他们所做的一样。[11]

那次空袭事件的原定目标是死灰复燃的塔利班。没有证据表明喀布尔的暴徒与塔利班或基地组织有任何关联。他们都不过是普普通通的阿富汗人，只是他们越来越不能容忍那些享有特权却碌碌无为的外国人。阿富汗的两线作战成了嵌套在美国外部两线

· 375

作战里的一部分。一条战线上,美军要面对的是意图推翻政府的反叛分子;另一条战线上,他们则要面对心怀不满的民众。这些人越来越倾向于把政府看作是占领者的工具。

从 2007 年到 2008 年,伊拉克的局势似乎有所好转。但阿富汗的形势却越来越糟。国防部长盖茨在定期调研访问时得出了这样的结论。他后来写道,那里的战争"显然在朝着错误的方向前进"。统计数字,特别是以敌方的活动强度来衡量,都支持这样的结论。困扰"持久自由行动"的问题为数众多。按盖茨的说法,其中至少包括"作战部队和培训教官的水准不佳,文职专家的数量不足,指挥和控制的混乱,跨国政府间的缺乏协调以及军民合作的不充分,等等"。[12] 有一次,在飞越荒凉的阿富汗上空时,这位五角大楼的主官扪心自问,为什么人们要为这个被遗弃的角落争个你死我活?[13] 他没有为这个切中要害的问题提供答案。虽然布什总统同意象征性地加强那里的军事实力(在他卸任时,那里驻扎了 3 万名士兵),但阿富汗的局势越来越严峻了。

奥巴马入主白宫之时,陆军的戴维·麦基尔南将军正在阿富汗负责指挥美军和联军部队。从汤米·弗兰克斯算起,他是第二次阿富汗战争的第 6 位美国将军。接下来还会有 5 位将军相继担任此职。

麦基尔南是一位喜怒不形于色、表情冷漠的军官。他谙熟传统机械化战争。但他现在要面对的是那些与传统格格不入的现实。他把眼下的战争中肯地评价为僵局,但他也未能把这些障碍最小化。这些障碍中,最主要的问题包括部队太少,太多的政治限制(被委婉地称为"注意事项")束缚了盟军部队的使用,在巴基斯坦境内存在"圣战者"避难所的现实,等等。[14]

麦基尔南接受的观点是胜利不会从军事行动中取得。当时,这几乎是美国高级军官的口头禅。就在几年前,同一批军官曾坚信用军事解决争端是美军存在的理由。这种想法一去不复返了。军事将如何在美国大中东战争中发挥作用已经发生了变化。麦基尔南的评估就是这种变化的结果。战争可能会继续下去("我们不可能把那些满脑子坏水的人赶尽杀绝"),想要结束第二次阿富汗战争就需要提出可行的政治解决方案。麦基尔南并不指望这种解决方案在短期内就浮现出来。他说,到"这场漫长战争的隧道尽头能够看到光明的那一天",很可能还需要数年的时间。原本预计战争不会持续很长时间的军官团现在却理所当然地认为,这种想法根本不现实。[15]

麦基尔南希望即将上台的奥巴马政府提供的支持其实相当简单:要在2009年塔利班发动夏季攻势之前派遣更多美军部队就位。尽管迫切希望在阿富汗有所作为,但新一届政府对如何更好地把行动转化为积极的战果缺乏明确的思路。麦基尔南的求援和政府的迫切需要促成了总统任期内最早的一项决定。在2009年2月17日,总统决定增兵1.7万人。总统宣称,这些增援部队是"稳定局势免于恶化的必要条件"。[16] 为了确定除稳定局势之外还需实现的目的,美国高层策划了一次政策评估并列出一份清单。奥巴马在3月下旬公布了评估结果。他发誓"要在巴基斯坦和阿富汗挫败、瓦解并击败基地组织",却没有提供具体的细节。[17]

只有一件事明白无误:麦基尔南不是未来执行此项工作的负责人。5月6日,国防部长盖茨飞抵喀布尔通知麦基尔南,他会被马上替换掉。自1951年哈里·杜鲁门解雇道格拉斯·麦克阿瑟以来,还没有哪位上将在战时被不容分说就地解职。麦克阿瑟是因抗命不遵而失去了职务,而麦基尔南则是因为看起来不合适以及缺乏热情。在国防部长的强力推荐下,奥巴马几乎马上同意任命斯坦利·麦克克里斯托作为麦基尔南的继任者。

麦克克里斯托是一名杰出的士兵。他就像正值巅峰期的世界级运动员，散发出舍我其谁的强烈激情。他是聚焦的激光，而不是探照灯。从 2004 年到 2008 年，他指挥了对抗基地组织的反恐行动。这是大规模冲突中的一些小规模秘密行动。在伊拉克，他宣称要对恐怖组织网络"开膛破肚"。他相信，清除基地组织驻伊拉克的领导人以及他们的继任者，最终将导致"该组织的内部崩溃"。[18] 为了验证这个假设，他指挥的特遣部队锤炼出了非凡的捕杀能力。他们的行动通常安排在夜间，几乎总是秘密执行。每个成员都成了法律的化身。

当其他高级军官来了又去在战场轮换时，麦克克里斯托始终坚持留在前线。这在很大程度上让他避开了公众的关注，但同时也成就了他的传奇地位。[19] 2006 年，《新闻周刊》就有一篇文章夸赞他是"隐身将军"。[20] 此时，当他准备担负起主持阿富汗战争的重任时，最后的匿名痕迹也全部消失了。彼得雷乌斯现象提高了大众对将军们的期望，希望他们能靠一己之力转败为胜。记者们争先恐后地把麦克克里斯托视为下一个彼得雷乌斯。在一份充满仰慕之情的概要里，记者德克斯特·菲尔金斯直抒胸臆："彼得雷乌斯从灾难中拯救了伊拉克，现在轮到麦克克里斯托来拯救阿富汗。"[21]

大家一致同意他就是胜任此项工作的人。《纽约时报》称赞麦克克里斯托是"学者型的勇士"。[22]《华盛顿邮报》则补充道，他拥有"内驱力，而且智慧出众"。他因为"在团队建设和解决问题方面的卓越能力"而赢得了盛誉。[23]《新闻周刊》报道说，他还是一位苦行者，一位"禅修战士"。[24] "他非常健壮"，《时代周刊》滔滔不绝地说，"麦克克里斯托每天早上在太阳升起之前要完成 10 英里跑步。他会像修道士一样节食来控制每日的膳食。"他把进食午餐看成"软弱的表现"。他的 iPad 和 Kindle 电子书上存满了"研究巴基斯坦、林肯和越南的严谨巨著"。麦克克里斯托做事与众不同，《时代周刊》对此也非常认可："阿富汗的军事政策现在掌握在一个非常受人欢迎、非常专注的士兵手中。"[25]

这些夸张的说法影响颇深。麦克克里斯托将军的文职长官不愿将制定政策的权力交给任何一位将军，无论他多么受人欢迎，工作多么专注。然而，美国军民关系的跷跷板永远摇摆不定，军方现在占据了上风。不再迷恋于唐纳德·拉姆斯菲尔德和保罗·沃尔福威茨（但对戴维·彼得雷乌斯还是很着迷）的公众开始认识到战争事关生死存亡，不能把如此重任交给文职官员来掌控。因此，军官集团的高级成员很快开始利用这种情绪变化带来的机会。

文官和军官关系高度政治化的特点是华盛顿众目睽睽之下隐藏的秘密。高级军事领导人确实只把自己视为文职政府的属下。因此，策划"五月中的七天"这样的阴谋，试图推翻政府几乎没有现实的可能性。虽然耻于策划政变，但高级军官（或由他们的下属代为出面）会参与到各式各样的恶作剧中，以便推行某些命令、服务或个人计划。为了迎合公众的胃口，所有派别都要小心谨慎地遵守必要的礼仪。但他们之间的真实关系甚至不及风流丈夫在结婚纪念日给予妻子的礼遇。至少夫妻彼此都充分理解双方间的关系。

盖茨派遣麦克克里斯托前往新岗位的首要任务是在 60 天内就如何利用奥巴马同意提供的额外资源扭转第二次阿富汗战争的局势提出具体的建议。流程预计是这样的：麦克克里斯托提出建议，总统在咨询过军事和文职顾问后做出决定，之后麦克克里斯托将忠实地执行。在制订战争计划时,拉姆斯菲尔德喜欢干涉部属的工作以取得他希望得到的结果;而盖茨则倾向于给战地指挥官更多自由呼吸的空间。两种方法各有利弊。

正能量满满的麦克克里斯托立即投入到工作中。他于 6 月中旬抵达了阿富汗。不到 10 天时间,他就通知盖茨那里的情况比预想的要糟糕得多。不到一个月的时间,就有消息传回五角大楼,麦克克里斯托尚未完成的计划很可能超出奥巴马批准的增兵规模。到 8 月初,媒体报道说提前看到了麦克克里斯托要求多增兵 4 万的请求。这时他甚至还未向政府提供需要这么多增援人数的理由。将军在文职长官那里找到了摆脱困境的办法。[26]

8 月 30 日,麦克克里斯托向国防部长盖茨提交了评估报告。这份 66 页文件的优点在于劝勉和激励方面,而缺点主要是缺乏事实依据。尽管麦克克里斯托对"媒体上流传的阿富汗是帝国坟场的神话"进行了抨击并给予了断然否定,但报告中涉及历史的篇幅极少。而报告中部队增派的数量颇为引人注目。

麦克克里斯托在略显怪异的基调里开始了这份评估报告。"阿富汗涉及的利益巨大",他写道,但"这里的局势却异常严峻"。他强调说,"尽管成功依然可期,但仅凭一腔热血却无法取得"。他解释说,"成功的关键在于民心的向背,人心是可以而且必须利用的强大武器"。利用阿富汗民众的人心和思想意味着他手下的部队需要"完成任务的新模式"。国际安全部队需要"能与阿富汗人民的强大意志团结在一起的全新作战文化"。这里暗含了同心同德之意。[27] 作为军事战役的假想基础,这份文件就像"一杯白开水"。

最让人称奇之处在于,在描述未来之路时,麦克克里斯托甚至没有装模作样地权衡比较一系列可能的替代方案。指挥官的评估中没有包含选项 A 同选项 B 或 C 的对比。只有一个选项 A，那就是"全面平叛行动"。这位公认的反恐大师这次选择了完全不同的玩法：平叛行动。这种改弦更张的做法和迈克尔·乔丹放弃篮球改打棒球差不多。[28]

奥巴马政府极不情愿地接受了建议。麦克克里斯托的平叛行动需要更多的部队。这让白宫内部感觉不舒服，在财政和政治上更是如此。更糟糕的是，麦克克里斯托的陈述让奥巴马别无选择。实际上，将军向总司令传达的信息是"橡皮图章请盖在这里"。

似乎是为了试探奥巴马能给予的行动自由的底线，领导着中央司令部的彼得雷乌斯将军选择在这个敏感时刻向迈克尔·格森分享了他对阿富汗事务的见解。迈克尔·格森是《华盛顿邮报》一贯立场强硬的专栏作家。而彼得雷乌斯在其鼎盛时期军事圣人的地位使他在共和党圈子里特别受人尊敬。在重操旧业之前，格森曾在乔治·布什总统的高级助手任上工作过多年。

彼得雷乌斯热情地与格森分享了他的观点。他指出，阿富汗的"平叛核心原则依然有效"。应用这些原则的确需要"更多的资源"。整体来说彼得雷乌斯将军支持了麦克克里斯托的喀布尔司令部的暗示。"我们必须重新赢得主动"，他对格森说，"我们必须获得成功。要遏制住不断下行的恶性循环，恢复向上的动力"。平叛行动提供了可以落实的方法。言下之意，奥巴马需要对此有清醒的认识。[29]

1951 年 3 月，为了发泄对民主党总统哈里·杜鲁门干涉他在朝鲜战争中行事自由的不满，道格拉斯·麦克阿瑟将军寄给众议院议长、共和党人约瑟夫·马丁一封信。这封信很快就被公众所知。信中麦克阿瑟对有人不同意他对韩国利害关系的评估表示很吃惊。彼得雷乌斯可以说是自麦克阿瑟以来，美国舞台上最受瞩

· 381 ·

目的有政治敏感的高级军官。就像麦克阿瑟给马丁议长的信一样，彼得雷乌斯在9月4日接受格森的专访也是对总司令权威的含蓄挑战。

和伊拉克的情形类似，政治时钟和军事时钟并不同步。奥巴马需要时间三思而后行。麦克克里斯托则希望立即获得批准。彼得雷乌斯接受采访不过是在公开示威，目的是向"幼稚无知"、毫无军事经验的总司令施压，给这位经验丰富的将军提供他想要的一切。

麦克克里斯托的评估报告副本很快落到了《华盛顿邮报》的人手中。该报在9月14日发表了一篇长篇大论，其中包括了从泄露文件中摘录的内容。[30] 很快，所有网民都能看到这66页的全文。麦克克里斯托本人也参与其中，他在"60分钟"节目中现身。之后，他还通过在伦敦举行的高调宣传来推广他的计划。在伦敦演讲之后，一位记者追问麦克克里斯托是否还有其他阿富汗平叛策略。"他的答案简洁有力：没有。"[31]

并非所有人都对此表示同意。副总统乔·拜登就是其中之一。他强烈反对麦克克里斯托的提议。美国驻阿富汗大使卡尔·艾肯伯里站在了副总统一边。艾肯伯里的背景使他的反对格外有说服力。他是退休的陆军中将，曾在2005年至2007年主持过阿富汗的战事。

在11月6日和11月9日的电报中，艾肯伯里大使质疑了"清理、控制和构建"和现实情况的相关性。他承认，美国军队无疑能够完成清理阿富汗部分地区的任务，但让阿富汗人继续完成控制和建设的任务则极不切合实际。他写道，阿富汗"增兵行动"的主要后果将是"增加阿富汗的依赖性"，从而推迟而不是加速外国军队的离开时间。更重要的是，麦克克里斯托推进的平叛行动与巴基斯坦这个核心问题无关。该国是"阿富汗不稳定的唯一和最大的来源"。只要巴基斯坦政府相信阿富汗激进分子在巴基斯坦边境自由往来符合他们的利益,那么暴乱就会一直持续下去。平叛运动不能解决这个问题。总之,艾肯伯里谨慎地反对把向阿富汗派遣更多美国部队视为唯一可行的政策选择。[32]

艾肯伯里的电报也被泄露给了公众。这为奥巴马提供了一次机会让文官和武将关系的天平重新回到有利于自己的位置。这位将军出身的外交官为新上任的总司令提供了掩护,有力地回击了彼得雷乌斯和麦克克里斯托将军提出的要求。反击肯定会导致代价高昂的政治对抗。奥巴马的面前是美国最具影响力的军官以及自己刚刚任命的负责阿富汗战争的备受尊敬的将军。

奥巴马不希望冒对抗的风险,所以他不情不愿地接受了将军们的想法。更准确地说,他还批准了附加的警告。2009年12月1日,在西点军校对学员的演讲中,奥巴马总统公布了自己的增兵计划,再派遣3万名美国士兵(比麦克克里斯托希望的少了1万人)前往阿富汗。然而,他们并非去执行无限期任务。"18个月后",奥巴马强调说,"部队将开始重返家园"。此次计划的目的是"掌握主动。同时培养阿富汗自身的能力,为美军部队撤离阿富汗提供过渡保障"。[33]

演讲的内容需要破译才能理解。"培养能力"是指国家建设,这意味着平叛行动,尽管奥巴马避免使用这个充满歧义的措辞。至于"过渡保障",取代胜利成了终极目标。奥巴马的演讲离响亮的战斗号角相去甚远。尽管如此,麦克克里斯托还是得到了自己想要的大部分东西。由于战术完全取代了战略,平叛行动再次粉墨登场。

奥巴马试图在阿富汗走布什在伊拉克的老路,这是他对自己

· 383 ·

前任的含蓄致敬。选择这条道路的机会成本极大。当美国的大中东战争即将进入第 4 个 10 年时，通过在任职初期投入大量精力在阿富汗事务上，尤其是把处理战争事务的工作交给麦克克里斯托，奥巴马成功避免了重新评估美国即将面临更大困境的可能性。总统对于根本性变化的偏爱（奥巴马选举时的明确承诺）全都让步于对稳定的追求。习惯势力终究占了上风。

美国在伊拉克和阿富汗的军事力量变化曲线提供了现实情况的视觉呈现。2010 年五六月间，两条曲线相交了。是的，驻伊拉克的人数在减少。的确，驻阿富汗的人数在上升并很快达到了峰值，刚好超过 10 万。这是奥巴马总统上任时的 3 倍。[34] 奥巴马政府解释说这意味着进步。

尽管麦克克里斯托熄灭了奥巴马的热情，但他在执行总统决定时没有一点拖泥带水。他手中的兵力太少，无力在全国范围实施平叛行动，所以他决定把精力集中在南部的赫尔曼德省和坎大哈省。更具体地说，他确定马尔贾，一座 8 万人的城市，是验证平叛行动和阿富汗的未来息息相关的正确地点。马尔贾地区罂粟种植猖獗，而且地理位置远在阿富汗政府的控制范围之外。解放塔利班这个据点的时机似乎已经成熟。这里相当于阿富汗版的塔尔阿法尔，以前麦克马斯特曾在那里扭转了战局。

除了遵守共同的宗教传统以外，阿富汗和伊拉克就像鸦片和石油一样几乎没有相似性。虽然如此，麦克克里斯托将军还是非常期待，既然"清理、控制和构建"曾在一个国家发挥过神奇的作用，那么在另一个国家也理应如此。很少有将军将以前的作战方法完全复制下来，在另一个战场上重来一次。

为了赢得阿富汗乡土社会的支持，麦克克里斯托下定决心一定要降低因国际安全援助部队的行动而造成的平民伤亡。这件事，卡尔扎伊总统已经抱怨了多年。经过深思熟虑，麦克克里斯托将军颁布了新的作战条例。尽管这意味着增加美国和联军部队的风险，但他还是决定除非为了自卫，国际安全援助部队应当限制使用自己的武力。他坚持认为，赢得阿富汗民众的支持应该优先于其他因素的考虑。"我们必须避免落入赢了战术却输了战略的陷阱，平民伤亡或过度破坏会导致与他们之间的隔阂。"[35] 只有绝对必要时，而且在确保平民不受伤害的情况下，士兵才可以扣动扳机，呼唤炮火支援或近距离空中打击。这一政策被称为"勇敢克制"。这个概念足够高大上，在高级司令部的幻灯片演示时看上去也很美，却无法说服战战兢兢徒步巡逻的19岁美国大兵。

无论如何，"勇敢克制"的精神透露出麦克克里斯托对马尔贾的未来寄予了厚望。"姆斯塔拉克行动"（这里语意为"和你一起"）的前奏是抛撒传单。马尔贾的居民被要求远离可能的伤害。这实际上也在提醒塔利班做好准备。他们的确也是这么做的，其中很多人逃离了这座城市。正式行动始于2010年2月13日头天晚上。美国海军陆战队作为主攻，英军作为后援，而美国陆军特种部队作为前锋。在联军战斗部队清缴了残余的反叛分子之后，阿富汗安全部队将接手控制整座城市。之后，在大量外援的支持下，他们将在废墟上重建阿富汗的政府机构。第一阶段的可行性没有什么问题，第二阶段则有些挑战，而第三阶段才是真正困难的部分。即便如此，麦克克里斯托表示很有信心。他承诺说："政府正在筹建之中，随时准备投入使用。"[36]

一旦成功，马尔贾的经验将成为其他地区可以学习利用的现成模式。"马尔贾只是开场白"，五角大楼的一名高级官员承诺说，"这是第一步"。马尔贾的成功将带来"转势"并为阿富汗其他地区的成功奠定基础。[37] 仅仅依靠解放行动就能产生不可阻挡的进步,这种预期有点类似于 2003 年的"伊拉克自由行动",尽管规模要更小一些。

残酷的现实很快戳破了希望的肥皂泡。再一次,不可一世的美国军队未能带来政治上的持久成功。

海军陆战队在战斗中首先受到冲击。起初他们在"姆斯塔拉克行动"的清理阶段推进得相当顺利。在行动的第一周,只有 8 名美国士兵和 3 名英国士兵在对敌作战中牺牲。[38] 到 2 月 25 日,阿富汗国旗多年来首次高高飘扬在了市中心上空。"我们控制了马尔贾所有重要的人口稠密地区,我们还控制了所有关键的基础设施",海军高级指挥官拉里·尼科尔森准将如是说,"我们现在的关注点在于恢复市场。而主要的工作是让道路畅通,让人民安居乐业"。[39] 从清理到控制再到构建的转变似乎进展得还不错。

然而,不要再次被表象所误导。在战争期间,把暴力的间歇与敌对的停止混为一谈是一种错误。尽管马尔贾的武装抵抗已经减弱,但并没有彻底结束。相反,当地的塔利班组织进行了重组并完成了调整。劝阻当地民众与外来入侵者合作的遏阻行动遭受了损失。[40] 一度销声匿迹的简易爆炸装置也死灰复燃。海军陆战队和反叛分子之间的交火变得司空见惯。5 月中旬到 6 月中旬,美军部队在马尔贾的伤亡人数比在行动初期时还要多。5 月下旬,麦克克里斯托将军快要认输了。他承认,原本希望这座城市成为平叛行动的演武场,现在这里却变成了"出血性溃疡"。[41]

参与"姆斯塔拉克行动"的美国海军陆战队随军记者说,麦克克里斯托和平叛行动的其他信徒"承诺得太多,实现得太少"。[42] 确实如此。但他的观察并没有深入探究平叛理论的固有缺陷。负责实践理论的部队发现,在现实中,清理、控制和构建之间的区别并非那么泾渭分明。理论无法有效地转化成现实。事实证明，清理任务只完成了一部分而且可能还会倒退。美国希望一旦国际安全援助部队确保了城市的安全，阿富汗军队就能接过维持秩序的重任。而实际上，他们缺乏必要的手段（或意愿）来接手这个使命。最糟糕的是，百姓日常生活的改善是麦克克里斯托将军"筹建政府"的重要基础，如今却无法兑现。[43] "姆斯塔拉克行动"更名为"风中尘埃行动"或许更为恰当。海军陆战队停留的时间越长，就越显示出行动的徒劳无益。[44]

导致行动令人失望的诸多原因中，文化因素（指习惯、传统、身份和宗教）应该放在首要的位置。我们面对的是"平叛"的加拿大式谬误。

尽管加拿大人和美国人有所不同，但双方都早已学会如何弥合分歧，增进合作。由于长期共存和亲密接触的原因，"我们"和"他们"之间的分歧变得不再重要也不再值得为之大打出手。

平叛行动的支持者或广大的美国大中东战争的支持者相信，伊斯兰世界遍布着像加拿大人那样的人：那些认同我们的世界观或至少与我们的世界观类似的人。可惜阿富汗人不是加拿大人。将"我们"与"他们"分隔开的是无法跨越的鸿沟。即使理论上可行，跨越它也需要漫长的时间，付出巨大的努力。寄希望于美国海军陆战队的若干军队启动"勇敢克制"计划就能弥合鸿沟的想法与他们在1983年希望美国海军陆战队为黎巴嫩带来和平一样荒谬。

麦克克里斯托将军试图运用最新的平叛原则平定阿富汗小城的计划没有取得成功。在国际安全援助部队的进攻开始几个月后，马尔贾的"游击队暴乱依然风起云涌，他们每天都会穿梭于炸弹随处可见的农田和灌溉沟渠"。[45] 虽然行动没有给阿富汗的其他地区提供可以效仿的榜样，"姆斯塔拉克行动"却为策划行动的美国将军提供了反面教材。麦克克里斯托似乎想清楚了失败的根源：问题在于掺杂了狂妄自大的无知无畏。他后来评论说，那些主持阿富汗战争的人对"现状理解肤浅，而且对近代历史有着过分简单化的看法"。这是麦克克里斯托给自己和别人的起诉书。在阿富汗驻军近10年之后，美军仍在努力了解这里的风土人情。"我们以前对此不了解，我们现在还是没有搞明白。"他哀叹道。[46]

麦克克里斯托将军的这些洞察还来不及被运用，他就突然被调离了前线。令人意想不到的是他的下台源自《滚石杂志》的一篇文章。在职业生涯的大部分时间他都守口如瓶。和记者保持适当的距离是他最基本的生存技能之一。但麦克克里斯托鬼使神差地邀请了一名记者作为他军人大家庭的一员。这个难以理解的决定产生了预期之中的结果。记者披露了将军先前的反战立场。爆料者引用了麦克克里斯托主要幕僚（"美国团队"）的说法，他们嘲笑奥巴马政府的高级官员都是愚不可及的小丑。而将军本人也在开玩笑之列。[47] 在遵守礼仪高于一切的文官武将关系体系中，将军犯下了不可饶恕的错误。

麦克克里斯托主动请辞告老还乡，省得奥巴马总统下令解雇他。他这样做也使自己免于面对残酷的现实。他大肆宣传的扭转阿富汗战争的行动也失败了。收拾残局的重任落在了彼得雷乌斯将军的肩头。他同意接手喀布尔（事实上他从中央司令部指挥官的位置上退了一步）。这种委曲求全可以避免向奥巴马总统解释被他鼎力推荐的将军为何这么快就偃旗息鼓了。无论从政治上还是从实质考虑，"平叛大师"接替麦克克里斯托都是让事件得以平息的最快方式。棒球比赛中让贝瑞·邦兹替下迈克尔·乔丹上场击打，有史以来最伟大的全垒击球手终于挺身而出。

2010年7月接受指挥之职时，彼得雷乌斯面临着诸多问题，但其中一项立即引起了他的注意：将麦克克里斯托孜孜以求的"新作战文化"注入国际安全援助部队中。突如其来的文化变革并没有得到很好的消化，尤其是在美军内部。习惯于把自己视为英雄的士兵们不愿接受来自高层的命令，让自己充当社区组织者或警察之类的角色，尤其是这样做可能危害自己和战友的时候。

为了发泄不满，用来证明"勇敢克制"计划行之有效的一些部队选择了用脚投票。要求遵守政策的战术指挥官反而不断谴责这项政策的愚蠢。

在放弃克制的人当中，有一位名叫马修·戈尔斯廷的陆军特种部队上尉军官。由于在马尔贾行动中的英勇行为，戈尔斯廷赢得了一枚银星勋章。但随后这项嘉奖就由于一项指控被剥夺了。他涉嫌处决了一名手无寸铁、被怀疑是炸弹制造者的阿富汗人。尽管未被提起刑事指控，但军方的调查报告显示，戈尔斯廷后来承认，他担心释放这名阿富汗人会让美军士兵陷于危险之中。如果更多战友因此失去生命，他将无颜活在世上。[48] 大约在同一时间，在赫尔曼德省地区，一群美国海军陆战队员显然把自己的利益放在了当地居民的生命财产安全之上。他们还拍摄了向三具阿富汗尸体撒尿的录像。[49] 类似的情况还包括：在"姆斯塔拉克行动"展开时，被派往邻近坎大哈省的美军第5斯特赖克旅对阿富汗平民进行的一系列随意杀戮。一次，他们甚至和遇害的小男孩合影留念，"好像他不过是一只小鹿战利品"。[50] 为了追求刺激以及对于当地民众的蔑视，这些士兵显然并不认同麦克克里斯托保护无辜阿富汗人的极端重要性。这种行为模式从根本上违背了指挥官的意图。

在公然挑战该政策的人当中，哈里·滕内尔上校尤为突出。

· 389 ·

暴行发生时,他是第 5 斯特赖克旅的指挥官。他和拒绝执行凯西将军伊拉克平叛行动的迈克尔·斯蒂尔上校是一路货色。和斯蒂尔一样,滕内尔固执地坚持着战争总由军事解决方案的信念。这可以通过不断给对手施压来实现。在伊拉克指挥战斗时受了重伤的滕内尔总结了自己的经验和想法。他写道:"军事领导人必须把重点放在消灭敌人上。你无法改变恐怖分子憎恨美国的观点,对待他们只有采取无情的打击。"[51] 这种观点产生的时间在 2005年。此后若干年里发生的一切并没有改变他的立场。

作为奥巴马增兵的一部分,滕内尔在 2009 年与部队一起被部署到了阿富汗。他一心想在那里冲锋陷阵、建功立业而不仅仅是结交一些朋友。在坎大哈省他遭遇到自己梦寐以求的战斗。在任职期间,他的部队杀敌甚多,而己方也牺牲了 37 名士兵,另有 238 人受伤。滕内尔引起了上级不太友好的关注,因为他对清点尸体的兴致超过了实施最新平叛戒律的兴趣。[52]

这样的批评事实上终结了他的晋升之路,但他对此非常淡定。目空一切的滕内尔在自己离开时与陆军部长约翰·麦克休分享了自己的观点。滕内尔在致麦克休的信中写道:在平叛神坛上被顶礼膜拜的都是些木胎泥塑。平叛主义本身就是无稽之谈。它的核心不过是"来自业余爱好者、承包商和被剽窃杂志文章里的胡思乱想"。坚持误导性的蹩脚平叛理论会造成"美军不必要的伤亡",同时也会"为我们的对手赋能"。他的结论是,滕内尔为之奉献一生的军队正在经历着"慢性失败"。

滕内尔上校直接向军队高级文职官员投诉的做法很不寻常。这表明他对指挥链条里上至部长的军事官员缺乏信心。这封谴责军队"功能紊乱,领导氛围恶劣"的信函绕开了这些顾虑。"无能和没有主见的军官团体无法解决自身的问题,恢复军队的健康

需要更有力的文官干预。"⁵³

无论滕内尔的批评是否有价值（批评针对了大多数美国民众接受的战争概念），在美国大中东战争进入第4个10年的时候它至少暴露了两大问题：在这场战争中我们到底是胜还是败？如果是败，那么我们为之战斗的意义何在？令人不安的士兵不当行为和滕内尔上校拒绝接受"平叛神学"都暗示了深层次的、不断恶化的不满情绪。若再听之任之，这种不满可能会令士兵变成暴徒。

彼得雷乌斯迅速采取行动消灭了一个不满情绪的根源。他取消了"勇敢克制"的交战规则。麦克克里斯托的交战规则对美军没有带来实质的帮助。部队不断抱怨"我们的指挥系统被戴上了枷锁"。⁵⁴尽管彼得雷乌斯的规则修订并没有完全去掉这些束缚，但的确给部队松了绑。麦克克里斯托将军要求优先保护平民，但彼得雷乌斯现在宣称，"保护阿富汗民众和使用一切措施保护我们的男女士兵都是我们道义上的天职"。⁵⁵使用一切措施意味着使用重型火力的更大自由度。

新交战规则是一个征兆。他在喀布尔一年里的所作所为与平叛原则正好相反。在他的职权范围内，重新实施高期望、高承诺的类似马尔贾行动的情况将不会出现。彼得雷乌斯不声不响地搁置了"清理、控制和构建"计划，转而支持"寻找、锁定和杀戮"计划。这位军官曾对平叛行动的复活承担着最大的责任，现在却选择了放弃。

到2010年夏，阿富汗的形势已经与第三次海湾战争末期非常相似：战争目标不断向下修正，有序退出成了首要任务。在"姆斯塔拉克行动"进行的同时，彼得雷乌斯的一个重要助手告诉他，美国在阿富汗能够预期的最好结果是"实现短暂的稳定和成功的假象"。尽管假象不太可能持久，但它"可以为我们提供撤离的时间窗口，让我们可以在未来三四年里保持稳定"。他说："对塔利班的打击是实现短暂稳定的最短路径。"[56]

为了实现这一目标，彼得雷乌斯增加了特种作战部队的突袭频次。他们通常会在夜间夺门而入。居民们被叫醒并接受搜查；嫌疑人或被枪杀或被拖去审讯。这些突袭行动在阿富汗非常不得人心。但是，清理反叛分子（尤其是那些塔利班中居于统治地位的人），已经超过了结交朋友和影响民众的考虑。彼得雷乌斯还动用了有人驾驶飞机和无人飞机加大空袭的力度。[57] 自 2001 年开战以来，艾布拉姆斯主战坦克首次出现在了阿富汗战场上。这在赢得人心和转换思维方面没有什么价值，但在激烈的交战中却极为有用。《华盛顿邮报》援引了一位匿名高级官员的说法，"我们已经放开了手脚"。[58]

从量化指标来看，"放开手脚"的做法产生了显著的效果。从 2010 年中到 2011 年中，国际安全援助部队声称清除了大约 1.2 万名武装分子。作为"平叛是答案"俱乐部的特许成员，彼得雷乌斯创造出一款"几乎是工业级的反恐杀人机器"。他自己对此非常满意。彼得雷乌斯在 2011 年春宣布："多年来我们第一次看到了进展。"尽管还有更多的工作要做，"我们在这个国家的大部分地区遏制住了塔利班的势头"。[59]

这种想法多少有点一厢情愿。暴乱活动几乎没有减弱的迹象。虽然精确的数字很难统计，但多数估计显示，塔利班的士兵总数是增加的。[60] 彼得雷乌斯的平叛行动确实产生了效果：平民伤亡人数大幅上升，流离失所的阿富汗人的数量也在大幅上升，总数多达 60 万人。[61] 不知是巧合还是彼得雷乌斯做法的直接后果，阿富汗士兵"临阵倒戈"调转枪口攻击国际安全援助部队的事件集中爆发了。[62] 不用说，美军的伤亡人数也在上升。在布什总统任职的最后一年，美国在阿富汗的伤亡人数是 798。奥巴马的增兵计划后，在彼得雷乌斯的指挥下，这个数字每年都超过了 5000。[63]

作为塔利班资金的主要来源，鸦片的生产也在蓬勃发展。经过短暂的下降之后，罂粟的种植面积在 2010 年重拾升势，并且在接下来的几年里发展势头强劲。[64] 为毒品经济寻找替代的尝试消耗了比马歇尔计划还要多的资金（经通胀调整后的数字），但结果却乏善可陈。[65] 在根除官员的腐败方面，彼得雷乌斯安排陆军准将麦克马斯特将军（他是东线 73 号和塔尔阿法尔的战斗英雄）领导了名为"沙法费伊特突击队"（意为"透明"）的政府清廉运动。但所有努力都付诸东流。在世界各国"清廉政治"的年度排名中，阿富汗还是稳定在名单的垫底位置，只比索马里和朝鲜略好一些。[66] 同时，国际安全援助部队指望阿富汗部队承担自己国家安全的责任，成了没完没了的"在建工程"。[67]

奥巴马总统对此并不气馁。2011 年 6 月，在彼得雷乌斯将军准备将国际安全援助部队的指挥权移交给另一位美军上将时，总统在全国电视讲话中宣布（他极不情愿批准的）阿富汗增兵行动取得了成功（实际上并非如此），"安全和平之光"已在远处隐约可见（这只是缺乏证据支持的幻想）。奥巴马自欺欺人地说，一切都在按计划进行。结论是，美军的撤离计划可以启动了。他承诺，战争到 2014 年底就会结束。[68] 这是总统的故事，他的政府将坚定不移地执行。

2011 年，记者本·安德森在简报中把这个故事简化成了"阿富汗叙事关键原则"的若干要点：

- 2011—2012 年，告知有何异同。
- 2012—2013 年，改变的开始。

- 2013—2014 年，日益增长的信心。
- 2015 年，新机遇，新起点。[69]

在大中东战争中，美国用"故事"取代现实不是第一次了。华盛顿的决策者们希望阿富汗人的新机遇和新起点变成他们希望看到的样子，即使"看到"之前需要先闭上眼睛。就像他在第三次海湾战争中所做的那样，奥巴马决心敲定第二次阿富汗战争的结束日期。绝大多数美国人，甚至包括那些鄙视总统的人，都宁愿他的承诺变成现实。可惜事与愿违。

事实上，2011 年夏天的阿富汗局势与 1951 年夏天在开城举行停火谈判后的朝鲜战场差不太多。尽管朝鲜半岛的敌对状态后来又持续了两年，但结果早已注定：朝鲜半岛将分裂成誓不两立的两部分，并将一直维持下去。但在结局到来之时，它被笼罩在模棱两可的状态中。

在阿富汗也是如此，战斗仍将继续，但没有改变结局的任何希望。20 世纪 80 年代美国策划的行动导致了无法治理的现状。这使得阿富汗注定成为一个支离破碎的国家。经过十多年重新凝聚国家的努力，"新"阿富汗仍然只是华盛顿的想象。无论结局何时降临，现在的阿富汗只会被笼罩在模棱两可的状态中。

2014 年 12 月 28 日，奥巴马总统宣布"美国历史上最久的战争"终于有了"负责任的结局"。[70] 对于总统的这份声明，即使是最心不在焉的公众也会大声惊呼："啊？"事实上，不管是负责任还是不负责任，阿富汗战争都没有走到终点。终点甚至连一点影子都看不到。事实上，最后期限之后仍有 1 万多名美国士兵留在了阿富汗。尽管阿富汗仍是战区，政府却主观地把他们称为非战斗人员。

阿富汗战争的不同寻常之处不在于它是美国历史上最久的战争，而在于它比美国参与的其他冲突更容易被人遗忘。就好像签订了双边协议，美国人民和自己的政府在杀戮结束之前就把在阿富汗的这段经历从记忆中彻底抹去了。

注 释

1.《在开罗的讲话》，2009年6月4日。

2.朱利安·巴恩斯：《美国称伊拉克为首要任务》，《洛杉矶时报》（2007年12月12日）。

3.艾米·贝拉斯科：《阿富汗和伊拉克战争中的军队规模，2001—2012：成本和其他潜在问题》（2009年7月2日）。这是美国国会研究处的报告。

4.可在 icasualties.org/oef 获得。

5.托马斯·巴菲尔德：《阿富汗：文化和政治史》（普林斯顿，2010年），293–305页。

6.联合国机构包括了阿富汗排雷行动协调中心，联合国信息和通信技术工作队，《联合国气候变化框架公约》和联合国通用供应商数据库。如需查询完整清单，请参阅联合国驻阿富汗援助团网站，http://unama.unmissions.org，访问于2015年5月20日。曾多次在平定阿富汗行动中受挫的联合王国（英国）贡献了迄今为止最大的国际安全援助部队。紧随其后的是德国、法国、加拿大和意大利等国。请参阅2009年1月的"国际安全援助部队纸垫项目"，nato.int/isaf/placemats_archive/2009-01-12-ISAF-Placemat.pdf，访问于2015年5月20。

7.例如，2007年，阿富汗的透明国际年度腐败指数在179个国家中排名第172位，略高于伊拉克和索马里。transparency.org/research/cpi/cpi_2007/0/，访问于2015年5月22日。

8.托马斯·巴菲尔德：《阿富汗：文化和政治史》（普林斯顿，2010年），312–320页。

9.卡洛塔·加尔：《车队碰撞事故点燃了喀布尔的暴乱》，《纽约时报》（2006年5月29日）；雷切尔·莫拉吉：《暴乱在喀布尔"岛"爆发》，《基督教科学箴言报》（2006年5月30日）；卡洛塔·加勒：《在阿富汗的袭击事件中，流氓和暴徒受到指责》，《国际先驱论坛报》（2006年6月1日）。

10.帕梅拉·康斯特布尔：《几十人在阿富汗的战斗中被杀害》，《华盛顿邮报》（2006年5月23日）。

11.在2006年，联军空袭造成了116名平民死亡，次年这一数字上升到了321人。《人权观察》，《"部队在交战中"：阿富汗的空袭和平民死亡》（2008年9月），14页。

12.令人困惑的指挥和控制系统是指北约、中央司令部和美国特种作战司令部（每一个都有自己的美国上将作为上级）都在阿富汗的行动中"拥有"自己的职责。统一指挥处于次要位置，这样可以保护官僚各自的地盘。

13.罗伯特·盖茨：《责任》（纽约，2014年），199页，209页，211页，重点在于原文。

14.《平叛行动会花很长时间，比我们想象的还要长》，《明镜在线》（2008年11月8日）。

15.丹·拉瑟：《指挥官》，《丹·拉瑟报告》（2009年1月6日）。

16.《关于驻阿富汗美国部队数量的声明》（2009年2月17日）。

17.《关于阿富汗和巴基斯坦的美国军事和外交战略的讲话》，（2009年3月27日）。

18.斯坦利·麦克克里斯托：《我担负的任务》（纽约，2013年），162页。

19.一个明显的错误发生在2004年。当时斯坦利·麦克克里斯托建议为一位去世的游骑兵（前全国橄榄球联盟足球运动员）帕蒂·蒂尔曼追授勇敢奖，企图掩盖蒂尔曼因友军误伤而死亡的事实。

20.约翰·巴里：《隐藏的将军》，《新闻周刊》（2006年6月25日）。

21.德克斯特·菲尔金斯：《史丹利·麦克克里斯托的持久战》，《纽约时报》（2009年10月14日）。

22.伊丽莎白·比米勒和马克·马泽蒂:《走出阴影的将军》,《纽约时报》(2009年5月13日)。

23.安·斯科特·泰森:《追捕者承担了更大的使命》,《华盛顿邮报》(2009年5月13日)。

24.埃文·托马斯:《麦克克里斯托将军的阿富汗计划》,《新闻周刊》(2009年9月25日)。

25.马克·汤普森和阿琳·贝克:《全新的开始》,《时代周刊》(2009年7月20日)。

26.罗伯特·盖茨:《责任》(纽约,2014年),352-353页。

27.《中央司令部及国际安全援助部队的初步评估》(2009年8月30日),washingtonpost.com/wp-dyn/content/article/2009/09/21/AR2009092100110.html,访问于2015年5月25日。

28.在为美国职业篮球联赛芝加哥公牛队服役的前九个赛季,乔丹场均得分超过30分。在他为AA级小职业球队联盟伯明翰男爵队服役的一个季节,他作为外场手场均得分0.202。

29.迈克尔·格森:《美国有理由对阿富汗抱有希望》,《华盛顿邮报》(2009年9月4日)。

30.没有人声称为此次泄漏负责。国防部长盖茨指责麦克克里斯托的几位工作人员表现得有些"不耐烦"。盖茨:《责任》(纽约,2014年),368页。

31.约翰·伯恩斯:《麦克克里斯托拒绝缩减在阿富汗的军事目标》,《纽约时报》(2009年10月1日)。

32.艾肯伯里的电报可以在线获得,documents.nytimes.com/eikenberry-s-memos-on-the-strategy-in-afghanistan,访问于2015年5月31日。

33.《总统关于阿富汗和巴基斯坦在前进道路上迈进的全国讲话》(2009年12月1日)。

34.艾米·贝拉斯科:《自"9·11事件"以来伊拉克、阿富汗和其他全球反恐行动的战争成本》(2014年12月8日)。附录A中有所有的细节。

35. 阿富汗喀布尔国际安全援助部队总部，主题：战术指令（2009年7月6日）。这份两页长的文件解释了麦克克里斯托实施更严格接触原则的理由。

36. 德克斯特·菲尔金斯：《阿富汗的进攻采用了新的战争模式》，《纽约时报》（2010年2月12日）。

37. 米歇尔·弗洛诺伊（负责国防政策的副部长）在参议院军事委员会的证词：《关于阿富汗赫尔曼德省"姆斯塔拉克行动"的情况简报》（2010年2月22日）。

38. 罗德·诺兰：《联军在阿富汗阵亡11人》，《纽约时报》（2010年2月19日）。

39. 佐伊·麦基：《在与塔利班交战12天之后，阿富汗国旗高高飘扬在马尔贾上空》，ABCNews.go.com（2010年2月25日）。

40. 罗德·诺兰：《塔利班以恐吓行动给予回击》，《纽约时报》（2010年3月18日）。

41. 拉吉夫·钱德拉塞克兰：《美军在阿富汗的马尔贾行动〈还有很长的路要走〉》，《华盛顿邮报》（2010年6月10日）。

42. 宾·韦斯特：《错误的战争》，（纽约，2011年），223页。

43. 被任命管理被解放后的马尔贾的个人成了讽刺的象征。此事成为诚实和管理能力的障碍。他原是一个重罪犯并且已经在德国服刑了4年。《官员：马尔贾新领导人的犯罪历史正在被调查中》，《今日美国》（2010年3月6日）。

44. 为了评估海军陆战队经历的挫折，请观看本·安德森2011年的HBO纪录片《马尔贾之战》，youtube.com/watch?v=b9Pq5JZ2Fd8，访问于2015年5月28日。

45. 托德·皮特曼：《海军陆战队在马尔贾面临着全面的暴乱》，《波士顿环球报》（2010年10月8日）。

46. 《外交关系协会活动：HBO历史创造者系列与斯坦利·麦克克里斯托》（2011年10月6日）。

47. 迈克尔·黑斯廷斯：《逃亡将军》，《滚石杂志》（2010年7月8日）。

48. 丹·拉莫特：《一位陆军绿色贝雷帽战争英雄的惊人跌落和战争罪行调查》，《华盛顿邮报》（2015年5月19日）。

49. 格拉哈姆·鲍利和马修·罗森伯格：《视频为美国在阿富汗点燃了一个微妙时刻》，《纽约时报》（2012年1月12日）。

50. 马克·博瓦尔：《杀戮部队》，《滚石杂志》（2011年4月14日）。

51. 哈里·纳尔四世：《红魔：来自伊拉克的战术观点》，（新段落，2006年），53页。

52. 安娜·穆兰格：《五角大楼看到了〈杀戮团队〉斯特赖克旅指挥氛围的危险信号》，《基督教科学箴言报》（2010年10月28日）。

53. 约翰·麦克休先生的备忘录：《开放政策——战术指挥官的报告》（2010年8月20日），michaelyon-online.com/images/pdf/secarmy_redacted-redux.pdf，访问于2015年6月2日。

54. 拉吉夫·钱德拉塞克兰：《彼得雷乌斯的审查指令旨在减少阿富汗平民的死亡》，《华盛顿邮报》（2010年9月6日）。

55. 《彼得雷乌斯将军问题更新了战术指令》（2010年8月4日），rs.nato.int/article/isaf-releases/general-petraeus-issues-updated-tactical-directive-emphasizes-disciplined-use-of-force.html，访问于2015年6月1日。该北约网站提供了2010年8月1日彼得雷乌斯保密指令中的非保密部分的摘录，重点在于原文。

56. 鲍勃·伍德沃德：《奥巴马的战争》（纽约，2010年），346页。

57. 用"武器投放量"来衡量，国际安全援助部队的空袭从2009年到2010年增加了22%，次年又增加了6%。《空军联合部队指挥官，2007—2012年空军的统计数字》（2012年10月31日），wired.com/2012/11/drones-afghan-air-war/，访问于2015年6月5日。

58. 拉吉夫·钱德瑞萨克伦，《美国在阿富汗战争中首次部署重型装甲坦克》，《华盛顿邮报》（2010年11月19日）。

59. 《杀戮/捕获》，《前线》（2011年5月10日）。引自约翰·纳格尔，他合作起草了 FM 3-24。

60. 蒂姆·福克斯利："那里有多少塔利班？阿富汗事后回顾"，（2012 年 11 月），afghanhindsight.wordpress.com/2012/11/08/how-many-taliban-are-here/，访问于 2015 年 6 月 7 日。

61. 苏珊·切斯瑟：《阿富汗的人员伤亡：军事力量与平民》（2012 年 12 月 6 日）。这是美国国会研究处的报告。

62. 这类事件的数量从 2010 年的 5 起增加到了 2011 年的 16 起。随后的一年更增加到了 44 起。比尔·罗焦和丽莎·伦德奎斯特：《数据：阿富汗士兵"临阵倒戈"袭击国际安全援助部队的事件》，《漫长的战争》杂志（2015 年 4 月 8 日）。

63. "美国军事伤亡——'持续自由行动'（OEF）月度伤亡汇总"，dmdc.osd.mil/dcas/pages/report_oef_month.xhtml，访问于 2015 年 6 月 7 日。

64. 联合国毒品和犯罪问题办公室：《2014 年阿富汗鸦片调查》（2014 年 11 月），60 页。

65. 乔尔·布林克利：《金钱无底洞：美国援助阿富汗的巨大失败》，《世界事务》（2013 年 1 月至 2 月）。

66. 透明国际：《腐败感知指数》，2013 年，transparency.org/cpi2013/results，访问于 2015 年 6 月 6 日。

67. 用"阿富汗安全部队"和"进行中的工作"作关键词进行的网络搜索产生了几千条用后者来描述 2007 年至 2015 年之间的前者的报告，文章和新闻故事。

68.《关于减少美国在阿富汗军事人员的全国讲话》（2011 年 6 月 22 日）。

69. 本·安德森：《TIA：这是阿富汗》（2013 年 8 月 14 日）。

70.《总统在阿富汗战争任务结束时发表的声明》（2014 年 12 月 28 日）。

16. 混乱

2011年6月，奥巴马总统宣布从阿富汗撤军时表示："让我们感到欣慰的是战争正在退潮。"[1]可事实是，潮水并未退去。尽管奥巴马从伊拉克和阿富汗撤军的努力引起了人们广泛的关注，但这只是故事中不那么重要的部分。在伊斯兰世界的其他地区，美国的军事活动范围实际上比以前扩大了。尽管奥巴马政府企图展示自己在新道路上大刀阔斧的形象，但奥巴马政府对大中东战争的主要贡献在于他们扩大了行动的范围。

在奥巴马任职期间，美军在伊斯兰世界的多条战线发动了军事行动，其中几次行动标志着以往武装干涉策略的回归。另外一些行动则发生在美军以前认为并不重要并试图避免进入的地区。由于政治因素的考虑，"全球反恐战争"的说法已被弃置不用。新一届政府将形式各异的军事行动挂在了"海外应急行动"的大标题下。

没有统一的目标或思路是这些军事行动的特点。因此,奥巴马在利比亚、巴基斯坦、索马里、也门和西非等偏远国家投入美国军力造成了大量的资源浪费,而且没有产生什么效果。在"9·11事件"之前,无知是美国军事政策的长期缺陷。而"9·11事件"之后的几年,缺点变成了狂妄自大。相比之下,奥巴马担任总统期间的问题是战线拖得太长。越来越多的美国部队被分散到大中东地区的各个角落。其结果是美国在这些地方都没有形成太大的影响力。

太过分散的战线发生在急剧变化的政治大背景下。在20世纪80年代和90年代,甚至"9·11事件"后的那些年里,曾经指引美国伊斯兰世界军事计划和军事行动的前提假设与先入为主的概念都已不再适用。其中有三个变化尤为突出,第一个发生在国内,第二个发生在国外,第三个则在两个领域兼而有之。

首先,"9·11事件"之后伊拉克和阿富汗这两场旷日持久的战争将美国人民的热情消耗殆尽。现在他们最多只愿派出象征性的部队参与到地面作战中。在奥巴马总统第二个任期开始的时候,"沙漠风暴行动""孕育出来"的"越战综合征"的新变种重新粉墨登场。但这些趋势并没有导致美国整体政策的非军事化,甚至没有出现反战的政治团体。事实上,华盛顿两党对武装干涉伊斯兰世界的兴趣正浓,而且胃口太好几乎要上瘾了。

然而,公众却一再表达对伤亡数字和深陷沼泽的反感,并迫切呼吁策略上的改变。在离任前不久,国防部长罗伯特·盖茨对西点军校的学员们说,对提议"重新派遣美国陆军到亚洲,中东或非洲"的任何人都需要"检查一下他的大脑"。这是对公众情绪转变的一种认可。[2] 奥巴马总统本人也对此表示同意。随后他强调说:"入侵每一个拥有恐怖主义网络的国家在战略上是幼稚和不可持续的。"[3] 甚至最尖锐的总统批评者对此也没有提出异议。至少从当时的情况来看,美国大中东战争的"侵略、占领、解放"的阶段已经一去不返。

更大的变化来自席卷中东大部分地区的政治巨变,其中以阿拉伯地区最为剧烈。在 2009 年 6 月的开罗演讲中,奥巴马总统提出了关于经济机会、宗教自由、个人平等,以及"体现人民意愿的政府"等引人注目的愿景。他强调以宽容和相互尊重为基础走进这样的世界新秩序。[4] 与乔治·布什和前一届政府的其他成员一样,奥巴马强调了这一愿景的普世性。它适用于伊斯兰世界,也同样适用于欧洲和美国。

从第二年的 12 月开始,阿拉伯人民的起义风起云涌,他们用这种方式来表达自己的意愿。对颠覆性变革的追求席卷了各国政权。几十年来这些政权一直认为自己会基业永固。从突尼斯开始,接着是埃及、也门、巴林、利比亚和叙利亚等国。尽管这些起义在规模和自发性方面极其相似,但结果却大相径庭。一些国家的旧秩序开始分崩离析,但这样的结果并不一定是华盛顿喜闻乐见的。在另一些国家,旧秩序则拒绝就范,而是采用强硬的手段给予回击,誓死捍卫自己的权威。

"阿拉伯觉醒"运动使美国陷入了巨大的困境。大中东战争从一开始就打着石油的旗号而忽略了民主。美国在"9·11 事件"之后才宣称自己是整个伊斯兰世界民主的伟大捍卫者。如今,民众起义的后果似乎与美国的利益相悖,华盛顿开始陷入进退两难之境。有一点可以肯定:美国对民主的支持长期以来一直口惠而实不至;与此同时,美国却能够容忍专制君主和终身制总统政权的存在。这种维持稳定的做法越来越难以维系,伪善的成本也越来越高。

最后一点和以色列的变化有关。在美国大中东战争的最初30年，美以关系经历了好几次大的波折。好在历届美国政府和以色列政府都致力于缓和关系。在必要时，他们可以完全无视美以之间安全利益的紧张关系。掩盖分歧的关键是要保证谎言不被戳穿，即华盛顿和耶路撒冷一样都致力于用双边方案解决巴以冲突。"和平进程"提供了以色列及其阿拉伯邻国之间全面和解的理论可能性。这样就可以结束1948年以色列建国以来双方的敌对状态。只要美以双方继续假意争取"和平"，华盛顿对以色列无限制的支持，为以色列提供外交掩护和不计其数的武器装备都只会得到最低限度的争议。

奥巴马任期内的事态发展使得维持这种局面越来越困难。美国（更广泛地说，在整个西方国家）的公众舆论不再倾向于把和平无法兑现的原因归咎于不服管束的阿拉伯人。以色列在1967年战争中对侵占领土的残酷殖民统治使建立巴勒斯坦国的愿望变得异常复杂甚至失去了可能性。[5]美国国务卿约翰·克里在2013年启动的旨在重启和平谈判的高调努力没有取得任何进展恰恰证明这一点。与此同时，针对巴勒斯坦人的定期惩罚措施造成了不成比例的伤亡。这种嚣张的挑衅行为（以色列称之为"割草坪"）表明以色列对集体惩罚数字的偏好超过了对谈判不确定性的兴趣。2015年春，以色列总理本雅明·内塔尼亚胡在谋求连任时正式提出了他的观点。他宣称双边解决方案"无法实现"，并承诺只要他继续执政就不会考虑这种方案。[6]以色列选民对此欣然接受并投票帮他继续执政。

美国国内对以色列的公开批评由以往的温文尔雅或者仅限于政治边缘地带（经常带有一点反犹太主义的味道）变成现在的尖

锐而开放。这在大学校园里表现得尤为明显。那里长期以来一直是美国政治文化变革的领头羊。为抗议以色列剥夺巴勒斯坦人的自决权而发起的名为 BDS（抵制、撤资和制裁）的草根国际运动引起了人们的关注，尽管它本身也备受争议。[7]

承认强大的亲以色列游说团体的存在和他们的影响力曾是一个禁忌，现在则变得司空见惯。[8] 包括美国在内的西方国家曾认为自己有道义上的责任支持以色列获得大屠杀的补偿。如今，这不再被视为理所当然。以色列人和美国人没有共同的价值观将两国紧紧联系在一起的说法也是如此。在两国各自内部及两国之间，有关身份、宗教、民主实践和社会公正等基本诉求方面的冲突层出不穷。以色列与美国的结盟并不单纯。

原本用来证明美以两国精诚团结的安排却起到了相反的效果。这引起了对两国不为人知的脆弱关系的注意。2015 年 3 月，应众议院议长约翰·博纳的邀请，内塔尼亚胡总理到美国国会向美国参众两院和美国民众发表讲话。博纳发出邀请的动机（没有来得及和奥巴马的白宫政府沟通）出于赤裸裸的政治因素。作为共和党领导人，他希望把自己的党派塑造成以色列唯一可靠的真正朋友。而以色列右翼利库德集团的领导人内塔尼亚胡的动机同样是基于党派之争。他希望说服以色列选民相信，他能够争取到美国的支持。博纳试图以民主党为代价获益之时，内塔尼亚胡也在试图牺牲以色列的左翼势力来得利。以色列总理在国会山演讲的荣耀时刻留给观察家的深刻印象是虚情假意又自以为是。国会议员们在内塔尼亚胡的讲话过程中给了他 29 次起立鼓掌的礼遇。他们的表现有些漫不经心又略显天真。[9]

内塔尼亚胡的做派令人觉得好像他才是这里的主人，而真正的主人则热情地给予了确认。某些以色列人和美国人认为这让人感觉踏实。这是对双方亲密友谊的肯定。对另一些人来说，此事颇令人不快。"起立坐下，起起坐坐，疯狂地鼓掌，大声地赞成"，这让尖刻的以色列评论家乌里·阿弗纳瑞想起了20世纪30年代的德国议会。"世界上最强大议会成员的行为就像一群傻瓜"，这让他觉得荒谬可笑。[10] 喜剧演员兼独立新闻媒体的乔恩·斯图尔特嘲笑内塔尼亚胡的表现是："共和党热爱的领导人发表了他们希望听到的国情咨文。" "以美关系的守护者正在让他们自己成为笑柄"。[11]

不愿将美军置于险地的"伊拉克综合征"的出现，"阿拉伯觉醒"运动带来的混乱，以及对以色列态度的巨大变化，凡此种种都对美国进行中的大中东战争产生了影响。

入侵、占领模式的突破对美国的军事机构有着重大影响。在奥巴马执政期间，美军的军事组织经历了大规模的重组。这种变动主要是以美国陆军为代价。在伊拉克和阿富汗战争之后，他们显得落伍了。将军们可能还会接受基层部队的想法，比如摧枯拉朽般地摧毁对手的防线，攻陷敌人的首都诸如此类，但其他人早已不再买账。因此，正规军的数量从第三次海湾战争高潮时的峰值56.6万人进入下滑轨道之中。到2018年，陆军人数将被精减到45万人。尽管陆军领导人仍然坚称他们的作用是为了战斗和赢得战争，但已很少有美国人愿意仔细验证这个主张。[12]

陆军失宠的主要得益者是特种作战部队和可以从无人飞行器行动中分一杯羹的任何人。突击队和无人机给寻找惩罚手段的政策制定者提供了诸多好处，避免了大规模入侵或与占领相关的复杂问题。在美国大中东战争的第4个10年，这些武器成了明智之选。

2014年，掌控着美国特种作战司令部的约瑟夫·沃特尔将军说，巴拉克·奥巴马的总统任期恰逢美国特种作战的"黄金时代"[13]。在令人尴尬的伊朗人质救援行动之后的几十年里（它被神话为"我们最成功的失败"并被列为大中东战争的开始时刻；而非一次惨败），特种作战部队不断成长壮大。[14] 现役数量已经超过 7.2 万人并有进一步扩张的计划。预计到 2015 年，美国特种作战司令部的规模有望超过整个英军的规模。[15] 在过去的一年中，特种作战司令部曾在 150 个国家执行任务。[16] 历史上从未有其他武装力量取得过如此巨大的影响力，也没有一个职权范围如此之大的机构曾经如此低调，以期避免严格的监管，除非是按照有利于自己的条款进行监管。

美国特种作战司令部不能去或无法到达的地方，无人机给政策制定者提供了很有吸引力的替代方案，尽管美国军方并没有马上意识到这一点。海军最初只把潜艇视为侦察手段而非攻击手段，五角大楼最初也只把无人机视为收集情报或监视的工具而非用来杀人。直到 2001 年 2 月，美国才成功地将无人机武器化，从"捕食者"无人机上试射了第一枚"地狱火"导弹。那一年的 11 月，在阿富汗战争的启动阶段，一架由中情局操控的无人机在喀布尔上空发射了一枚导弹刺杀了基地组织的一位高级官员。从那一刻起，美国利用无人机作为攻击手段的热情就日益增长。到奥巴马最终入主白宫之时，这种热情几乎无法遏制。美国对其他国家获得无人机技术的影响也不再有特别的担忧，因为这种趋势已无可避免。[17] 这是名誉扫地的美国军事事务变革为数不多的残余。这种变革曾在 20 世纪 90 年代和"9·11 事件"发生后极大地扭曲了美军的实践。

奥巴马任职期间开展的战役行动取代了伊拉克和阿富汗，并将特种作战和无人机推到了美国军事政策的最前沿。根据目的的不同，这些战役行动可以分为截然不同的三种类型。其中一些行动的目的是罢黜，另一些是为了镇压，剩下的一些则只是为了遏制。所有这些行动的决心是要尽可能降低风险、控制成本以及至关重要的避免陷入"沼泽"之中。正是这些因素导致了伊拉克和阿富汗成为美军的梦魇。

第一类行动包括对利比亚的直接干预以及对叙利亚的间接干预。第二类是指在巴基斯坦、也门和索马里开展的军事行动。第三类则将美国的大中东战争扩展到了非洲。五角大楼认为，美国在多数是穆斯林的国家或拥有大量穆斯林的国家里的军事存在，可以将暴力"圣战"活动扼杀在萌芽状态。但不论是出于什么目的，这些行动很少达到过预期的效果。总体来说，美国大中东战争中活跃的前线地带成倍地增加了。这是奥巴马总统对这场战争的主要贡献。

对利比亚的军事干涉始于2011年3月。行动的结果却相当令人失望。五角大楼宣称"奥德赛黎明行动"的目标是为了完成"埃尔多拉多峡谷行动"在25年前未完成的任务，让穆阿迈尔·卡扎菲从这个星球消失。目标虽然实现了，但其后果是灾难性的。

具有讽刺意味的是，继承里根衣钵的乔治·布什扔给了利比亚独裁者一根救命稻草。而这位独裁者恰恰是里根总统极度鄙视的。2003年美军入侵伊拉克之后，卡扎菲自愿放弃了进一步发展核武器、生物武器或化学武器的计划。布什政府对此拍手称快，并视之为"巨大的成功"。根据唐纳德·拉姆斯菲尔德的说法，这是因为卡扎菲"害怕成为下一个萨达姆·侯赛因"。[18] 作为回报，美国国务院将利比亚从恐怖主义国家名单中彻底删除，并恢复了与利比亚的外交关系。《时代周刊》模仿布什政府的口吻说："国际社会曾经的弃儿之所以做出放弃大规模杀伤性武器计划的决定，主要是美国反恐战争和推翻萨达姆政权的结果。"[19]

给利比亚一个崭新的开始，让过去的就此过去，这是布什"自由计划"的首个（也是最后一个）成果。之后达成的协议将卡扎菲政权从各种国际制裁中解放了出来，并为西方能源巨头进入利比亚油田提供了机会。

为了巩固美国和利比亚刚刚恢复的关系，美国国务卿赖斯在2008年9月访问了的黎波里。就在20年前美国炸弹攻击的那个居所，她与卡扎菲举行了会面。[20]

卡扎菲的臣民则并没有得到多少切实的自由。因此，在"阿拉伯觉醒"运动中，他们决定自己动手解决自己的问题。2011年2月，民众起义触发了全面内战。反叛部队占领了利比亚的第二大城市班加西。卡扎菲发誓要踏平这座城市，消灭胆敢挑战其统治的"蟑螂"。这次，奥巴马总统抛弃了前任的怀柔政策。美国国务卿希拉里·克林顿谴责卡扎菲的威胁"完全不可接受"。[21]3月2日，她宣布卡扎菲"必须下台，就在现在。不能再有更多的暴力和流血冲突"。[22]在卡扎菲拒绝就范之后，美国开始组建联军进行干预。此举的目的被广泛宣传为保护平民，结束破坏地区稳定的混乱局面。[23]但其真实的目的是帮助卡扎菲的对手取得胜利，同时验证大国干涉小国内部事务的新理由，证明"保护责任"的正当性。众所周知，"保护责任"是指披着人道主义外衣的布什主义的"预防性战争"。在利比亚，它非但没有提供保护，反而播下了长期混乱的种子。

"奥德赛黎明行动"始于3月19日。尽管有少量特种作战部队在地面执行任务，但奥巴马总统明确排除了派遣美国地面部队参战的可能。这将是一场空中打击行动。"奥德赛黎明行动"在美国非洲司令部的管辖范围之内。五角大楼的这个最新区域司令部并非为了发动战争而成立。它的主要目的是避免非洲大陆发生战争。行动以地中海舰艇上的"战斧"导弹发射为起点,目标是利比亚脆弱的防空系统以及更加弱小的空军力量。紧随其后的是有人驾驶飞机的攻击。法国、英国,以及随后几个国家也象征性地参与了行动。非洲司令部的空军指挥官说,在接下来的两周,这支仓促组建的联军部队"飞行了 2000 多个架次,发射了 200 多枚巡航导弹,投掷了数千磅弹药,拯救了数千名利比亚平民免遭屠戮,并清除了利比亚空军的威胁"。[24]

指挥战役的责任此时从非洲司令部转移给了美国军官领导下的北约。这样做赋予了该行动(北约称其为"统一保护者")一些多边色彩。轰炸按照计划一直持续到了 10 月。军事行动结束时,北约声称摧毁了 5900 个目标,其中包括 400 门大炮和 600 辆装甲车。这些都是在保护平民的幌子下进行的。事实上,美国及其盟国成了利比亚抵抗组织的一部分。而与此同时他们却拒绝向卡扎菲的部队提供空中支援。包括"捕食者"无人机在内的美军飞机,大约完成了北约 26500 架次飞行任务中的 1/3。[25]

逃离的黎波里的卡扎菲的末日在 8 月来临了。"捕食者"武装无人机在卡扎菲的出生地苏尔特附近攻击了一支车队,当时他正好身在其中。被废黜的独裁者在这次攻击行动中受了轻伤。他随后被抓获,殴打并被当场处决。[26] 希拉里·克林顿国务卿宣称自己对行动结果感到满意。"我们来过,我们看到,他完蛋了。"她不无得意地说。[27] 她的上司奥巴马立即宣布,"暴政的阴影在利比亚上空烟消云散了"。他号召利比亚人民"建立一个包容的民主国家",让被称为"兄弟领袖"的独裁者相形见绌。[28]

奥巴马的希望落了空。这是伊拉克故事的重演:消灭邪恶的独裁者相对容易。为保护无辜者，避免不稳定而进行的武装干涉恰恰产生了与预期相反的结果。卡扎菲刚被赶下台，那些联合起来推翻他的派别就开始互相攻击。一个以其领导人的滑稽行为而闻名的国家现在成了完全混乱的代名词。整个国家的运转都停了下来。绝望的利比亚人想方设法远遁他乡成了国际丑闻。成千上万人因为试图渡过地中海进入欧洲而丢了性命。卡扎菲下台的主要受益者是人口贩子和激进的伊斯兰主义者。利比亚成了基地组织的最新分支。到 2015 年，这个国家已经完全没有了希望，而且很有可能在未来一直这样持续下去。[29]

在伊拉克，美军地面部队的介入使得入侵的后果不容小觑。而在利比亚，地面部队的缺席让美国人避开了对介入结果的审视目光。虽然 2012 年 9 月在利比亚发生的美国特使被暗杀事件曾经轰动一时，但大使克里斯多夫·史蒂文斯的死亡不是被批评人士用来吸引大众对美国在利比亚危机中扮演角色的关注，而是被他们用来牺牲奥巴马总统和希拉里·克林顿国务卿为代价在政治上捞分。美国在利比亚问题上的确考虑不周，需要认真反思，甚至应该后悔莫及，但华盛顿却选择了最为不堪的党派偏见。

然而，如果与奥巴马另一次颠覆政权的努力相比，利比亚却可以称得上深思熟虑和高效执行的典范。叙利亚和利比亚的局面相差不大，但美国希望通过令人印象深刻的花言巧语和漫无条理的行动来应付了事。那里最终的结局可能比利比亚还要悲惨。

"阿拉伯觉醒"运动唤起了叙利亚人对总统巴沙尔·阿萨德及其复兴社会党政权下台的普遍要求。阿萨德先是做出了小幅让步，随后转为残酷镇压。到 2011 年 4 月，抗议活动演变为内战和暴力升级。与希拉里·克林顿国务卿对卡扎菲的警告一样，奥巴马宣称阿萨德"必须下台"。[30] 然而，除了猛烈抨击叙利亚政府使用化学武器之外（奥巴马曾警告，只要触碰"红线"就将"改变我的策略"），奥巴马政府限制自己只能采用多种外交和经济手段来制裁叙利亚。³¹ 2013年夏天，阿萨德的部队使用化学武器攻击了自己的人民。这踩到了美国设定的"红线"，但奥巴马不愿进一步采取行动。在面对20世纪80年代的卡扎菲或面对20世纪90年代的萨达姆·侯赛因时，他们很小的挑衅行为都会遭到前任美国总统们的无情惩罚。奥巴马本人也曾考虑过这样的手段，但他在国内和主要盟友中都没有得到积极的响应，因此他退缩了。³² 相反，他签署了一份与俄罗斯斡旋后达成的协议。这为监督叙利亚化学武器库的销毁工作提供了依据。

尽管总统因此避免了一场不合他胃口的战争，但批评人士诟病他发出了威胁但又未能坚守底线。以色列的支持者开始感觉到安全毯开始滑落的丝丝寒意。³³ 甚至连总统自己以前的幕僚都抱怨说。"当美国总统划定红线时"，曾在奥巴马政府中担任中情局局长和国防部长的利昂·帕内特说，"这个国家的公信力取决于他能够履行他的诺言"。³⁴

然而，眼前的问题不是公信力（充其量它有点令人费解），而是在大中东的宏大背景下剖析美国在叙利亚实质利益的困难。叙利亚到底有多重要？

尽管美国官员有充足的理由将阿萨德称为"暴徒和杀手"，但阿萨德的对手们也并非道德的典范。³⁵ 随着时间的推移，杰弗逊民主党人在叙利亚抵抗力量中的比例下降了。他们的位置被激进的伊斯兰主义者所占据。相对于自由主义的价值观，他们对推动暴力"圣战"更感兴趣。尽管奥巴马政府曾试图向"温和的反政府武装"提供帮助（这个名字为讽刺作家提供了新鲜的素材），以便将温和派与那些构成巨大麻烦的人区分开来。³⁶ 让温和派处于备战状态之中。到 2015 年夏末，预期可以培训数千名反阿萨德战士的"中央司令部"训练计划只毕业了 54 人，其中只有"4 到 5 人"参加到前线的实战中。为取得这样的成绩，美国的支出高达 5 亿美元。[37]

奥巴马制定的叙利亚政策成为限制美国现身叙利亚的原因之一。他在一旁坐山观虎斗，然后根据双方的胜负结果来制定相应的对策。问题是，没有一方占据明显的上风。战争僵持的后果是生命和财产的损失不断攀升，而被迫逃离家园的人数也在上升之中。到 2015 年秋，已有 20 多万叙利亚人被屠杀，400 万难民逃离了这个国家，另有 760 万人在国内流离失所。[38] 随着冲突持续时间的拉长，奥巴马被指责在巨大的人道主义灾难面前无动于衷。

莫斯科的反应一点也不被动。美国的优柔寡断给弗拉基米尔·普京提供了机会，他毫不犹豫地抓住了它。从叙利亚危机一开始，俄罗斯就始终在为阿萨德的军队提供武器。2015 年 9 月，普京命令一支俄罗斯远征部队在叙利亚的拉塔基亚港附近占据了一席之地。苏联解体后的俄罗斯只有有限的投射能力。即便如此，普京甚至在那里部署了少量的战斗机、坦克和大炮。这着实令奥巴马难堪。普京强调说，华盛顿对事态发展的控制能力有限。很快，俄罗斯的炸弹就瞄准了阿萨德的反对派。和以色列的内塔尼亚胡一样，普京也很清楚公然藐视美国总统可以带来的政治优势。[39]

更重要的是，美国对叙政策的混乱状态（夸夸其谈和三心二意的行动之间有着巨大的差距）验证了华盛顿大中东地区应对策略的更大混乱。在利比亚（更不用说伊拉克和阿富汗）之后，我们已无法维持这样的幻想，将消灭某个邪恶政权作为整个地区重新团结起来的关键。叙利亚要奥巴马做出选择，是贸然投入还是畏缩不前（利比亚的重演或就此放弃）。由于不愿再重蹈覆辙，奥巴马否决了（或试图否决）进一步干预叙利亚内战的呼吁。

沉默是金绝不是放之四海而皆准的真理。在大中东的其他地区，特别是在巴基斯坦、索马里和也门，奥巴马都已参与其中。在那里，美国用无人机和特种作战部队来对付反对西方的伊斯兰主义者。然而，这些攻击通常是秘密进行的，只有事后才对外宣布（如果真的发生的话）。这些行动的目的仅仅是遏制而不是消除威胁。这是以色列草坪割草概念的美国版本。

最大的割草行动发生在巴基斯坦。巴基斯坦表面上是美国的盟友，但它却维护着自己独特的利益和优先事项。令人不安的庞大核武库是该国的重要象征之一。巴基斯坦安全部门（军队和三军情报局）的领导人是巴基斯坦政策的最终仲裁者。他们干预政治，因为这里很适合他们这样做。在过去几十年的时间里，华盛顿为巴基斯坦的将军们提供了充分的理由把美国视为反复无常和两面三刀的国家。两国间的关系并非建立在信任的基础之上。[40]

然而为了支撑"持久自由行动"，华盛顿需要巴基斯坦。仅是通往阿富汗内陆腹地的主要补给线就要从巴基斯坦的卡拉奇港出发向喀布尔和坎大哈前进数百英里之远。美国还指望着巴基斯坦在其广阔的边境地区拒绝为塔利班提供庇护。然而这种预期并没有实现，原因有两个：首先，当美国人最终不得不撤退时，巴基斯坦的将军们会将阿富汗的塔利班视为潜在的盟友。其次，巴基斯坦正在专注于其他方面的威胁（最重要的对手是印度），所以他们不愿意调遣足够的力量保卫自己的边防。因此这个问题需要华盛顿自己想办法解决。

就像尼克松总统当年把越南战争扩大到中立的老挝和柬埔寨一样，奥巴马总统上台后有意将阿富汗战争扩大到巴基斯坦。为了便于理解"扩大行动威胁"的概念，美国政府创造了一个新名词"AfPak"（阿巴）。[41] 1969 年，尼克松在老挝和柬埔寨让美国空军猛虎出笼执行了后来被指摘为非法的轰炸行动。但当奥巴马在巴基斯坦部署无人导弹攻击机和特战队员时，却很少有人质疑美国在非交战国领土上开展秘密打击行动的合法性。除非有大量美国地面部队的参与，否则美国三军总司令在大中东地区享有的特权几乎没有限制。

使用无人机打击巴基斯坦武装分子的行动并非始于奥巴马政府。第一次打击行动发生在 2004 年，当时正值乔治·布什担任总统期间。但在奥巴马的任期内，这种攻击行动愈演愈烈。更重要的是，类似的行动正变成官僚体系中正规的操作流程。白宫的工作人员、国防部以及情报官员管理着某种"处置矩阵"。总统和国家高级安全助理会定期评估，建立目标的优先顺序，添加需要清除或抓捕的新目标。[42]

"杀戮名单"的制度化直接导致了无人机空袭任务的增加。从 2004 年到乔治·布什卸任的那一天，美国在巴基斯坦的无人机空袭数量达到两位数的年份只有一次。而在奥巴马的首个任期内，在这个国家的无人机攻击次数达到了平均每年 76 次。而在 2010 年则增加到了 128 次。对伤亡人数的估计有多个版本，但一般认为在奥巴马总统的任期内，巴基斯坦上空的无人机行动可能造成了 2000 到 3000 人死亡。[43]被清除的人当中有多少是激进分子，又有多少是无辜的旁观者？对此有很大的争议。美国官员坚称，美军为了尽量减少平民的伤亡做出了巨大的努力。巴基斯坦人对此并不接受。他们不习惯头顶上盘旋着的无人机，也不能接受导弹在毫无预警的情况下攻击自己的村庄。[44]

同样的故事也发生在也门和索马里。这是奥巴马无人机战争的另外两个主要战场。在 2002 年至 2015 年，99 起确认过的美国在也门的无人机打击行动中，只有一次不是发生在奥巴马的任期之内。以阿拉伯半岛基地组织为目标的这些攻击行动造成了 450 人或多达 1000 人死亡。[45] 对索马里的无人机空袭行动则始于 2011 年，但实际上，美国特战队员从 2007 年就开始活跃在这里了。他们有时甚至会使用 C-130 幽灵攻击机。他们试图遏制盘踞在这里的另一个基地组织阿尔沙巴布的活动。[46]

在这三个国家（以及卡扎菲倒台后的利比亚），特种部队是无人机行动的有效补充。他们的突击行动通常包括少量精锐部队的快速渗透。这些行动的目的多种多样，有的是为了解救人质，有的是针对高价值目标或收集情报而策划的"掠夺式行动"，其余的则是为了暗杀。最为著名的一次行动是 2011 年 5 月发起的将奥萨马·本·拉登置于死地的阿伯塔巴德行动[47]。

将形式各异的行动（无论是无人机还是地面特种部队）联系在一起的是对斩首行动的顽固信念。"入侵—占领"模式已经失败，而清除敌酋似乎为美国在大中东最混乱的地区带来了一些遏制威胁的可能性。

2008 年至 2009 年是全球范围平叛行动的全盛时期。仅仅几年之后，奥巴马开始将全球化反恐技术投入实战。这些技术曾被斯坦利·麦克克里斯托视为第三次海湾战争核心。在美国的报纸上，奥巴马时代的"美国清除激进组织头目"的大标题取代了 20 世纪 90 年代"美国轰炸伊拉克"的报道。常态化变成了遮掩的借口。对老生常谈的问题沉闷乏味的注释取代了对有效性的诘问。

但奥巴马执政期间政策的有效性一直困扰着美国。战术上极度成功的无人机空袭行动和特种作战行动是否导致了更多反美"圣战"分子的出现？连一些美国高级军官也认为这些行动导致了这种结果。[48]假设继任领导人比美军除掉的前任更加恶毒，除掉"恶人"是否只是为"大魔头"的到来铺平了道路？[49]假如那些毫无网络知识的人被清理掉反而为精通技术的恐怖分子加入铺平了道路又会怎样（一种达尔文式的物种强化过程）？[50]这些问题很难回答。但是如果不能回答这些问题，奥巴马就无法确定美国的大中东战争何时以及如何结束。

在颠覆别国政权的尝试和打击恐怖组织的努力未及预期之后，奥巴马总统使出了大中东军事计划的最后一招。它包括在危机根源完全成熟之前进行危机干预的实验。在这方面，迄今为止从未成为五角大楼工作重点的非洲现在成了关注的焦点。美国非洲司令部启动于2008年。它现在站在了舞台的中央。

奥巴马任职期间的非洲司令部可与罗纳德·里根时期的中央司令部相提并论。作为资源不足的初创机构，非洲司令部面临着一系列的真正挑战。当然，挑战同时也带来了机遇和感觉得到的兴奋感。当美国的军事官员在思考非洲事务时，他们会自然地将其与阿拉伯中东地区或印度次大陆进行比较。这是欧洲殖民主义废墟里另一个有着严重问题的遗产。西方国家再多的瞎指挥也可能于事无补。然而，美国官员却无视历史，把中非和西非视为处女地。在21世纪对非洲大陆的争夺中，美国需要到前台表演。这意味着美国军队必须让世界感受到它的存在。这是美国大中东战争的全新竞技场。

然而，与中央司令部（它是为了抵御苏联在伊朗扎格罗斯山发起的进攻而成立的）形成鲜明对比的是，非洲司令部在成立之初就声称没有任何与邻国作战的打算。该司令部最初的使命陈述中没有提及战斗。它始终强调的是"安全参与"，承担起"促进非洲稳定和安全"的责任。[51] 非洲司令部成立时宣称的目标仅仅是培养本土部队的专业能力以及在 53 个非洲国家中反复灌输对人权和文官治理的尊重。美国上将们宣称对这些国家负有责任。[52]

善意的想法敌不过残酷的现实。在 2011 年打击卡扎菲的轰炸行动中,非洲司令部在使命中增加了杀戮和有利于杀戮的内容。正如一位美国官员所言,利比亚标志着非洲司令部从"和气的作战指挥部"转变为"真正战斗的作战指挥部"。[53] 适时修订过的使命宣称,成立非洲司令部的目的是"为了保卫美国的国家利益,遏阻和击败敌人的跨国威胁"。这种官方文章足以涵盖从解救疫病折磨下的民众到发动全面入侵战争的所有意外事件。[54] 2013 年,詹姆斯·林德准将被正式任命为非洲司令部特别行动部队的负责人。他还是一位精力充沛的传教者,努力把非洲吹捧为"现在和未来的战场"。[55]

非洲司令部重点关注的战场是激进的伊斯兰主义者得以立足的那些国家,其中包括乍得、马里、毛里塔尼亚、尼日尔、尼日利亚和喀麦隆等国。这里的敌人包括伊斯兰卫士、博科圣地、位于伊斯兰马格里布的基地组织以及圣主抵抗军。除了最后一个,其他的都是基地组织的产物。

自大中东战争爆发以来,如何掌握平衡一直让美国左右为难。在某些时候,美国期望打破平衡,而在其他情况下,美国则希望维护平衡。这种两难心理在 20 世纪 80 年代曾促使华盛顿与伊斯兰主义者并肩作战,在阿富汗点燃了熊熊战火;美国甚至帮助过萨达姆·侯赛因攻击试图向波斯湾播撒革命火种的伊朗革命者。然而,基地组织策划的"9·11 事件"治愈了华盛顿三心二意的坏毛病。这种疾病被认为是致命的。然而,美国

· 419

治疗某些器官疾病的方案加速了这种疾病向其他器官的转移。在非洲，这种传染病非常猖獗。

五角大楼或许应该把它的应对方案称为"大型制药公司行动"。如果美国的广告制药联合体值得信任，那么无论你生了什么病都可以找到药物来缓解病痛。如果美国军工联合体可以相信，那么任何问题都可以用军事手段来解决。问题只是确定正确的处方或最佳的投送方式。在非洲，美国选择了低剂量的治疗方案。方案的一部分是公开的，而另一部分则是秘密的。

与其他的区域司令部不同，美国非洲司令部在其责任区域内仅建立了一个官方认可的准永久性基地。它位于吉布提的莱蒙尼尔军营。然而，非洲司令部还是为这个"小脚印"起了其他一些名字，比如"前沿作战基地""应急安全地点"或"应急地点"等。《华尔街日报》的一份报告解读了此事的意义。在非洲，美国策划了"保持其全球主导地位"的新方法。美军不再是"只在少数地点维持强大的军力"。取而代之的是，五角大楼将"在众多地点分散部署敏捷的小型团队"。[56] 从这个意义上说，将非洲司令部的存在形式说成"小脚印"用词不当，更准确的描述应该是"脚印不大，但分布很广"。

即使没有固定的设施和大规模的驻军，奥巴马任职期间的非洲还是被美军改造成了忙碌的蜂巢。每一天，舞台上都会有5000~8000名美军士兵或国防部的承包商往来穿梭。美军非洲司令部要负责协调国家级的国民警卫机构和每个非洲国家之间建立"伙伴关系"。这是美军的新花样。来自北卡罗来纳的警卫队将为博茨瓦纳军队提供指导，北达科他州的警卫队则要负责加纳；其他结对的还有密歇根和利比里亚、犹他州与摩洛哥、佛蒙特州与塞内加尔、怀俄明州与突尼斯、肯塔基州与吉布提、纽约州与南非以及加利福尼亚州与尼日利亚等。[57]

作为当地部队的训练师和榜样，美国士兵（包括正规军和预备役军人）经常在非洲中部和西部地区进行轮换，为当地提供武器装备、作战技术和小部队战术指导。他们也会使用无人机和其他方式提供情报方面的支持。[58] 不为众人所知的是，特种作战人员还与当地的伙伴合作尝试找出破坏秩序的敌人。[59]

体制内的媒体也注意到这些变化并纷纷表示赞赏。早在1984年，被派往中央司令部评估进度的《纽约时报》记者在返回国内时印象非常深刻。如今，2014年被派去评估非洲司令部的《纽约时报》记者也得出了类似的结论。美军将在这里大展拳脚。

女记者伊丽莎·格里斯沃尔德把她的故事与令人敬畏、精力充沛的林德将军紧密地联系在了一起。她就差把笔记本电脑交给将军了。林德告诉她："我的工作是观察非洲，分析美国的威胁来自何方。"这位来自美国卡罗来纳州的特种部队老兵"慢吞吞地拖长调子说话的方式丝毫没有软化他那如刀片一样犀利的智慧"。这让格里斯沃尔德着了迷。让林德感兴趣的不是当地问题而是提供了背景和视角的"结缔组织"。他的发现并不令人意外。这位将军意识到他正在面对的不仅仅是激进的伊斯兰主义，还包括毒品走私、人口贩卖、传染病、沙漠化，以及由来已久的部落和教派间的冲突。让人担忧的清单还可以一直这样列下去。每一件事都与其他事有千丝万缕的联系。"这是真正的全球威胁"，他坚持要向格里斯沃尔德讲清楚自己的观点，"如果我们不小心应对，非洲问题就会出现在我们自家门口"。

林德认为，这些问题中最重要的是他所谓的超出国家有效控制范围的"非受控地带"。非洲司令部的解决方案是让这些非受控地带得到有效治理。创建能够提供安全保障的地方部队是朝这个目标迈出的第一步,虽然只是一小步。格里斯沃尔德总结说,美国在非洲的军事目标"是快速建成新社会,我们的建设速度要比敌人的破坏速度更快才行"。

美军也曾试图在伊斯兰世界的其他国家做同样的事情,但未能取得显著的成功。林德的下属帕特里克承认,由于"计划不周,安排失当",这种安排在伊拉克和阿富汗的执行效果令人失望。但陆军中校同时也是人类学博士研究生的帕特里克还是对此表示乐观。他的研究领域绝非偶然。在美国大中东战争进入第3个10年时,人类学以及它的兄弟学科社会学成为显学。尽管对信息技术的迷恋还没有减弱的迹象,但军官团体开始发起了类似"绘制人文地域"的热潮。据说这么做是为了掌握未来胜利的秘密。[60] 帕特里克相信美国已经从错误中吸取了教训,因此非洲会有所不同。"这次我们必须做得足够好。"深思熟虑是成功的关键。"如果只给我六周,我会搞得一团糟",帕特里克说,"但给我一年时间,我能取得不小的进展"。[61]

从早期的回报记录来看,出成绩需要花费一年以上的时间。美国的军事辅导虽有千般好处,但非洲军队的表现依然让人失望。例如,2012年3月,接受过美式教育的马里军官推翻了该国的民选政府。[62] 美国训练的尼日利亚安全部队对本国人民的威胁比对博科圣地的威胁还要大。2013年4月,尼日利亚军队为了给自己的士兵报仇而洗劫了巴加镇,摧毁了2000所房屋,并杀害了近200名居民。巴加大屠杀受到国务卿克里的强烈谴责。他指责说,"尼日利亚安全部队的行径是对人权的严重侵犯。这反过来只会加剧暴力,助长极端主义"。[63] 同年夏天,美国帮助创立的利比亚反恐部队出师不利,不知名的团体偷走了美国提供给他们的手枪、突击步枪和夜视仪。[64] 美军非洲司令部与布基纳法索旨在"促进民主化和对人权的更大尊重，鼓励经济可持续发展"的合作未能阻止该国部分军队在 2015 年发动的政变，支持已下台的独裁者。[65]

美国的非洲军事行动是否在朝着正确的方向前行？这个问题很难回答。量化投入不难（没人怀疑非洲司令部投入的巨大努力），但结果往往只有空头支票，从来没有收到可即时兑现的汇票。毫无争议的成功案例少之又少。众多挑战依然存在，情况可能还在更加恶化。一位消息灵通的观察人士在 2013 年评论说："今日之非洲肯定比 21 世纪初更不稳定，正是从那时起美国开始直接卷入到这里的事务中。"[66] 如果政策制定者考虑周密一些，这个判断足以让他们踌躇不前。但是，美国军方和文职领导人说服了自己，美国已别无选择，只能沿这条路一直走到底。

这也就成了美国大中东战争的永恒主题。

注 释

1.《总统关于阿富汗正在前进道路上迈进的讲话》（2011年6月22日）。

2.《国防部长的致辞》（2011年2月25日）。

3.《总统在美国军事学院毕业典礼上的讲话》（2014年5月28日）。

4.《在开罗的讲话》（2009年6月4日）。

5. 到2015年，已有超过35万名以色列人居住在被占领土上，而且近几年来的定居速度还在加速。约迪·鲁道林和杰里米·阿什克纳斯：《内塔尼亚胡与定居点》，《纽约时报》（2015年3月12日）。

6. 约迪·鲁道林：《内塔尼亚胡对巴勒斯坦人的国家地位说"不"》，《纽约时报》（2015年3月16日）。

7. 根据一些预测，抵制、撤资和制裁行动可能会使以色列经济承受数十亿美元的损失。实例参见约翰·里德的《以色列：一种新的战争》，《金融时报》（2015年6月12日）。无论其经济影响如何，抵制、撤资和制裁行动在以色列的支持者中产生了恐慌和愤怒。参见《评论杂志》的系列报道，commentarymagazine.com /topic/bds-movement/，访问于2015年6月15日。

8. 首先违反进而摧毁禁忌的这本书是约翰·米尔斯海默和斯蒂芬·沃尔特合著的《以色列游说团》（纽约，2007年）。

9. 对于完整的目录，请参阅贾斯汀·艾略特：《内塔尼亚胡获得了比奥巴马更多的起立鼓掌》，沙龙（2015年5月24日）。

10. 乌里·阿弗纳瑞：《演讲》，以色列和平集团（2015年3月6日）。

11. 乔恩·斯图尔特每日秀（2015年3月3日），thedailyshow.cc.com/videos/p87z5f/bibi-s-big-adventure--the-media-comeback-

kid，访问于2015年6月14日。

12. 约翰·麦克休和雷蒙德·奥迪尔诺：《关于美国陆军的态势》（2015年3月11日）。

13. 威廉·莱韦斯克：《在坦帕举行的仪式上，约瑟夫·维特尔将军接管了美国特种作战指挥部》，《坦帕湾时报》（2014年8月28日）。

14. 马克·鲍登：《1980年的伊朗事件是我们最成功的失败》，《费城问询报》（2010年5月9日）。

15. 2015年，英国陆军由8.2万名士兵组成。戴维·卡梅隆首相领导的政府承诺将进一步削减。

16. 尼克·图尔斯：《150个国家的影子战争》，《汤姆快讯》（2015年1月20日）。

17. 迈克尔·克罗兹：《遥控飞机的进化，扩散和空战的未来》（未出版的博士论文，普林斯顿大学，2014年），66–70页。

18. 唐纳德·拉姆斯菲尔德：《已知和未知》（纽约，2011年），630页。

19. 斯科特·麦克劳德：《卡扎菲外交转型的背后》（2006年5月18日）。

20. 卡扎菲非常高兴与美国国务卿的交谈并称她为"尊敬的非洲女黑人"。在一次采访时，他自称"为她沉得住气的气质以及向阿拉伯领导人发号施令的方式感到自豪"。卡扎菲继续说道："是的，莉扎，莉扎，莉扎我非常喜欢她。"……海琳·科珀：《利比亚领导人会见赖斯》，《纽约时报》（2008年9月5日）。

21.《利比亚抗议：目空一切的卡扎菲拒绝退出》，BBC新闻（2011年2月22日）。

22.《给参议院外交委员会的证词》（2011年3月2日）。

23. 巴拉克·奥巴马：《关于利比亚局势的讲话》（2011年3月18日）。

24. 玛格丽特·伍德沃德少将：《捍卫美国在非洲至关重要的国家利益》（2011年9月21日）。

25. 北大西洋公约组织：《"联合保护者行动"的最终任务统计》（2011年11月2日），nato.int/nato_static/assets/pdf/

pdf_2011_11/20111108_111107-factsheet_up_factsfigures_en.pdf，访问于 2015 年 6 月 16 日；弗洛伦斯·高伯，《北大西洋公约组织和利比亚："联合保护者行动"的回顾》，（卡莱尔军营，2013 年），7 页。

26. 托马斯·哈丁：《卡扎菲上校被杀：拉斯维加斯远程操控下的无人机轰炸了车队》，《电讯报》（2011 年 10 月 20 日）。

27. 科比特·达利：《克林顿评价卡扎菲："我们来了，我们看见，他死了"》，哥伦比亚广播公司新闻（2011 年 10 月 20 日）。

28.《关于利比亚前领导人穆阿迈尔·阿布·米尼亚尔·卡扎菲死亡的讲话》（2011 年 10 月 20 日）。

29. 艾伦·库珀曼：《奥巴马的利比亚崩溃》，《外交事务》（2015 年 3 月 / 4 月）。

30.《在约旦安曼与约旦国王阿卜杜拉二世举办的总统新闻发布会》（2013 年 3 月 22 日）。

31. 马克·兰德勒：《奥巴马威胁对叙利亚使用武力》，《纽约时报》（2012 年 8 月 20 日）。

32. 查克·托德:《白宫走一步看一步改变了奥巴马对叙利亚的想法》，全国广播公司新闻（2013 年 8 月 31 日）。

33. 乔迪·鲁多伦：《美国对俄罗斯计划的支持让机警的以色列人集中精力自力更生》，《纽约时报》（2013 年 9 月 12 日）。

34. 托姆·尚克和劳伦·达沃利奥：《前国防部长批评奥巴马的叙利亚政策》，《纽约时报》（2013 年 9 月 18 日）。

35.《克里关于叙利亚化学武器的讲话》，《纽约时报》（2013 年 8 月 30 日）。

36. 安迪·包洛维兹：《温和的叙利亚反叛组织的申请表》,《纽约客》（2014 年 6 月 27 日）。

37. 海琳·科珀：《参议员们被告知没有几个美军训练过的叙利亚人参与了与 ISIS 的作战》，《纽约时报》（2015 年 9 月 16 日）。

38. 凯伦·舍伊什等：《死在叙利亚》，《纽约时报》（2015 年 9

月14日);《用数字看叙利亚的难民危机》,《国际特赦组织》(2015年9月4日)。

39. 埃里克·施密特和尼尔·麦克法夸尔:《俄罗斯增加了其在叙利亚的舰队以及可以攻击地面目标的作战飞机》,《纽约时报》(2015年9月21日)。

40. 关于美巴关系中的起起伏伏的至关重要又恰到好处的叙述,请参见侯赛因·哈卡尼:《华丽的错觉》(纽约,2013年)。

41. 理查德·霍尔布鲁克可能是第一个使用这个词的人。霍尔布鲁克于2009年2月在慕尼黑的一次发言中(此时他刚刚开始担任奥巴马政府命运多舛的驻阿富汗和巴基斯坦的特使),反复提到"阿巴问题,即阿富汗巴基斯坦问题"。他说:使用这个缩略词"并不是为了节省八个音节。我们试图在基因里显示和印刻下这样一个事实,在横跨不明确边界(即杜兰德线)的两侧都存在着战争威胁。在这条边界的西侧,北约和其他国家的部队可以自由开展行动。而在边界的东侧则是巴基斯坦的主权领土。但这条不明确边界的东侧也恰恰是国际恐怖主义活动频繁发生的所在地"。迈克尔·奎尼康:《世界之文》,worldwidewords.org/turnsofphrase/tp-afp1.htm,访问于2015年6月18日。

42. 格雷格·米勒:《追捕恐怖分子的计划表明美国有意在猎杀清单中继续添加新的名字》,《华盛顿邮报》(2012年10月23日)。

43. 《中情局在巴基斯坦的无人机攻击行动,2004年至今》,调查新闻局(2015年6月)。

44. 关于美国无人机行动在巴基斯坦人中的不受欢迎程度,请参阅皮尤研究中心的《全球态度和趋势的调查数据》,pewglobal.org/question-search/?qid=225 & cntIDs= & stdIDs=,访问于2015年6月19日。

45. 《美国在也门的攻击行动,2004年至今》,调查新闻局(2015年6月)。

46. 《美国在索马里的攻击行动,2007年至今》,调查新闻局(2015年6月)。关于奥巴马时代无人机行动的更多细节,请参阅《关于无人机的论文》,theintercept.com/drone-papers/,访问于2015年10月29日。

47. 詹姆斯·基菲尔德:《美国在索马里和利比亚的五次特种行动的所得》,《防务一号》(2013年10月8日)。

48. 穆尔塔扎·侯赛因:《退役将军:无人机制造的恐怖分子比它们消灭的更多》,《拦截者》(2015年7月16日)。这名军官就是陆军中将、情报专家迈克尔·弗林。

49. 在他的重要著作《杀戮链》(纽约,2015年)里,安德鲁·科伯恩准确地证明了这一点。

50. 这是玛丽斯·鲁思文的论点,见《在伊斯兰国》,《纽约书评》(2015年7月9日)。

51. 关于美国非洲司令部的使命,请参见布兹·阿特舒勒少将的《美国非洲指挥部》(2008年10月16日)。

52. 非洲司令部的责任区域是由以前属于美国欧洲司令部、中央司令部和太平洋司令部管辖范围的国家组成。虽然埃及地处非洲,但它仍然划归中央司令部管辖。

53. 尼克·图尔斯:《明天的战场》(芝加哥,2015年),90页。

54. 《美国非洲指挥部:使命》,Africom.mil/about-the-command,访问于2015年6月20日。

55. 尼克·图尔斯:《明天的战场》(芝加哥,2015年),3页。

56. 迈克尔·菲利普斯:《美国全球投放力量的新途径:突击队》,《华尔街日报》(2015年4月24日)。

57. 美国非洲司令部:《2012年态势声明》(2012年3月1日)。

58. 迄今为止,了解这些进展的最佳初级读本是尼克·图尔斯:《明天的战场》(芝加哥,2015年)。

59. 埃里克·施密特:《帮助非洲人民反恐的精英部队》,《纽约时报》(2014年5月27日)。

60. 更深入的阐述请参阅中将杰克·马尔等人合著的《人类地形图:赢得平叛斗争至关重要的第一步》,《军事评论》(2008年3—4月)。

61. 伊莱扎·格里斯沃尔德:《下一个前线》,《纽约时报》(1

月 14 日）。

62. 亚当·诺西特：《士兵在非洲民主逆流中推翻了马里政府》，《纽约时报》（2012 年 3 月 22 日）。政变领导人不满意政府镇压由图阿雷格部落在马里北部煽动的暴乱。这些图阿雷格部落族人在卡扎菲被推翻的过程中逃离了利比亚。他们曾是卡扎菲的雇佣兵。随着卡扎菲的被消灭，那里已经无法赚到钱，所以只能返回家园。

63. 亚当·诺西特：《在尼日利亚，对激进分子采取了更多打击》，《纽约时报》（2013 年 5 月 17 日）。

64. 尼克·图尔斯：《明天的战场》（芝加哥，2015 年），100 页。

65.《布基纳法索》，africom.mil/africa/west-africa/burkina-faso，访问于 2015 年 9 月 29 日。

66. 尼克·图尔斯：《明天的战场》（芝加哥，2015 年），37 页。

17. 重回伊拉克

在1980年至1988年的第一次海湾战争中，美国支持了萨达姆·侯赛因，这让他信心倍增。在第二次海湾战争中，美国因为萨达姆的越界而惩罚了他，然后通过遏制政策阻止他制造更多的麻烦。在第三次海湾战争中，美国放弃了遏制手段用暴力将萨达姆赶下了台。之后，美国寻求在那里创建能够治理国家的伊拉克政治新秩序和能够保卫伊拉克人民的伊拉克新武装。2013年开始的第四次海湾战争对第三次海湾战争盖棺论定：实践表明伊拉克新秩序无法帮助他们实现自力更生。这个明显的不足将美国拖入到另一场战斗中。

邻国叙利亚局势的演变让局势进一步复杂化。奥巴马政府反复无常的应对措施使得那里的内战演变成了多边问题。这不仅是指阿萨德政府和寻求推翻阿萨德政权的大小杂牌武装，还包括下定决心要从叙利亚和伊拉克分离出来的全新组织——"泛伊斯兰哈里发"。第四次海湾战争给这个让人费解的名称赋予了新含义。

这个新组织又被称为达伊沙、ISIS、ISIL，或者被直呼为"伊斯兰国"。它实际上并不是一个国家，而是国家的反动。它的目的是摧毁19世纪和20世纪早期欧洲人在此建立的国家体系。当时的欧洲人重构了整个大中东地区以适应各自帝国的需要。然而，到21世纪，这一秩序的主要设计者法国和意大利，尤其是英国既没有意愿也没有足够的实力来阻止它的崩溃。欧洲人都指望着美国去完成这一使命。尽管帝国的遗产存在着种种缺陷，但为其撑腰似乎是阻止新哈里发走上正轨的最佳手段。从这个角度来看，维护伊拉克及其邻国的领土完整是当务之急。

然而，在奥巴马总统的第二个任期内，少有美国人对再次拯救伊拉克抱有满腔的热情。此外，ISIS对美国并未构成明显迫在眉睫的危险。尽管投放在社交媒体上的斩首和其他暴行傲慢自负地展示出该组织的一些品质，例如卑鄙和邪恶，但ISIS的能力实在有限。它无力在中东以外部署和实施类似的恶行。它没有空军和海军。它的小型地面部队几乎没有重型武器。在国际上，除了几个非法组织外，它既没有盟友也没有赞助者。虽然对于土生土长的恐怖分子来说，ISIS是鼓舞人心之源，但对美国来说，该组织远远落后于其他直接的威胁，诸如气候变化等。

另一方面，美国国务卿科林·鲍威尔提出的著名的"陶瓷谷仓规则（如果你打破了它，你就得拥有它）"仍然困扰着美国权力密室的"良心"。早在2003年，乔治·布什政府就无可置疑地打垮了伊拉克，但随后为恢复这个国家所做的一切努力都归于失败。ISIS的存在就是明证。这是"伊拉克自由行动"种下的毒果树的第二个收获。美国第一次收获到的是驻伊拉克基地组织。尽管麦克克里斯托将军指挥的反恐行动已把驻伊拉克基地组织消耗殆尽，但ISIS成了继任者。

把美国拖入第四次海湾战争的并非道义责任而是纯粹的偏执。到此为止，整个国家安全机构已经习惯于把大中东地区看作美国军事行动的一个领域。在这个方面，它的思考力已经降到不复存在的地步。华盛顿之所以选择在伊拉克开展武装干涉是因为他们已想不出更好的办法。

位于伊拉克和叙利亚接壤处的"伊斯兰国"成立于2013年4月。当时，使用ISIS这个简称的组织不少，其中包括：一家大型跨国制药公司；20世纪90年代的一支美国摇滚乐队；以加利福尼亚为基地提供"无宗教信仰的宗教"服务的国际自我完善社团；由美国电话电报公司、德国电信和威瑞森通信支持的"移动钱包平台"；艾奥瓦大学的艾奥瓦学生信息系统以及奇怪的伊斯兰社会世俗化研究所。

这个名字的最新使用者没有花多少时间就确认了所有权，但观察人士好像还是花了一些时间才真正适应了这一点。2013年7月，ISIS策划了一次惊天动地的越狱行动。数百名被关押在阿布格莱布监狱和塔吉监狱的武装分子重获自由。《纽约时报》将这次行动算在了"基地组织伊拉克分支机构"的头上。[1]称谓貌似非常准确，但这恰恰证明报道未能抓住重点。子公司已经开启了完全替代母公司的进程。[2]

ISIS在12月份攻克了费卢杰。这座城市给美国人留下过深刻的印象。之前的海湾战争中，这里曾发生过激烈的交火，100多名美国士兵血染疆场。而这次的成功使得ISIS从基地组织的阴影中走了出来。次月初，该组织的最高领袖盖达伊拉克的头目巴格达迪宣布成立新的"哈里发国"并自称"哈里发"。ISIS还划定了伊拉克和叙利亚之间的"伊斯兰国"的领土。驻伊拉克基地组织是昨晚的噩梦；而"伊斯兰国"是明日的梦魇。

在对这些新进展发表评论时，国务卿克里强调说，美国无意再次军事介入伊拉克。他坚称"这是伊拉克人的战斗"。[3] 奥巴马的第三任国防部长查克·哈格尔努力把进展中最好的一面展现出来。伊拉克的确正在经历"艰难时刻"。尽管哈格尔承认新组建的伊拉克部队并不完美，但他认为他们"表现得相当好"。"危险的确存在，但伊拉克能够应对。"我们将继续帮助和支持他们。[4] "帮助和支持"意味着供应"武器和装备"。到 2005 年，美国向伊拉克出售了大约 140 亿美元的武器和军事物资。五角大楼现在的承诺则更加广泛，甚至包括了 M1A1 艾布拉姆斯坦克，AH-64 阿帕奇攻击直升机以及各式导弹。[5]

更糟糕的情况还是发生了。6 月，一支不到 1000 人的 ISIS 武装部队占领了伊拉克第二大城市摩苏尔和萨达姆·侯赛因的家乡提克里特。负责防御的两个伊拉克整编师几乎未做任何抵抗。[6] 媒体报道说大批士兵开了小差，脱下制服逃之夭夭。这引发了一场难民潮。巴格达本身都有些危在旦夕。[7]

华盛顿也差不多到了惊慌失措的程度。尽管 ISIS 总共只调集了大约 1 万名士兵，但参议员约翰·麦凯恩还是将伊拉克的局势定性为"冷战以来最大的威胁"。[8] 军事分析人士弗雷德里克·卡根不无愤怒地说道："伊拉克正在熊熊燃烧，美国却只是隔岸观火。"他预测，如果再不有所作为，它对美国造成的损害远比 1975 年从越南撤退时要严重得多。[9] 马克斯·布特阐述了可怕的后果：

ISIS 正在创立一个伊斯兰教激进主义的"哈里发国"。其地域横跨叙利亚北部的阿勒颇到伊拉克北部的摩苏尔。中东的边界在一战后就开始土崩瓦解。叙利亚分裂成了两部分，一部分由逊尼派伊斯兰主义者控制，而另一部分则由真主党掌控。伊拉克则被一分为三。现在唯一需要确定的是，什叶派或逊尼派极端分子是否会控制伊拉克的首都。巴格达的新战斗已经打响而且可能比以前的战斗更为血腥。[10]

所有评论人士一致认为问题就出在奥巴马身上。当问题的端倪出现在伊拉克时，他未能引起足够的重视或者未能有效应对。在过去几十年里，没有一位评论家曾费尽心机评估美国所作所为的后果。这不仅发生在伊拉克还包括了区域内的其他国家。华盛顿经历了早发性老年痴呆的相反情况。8 到 10 天的短期记忆完好无损，而其他记忆则被遗忘得一干二净。

奥巴马政府无意旧事重提。他更倾向于视 ISIS 为"独一无二"的存在。虽然奥巴马没有承认，但他这次的危机处理方式恰如评论人士建议的一样。例如，6 月 15 日，卡根呼吁"立即安排空中支援，提供情报、监视和侦察装备，组织航空运输，派遣特种作战部队、培训团队，提供更多的军事装备，等等"。[11] 而 4 天后，奥巴马总统就宣布，他正在重新部署美国的海空军力量以期完成"有针对性的精确军事行动"；美国已经"显著增加了情报、监视和侦察装备"；派遣美国部队"训练、提供咨询并支持伊拉克的安全部队"；他还敦促国会批准向伊拉克输送更多的军事装备。[12] 奥巴马总统甚至秘而不宣地下令特种部队采取了行动。党派之争掩盖了广泛的（但未被公开承认的）共识。

没过几天，美军的有人驾驶或无人驾驶武装飞机就在伊拉克上空开始执行侦察飞行。[13] 不久，美军地面部队也抵达了伊拉克。

他们在那里负责确保巴格达国际机场的安全。[14] 8月7日奥巴马总统以ISIS威胁消灭困境中的雅兹迪派为借口，宣布美国空军打击"伊斯兰国"的行动正式开始。他同时向美国人保证，"我不会允许美国卷入另一场伊拉克战争"。[15]第二天，空袭开始了。按照字面意思来理解，美国在伊拉克再次进入了战争状态。

尽管对雅兹迪派的围困几天后就被解除了，但空中行动一直没有停止，只是节奏比较缓慢。美国空军的战斗机和从"乔治·布什"号航母起飞的海军战斗机，平均每天只会执行5次打击ISIS地面部队的空袭任务。[16]尽管参谋长联席会议的行动总监、陆军中将威廉·梅维尔声称空袭"暂时打乱了"敌人的进攻，但他承认如此微不足道的努力不太可能对ISIS的整体实力产生长期影响。他强调说："我绝不是想表明我们有效控制了局势，或者某种程度上遏制住了敌人的势头。"[17]

因此，奥巴马政府修改并扩大了战役目标。9月9日，奥巴马总统在全国电视节目上发表了讲话。他宣布打算"通过全面和持续的反恐战略削弱并最终摧毁伊斯兰国"。[18]这意味着解放ISIS占领的城市并重新获得对伊拉克漏洞百出的边界的控制。这两项任务都极具挑战性。奥巴马的"不是战争的战争"需要投入大量的精力并且耗时不菲。在美国军事词典里，"任务蠕变"是一种耻辱。它和越战中的"逐步升级"非常类似。它意味着行动目标的定义不清。针对ISIS的任务蠕变是确凿无疑的事实。[19]

就在同一个月，劳埃德·奥斯汀将军在美国佛罗里达州坦帕市的中央司令部总部召开了有几十个国家参加的会议。这些国家都曾以各种方式表达过伸出援手打击"伊斯兰国"的意愿。奥巴马总统还为此任命了一位上将作为"全球反ISIS联盟的总统特使"。他就是现已退休的前中央司令部司令约翰·艾伦将军。他的主要工作职责是匹配联盟成员的利益和能力。而奥斯汀则要负责战役行动的指挥。

10月份，此次战役拥有了自己的名字——坚定决心。作为对军队的召唤，这个名字太温和了。

为了完成奥巴马总统布置的任务，奥斯汀设计了一套拥有两个维度的计划。在空中，由于联军享有绝对的制空权，他指挥的部队将会继续对ISIS进行轰炸，既有伊拉克也包括叙利亚。[20] 在地面，美国和其他西方顾问则会"重新激活和重组"伊拉克的地面部队，并给他们以必要的鼓励。奥斯汀认为战争最终的成败将取决于伊拉克人民是否认为值得为国一战。[21]

2014年秋天，空军加强了打击的力度。从8月到12月，每月实际投掷的武器数量增长了9倍。[22] 然而，就每天空袭的起落次数而言，其整体强度远远落后于之前的轰炸行动，甚至不及1995年的波斯尼亚和2012年的利比亚轰炸行动。[23] 一名观察人士嘲笑这次轰炸是"军事上的象征主义"。[24] 就连奥斯汀在宣称对取得的进展感到满意时也承认，ISIS正在调整战术以限制联军空袭的效果。[25] 事实是，ISIS中担得起精确制导武器价格的高价值目标本来就不多。所以仅靠轰炸是不够的。

与此同时，联军为伊拉克安全部队提供的训练得到了进一步加强。从能源消耗来看的确如此。6月份，奥巴马总统下令向伊拉克派遣了数百名军事培训人员。这个数字此后还在逐渐增加，直到2014年底增加到了约3000人。当培训人员到达伊拉克时，他们发现自己在占领期间辛辛苦苦建立的伊拉克军队几乎已经消失，重建意味着要从零开始。[26]

重建工作开始后，此次行动的所有目标中，恢复对摩苏尔的控制被列为中央司令部的重中之重。参谋长联席会议主席马丁·邓普西将军认定摩苏尔之战将是"地面战役的决定性一战"。[27] 奥斯汀也表示同意。到 1 月份，平常沉默寡言的中央司令部司令终于公开露面，宣布了进度情况和时间表。情况正在好转中。奥斯汀说，"坚定决心行动"已经清除了大约 6000 名 ISIS 武装分子。ISIS"开始面临着人力资源不足的问题"。"伊拉克领导的重夺摩苏尔行动正在稳步推进中，预计在 2015 年春季或夏季可以实现。"[28]

当年 3 月在国会做证时，奥斯汀甚至更为乐观。他表示，ISIS 再也无法"占领和控制新的领土"，这是持续空中打击行动的必然结果。敌人被迫采取了"防御姿态"。他们正在"输掉这场战争"。彻底打败这个组织是整个"地区朝着稳定和安全方向发展"的关键。这是过去几十年里，中央司令部的指挥官们经常宣称的目标。[29]

奥斯汀的乐观主义被证明是错误的。ISIS 展现出了非凡的能力，不仅弥补了损失，事实上还增强了自身的整体实力。2015 年 6 月，一名美国高级官员宣称空袭已造成 1 万多名 ISIS 作战人员死亡。这一数字相当于一年前他们所有部队的总和。据估计，ISIS 此时还有 2 万~5 万名武装人员。[30] ISIS 还展示了令人印象深刻的募兵能力。他们的大多数战士来自中东和北非。其他一些战士则来自伊斯兰世界更偏远的角落，如阿塞拜疆、印度尼西亚、菲律宾南部，当然还有波斯尼亚和科索沃地区，甚至还有一些来自西方国家，其中包括法国、德国和英国等欧洲国家的数百人，以及数十名澳大利亚人、加拿大人和美国人。这些数据并不完全准确，但现象本身足以令人不安。[31] 因此，没有理由相信美国领导的军事行动削弱了敌人。情况可能恰恰相反。

2015 年春末，似乎是为了给奥斯汀将军的积极评估一个下马威，ISIS 又发起了一次重大攻势。在刚刚过去的几个月里，伊拉克军队收复了一些失地，夺回了提克里特。伊拉克库尔德斯坦的自卫力量"库尔德自由战士"在与ISIS进行的截然不同的战争中收复了失地。[32]斩首行动（包括美国特种部队在对叙利亚的一次突袭行动中击毙了一名ISIS中级官员）也取得了短暂的成功。[33]空袭仍在继续。在拉瓜迪亚和华盛顿国家机场之间，每小时都有联军的例行往返飞行。这些联军飞机将穿越伊拉克和叙利亚领空，每月投掷或发射大约2000枚炸弹或导弹。[34]5月15日，海军陆战队准将托马斯·韦德利在科威特发表讲话，向五角大楼的记者们保证ISIS正在伊拉克和叙利亚的战争中节节败退。他说"他们仍然处于守势"，他接着补充道，"联军的战略……步入了正轨"。[35]

不到48小时，ISIS武装就占领了伊拉克的拉马迪和叙利亚的古城巴尔米拉。两座城市的同时沦陷粉碎了战争正朝着正确方向发展的任何幻想。离巴格达只有90分钟车程的拉马迪的陷落对美国人来说是一次特别沉重的打击。从心理上来说，失去这座城市的影响（这里曾是美国海湾战争中扭转战局的胜利之地）相当于1968年的"春季攻势"。伊拉克隧道尽头的希望之光正在迅速黯淡下来。

千夫所指的恐慌再次席卷了华盛顿。参议员约翰·麦凯恩毫不犹豫地认定奥巴马总统要为所谓的"美国历史上耻辱的一页"负责。[36]弗雷德里克·卡根则宣称："奥巴马总统对'伊斯兰国'的战略在伊拉克，甚至在整个伊斯兰世界都遭遇了严重的挫折。"他还指责奥巴马总统直接导致了"不必要和本可以避免的"倒退。ISIS最近的攻势"完全打乱了"奥巴马政府的部署，使该地区"陷入了战火之中"。[37]退役将军杰克·基恩得出了几乎相同的结论。"我们正在输掉这场战争"，他对参议院军事委员会如是说，问题的根源显而易见："没有制定维持中东稳定的战略。"[38]

解决之道同样显而易见：战事升级。南卡罗来纳州的共和党参议员林赛·格雷厄姆认为，只要增兵1万人就能带来成功。[39] 弗雷德里克·卡根则走得更远，他建议在对伊拉克现有承诺的基础上再增兵1.5万到2万。这样做的目的不是参与到大规模的作战行动中，而是加强对伊拉克的支持。卡根强调了扩大叙利亚行动的必要性。他把那里说成ISIS的安全港。这意味着更密集的（更有效的）空袭以及美国特种部队在叙利亚领土上更多的突袭行动。

奥巴马政府对此不敢苟同。国防部长阿什顿·卡特（一位哈佛学者，他受命接替了乏善可陈的哈格尔）不会让伊拉克人置身事外。拉马迪的沦陷是由于该地的守卫部队表现极其糟糕。他指责说，尽管人数"远远"超过了进攻的一方，他们却"没有为之战斗"。拉马迪的情况表明："问题在于伊拉克人的战斗意志。"[40] 参谋长联席会议主席邓普西将军给出的评估更令人失望。伊拉克军队一触即溃。他们不是被"赶出拉马迪的"，他说，"他们是开着车逃跑的"。[41]

奥巴马总统最终不但没有向这些批评者屈服，反而对他们进行了抨击。至少对公众来说，"削弱和摧毁"的标语仍然光鲜亮丽。奥巴马政府重申了实现目标的基本路径。事实上，政府之外几乎无人对此发表反对意见。即便把ISIS视为天塌下来的那些批评者也没有施压美国重新入侵和占领伊拉克的意愿。

负责国家安全的"大祭司"们做出了各种尝试企图将美国的意志强加于大中东地区。然而从20世纪80年代的黎巴嫩到30年后的阿富汗，他们一再低估了圆满完成任务所需的付出。"沙漠风暴行动"是一个局部和暂时性的例外。无论ISIS有多危险，文职和军方官员都一致同意清除危险只须动用国家军事力量的一小部分。除此以外，无须投入更多。其后果是，2015年夏天仔细斟酌的替代方案只不过是同一主题的变奏。选项一是一成不变；选项二还是如出一辙；选项三只是对其他选项的微调。没有赢得胜利的选项。没有人说："这行不通。我们需要离开这里。"

在这个军事问题上，总司令一如既往地选择了中间路线。奥巴马下令向伊拉克增派了数百名美国培训人员。夺取摩苏尔的计划先被搁置一旁，而重夺拉马迪的控制权成了首要任务。但此时这座城市已经陷落有好几个月了。奥巴马总统还承诺，将"加快提供必要的装备和物资"。援助对象不仅包括伊拉克军队还包括任何愿意与ISIS作战的伊拉克组织。由于伊拉克军队在战场上有丢弃装备的恶习，重新武装伊军成了工作的重点。五角大楼宣布，它正在向巴格达运送反坦克武器以帮助伊拉克部队抵御数百辆被敌缴获的美国悍马的进攻。这些悍马已成为ISIS自杀式炸弹袭击者的运载工具。[42] 美国正在重新武装伊拉克军队，而这支军队已经成为伊拉克颠覆力量的主要武器来源。

在批评人士眼中，奥巴马的危机应对导致了两个最糟糕的结果。它是任务蠕变和逐步升级的综合体。[43] 这种做法的明显缺陷有时让人怀疑，"坚定决心"的主要作用不过是为了作秀，为撤离和脱离接触政策提供事实上的掩护。

和厌恶奥巴马前任的美国左翼分子一样，一个厌恶奥巴马的右翼组织强烈质疑奥巴马正在恶意密谋允许伊朗进入伊拉克以便美军从伊拉克脱身。他们相信，旨在阻止伊朗获得核武器的外交谈判实际上是为了不再把这个国家排除在地区政治之外。从表面上看，美国与伊朗恢复友好关系的可能性微乎其微。这是因为美国亲以色列人士帮助下的以色列政府（更不用说沙特阿拉伯）对此坚决反对。然而，随着中东局势的乱局升级以及美国平息混乱努力的失败，再考虑到奥巴马和以色列总理内塔尼亚胡之间的嫌隙，如此种种都预示着"尼克松访华"式的时机可能已经成熟。

强硬派有充足的理由谴责奥巴马对伊朗采取的"绥靖"政策。将伊朗从美国官方的敌对名单中剔除出去（就像奥巴马对待古巴的办法一样）意味着美国将要改变目前的诸多承诺和义务，以及游戏规则。[44] 奥巴马真正的过错不在于他给予了伊朗核武器的通行证；而在于他拒绝遵从以色列和海湾阿拉伯国家希望把伊朗困在盒子里的意愿。

回顾过去，美国的大中东战争始于伊朗，当时正值伊朗国王被推翻以及接踵而来的人质危机。从那时起，除了谜一般的伊朗门事件之外，华盛顿始终将伊朗视为可以忽视或孤立的"另类"。反过来伊朗也让美国的敌对行动付出了代价。在接下来的几十年里，两国关系一直处于冷战和真正战争之间。在第一次海湾战争期间，美国站在萨达姆·侯赛因那边进行了武装干涉，并几乎全歼了伊朗海军。而在第三次海湾战争中，伊朗向与美军激战正酣的伊拉克什叶派民兵提供了武器和技术支持。[45]

为了延缓伊朗发展核武器的计划，美国与以色列后来合作策划了一系列秘密袭击行动。这就是乔治·布什总统于2006年启动的"奥运会行动"。之后，他的继任者也继承了这个计划。行动中最引人注目的事件发生在2010年。当时美国使用名为"震网"的电脑病毒渗透到了伊朗的纳坦兹核浓缩设施。尽管这次袭击造成了多达千台伊朗离心机陷入瘫痪，但伊朗的修复工作并没有花太长的时间。这是广岛核爆的网络版。对合法使用的影响还没来得及深入思考之前，美军就已经拥有了这种能力。[46]

然而，在奥巴马的第二个任期内，美国对伊朗的政策发生了转变。与其和以色列一起破坏伊朗的核计划，不如美国摆脱以色列转而寻求独自说服伊朗停止核计划以换取美国在经济和政治上的让步。2015年7月，联合国安理会的五个常任理事国加上德国和伊朗经过漫长曲折的谈判，终于达成了一项全面共同行动协议。

尽管很多人将此结果视为外交上的重大胜利，但也不乏谴责之声，说这是一份投降协议的声音。后者的阵营里有几位当时正在争夺2016年总统宝座的共和党大佬。参议员林赛·格雷厄姆宣称"全面协议"是"对以色列国的死刑判决"。前佛罗里达州州长杰布·布什说："这项协议非但不能遏制伊朗的核野心，反而会为伊朗制造核弹铺平道路。"另一位得克萨斯州参议员泰德·克鲁兹预计协议的直接结果将是"数百万美国人被激进的神权狂热分子杀害"。新泽西州州长克里斯·克里斯蒂谴责奥巴马做出了"耻辱性的让步"。前阿肯色州州长麦克·哈克比则指责总统把以色列人"送进了烤箱"。他发誓一旦当选将"推翻恐怖主义的伊朗政权，摧毁激进伊斯兰的邪恶势力"。[47]以色列总理内塔尼亚胡则将该协议定性为"历史性的错误"。[48]马克斯·布特则将协议描述为"美国的中东主导地位被伊朗帝国取而代之的日子"。[49]但实际上，"美国的主导地位"只是痴心妄想，以前如此，以后亦是如此。

更重要的是，急于宣称伊朗核协议是一场灾难，就像匆匆宣称推翻萨达姆·侯赛因或卡扎菲是历史性胜利一样为时过早。该协议的真正意义会随着时间的推移而逐渐显现，而且可能与支持者和反对者的期望都有所不同。在这个方面，外交就像战争一样：长期影响往往与短期预期大相径庭。

在谈判的过程中，伊朗也参与到了打击ISIS的战争中。伊朗并非美国的盟友，但它也对抗美国大中东地区的最新对手。和美国一样，伊朗只承担有限的责任。它只为伊拉克提供物资、顾问和空中支援。这些行动都是在"圣城军"（相当于美国特种作战司令部）的指挥下进行的。

　　因此要分清双方是敌是友绝非易事。美国和伊朗有时似乎在同一阵营有时又完全不是。在伊拉克的领土范围内，他们面临着共同的敌人，同时还有着共同的短期目标，要阻止 ISIS 获取这个国家的完全控制权。然而，短期的共同目标不会延伸到伊拉克的未来。什叶派占多数的伊朗显然打算对其什叶派占多数的邻国施加更大的影响力，但他并不打算为此征得华盛顿的同意。

　　在邻国叙利亚的领土上，美国和伊朗也面临着同样的对手。然而，除了打败 ISIS 之外，他们的目标根本不同。美国坚决支持"温和派反政府武装"推翻阿萨德政权。美国非常担心激进的伊斯兰主义者会捷足先登。伊朗则坚决支持阿萨德继续执掌政权，完全无视美国的相反立场。对德黑兰来说，大马士革的友好政权至关重要。[50]

　　这有点像第二次世界大战结束后的东欧。罗斯福曾经幻想从纳粹铁蹄下解放出来的波兰人和捷克人自此可以享受自由与独立。斯大林的想法则不同。由于东欧命运对美国的影响远远小于它对苏联的影响，所以华盛顿认为不值得为之而战。因此波兰和捷克斯洛伐克很快就滑落到了铁幕之后。

　　美国人对伊拉克抱有同样的幻想，该国一旦从 ISIS 手中被解放出来就能实现自由和独立。伊朗当局显然另有想法。和1945 年的斯大林一样，他们拥有不少优势，距离是其中最明显的一个。将伊朗赶出伊拉克并将其从叙利亚驱逐出去将付出极高的代价。罗斯福和杜鲁门在试图阻止东欧进入苏联阵营付出了很大的代价。奥巴马无意于重蹈覆辙。

　　在 2015 年秋，没人清楚与 ISIS 的战斗会有什么样的结果。但是，取胜很可能要以牺牲伊拉克人和叙利亚人的利益为代价。

这与盟军战胜纳粹德国有着惊人的相似。当时的胜利是牺牲波兰人和捷克人的利益来换取的。伊朗最终将成为主要受益者。对此，美国不太可能采取什么行动。它最多只会提出抗议。奥巴马清醒地认识到了这一点，而那些好战的批评家却还没有。

击败 ISIS 能真正解决问题吗？也许不能，因为孕育 ISIS 的条件依然存在。然而，专注于问题的微观表现为我们提供了忽略更为重要的问题本身的借口。这就像外国贩毒集团和美国毒品滥用或毒瘾的关系一样。你以为消灭了前者就能解决后者的问题，这只是在跟自己开玩笑。

在华盛顿，对美国在伊斯兰世界军事计划的总体进展和未来这个主题的讨论仍是禁忌。在吉米·卡特发表"卡特主义" 35 年之后，计划完成的未来比计划实施之初更加渺茫。以任何标准来衡量，该地区目前的混乱程度都超过了 1980 年时的情形。不仅美国的目标没能实现，而且这些目标正变得越来越难用具体的特性来给出定义。

2014 年 7 月，邓普西将军向参议院委员会汇报说"它是代际问题"。[51] 邓普西在另一个场合解释说，"它"是指有着"松散关系"的组织制造的混乱。这些组织的存在"范围从阿富汗穿越阿拉伯半岛直到也门，并一直延伸到了非洲之角，甚至北非和西非"。无论文职官员是否愿意听到，也无论美国普通人是否准备接受这个事实，到 2015 年，美国发现身陷于比另一场海湾战争更糟糕的状态。这个问题比伊拉克问题要严重得多，而且其范围也远远超出了海湾地区。

更糟糕的是，争议不仅体现在政治方面，也不仅只是关系到石油、领土或某个朝代的延续，它与意识形态（大部分是我们的）和宗教（大部分是他们的）更加密切相关。这个组织"大部分是地方性的，有一些是地区性的，而剩下的一些则是全球性的"。邓普西强调说，战而胜之将是"一场非常漫长的竞赛"。[52] 胜利到底还需多长时间？比我们已经经历的还要更长吗？将军本人有自知之明，没有斗胆给出答案。对此没有人有任何头绪。

注 释

1. 迈克尔·戈登和戴维德·阿德南：《针对监狱厚颜无耻的袭击提升了对伊拉克基地组织实力的担忧》，《纽约时报》（2013年7月23日）。

2. 2014年2月，基地组织与ISIS划清了界限。ISIS现在被认为是独特存在的实体。莉兹·斯莱：《基地组织否认与正在和阿萨德作战的强硬派伊拉克、叙利亚分支机构有任何联系》，《华盛顿邮报》（2014年2月4日）。

3. 《自媒体可用性上的发言》（2014年1月5日）。

4. 《国防部长哈格尔在得克萨斯州圣安东尼奥市布鲁克陆军医疗中心的讲话》（2014年1月8日）。

5. 理查德·斯奇：《美国提升了伊拉克武器交付的速度》，Military.com，访问于2014年1月6日。

6. 安德鲁·蒂尔曼和杰夫·肖克尔：《800名ISIS武装人员如何击溃了两个伊拉克师？》，《军事时报》（2014年6月12日）。

7. 莉兹·斯莱和艾哈迈德·拉马丹：《反叛分子夺取了伊拉克的摩苏尔市，安全部队逃之夭夭》，《华盛顿邮报》（2014年6月10日）。

8. 马丁·马蒂沙克和亚历山大·博尔顿：《麦凯恩：奥巴马的整个国家安全团队应该为伊拉克的现状辞职》，《国会山报》（2014年6月12日）。

9. 弗雷德里克·卡根：《扑灭这场大火》，《纽约每日新闻》（2014年6月15日）。

10. 马克斯·布特：《奥巴马的伊拉克》，《旗帜周刊》（2014年6月23日）。

11. 弗雷德里克·卡根：《扑灭这场大火》《纽约每日新闻》（2014

年6月15日）。

12.《关于伊拉克局势的讲话以及与记者的交流》（2014年6月19日）。

13.《海军少将柯比在五角大楼简报室所做的新闻简报》（2014年6月27日）。

14.《五角大楼新闻秘书约翰·柯比海军少将关于向伊拉克增派安全部队的声明》（2014年6月30日）。

15.《总统声明》（2014年8月7日）。

16.《美国军方在伊拉克对ISIS发动空袭：日趋崩溃》，《卫报》（2014年9月3日）。本文提供了中央司令部关于起飞架次和目标的数据。

17.《陆军中将梅维尔在五角大楼简报室所做的国防部新闻简报》（2014年8月11日）。

18.《总统关于ISIL的声明》（2014年9月10日）。

19.奥巴马总统没有申请也没有得到国会开始此次军事行动的批准。作为对"9·11事件"的回应，2001年9月14日国会通过了总统使用军事力量的授权。2015年2月，奥巴马总统要求国会批准一项具体授权。国会并没有就这一请求采取行动。这实际上已经含蓄地向总统做出了让步。他有权按照自己的意愿解释2001年9月的法律。

20.美国在叙利亚的第一次空袭发生在2014年9月22日。为了让这次行动染上阿拉伯色彩，来自巴林、约旦、卡塔尔、沙特阿拉伯和阿拉伯联合酋长国的战斗机也参与了支援工作。

21.《奥斯汀将军在五角大楼新闻简报室所做的国防部新闻简报》（2014年10月17日）。

22. 8月份的数字是211件。到12月，数字是1867件。《空军联合部队指挥官，2010—2015年空军的统计数据》（2015年5月31日），www.defense.gov/home/features/2014/0814_iraq/docs/31%20May%202015.pdf，访问于2015年7月3日。

23.米卡·曾科：《图表：伊拉克和叙利亚的空袭与以前军事战役的对比》，《防务一号》（2015年7月6日）。

24. 安东尼·科德斯曼:《与伊斯兰国的空战》(2014 年 10 月 29 日),csis.org/publication/air-war-against-islamic-state-need-adequacy-resources,访问于 2015 年 7 月 5 日。

25.《奥斯汀将军在五角大楼新闻简报室所做的国防部新闻简报》(2014 年 10 月 17 日)。

26. 洛芙迪·莫里斯:《美国军队重回伊拉克训练部队,但这次有所不同》,《华盛顿邮报》(2015 年 1 月 8 日);罗德·诺兰:《重返伊拉克的美国士兵发现安全部队已经废弛》,《纽约时报》(2015 年 4 月 4 日)。

27. 塞巴斯蒂安·佩恩:《马丁·邓普西将军:美国引入阿帕奇直升机保卫巴格达机场》,《华盛顿邮报》(2014 年 10 月 12 日)。

28. 朱利安·巴恩斯:《美国和伊拉克准备进攻,从伊斯兰国手中重新夺回摩苏尔》,《华尔街日报》(2015 年 1 月 22 日)。

29. 美国参议院军事委员会:《听取美国中央司令部的证词……》(2015 年 3 月 26 日)。

30. 比尔·罗焦:《美国宣称自空中打击行动以来共击毙伊斯兰国武装分子约 1 万人》,《持久战杂志》(2015 年 6 月 3 日)。

31. 杰西卡·斯特恩和 J. M. 伯杰:《ISIS 与外国战士》,《大西洋》(2015 年 3 月 8 日)。

32. 在打击 ISIS 的各方势力中,库尔德自由战士可以说是意愿最坚决、能力最强的。然而,武装和援助库尔德人被普遍认为涉嫌创建一个拥有完全主权的库尔德国家,这必然引起该地区其他重要盟友(如土耳其)的警觉。美国发现自己不得不小心行事。鲁克米尼·库里马奇:《在叙利亚:库尔德人击退了 ISIS,但联军很紧张》,《纽约时报》(2015 年 8 月 10 日)。

33. 海伦·库珀和埃里克·施密特:《五角大楼宣称,ISIS 官员在美国的叙利亚突袭中丧生》,《纽约时报》(2015 年 5 月 16 日)。

34.《空军联合部队指挥官,2010—2015 年空军的统计数据》(2015 年 5 月 31 日)。

35.《韦德利将军通过电话会议从西南亚发来的国防部新闻简报》

（2015年5月15日）。

36.《麦凯恩："ISIS的黑色旗帜"在士兵死亡之地高高飘扬》（2015年5月25日），12news.com/story/news/politics/2015/05/25/mccain-isis-ramadi-memorial-day/27933069/，访问于2015年7月5日。

37.弗雷德里克·卡根和金伯利·卡根：《拉马迪的陷落本可避免》，《华盛顿邮报》（2015年5月18日）。

38.《美国的伊拉克和叙利亚政策》（2015年5月21日），c-span.org/video/?326186-1/hearing-us-policy-iraq-syria，访问于2015年7月6日。

39.西奥多·施雷弗：《林赛·格雷厄姆要求为伊拉克增派1万名美国士兵》，CNN.com，访问于2015年5月18日。

40.艾玛丽·许特曼：《美国国防部长因ISIS在拉马迪取得的胜利责难伊拉克军队》，《纽约时报》（2015年5月24日）。

41.马克·汤普森：《五角大楼为拉马迪的陷落可能影响美国的信誉做粉饰》，《时代周刊》（2015年5月25日）。

42.克里斯蒂娜·翁：《五角大楼向伊拉克提供了2000枚反坦克武器》，《国会山报》（2015年5月21日）。

43.《新闻秘书关于美国在打击ISIL的行动中增加额外步骤的声明》（2015年6月10日）。

44.与伊朗和解潜在好处的有力探索，见弗林特·莱弗里特和希拉里·曼·莱弗里特合著：《去往德黑兰》（纽约，2013年）。这种前景引起焦虑的例子参见2013年3月1日发表在《华尔街日报》的罗亚·哈卡奇恩对那本书的评论。

45.埃德·奥基夫和宙比·沃里克：《美国宣称，武器证明了伊朗在伊拉克扮演的角色》，《华盛顿邮报》（2011年7月5日）。

46.大卫·桑格：《奥巴马下令加快对伊朗的网络攻击》，《纽约时报》（2012年6月1日）。这个话题的专著请参阅金姆·泽特尔的《零日倒计时》（纽约，2014年）。

47.汤姆·罗比安科和苏菲·塔特姆：《2016年共和党候选人猛烈

抨击与伊朗达成的协议》，CNN 政见栏目（2015 年 7 月 14 日）；布吉斯·埃弗雷特：《泰德·克鲁斯的伊朗最后审判日》，《政客》（2015 年 7 月 21 日）；埃里克·布拉德纳：《哈卡比：奥巴马把以色列带进了"烤箱门"》，CNN 政见栏目（2015 年 7 月 26 日）。

48.伊莎贝尔·克什纳:《伊朗协议被内塔尼亚胡斥为"历史性错误"》，《纽约时报》（2015 年 7 月 14 日）。

49.马克斯·布特:《伊朗帝国的黎明》，《评论》(2015 年 7 月 14 日）。

50.伊朗对 ISIS 回应的简要说明，参见迪纳·埃斯凡迪亚里和阿丽亚纳·塔巴塔巴伊的《伊朗的 ISIS 政策》，《国际事务》（2015 年 1 月），1—15 页。

51.《联席首席将军马丁·邓普西在参议院军事委员会的证词》,(2014 年 9 月 16 日），youtube.com/watch?v=Yp7XDLXGLGg，访问于 2015 年 7 月 12 日。

52.《国防部长哈格尔和邓普西将军在五角大楼简报室所做的国防部新闻简报》（2014 年 8 月 21 日）。

18. 世代战争

1948年，美国国务院政策规划主任乔治·凯南指出，美国当时"以世界6.3%的人口拥有了世界50%的财富"。他认为，美国政策制定者面临的挑战是"设计一种关系模式使我们能够在不损害国家安全的情况下保持这种不平等的地位"。[1] 换句话说，美国国策的首要目标是维持美国第二次世界大战结束时取得的独一无二的有利局面。很难想象还有比这更简明扼要，更有说服力的陈述。

以这个标准来衡量，美国外交政策的管理者到目前为止还完成得不错。几十年后的今天，凯南所说的不平等仍然存在。虽然这种地位有所削弱，但美国人仍然处于非常有利的地位。美国人口还不到世界总人口的5%，却控制了全球净资产的25%。[2] 无论从国家、制度还是意识形态的角度来看，这都是美国成功的终极标志。财富意味着更多的选择以及采取行动或避免行动的自由。

为了保持美国的领先地位,凯南和同事们设计了一套"遏制"策略。这个词略有误导性。如果不论当时的冷战背景,更准确的名字应该是优势策略。[3] 策略的目标不仅是为了遏制苏联势力的进一步扩张,也是为了打败和超越苏联代表的制度。在展示美式自由的优越性的同时(正如我在1969年夏天开着野马汽车往来芝加哥的经历)暴露苏式乌托邦承诺的苍白无力。其目标还有更多。在这颗星球的大多数地方,无论发达还是落后,美国生活方式成了自由的主要体现。我们有世界所需的一切,而且我们拥有的比其他任何人都要多,美国的优越性有目共睹。这种安排让美国人感到心满意足。

为了维持这样的不平等地位,美国在第二次世界大战后有意识地为自己打造了世界领先的军事实力。它创建和维持了一支永久性的大规模重装常备武装部队用以全球投放。这与美国以往的做法形成了鲜明的对比。

值得注意的是,这些部队的主要作用并非发动战争,而是为了避免战争。通过展示军事实力和来之能战与战之能胜的姿态,美国军队减少了真正发起战争的可能性。"和平是我们的职业",战略空军司令部如是说。在冷战时期,它是随时待命的核打击力量,随时准备将大城市夷为平地,让数百万人灰飞烟灭。战略空军司令部的标语并非拙劣的黑色幽默。它是(或至少希望是)对自身目标的认真宣誓。

只要冷战持续,这种以战止战的逻辑就会被广泛接受。利用军事实力的优势显而易见,甚至可以说是不言而喻。这是国家安全机构及其分支机构的代表们经常提及的理由。他们以维护和平的名义索要更多的(更好的)舰船、飞机、导弹和坦克。他们不断囤积更加致命的大规模杀伤性武器。他们这样做的目的是确保这些武器不被使用。

回顾过去，我们可能会后悔资源未被投入到更有成效的用途。我们可能会扼腕叹息艾森豪威尔总统所说的"军工复合体"的崛起，以及他们造成的美国经济扭曲和美国的政治腐败。我们可能还记得，在古巴导弹危机期间，不计后果的误判几乎让世界走到了末日边缘。即便如此，国家安全的基本方法还是运转得相当好。第三次世界大战从未发生。随着时间的推移，冷战时期的两个主要战场（西欧和东亚）稳定了下来并实现了一定程度的繁荣。当冷战最终悄然退出历史舞台时，美国的优势地位完好无损，就像凯南最初的预言一样。

当然，在这个过程中，美国也犯下了很多惊人的错误。美国为朝鲜战争的失败付出了不必要的昂贵代价。越战经历的不幸也以令人痛心的失败而告终。这是几届总统前赴后继的杰作。一连串的未遂政变、卑鄙的小伎俩和令人厌恶的基于利益的结盟使华盛顿捍卫崇高理想的主张成了笑柄。美国无意间引发的核军备竞赛有可能结束在无可名状的灾难中。

即便如此，情况本来可能更糟。把冷战作为一个整体来看，在此期间，美国的军事政策和它的目标大体保持了一致。总的来说，这种一致性促进而不是破坏了国家的福祉。对美国来说，自由、富足和安全是紧密联系在一起的。

然而，令人欢欣鼓舞的冷战终结（至少从美国人的角度来看是这样的）对美国国家安全机构来说却是一个明显的不利因素。这使得美国的战后军事政策（积极为全球大战做准备以防止大战的发生）成了明日黄花。此时，美国的武装部队和他们服务的客户都面临着一场危机。由于爆发第三次世界大战的可能性已经微乎其微（而战后美国军事机构的主要目的就是为此做好准备），那么这些机构和其代理、附属机构，合作者，辅助组织未来将何去何从？

五角大楼急中生智找到了问题的答案。它宣称，永久维持凯南所谓的不平等地位的关键在于"塑造"全球秩序，而非维护和平。如今，重塑工作成了军队的重点。早在1992年，在保罗·沃尔福威茨主持下起草的《国防规划指南》就详细阐述了这样的观点。这份文件骄傲地指出，一年前，战胜萨达姆·侯赛因为"塑造成形的国际新环境"提供了解释美国军事力量如何"塑造未来"的榜样。[4] 大锤变成了雕刻家手中的小凿子。

大中东地区成了或一直都是被选定的竞技场，以便把美国的军力打磨成维持美国特权地位的一个工具。这可以为整个国家的安全体系提供存在下去的理由绝非偶然。因此该地区以穆斯林为主的民众成了试验的对象。试验的内容包括从名义上的维和、调解、人道主义干预到赤裸裸的胁迫。从1980年开始，美国军队冒险进入了大中东地区。他们的工作包括安抚、警告、恐吓、镇压、平定、拯救、解放、消灭、转变和威慑等。他们轰炸、突袭、侵略、占领，并利用不同的代理人来开展工作。1992年，沃尔福威茨代表美国人民表达了最诚挚的期望，希望美国通过"推行国际法，限制国际暴力，鼓励民主政体和开放经济体系的传播来解决地区不稳定的根源"。但几十年努力的结果从未达到过令人满意的期望。

最初把美军带到大中东的事件当时看来是如此与众不同（伊朗革命和苏联侵略阿富汗），但事实证明它们不过是一些先兆。随后剧变席卷了整个地区：革命和反革命，恐怖事件和反恐行动，扭曲的野蛮和巨大的苦难。通过这些经历，美国历届领导人（不论共和党还是民主党,保守派或是自由主义者,精明还是天真)都坚持认为,美国军力的有效使用可以让大中东走上正轨。他们的想法从未成为现实。

反思这场美国历史上最长的战争时,我们不得不面对两个问题。首先,为什么世界上最强大的军事力量在承受了如此大的损失之后,在美国利益主体遭受到如此大的损害之后却只换来如此微不足道的成就?其次,为什么在面对如此不堪的结果时,美国却拒绝转向另一条路径?简而言之,为什么我们无法取胜?既然我们没有取胜的机会,为什么不改弦更张?

关于第一个问题,有一种解释最为引人注目。与冷战形成鲜明对比的是,美国的目标和美军的伊斯兰军事政策从未保持一致。对军事激进主义的偏好起初还有些瞻前顾后,但随着时间的推移,它变得越来越肆无忌惮。这种做法不但未能把美国利益的那些威胁逼到绝境,反而孕育出了新的威胁。从20世纪80年代到现在,不是被束之高阁而是被释放出来的美国军力不断经历着完全的失败。其取得的成绩要么不及预期,要么被证明无关紧要。大中东地区对美国的重塑计划进行了顽强的抵抗。

这并非美国期待的结果。就像一战时,军队绞尽脑汁希望打破西线的僵局一样,美军在伊斯兰的各个战场上进行了各种尝试,希望取得决定性的优势。在第一次世界大战中,这些尝试包括坦克、毒气、猛烈的炮火和冲锋队战术。在美国的大中东战争中,这通常包括了军事变革、平叛行动、精确制导武器和无人机,还包括诸如"压倒性力量""震慑",以及"空中占领"这样的短期幻想。然而,在战场引入新技术并不一定会带来进步。它通常只是为掩饰缺乏进展提供了借口。

在第一次世界大战中,西线的极端重要性让那里的僵持局面被所有人所知。而美国大中东战争涉及的地理位置则更为多变。战争虽然总是围绕着波斯湾而展开，但中亚、黎凡特、马格里布、非洲之角，甚至巴尔干地区也时不时地引起人们的关注。最近，西非又成了活跃的新舞台。然而，这些地点的周期性变化并不意味着美国正在接近目标。开辟新前线（或者重新转战旧前线）证明了这样一个事实：美军在 2016 年发现自己陷入了困境。这和一个世纪前，德、法、英国军队陷入困境同样令人困惑。不论你如何定义目标，美军的任务经过 30 多年的努力仍未完成。事实上，"未完成"几乎无法准确描述这里的情况；我们看不到任何任务完成的希望。我们被困住了。

为什么我们不能就此甩手离开？为什么在这里，美国这个超级大国未能提供其他选择？为什么时至今日大部分政策精英们还在将胜利的希望寄托在某位聪明的总统身上，希望他会有一些明智之举？

要理解这种幻想依然存在的原因需要分析华盛顿的几个假设。这些假设促成了华盛顿极其有害的集体幼稚病。对这些浸透了美国国家安全机构的假设历来少有明确的表述。

第一个假设是，制定美国大中东政策的负责人（不仅是指被选中或被任命的文职官员，还包括被任命的高级军官）在开展地区工作时能够分辨历史的作用。事实上，分辨力是他们被提升到高级职务的直接结果。职位的提升应该暗示着顿悟以及对恰当且正确的世界观的坚持。

在上层国家安全机构里不断轮换的个人，他们认同的世界观是从共同的历史叙事中衍生出来的。他们的忠诚是通过挂在嘴边不断重复的陈词滥调来确认的。这是他们职业生涯的前提条件。主要的叙事内容和 20 世纪有关。这是因为美国人的选择性记忆。

它的中心内容是现代性不同版本间的史诗般竞争。这场竞争以"我们"的辩护胜利画上了句号。最终,历史美好的一面占据了上风。总统、内阁部长以及海陆军的将军们一致认为这种叙事同样适用于其他地区并可以一直延续到遥远的未来。换句话说,他们对另一种可能性视而不见——在大中东地区,迥然不同的历史力量正在发挥着作用。

另一种假设理所当然地认为,作为唯一的全球超级大国,美国不仅拥有智慧,而且拥有控制或运用这些力量的必要手段。在20世纪,"我们"的阵营之所以能够获胜是因为美国的工业和创造力不仅带来了超强的军事实力,还产生出基于消费和选择的优越生活方式。至少美国人对此深信不疑。美国创造出了竞争对手难以匹敌的自由版本。在欧洲和华盛顿关注的亚洲部分地区,浮华与单调、自治与顺从、自我放纵与自我否定之间的竞争表明它并不是非黑即白的竞赛。在浮华、自治和自我放纵构成的挑衅环境中,这个配方无法轻易发挥作用。这增加了自由并不具有普世性的可能。也就是说它还有其他的变化形式。很少有美国的政策制定者,甚至更少的高级军官愿意支持这种可能性。

第三个假设声称,美国的军事力量提供了确保普世自由取得最后胜利的最快捷方式。美军的威力通过飞机、战舰和地面战斗部队显露无遗。他们作为不可替代的动力源或催化剂推动着历史向其注定的目的地前行。诚然,并非所有问题都能通过简单直接的"军事方案"得到解决,"但如果没有美国军事力量的运用(直接也好,间接也罢),就不会产生任何尚可接受的问题解决方案"。然而,美国武装力量的使用效果可能适得其反,并使事态更加严重,但华盛顿无人愿意接受这种主张。

最后一个假设是美国赢得最终认可的必然性。这种必然性甚至在伊斯兰世界也是如此。美国恩惠的受益者将会顺从华盛顿的要求，主动接受美国设定的标准。不是今天就是明天，美国必将赢得褒奖并得到解放者应得的赞誉。光明的未来就在前方，短期的挫折可以忽略不计。

这些假设都没有经过实践的检验。每一个假设都包含了狂妄自大的情绪。综合来看，它们证明了美国人自我意识的缺失。这已经成为美国人的标签。更糟的是，它们成了严肃批评分析几乎不可逾越的障碍。这些假设的盛行有助于解释美国在军事上的重大失误：缺乏对美国奋斗目标和对手的一致理解。

在吉米·卡特发起美国大中东战争之时，这并不是一个问题。当时的任务很明确：确保美国获得波斯湾的石油。对手是谁，来自何方都清清楚楚。事实上，卡特总统识别出两个彼此对立的敌对关系——处于革命阵痛中的伊朗和日益僵化、革命性正在消失成为记忆的苏联。华盛顿认为，这两个国家都对波斯湾构成了迫在眉睫的威胁。海湾地区的极度脆弱性为美国在伊斯兰世界的军事政策提供了合适的理由，但这个评估很快就被更具扩张性的对手取而代之。

这并非没有先例。早在1898年4月，西班牙和美国之间的战争就拉开了解放古巴的十字军行动。在接下来的几个月里，美国占领并吞并了夏威夷、关岛、菲律宾和波多黎各。至此，这场十字军行动已经变得面目全非。美国的大中东战争也同样如此。它开始是以保护波斯湾石油为中心，然而，当罗纳德·里根派遣海军陆战队进入贝鲁特，向德黑兰派遣密使并同时与卡扎菲上校挑起争端时，美国的目标显然发生了巨大的改变。当然这些行动的目的对里根来说本来也是晦暗不明的。

换句话说，从20世纪80年代开始，任务的性质和敌人身份的清晰度都在消失。美国的大中东战争在间歇性地不断扩大。然而，范围的扩大削弱了美国战略上的连贯性。行动的目的性与美军对手的数量成反比。更多的敌人意味着目的性愈加不清晰。所谓的"塑造"不过是空中楼阁，是华盛顿夸张的虚构。

为了掩盖定义的模糊不清（这也是他们自己的困惑），历届总统都会采用普通术语对这个非常重要的问题泛泛而谈，把敌人称为武装分子、恐怖分子、军阀、流氓国家，以及最近的"暴力极端组织"。[5] 此外，他们还效仿了里根的做法，把一腔怒火集中在某些特定的反派人物身上。这意味着除掉卡扎菲、萨达姆·侯赛因、穆罕默德·法拉赫·艾迪德、斯洛博丹·米洛舍维奇、奥萨马·本·拉登、穆拉·奥马尔、阿布·穆萨布·扎卡维和阿布·巴克尔·巴格达迪等人是扭转不利局面的关键。今天，这些令人讨厌的人都已经离开了舞台，但是他们的离去并没有让美国更接近决定性的结果。[6]

今天，不断困扰着大中东的问题大大超过了美军刚刚冒险进入该地区时的情形。我们可能会就问题的根源以及罪责的分配展开争论。多种因素都在其中发挥了作用。比如，该地区的普遍落后，缺乏开明的本地领导人，欧洲帝国主义的遗毒，以色列建国的并发症，伊斯兰教内部严重的历史分歧，在区域内协调宗教信仰与现代性的挑战，毕竟宗教已经渗透到了当地日常生活的方方面面。但美国为缓解这里功能障碍的努力遭遇了严重挫败已经没有太多争论。

为了应付这种局面而使用军事力量通常有两种做法。第一种是静待结果。设法远离问题以及问题带来的最坏影响，同时促成敌人内部的非暴力解决方案的出现。这需要足够的耐心而且并不能保证最终的成功。这是美国在冷战期间采用的做法，但有一些常见的注意事项需要关注。

第二种方法更直截了当。它的目标是通过持续无情的军事行动来解决问题。这无须太多耐心但会产生很大的短期成本。南北战争期间联盟在一番犹豫之后还是采用了这种正面冲突的解决方式。

在大中东战争中，美国选择的道路既非遏制也非镇压，而是选择了两者之间的中间路线。结果情况更加恶化了。由于政治家和将军们总是急于宣布胜利的消息，而美国公众在逆境时又会太快举手投降，以至于美国军队很少有足够的时间来完成他们的使命。美国的军事行动非但没有让对手产生敬畏，反而惹恼了敌人并暴露出美军能力不足和缺乏决心的弱点。

最具讽刺意味的是，从"鹰爪行动"与"坚定决心行动"之间的某个时刻开始，波斯湾曾经值得美军为之一战的背景已经不复存在。如果美国人的生活方式仍然要依赖于丰富的石油和天然气储备的供应，那么西半球应该在五角大楼的战略优先级中获得更高的重视，而不再是波斯湾。保卫加拿大或委内瑞拉应该优先于保卫沙特阿拉伯或伊拉克。美国保护邻国的利益更大，而不是徒劳无益地去维护大中东地区的治安，而且这样做很可能会取得更大的成功。

虽然最初的理由已经不复存在，但大中东战争仍在持续。卡特沿伊朗的扎格罗斯山脉划下的沙线现在从中亚延伸到了中东并跨越到了非洲的东西两面。战争总有一天会结束，美军也总有离开的一天，这种想法的可能性太过渺茫以至于没有讨论的必要。就像毒品战争或贫困战争一样，大中东战争已经成了美国人生活中不可或缺的部分。

没有人对战争的长期性提出过严正的质疑。其诸多原因中，有四个尤为引人注目。

第一个原因是没有名副其实的反战或反干涉主义的政党。长期以来，这场持久战获得了两党的一致认可，共和党和民主党与此都有牵连。因此，两大政党都没有意愿深入调查这个失败和无可救药的军事行动的起源、言行或未来的前景。在美国国会，无论哪个政党占据了上风，对党派利益的考虑和对选票的算计始终超越了对国家利益和对美国士兵福祉的关心。因此国会对美国军方在过去30多年里对大中东地区的得失兴趣索然就不那么令人震惊了。

第二个原因和第一个原因密切相关。对更高权力孜孜以求的政治家，尤其是打算竞选总统的那些人发现"支持军队"（也就意味着对战争的支持）比质疑战争的效果或者提出替代方案来实现美国在伊斯兰世界的目标更为有利。除了免费啤酒和烧烤以外，没有什么比爱国主义的夸夸其谈更能打动人心。4年一度的美国总统竞选是清点存货的良机，但1980年以来的历届选举中，总统候选人都竭力避免针对美国在伊斯兰国家军事政策的真刀真枪的辩论。在索马里、伊拉克或利比亚的失败短时间内会引起人们的注意，却从未引发过对战役背景的仔细思考。

第三个原因当然是一些个人和机构实际上从旷日持久的武装冲突中受益良多。那些好处立竿见影地转化成了利润、就业机会和竞选捐款。对军工企业及其受益者来说，无休无止的战争并非坏消息。在冷战结束之际，国家安全机构马上就"发现"了大中东地区，这绝非巧合。

第四个原因或许也是最重要的一点，到目前为止，美国人似乎对正在发生的事情一无所知。政策制定者成功地把公众和战争的负面影响隔离开来。职业军人服役制度把服役和牺牲的重担压在了极少部分的公民身上,这让其他人都摆脱了困境。为了承担战争开支而采取的寅吃卯粮的手段,让子孙后代来承担支付账单的责任。

这并不是说今天的美国人会像他们的祖父母支持二战一样积极支持这场战争。没有特殊的理由让他们参与到这场战争的进程中并承担可能的后果。从根本上说,这场战争并非他们的关注点。

美国人确实有自己关心的重点。促进民主传播,保护人权,遏制全球变暖,保障以色列的安全和福祉——大多数美国人希望自己的国家致力于这些方面。他们支持这些有价值的使命,因为他们相信美国的政策会使他们的不平等地位一直延续下去,这是他们应得的。和凯南所在的时代一样,在我们这个时代确保美国人享有自由、富足和安全的合法配额(也就是说,超越公平水平的份额)被放在了第一位,其余的考虑都在此之后。

这种想法有其固有的缺陷。在 21 世纪,自由、富足和安全的先决条件正在发生变化。从地缘政治上来说,除了北美以外,亚洲的重要性超过了其他所有地区。正在冒头的新兴问题组合是全球性的(举例来说,应对全球气候变暖的影响等),因此需要全球性的应对。美国人能够保留自己习以为常的特权地位,取决于美国现有的"关系模式"如何适应以及需要多长时间适应全新的环境。

在这些挑战中,和伊斯兰世界相关的苦恼无疑还会持续下去。但是它们对美国福祉影响的重要性将会有所减弱。虽然美国国家安全的重点尚未对此做出反应,但这一进程甚至已经在向前推进了。

在这样的大背景下,再让大中东战争转移美国的注意力将带来无法估量的负面影响。幻想美国军队有能力"塑造"事件的进程是荒诞不经的。纵容这种荒谬的做法将导致严重的副作用，妨碍美国处理更紧迫任务的能力。华盛顿将发现自己还沉溺于昨天的游戏里，玩得非常投入。而另一个有着不同游戏规则也更为重要的游戏已在别处另起炉灶了。

决定美国能否维持其特权地位的游戏将在国内上演，而不是在遥远的伊拉克或阿富汗。美国能否重塑大中东已不那么重要。重塑美国、恢复自治、提供可持续和公正的繁荣比之都要重要得多。而从一种差异巨大的文化中萃取精华也要比浅薄的数字热情和对名人的崇拜重要得多。

大中东战争一直持续下去不会有助于增强美国的自由、富足和安全，它只会产生相反的效果。总有一天，美国人民会意识到这个现实。也只有如此，战争才能真正结束。不知这种觉醒要等到何时。可悲的是，美国人仍在酣眠之中。

注 释

1.PPS 23,《美国外交政策当前趋势的评估》（1948年2月24日）。

2.《按国家分类的世界人口》,worldometers.info/world-population/;《按财富分配分类的国家清单》,en.wikipedia.org/wiki/List_of_countries_by_distribution_of_wealth,均访问于2015年7月8日。

3.梅尔文·莱弗勒：《权力优势》（斯坦福,1992年）。

4.《国防规划指导,1994—1999》（1992年2月29日）。

5.《美国国家军事战略,2015》（2015年6月）,3页。

6.斯坦利·麦克克里斯托将军在2006年6月曾主持了2枚500磅炸弹暗杀扎卡维的行动。他后来写道,捕杀行动来得"太迟了"。更重要的是,扎卡维被消灭（尽管具有正当性,心理层面也令人满意）很大程度上已经无关紧要。在美国头号通缉名单上占有一席之地的其他人的情形也大致相同。斯坦利·麦克克里斯托：《我担负的任务》（纽约,2013年）,234页。

致　谢

在完成本书的过程中，我累积下不少人情债。这让我很难决定从何开始向所有帮助过我的人表达感激之情。

格蕾丝·张、哈里森·迈耶和阿曼达·罗斯曾协助我做了初步研究并让项目起步。随着创作逐渐走上正轨，德林卡·普尔成了我检索文档、追踪孤立事实的不二人选。他的价值于我实在不可估量。我同样要感谢玛丽·安·特雷奥特教授慷慨地分享了她为自己类似项目收集的宝贵资料。由于种种原因，她的著述未能完成。

当我开始落笔时，哥伦比亚大学的教务长约翰·科斯沃思邀请我到该校的国际和公共事务学院工作。我作为第一任乔治·麦戈文研究员在那里度过了一个学期。这是一次很好的机会。我要感谢科斯沃思教务长以及国际和公共事务学院的教职员工，感谢他们的盛情。

章节成形后，凯西·布劳、克里斯·格雷、瑞克·斯温、尼克·图尔斯和斯科特·惠勒分别阅读了不同的片段。他们为我提出了宝贵的建议和我渴望得到的鼓励。卡列夫·塞普比我认识的任何人都更了解特种作战。他和我分享了对美国占领伊拉克的第一手见解。我亲爱的朋友劳伦斯·卡普兰饶有兴趣地阅读了整部手稿，并提出了宝贵的批评意见。

当手稿接近最终完成时，我找到戴维德·林德胡特来考虑图片的搭配文字。他对此欣然接受并非常高效地把我模糊的想法变成了令人愉悦的一张张图片，和这样一位才华横溢的专业人士一起工作真是一种享受。弗雷德·考特赖特让寻找照片的过程不再神秘，并取得了照片使用许可。

我要感谢哈佛大学肯尼迪学院的格雷厄姆·艾利森。他主持的一次午餐会让我有机会在那里测试我的结论。出席者的反馈使我受益匪浅。

我的经纪人约翰·赖特是这个行业中最好的一位。我珍惜和他的友谊。就像约翰一样，我在兰登书屋的编辑大卫·埃伯霍夫是一位十分懂书和爱书之人。与如此天赋异禀之人合作对我来说真是求之不得。当大卫从事一份新工作后，墨菲接替了他"主力队员"的角色，并高效而有技巧地完成了任务。兰登书屋的其他人也扮演了相当重要的角色，其中包括芭芭拉·菲永、埃文·卡姆菲尔德、托比·恩斯特、米卡·春日和尊敬的凯特琳·麦肯纳。马丁·施耐德帮我修正了很多低级错误和不合适的措辞。这让我避免了难堪。感谢我遇见的所有人。

谨以此书献给我的妻子南希。非常巧合的是，今天恰逢我们邂逅50周年。50年前的那一天仍是我生命中最幸运的日子。我诚挚地希望能和她一起慢慢变老。